All Voices from the Island

島嶼湧現的聲音

簡永達 著

Under-
ground
Lives

跨國勞動在臺灣

Stories Untold for
Migrant Workers
in Taiwan

移工築起的地下社會

目次

【出版緣起】為臺灣呈現更多樣、更繁複的真實意象 ⊙林淇瀁（向陽）……007
【序】從一廣開始的故事……011

1 地下社會

1 第一廣場——移工築起的地下社會……025
2 透明的小孩——在臺無國籍移工寶寶與異鄉生養難題……052
3 移工政策三十年，從禁絕到依賴……076
【專欄】人權轉向的關鍵——高捷泰勞抗爭……098

2 危險之島

1 等待職災補償的折磨——一名泰國移工之死 115
2 夾層裡的六條人命——蘆竹大火暴露移工安全漏洞 145
3 從臺灣到越南，傷心的屍骨還鄉路 170
【圖輯】屍骨還鄉路 191
4 異鄉送行者——以佛法撫慰人心的越南法師 201

3 異鄉家人

1 那些在臺灣奮力一搏的移工男孩們 227
2 我在臺灣學抗爭——一堂在臺移工的公民課 249
3 卻在他鄉築淨土——印尼移工淨灘團的故事 277
4 假日裡的國王——菲籍移工選美中的隱蔽世界 296
【圖輯】假日裡的國王與皇后 323

4 人權大浪

1 簽本票的陷阱——誰讓菲律賓移工背負失控債務？ 331
2 當日本變移工首選——預示臺灣缺工危機的越南勞務街 366
3 人力仲介還是人口販子？——取消「三年出國一日」後的仲介亂象 398
4 重組中的移工招募——臺灣與越南招工網絡的雙邊變化 427
5 打擊血汗供應鏈——零付費制度對臺廠與仲介的衝擊 457

致謝 488
移工政策與運動年表 492
注釋 535

出版緣起

為臺灣呈現更多樣、更繁複的真實意象

國家文化藝術基金會董事長　林淇瀁（向陽）

《移工築起的地下社會：跨國勞動在臺灣》是國藝會「臺灣書寫專案」首屆補助作品（二〇一九年），作者簡永達是新世代傑出的新聞記者，取得臺大新聞所碩士學位之後，就投身媒體，從事新聞報導，曾任《報導者》記者、《鏡週刊》人物組特約記者。他的報導多半以弱勢階級為關注主題，曾經獲得臺灣卓越新聞獎、曾虛白新聞獎、亞洲出版協會新聞大獎、香港人權新聞獎等諸多獎項的肯定；此外他也是傅爾布萊特學人（Fulbright Scholar）、中研院亞太中心、哈佛大學訪問學者，無論新聞實務或理論都相當傑出。

作為一位自我要求甚高的記者，簡永達寫作本書的過程也相當謹嚴，二〇二一年他向國藝會繳交結案初稿之後，他自覺初稿缺乏新穎觀點，於是向哈佛大學費正清中國研究中心提出申請，於二〇二二年擔任訪問學人，以長達一年時間，以新的視角重新整編文字，修改作品；此外，為了更貼近調查外籍勞工在臺的日常，他在臺中知名的移工聚集地「第一廣場」租賃套房、長期蹲點；也曾遠赴越南，親訪跨國移工的家鄉，訪談移工家人，印證移工來臺工作的斑斑血淚。這本書不斷修訂的過程，也足以看到身為記者的簡永達據實報導、追求真相的嚴謹自持。

這是一本透過全面視角，觀察跨國移工勞動現場，及其在臺生活的美麗與哀愁之書。全書分為「地下社會」、「危險之島」、「異鄉家人」、「人權大浪」四輯，從生活面、制度面、國際政經結構和人權面，深入剖析臺灣的外籍移工政策和勞動制度的配套問題，報導長期以來外籍勞工如何自力救濟，在臺灣築起他們的地下社會的祕辛。書中報導的，除了大家熟知的菲律賓、越南、泰國、印尼等國移工之外，也有以非勞動者身分來臺的東南亞人士和移工生活。簡永達以輻射的報導視角寫出跨國移工在臺生活的故事，細緻、周詳、深入地呈現不為人知的移工社會，鮮活重現他們在臺勞動的群體生活樣態，是瞭解在臺跨國移工文化的第一手報導，也足以提供政府修訂移工政策、改善移工生活之資訊。國藝會「臺灣書寫專案」能夠以補助方式催生此一著作，備感欣慰。

臺灣書寫專案源起於國藝會第八屆董事鄭邦鎮教授的倡議，於二〇一八年由前任董事長林曼麗教授促成。這個專案鼓勵作家以臺灣觀點為本，透過書寫，深入臺灣社會，從歷史、環境、族群、生活與文化切入，進行密集訪談、深度報導，並藉由具有普世價值的議題與世界對話。這個專案具備從創作、出版到推廣的完善機制，獲得馥誠國際有限公司、金格企業有限公司支持，每年贊助一百萬元，不僅為企業襄贊藝文發展樹立良好典模，也為臺灣的非虛構寫作提供最佳的寫作平臺。期盼因為這個專案的推動，能鼓舞更多不同領域的寫作者加入書寫行列，為新世紀的臺灣呈現更多樣、更繁複的真實意象。

自序

從一廣開始的故事

對我來說，這本書裡所有的故事都是在一廣發生的。

二〇一六年，我為了寫報導在這棟大樓住過兩個月。這麼說固然有誇張的成分，因為這本書所蒐集的故事，前後跨度長達七年，採訪地點更涵蓋臺灣與越南多座城市。但某個程度上我是認真的，這裡是我認識移工的地方，也是讓我開始去思索跨國遷移與人權保障的所在。

當我開始寫作本書時，經常想起在一廣那段日子。度過剛開始艱難的適應期後，我交到一些知心的移工朋友，並在週間會固定收到他們的假日邀約。

一天下午，越南移工阿峰約我到二樓的茶水攤喝東西。他帶來一位女孩，皮膚很白、很害羞，眼神總低頭盯著玻璃杯上凝結的水珠，偶爾抬頭偷看一下阿峰。我揶揄阿峰，「哇，你女朋友這麼漂亮啊。」阿峰漲紅了臉，用手肘推我一下，「不是女朋友啦，今天第一次見面，在臉書上認識的。」我才意會到，原來他找我當WINGMAN。

這僅是假日的一幕。我會在週日中午來到十二樓的酒吧，表演樂團是群印尼移工，他們詞曲創作的內容多是描寫對故鄉女友的思念。來自菲律賓的比爾獨占一張桌子，並給自己點了杯啤酒，經過的女孩常會偷偷瞥上幾眼，欽慕他胸前結實的肌肉。當我與比爾和其他朋友會合後，他們偷偷將我夾帶進六樓的菲律賓舞廳，因為門外的告示牌寫著：「謝絕臺灣朋友入內。」晚餐時間，我趕往工業區的泰工宿舍烤肉，搭乘手扶梯途經二樓，越南移工阿賓跟朋友仍坐在茶水攤打量路過的女孩，並忙不迭地跟我打招呼。一樓轉角處的越南阿新，在騎樓張開摺疊桌，準備在回宿舍前跟妻子吃個兩菜一湯的簡單晚餐。

不被看見的地下社會

這是不被臺灣人看見的移工地下社會。數十萬人支撐起鋼鐵機械業，也撐起營造建設、自動機具業，以及家中長輩的生活起居，但我們總對他們視若無睹，老以為這些人頭腦簡單、貧窮落後。可我在一廣認識的移工們複雜多樣、生活豐富多采，我覺得他們長期被外界忽視是種錯誤。當我開始動筆寫一廣，他們的模樣在我腦中活靈活現，我寫了第一篇報導〈第一廣場，移工築起的地下社會〉。

我很幸運，那篇報導刊登後受到讀者歡迎，並為我贏得出版社的合作意向。當時，我陸續被邀請去講座分享，最緊張的一場是回到臺中，因為我很擔心報導中的人物或臺中人會感到被冒犯。講座進行很順利，結束前，主持人問我：臺灣人要怎麼幫移工更融入本地社會？

我當時重述了美國鍍金時代的移民神話。認為只要臺灣人同樣放開心胸，而移工們勤奮工作、謹慎節儉，並抓住機會，他們就能在這塊機遇之地翻身。聽眾中有人應和點頭。前排有位年輕女子手舉得老高，起立發言：「如果你連移民跟移工都搞不清楚，我想這篇報導也算不上什麼深度報導。」那天其他慧黠的提問，我差不多都忘了，但時至今日，我仍記得當時那股羞愧難當的感受。

不過，回頭看看，我永遠感謝那名給我當頭棒喝的女士，她提點了我移工故事裡政經結構的重要性。我後來一邊報導，一邊從歷史資料與學術論文惡補遷移研究。身處臺灣，常有種排斥外籍移工的聲音，認為他們從四方八方湧來，搶走本地人的工作。事實上，臺灣和其他亞洲地主國都設計了嚴格的遷移管道，大抵從「篩選」與「排除」兩方面著手。[1]

外在結構對於移工的影響

在民族國家界線愈趨嚴格的今日，如果不是地主國同意，移工不太可能會跨國遷移。每個移工都有自己的遷徙動機，但在個人動機之前，是地主國對廉價勞動力的需求，以及地緣政治所打通的遷移管道，如臺灣主要僅從越南、印尼、菲律賓、泰國等四國輸入移工。為了揀選到最有價值的勞動力，雇主再透過仲介設下一連串選工標準，包括身高、體重、性別、婚姻，女性會被另外要求做懷孕測試，確保她們來臺後都是有價值的勞動力。

將移工引進到臺灣後，政府處心積慮地排除移工成為移民。例如從法律上將外國人與藍領移工區隔開來，移工即使居留再久都不能歸化成移民，工作上也不能更換雇主或工作地點。再將移工的簽證綁定雇主，只要移工稍加反抗、或勞動力受損，老闆隨時都能將他們解僱、驅離出境，再換一個新人。

為了保持移工的低流動性，雇主夥同仲介，實施宵禁、扣留移工的護照，並強制他們儲蓄「逃跑保險」，移工只有在完成三年合約後才能領回。臺灣政府對此也睜一隻眼、閉一隻眼，因為它們得到的回報是，資本與工作會被留在本地，而不是移往中國。

這些外在結構對移工會有什麼影響？影響的層面非常廣。移工做的都是本地人不願意做的危險工作，從勞動部的統計來看，移工在臺遭遇職業災害而失去工作能力的比例是臺籍勞工的三倍，在二〇〇八至二〇一八年間，移工在臺死亡的人數高達一千五百四十人。但外籍移工不大可能抱怨惡劣的工作條件或遭雇主虐待，理由是他們出國前，都繳納了一筆鉅額的仲介費用，留在臺灣的日子必須與母國的債務以及迅速累積的複利奮鬥。而且，臺灣政府限制移工轉換雇主，等於剝奪了工人靠離職來跟雇主討價還價以提升自身福利的能力。

另外，因為雇主僱用移工考慮的是成本，所以不會有時間給移工完整培訓，給他們住的宿舍也不會太好，許多是光禿禿的鐵皮工寮。這種鐵皮宿舍也是最容易引起火災的建築物，住在裡面的移工或鄰近的消防員都知道，一旦火勢蔓延起來會有多快。自二〇一七年桃園矽卡移工宿舍發生的大火，往後三年已有近二十名移工葬身火窟，十餘名消防員因搶救殉職。

與雇主同住的看護工情況也好不到哪去。她們沒有一天休假，得小心翼翼地揣摩雇主情緒，有些還有強迫勞動、身體虐待、甚至被性侵的情況。除了應付糟糕的工作條件，正值黃金生育期的女性移工還可能出於意外或自主選擇，在異鄉懷孕。儘管臺灣後來修改法律，允許懷孕的移工留下，但實際上她們往往只能選擇墮胎或被迫解約離境。

然而，把這一切形諸報導刊登後，事情並沒有解決，大家漸漸不再感到驚訝或憤怒，更難激起行動。二〇一九年，我在一場講座講述移工遭遇職災或意外懷孕的故事，一位對此有研究的社會學家聽完後說：「跟我二十年前研究的情況差不多。」

從國家管制的層面來看，確實如他所言。移工政策仍維持勞動商品化的本質，將移工的「經濟價值」與「社會權利」分開處理，他們被認可的只有經濟功能，社會權利受限。過去二十年，移工法規大致從二方面修正。一是延長移工在臺年限，以降低雇主重新訓練的成本，從一九九八年最長可居留三年，二〇一二年延長至十二年、看護工經評點後可展延至十四年。二是擴大雇主資格、增加移工配額，製造業引進移工採3K五級制，依所屬產業將可聘移工的比例從一〇%到三五%分成五個等級，若設廠在自由貿易區內可提高至四〇%。二〇一三年後，工廠雇主可以用外加就業安定費增加移工配額，而政府對新增投資案、鼓勵臺商回臺另外給予外勞增額，聘用家庭看護的資格也被不斷放寬。

我在企劃題目時習慣從鉅觀結構觀察，不過這樣做移工有點像被卡在國家法律、社會齒輪裡的軸承，難以動彈。我開始反省自己筆下移工人物是否太過乾癟，容易顯得憂傷灰暗，而他們在一廣給我留下深刻印象的生機活力與幽默感，已逐漸找不到了。

這樣的寫作沒能傳達出現實，也低估了移工們在結構中的能動性（agency）。越南移工阿軍的故事最能表達，當個人野心碰撞上僵固的移工制度是怎麼回事。他在經歷兩次創業失敗後告訴我：「我覺得自己比以前強大很多，不一樣了。」

移工也在政府不斷延長居留年限下，成為一種「不流動的流動工人」，他們有足夠的時間拓展興趣，並由此重建社會關係。來自印尼的瑪雅初到臺灣時很憂鬱，即使身處流水線的工人群中，她也總感到孤獨。不過現在瑪雅從淨灘收獲一群「家人」。她會在週五下班後匆匆趕往汐止一套三房公寓，為大家準備晚餐，並在這種準家庭式的聚會中重溫家庭時光，發展出親近的互助關係。

菲律賓移工模特傑克的故事，則是把個人野心和關係網絡結合起來。傑克的相貌英俊，時常鍛鍊，渾身肌肉非常結實，他是菲律賓社群裡的選美比賽常勝軍，擁有上萬名粉絲。看中傑克的吸粉能力，許多新住民店主找他當商店代言人，而為了支應選美衍生的費用，傑克也得謹慎維護自己與贊助商們的關係。

事實上，從我二〇一六年採訪這個主題以來，移工的生存狀態一直在變化。首先，亞洲開始出現搶移工的熱潮。由於少子化嚴重，東亞新富國家都在面對勞動力短缺的問題，日本在二〇一九年修法引進移工，保障他們有與本國人同樣的基本工資，起薪是臺灣的兩倍以上，並有資格取得日本永久居留，已在近年超越臺灣，成為越南移工海外打工首選。

其次，西方跨國企業要求供應商改革血汗工廠條件，並透過RBA等行業聯盟實施跨國供應鏈稽核，確保移工的工作環境安全、住宿環境良好，並在二〇一九年增加「零付費」改革，即移工從海外的聘僱費到抵臺後的所有費用，全由雇主支付。

第三，在國際搶工、移工零付費下，臺灣仲介開始出現經營策略分化，部分臺灣仲介鋌而走險，做更多「假廠登」、「黑名額」的違法生意，但也有人力仲介想擺脫「人口販子」的罵名，欲積極提升轉型。

本書內容安排

讀到這裡，讀者或能發現，本書是按我的探索歷程編排，從一名移工議題的門外漢，一路走來。第一部，我從第一廣場的田野開始，探討族裔經濟是怎麼形成的，並回頭檢視臺灣移工政策的變化，從擘劃政策初始的勞動商品化本質，經歷二〇〇五年高捷泰勞抗暴事件後，才把人權議題放入移工政策考量，而移工寶寶正好凸顯出臺灣將移工「勞動力」與「人」區隔開來的政策衝突。

第二部檢視移工的職災風險與補償機制。臺灣怎麼變成移工眼中的「危險之島」，從一名泰國移工之死，與一場致命的移工宿舍大火，我們可以瞭解到移工工作的工廠如何血汗，再重走越南移工的屍骨還鄉路，去試著瞭解，為什麼移工回國後又不顧一切地出國？

第三部中，我聚焦在微觀的個人故事。移工不能被簡單視為人力仲介商的商品，他們同樣能施展能動性，在臺灣塑造自我認同、重建社會關係、完成自我實現。

第四部考察國際搶工與仲介行業在競爭下的變化。我從三個層次分析跨國遷移的仲介角色：

首先，在市場競爭下，仲介行業怎麼發展經營規模與策略？其次，雙邊國家監管加強下，仲介如何運用彈性化的招募網絡以規避裁罰？第三，國際品牌商欲介入治理海外供應鏈勞權，這又會怎麼影響到臺灣的仲介業者？更為重要的，這些國際移工市場與仲介行業的變化，又會怎麼形成一個整體，進一步改變移工的處境？

這本書的故事奠基於七年的採訪上，沒有虛構人物，我盡可能使用受訪對象的原名，但為了保護部分移工和受訪者，我在他們的名字與故事細節做了些許改動。多數的篇章都曾在《報導者》和《鏡週刊》上刊載過，但又為了成書做了改寫。書裡多數採訪完成於二〇二一年之前，那時正值新冠疫情肆虐，移工所能掌握的機會與被剝奪的權利，都有急遽變化。[2]在大疫過後出版此書，我盡力在各篇章補充疫情後的各種改變，但相信仍有挂一漏萬之處。

舉例來說，移工失聯人數不斷攀升，截至今年（二〇二三）五月已增至八萬二千多人，[3]其中六成三都是越南藉移工，多數受僱於傳產製造業。二〇二一年疫情趨緩後，國內製造業復甦，移工成為工廠爭相競爭的人力資源，海外仲介費也有下降，以越南移工來說，海外聘僱費從六千美元下降至三千多美元。但從二〇二二年，移工引進管道恢復正常，仲介圈出現「報復性引進」的怪現象。熟識的仲介朋友告訴我，這是因為那些靠著收海外款才活下去的惡性仲介「餓太久了」，浮報加班時數、張貼假工作資訊，哄誘移工來臺，等移工來臺後發現沒工作可做，也沒有多餘加班，有些外銷導向的傳產雇主甚至給移工放無薪假，不肖仲介便鼓吹移工逃跑，說外面沒僱用移工資格的農地工廠跟茶園有條件更好的工作。

不過，勞動部也發布一項函釋，[4]解釋移工為同鄉募款的公益舉止，或舉辦移工選美、參與樂團表演等文化展演，並不算是許可外工作。我很高興，因為這條行政命令，移工曾在我面前展現的生猛活力，可能被更多人看見。

我很難預測，上述的行業競爭與法規調整還會給移工帶來怎樣的巨變。我曾很擔心未能在書中涵蓋所有移工遭逢的變化，但在成書之際，我意識到一切時機正好。因為我們共同經歷一場世紀之疫。當時海外移工進不來，造成臺灣境內瘋搶移工，電子行業向傳產製造業挖角競爭移工、家庭雇主不得不抬高看護薪資、或跳下來輪班照顧家人。我們總算明白，舒適的生活全靠移工支撐，其中一些人更看出「同島一命」的虛偽。[5]

該是時候了，臺灣正處在向移民社會轉型的關鍵時刻。在一九九〇年引進移工時，我相信臺灣政府沒想過接納來自東南亞鄰國的移工成為一分子，他們都只是暫時性的工人。不過今日移工人數已超過七十萬，政府也不斷修正規定，允許部分具有專業的移工轉換簽證，並能申請在臺永久居留。可以想見，移工在臺灣停留的時間與人數都會增加，而我們亟需重新建立接納移民的傳統，就像百年前的那句俗諺「少年若無一次悾（不顧一切），路邊哪有有應公」，所有移民都是為了追求更好的生活，離鄉背井來到臺灣。

第一步是要看見移工。書中的每個移工，既非無助，也不是萬能，就像我們每個人，都是個人能力與社會結構複合下的產物。我們不能輕易把移工的困境歸咎人力仲介、政府機器，或個人一兩個愚蠢的決定。所以在討論移工寶寶的文章，你會讀到移民政策；關於職災補償，會看到仲介問題；而在理解深陷債務的移工處境時，也能讀到他們的脆弱心靈。如果造成移工無助的理由環環相扣，那麼解決的方法也是如此，它不僅要政府投注資源、雇主與人權團體通力合作，還需要更多心理學家、公衛醫師、法律人才和都市規劃者投入專業。

在我改寫書中的移工故事時，很難不流露出我對事情的感受，對他們受制於剝削體制或不負責任的雇主、仲介憤怒不已。但我也很難忘記某些令人感到滿足的田野時刻，像是人權團體培力越南移工自組工會、消防員上街爭取移工宿舍安全、臺灣的變裝皇后與菲律賓移工模特登臺走秀，或是美秀集團與印尼移工樂團一起表演。

這些年來，每次當我回到一廣，總有些傷感，因為我當初熟悉的大樓已一去不返。不過，現在我總算明白，一廣像隻錨，不論身處何處，總鉤著我去觀察、去書寫移工。未來它仍繼續給我指引，從遠處觀察變化。

1

地下社會

臺灣自一九九〇年代引進移工，至今人數超過七十萬，他們是這座島嶼運轉不可或缺的底層勞動力。每到週日，第一廣場成為移工們聚會的地方，在這裡，他們重新感受自己像個人，而不是一枚無差異的勞動力。

儘管他們對臺灣社會的運轉至關重要。然而在移工政策上，臺灣長期局限在「人力」思維，忽略移工的「人權」。直到二〇〇五年高捷泰勞抗爭事件後，才逐步重視移工人權。

隨著臺灣對移工的依賴日增，如何在「人力」與「人權」間找到平衡，是臺灣移工政策迫切需要面對的課題。

1 第一廣場——移工築起的地下社會

「我現在就算不做工廠，在這裡也能賺錢。」來臺灣才三年的越南移工阿樹，平時在一家製造汽車馬達的工廠工作。到了假日，他是一名年輕的商人，擁有一家開在第一廣場的選物店。靠牆的貨架擺著Nike、New Balance的高仿特別版球鞋，扣掉給店員的工資、店租及進貨成本，每個月能淨賺四萬，是他做移工掙的兩倍。那天稍晚，阿樹以為我是特別來報導他的商店，邀我共進晚餐。

我們圍坐在越南餐廳靠門口的那張長桌，酒過三巡，他們顯然意猶未盡，逕直往餐廳一堵牆走。快撞上時，他們推開由鏡子偽裝的假門，裡頭是KTV包廂，已經有十多名移工。幾乎都是男人，地板到處都是酒瓶。

房間內粉色壁紙與霓虹燈相互輝映、喇叭傳來震耳欲聾的響聲，而屋外大樓的屋架像墓碑一樣矗立，外牆剝落、窗戶碎裂，塑料地板上蟑螂橫行，像居民匆促離去後被落下的地方。很多年以後，我才明白眼前這一幕收攏了這些年來我與移工交往的感受：新經濟與凋敝大樓；一群冒險的人撞上僵化的移工制度。

這裡是第一廣場，距離臺中火車站只有五百公尺，臺中人習慣簡稱它「一廣」，裡頭布滿東南亞的商鋪與廉價的服飾，與對街新潮的「宮原眼科」冰淇淋相比，宛如另一個世界。

在二〇一六年三月的尾聲，我來到這棟大樓，當時我是新聞圈的菜鳥，是被派來這裡寫報導的。我們有兩個人，我，二十九歲；還有搭檔的攝影記者佑恩，三十歲。雖然不算年輕，但當時我們都是新聞業的新人，急著在工作上求表現。不過，我們對移工議題聞近乎所未聞。

當時我所知的，乃是這棟大樓在過去十幾年演變成外籍移工聚會的地方，並可能因為接下來將重新改名、招商而出現變化。

在我抵達時，大樓裡臺灣人人跡罕見。如果想進一步瞭解這棟大樓在部分臺灣人心中的印象，可以把「一廣」加「外勞」作為關鍵字搜索，網頁會跳出許多標題寫「外勞喋血」、「治安死角」的新聞。

第一廣場接納了移工們流浪的心情（攝影：林佑恩／報導者）

接納移工流浪心情的一廣

被遺棄的一廣，卻意外接納了移工們流浪的心情。

消失在臺灣人視野的商場，只有在週末特別活躍。每到此時，第一廣場聚集許多來自印尼、越南、泰國、菲律賓的移工，他們聲調各異的口音摻合尖銳的電子音樂，讓大樓活了過來。

還不到營業時間，鐵捲門半掩，門口已聚集三、五十人，但只有店家跟送菜的小販能從側門提前進入。在一廣擔任保全二十年的老蔣，穿著有些寬大的制服在鐵門前來回走動、維持秩序，一隻手叉著腰，對門口的移工沒好氣地說：「十一點才開門。」

鐵捲門的鉸鍊齒輪久未潤滑，每次老蔣啟動捲門時，都會發出「匡啷、匡啷」的響聲。幾十名移工引頸期盼，等待商場的大門開啟，門後不會有像百貨公司一排站開，以九十度鞠躬姿態，齊聲喊「歡迎光臨」的迎賓隊伍，這裡是老派的商場，店家的人只是靜靜地坐在商鋪裡，翹著二郎腿盯著平板螢幕追劇，直到有客人走近才不情願地抬頭。

大廈騎樓沒有營業時間的限制，狹小的通道透早就擺著一簍簍小茴香、肉荳蔻與香茅葉，還有堆滿一座座小山似的鴨仔蛋。四樓和五樓是旅館，六樓號稱是全臺最大的移工夜店區，開了分屬菲律賓、印尼、越南人的三家夜店，只要花入場費一百五十元，就能待一整天。三樓以下是小而密集的商鋪，有超過三百個攤位，樓層的中心地帶都是手機行，其餘圍著東南亞餐廳、超市、理髮店、服飾店、金飾店與貨運行，十足異國情調的街區吸引了政府的注意。

二〇一六年，時任臺中市長的林佳龍響應新南向政策，將第一廣場改名為東協廣場。

不過，這項改名沒有影響到這棟大樓真正的消費者——外籍移工，他們仍習慣稱呼這裡叫「一廣」，或「廣場」（the square）。我自二〇一六年起持續報導移工題材，總能輕鬆地以「一廣」作為話題，與在臺灣其他縣市工作，甚至已返國的移工打開話題，至少在我的經驗裡，還沒聽過移工們稱呼這棟大樓作「東協廣場」。

這裡是全臺東南亞移工密度最高的大樓，超越臺北市中山北路的小菲律賓或桃園後火車站的泰國街。十三層樓總共三萬建坪的面積，顧客混雜著四國的移工，尖峰時段每小時約有五千人走過，如果在發薪日後的星期日，則有二萬名移工同時湧入。算筆簡單的算數，臺灣目前約有七十二萬名移工，分別乘上廠工與看護的最低工資，是超過一百七十億的現金流，即使薪水八成都寄回家，只留下兩成消費，還有超過三十五億新臺幣在市場流通。根據臺中市經濟發展局估算，即使店家只經營週末假日，只要移工每個月在一廣消費二千元，至少就能為商圈創造一．六億新臺幣的商機，超過臺灣人整年在韓國東大門的消費。

一個完全由移工撐起的商圈，熱絡的關鍵在於洶湧人潮。

在臺灣的移工群體二〇二二年時約七十萬人，臺中市與鄰近的四個縣市將近二十三萬的基底，占三成移工人數。就算只看臺中市，三十年間移工人數從二萬四千人增加至十萬七千人，成長四倍，是六都中成長最快的。這波成長動能直接反映中部精密機械的產能擴張，從精密園區啟用以來，臺中移工人數每年以平均七%的速度成長，大幅超越桃園四%的平均成長率。

臺中火車站是交通中心，短程客運與長途巴士都在此處交會。每個週日，中部二十萬的移工大軍從各處往這裡匯集，大多數從西屯區的中部科學園區與神岡的豐洲工業區搭公車和火車前往，遠一些的，像南投的南崗工業區，移工們有熟識的計程車司機接他們往返，車資不跳表而是約定俗成一趟八百元。熙來攘往的計程車讓火車站前的交通打結，跑車的司機說，週日跑工業區的收入最高可達六千元，而平日在市區瞎轉一天還賺不到一千元。

學習另一套生活的規則

勞動力一直是製造業最核心的財富來源。如果以人均產值估算，[1]製造業的移工每年貢獻約二千億。在臺中十一萬名移工中，廠工占了八萬人，保守估計，移工一年為臺中貢獻約三百六十億新臺幣。但是，這座城市因經濟增長而提升的城市風景和愜意生活與他們無涉，他們始終是臺灣人眼中的「外勞」，一枚便宜好用的勞動力。

踏入異國工作，移工們必須很快學會另一套規則。和家鄉以親緣維繫的紐帶不同，工廠是通過嚴格的規律運轉，每個進到臺灣的移工，都沒有自己的名字，而是變成一個代號，無論是工班的編號或仲介取的中文名字都沒有差異，他們最終成為大機器裡的一個零件。

上下班要打卡，每天按表操課，六點半起床，七點五十分準時上工，直到下午五點半；早上十點和下午三點各休息十分鐘，中午用餐四十五分鐘，除了休息時間外一律不能聊天。

即使在休息時間，他們彆扭的中文，也成為被開玩笑的對象。工廠裡的移工老鳥，學會以自嘲的方式融入臺灣工人，而新來的移工卻因聽不懂中文，也不習慣噪音巨大的生產線，甚至不願意開口說話，他們靜默如雕像、將身體封閉成地窖，反而符合了臺灣雇主眼中「溫順」的形象。

只有週日，外在標籤被解除，移工在一廣以同鄉為單位聚集起來，他們不說中文，吃著熟悉的辣椒魚露，形成抵抗外部世界的小群體。

起初，我待在一廣，經常有報導難以為繼的感覺，因為沒有移工願意開口跟我說實話。當問到他們的雇主，多數移工總會敷衍地回：「一切都好」。我蒐集到許多類似的答覆，但心裡很不踏實。剛開始，我每個週末從臺北搭車到臺中，可每週往返的車資跟旅費太耗時間又太昂貴，而我真的需要打入移工的圈子。

我想在一廣租個房間，公司也願意支持。第一廣場的左側是典型的住商混合，我的房間在十一樓，這裡在一九九〇年代曾是臺中地王，不少人捧著現金搶購。如今住戶大多已經搬離，我四處打聽，找到一戶住家，屋主翻新室內管線，隔成多間出租套房。

我的租屋處，進門有整片大落地窗，從窗戶往下望，三棟大樓圍著中庭廣場，中央是座仿貝聿銘的羅浮宮金字塔。不過，我的房間四處孔隙頗多，入夜後寒氣透入，在房內需要蓋厚棉被入睡。腳底下常有蟑螂來往，走廊的樓梯間不時可以看到老鼠，還有惱人的噪音，大樓對面的綠川正在進行水溝蓋的開蓋作業，每日把我從睡夢中叫醒。但我真心喜愛這個地方，平日裡大樓沒有客人而店家又沒這麼忙時，我喜歡隨意找間東南亞的餐廳用餐，趁機跟老闆娘多聊幾句，像是三樓轉角的泰國餐廳老闆娘，來自泰北清萊的「美斯樂」，泰文是「和平的山丘」，他們是柏楊小說《異域》中描述的泰緬孤軍後裔。她跟我說起小時候怎麼見到邊境發動戰爭，或金三角地帶毒品氾濫，深深影響了她的親人和朋友。

時間一久，這裡的店家與移工開始習慣我的存在。像是我與手機行攀談，店主回我：「我知道你啊，一個臺灣人整天在這裡走來走去的。」或是當我跟大樓警衛自我介紹前，「這裡店家都跟我講，有個臺灣人住這裡。」走在大樓裡，我能感覺到，開始有移工跟我點頭示意，甚至邀我進入他們專屬的KTV包廂。

儘管採訪有所突破，但我亟需找到屬於我的田野地「家人」，一位能夠推心置腹，帶我進入神祕世界的關鍵人物。我從前人的田野工作汲取靈感。社會學者藍佩嘉在為《跨國灰姑娘》進行外籍看護工的訪談時，曾在一間菲律賓移工常去的天主教堂開設中文課；臺灣國際勞工組織（TIWA）經常在移工聚集地擺攤，替工人處理申訴與計算加班費。

我決心讓自己在移工的圈子裡「有用」一些，教中文好像是唯一選項。多方探聽下，我得知一廣附近有位越南法師開給移工的中文班。我前往拜訪，認識了阿軍，當時他在臺灣工作將近三年，中文說得相當流利。

「我聽說一中街的炸雞排很出名。」阿軍隨口問。這條以臺中一中命名的街廓，以密集的補習班與平價的小吃攤聞名，僅與第一廣場之間隔著臺中公園。「那裡不遠，我們要不去逛逛？」我向阿軍和他的朋友提議，他們都是來自中文班的學生，已經在臺灣工作了三年多，我們經常在一廣度過週末的閒暇時間，然而我突然意識到，他們可能從未離開這棟大樓。當我們排到可以點餐的時候，他們雖然可以說流利的中文，但仍怯怯地轉向我說：「三塊雞排不要辣。」

對語言的恐懼，壓過他們嘗鮮的念頭。我在三樓餐廳區經常遇到越南人阿新，他在臺中太平一家鞋廠當作業員已經二年。平日中午跟著工廠吃便當，不過重油重鹹的口味讓他連一半都吃不完。為了省錢，晚餐他就和工廠裡的越南朋友，簡單煮些泡麵裹腹，即使吃得單調，也不想去臺灣的店家吃飯，因為「去臺灣人開的餐廳語言也不通」。

他在腦中演練過很多遍點餐的情況，因為中文還不夠好，他必須盯著菜單看一陣子，接著店家會露出不耐的表情，後面排隊的人龍會有十多雙眼睛盯著他，可能還有一兩個人會從隊伍中探出頭，想搞清楚是誰拖慢速度，想到這裡，阿鑫就不敢自己一個人踏進臺灣餐廳。

我也在大樓的酒吧裡，見過擁有盎格魯撒克遜裔五官的客人，用不甚流利的中文點餐，店家像是鼓勵牙牙學語的孩子：「哇，你會講中文啊，講得很好耶！」

顯然臺灣人的耐心不會用在移工身上。不只一次，我聽過雇主、官員說：「他們要來臺灣工作本來就要學好中文啊！」

但在一廣，阿軍跟阿新都可以卸下這份壓力。我在某個週日下午遇見阿新，他與幾個朋友聚在三樓角落的餐廳慶生，頻繁造訪讓他跟老闆娘變得熟絡，阿新四天前才打電話來預定包廂跟酒菜。

這家餐廳的店主是賴姨，她曾在一九六〇年代到菲律賓當臺勞，當時菲律賓是亞洲第二富國，人均GDP僅次於日本。然而，進入八〇年後淪落為赤貧國，全國一半人口生活在貧窮線之下，每六個人中就有一個，找不到固定工作。[2] 賴姨在九〇年代發現來臺灣的菲律賓人變多了，於是她決定還原在菲律賓吃過的家常菜，在一廣開了第一家菲律賓菜餐廳。

一廣中提供的各式經濟，提供了移工在臺生活所需，也讓他們可以「一站式」購足，將物品寄送給家鄉的家人。（攝影：林佑恩／報導者）

有人開玩笑說，在第一廣場就能看出臺灣的移工政策的變化。當賴姨在二〇〇〇年前後發現越南人變多了，她頂下二樓轉角的四間店面，改造成越南風格的KTV包廂。其他店主紛紛跟進，三樓變成滿是越式KTV的混合式餐館，每到假日都一位難求。但店主們或許不知道，這全是前一年，臺灣政府為了抗議菲律賓片面中斷航空協議，暫停了菲律賓移工的輸入。為了填補這個勞動力缺口，勞委會積極與越南政府洽談，最終在二〇〇〇年開放引進越南移工。

「他們平常都會先打電話來訂位，」賴姨說。這裡消費方式是點菜吃飯，唱歌一首十塊，酒錢另計。「他們都五箱、十箱地叫，」賴姨接到電話後，總故作誇張地回：「那星期五我得先囤貨起來，至少要三十箱啤酒。」

他們不是無欲溫順的機器

移工裡的女工，與男工人數相當。工作帶給她們的恐怖感，不在勞累，而在於身心的消磨。才二十歲的泰國女工 Bow 看上去倦怠而早熟，比實際年齡多了十歲，她在苗栗銅鑼的醫療器材工廠當作業員，每日重複使用鉗子超過二千次，掌心常壓出一道暗紅血印，但她抱怨最多的，不是右手的酸痛，而是每天必須穿很醜的制服。

只有假日，她才能透過衣著打扮，重新感覺像個人。

星期天一早，Bow 六點不到就起床，先用離子夾弄出波浪卷髮，刷翹原本就很濃密的睫毛，再換上亮黃色的無袖背心內搭粉紅色小可愛，一路裝扮到十點，才走出工廠搭車。

中文還不流利的她，怯生生地對著車站售票員說了「臺中」，買的是最便宜的區間車車票，心裡默念同鄉跟她說的：從銅鑼到臺中要經過六個站。

這天是她與姊妹們的約會，因為她們的男朋友剛好都要加班，「我們女生喜歡來臺中玩，可以逛街買東西，」手上已經拎了四、五袋戰利品，正準備去一樓的美甲店做指甲彩繪。聚會聒噪熱鬧，談興正濃的時刻，我隨口問了：「妳們跟男朋友週末約會都去哪裡？」整群人中年紀最大的 P'yu 大笑起來：「當然是去開房間啊，時間寶貴耶！」說完，幾個女人又是笑得擠作一團。

在臺灣人的眼裡，他們是沒有欲望的。實際上，「休息三小時五百」是一廣隨處可見的廣告橫幅，上頭用四國語言重複。每逢假日，這些旅館的房間常是一房難求，一位司機告訴我，在某次聖誕節後的週日，他載過一對剛從工廠出來的移工情侶，在火車站周遭繞了整晚找不到房間。

他們同樣年輕且充滿欲望，卻在每天重複八到十小時的活後，擠在四到六人一間的宿舍，晚上十點準時熄燈睡覺，有的工廠甚至派二名臺籍幹部跟著住在宿舍，為了避免他們大聲喧譁。

欲望需要出口，一廣成了搭訕的江湖。在這裡，到處晃悠著正值求偶期的男女，等時間更晚一些，整棟大樓都瀰漫著澎湃的荷爾蒙。

泰國移工是大樓裡公認的情聖，他們五官深邃又幽默，我曾遇過泰國人剛見面就對身邊念醫學系的朋友說：「你未來是醫生嗎？」「那我心碎可以找你治療嗎？」逗得朋友開心亂笑，果然順利交換 Line 帳號。

每個週末，越南的阿賓會跟哥兒們聚在二樓的飲料鋪，低矮板凳與木摺疊桌排列成陣地，散亂在桌上的葵瓜子是最佳掩護，他們搶坐在最靠近手扶梯的位置，「坐在這個位子最好，剛好手扶梯上來就可以看到小姐。」

「娶老婆還是要回越南娶，我喜歡保守一點的，在這裡就看別人的女朋友就好了。」阿賓的朋友突然插話說。

阿賓一聽便大笑起來，接著他變得嚴肅，向我解釋女性移工也有同樣的親密需求。臺灣雇主為了避免男工與女工談戀愛，更傾向於僱用同一性別的移工。到了假日，女工也會和同在異鄉工作的男工談一談、耍一耍，不乏一夜情。時間一到，該回家的回家，該結婚的結婚。

努力賺錢，奉獻家庭，才是移工故事的底色。每個月十日領薪後的星期日，被移工稱作 Big Sunday，第一廣場周遭的匯兌商家，單筆匯款手續費大約在一百五十元，每家都排著長長的人龍，他們小心翼翼地揣著裝薪水的牛皮紙袋，準備寄錢回家。

對菲律賓籍的看護 Marvic 來說，到第一廣場一趟並不容易。一來看護工不是每週都能放假，而她的雇主家在大雅，來一趟市區要一個小時，晚上六點以前，她又必須離開，才能趕上八點的門禁。如果只能外出幾個小時，像一廣這樣讓移工一站購足的大樓相當重要。她通常會在這天從二樓的海運公司買一個硬紙箱，箱子跟小冰箱一樣大小，她會把巧克力、衣服、鞋子、飾品、盥洗用品放進箱子裡，直到箱子快要蓋不上，然後把箱子寄回菲律賓給正在讀國中的大兒子和小女兒。

一廣的過往

以前的一廣不是這樣的。

現在第一廣場的這一片區域，最早在一九〇九年被日本人規劃成公有市場，紀錄顯示，[3]這是日本人在臺灣最早規劃的一批市場。後來國民政府來臺後接手，一九七八年的一場大火，燒毀市場裡大部分的建築。由於位處黃金地段，臺中市政府陸續委託東海大學與逢甲大

在一廣，移工可以吃到熟悉的家鄉味。（攝影：林佑恩／報導者）

學做市場改造方案。

直到一九九〇年，第一廣場建造完成，樓高十三層，地下三層，占地八千八百二十四平方公尺，約二十一個籃球場大，當時進駐電影院、溜冰場與百貨精品，是臺中市中心最為顯著的地標。

重建第一市場的過程，市府財政困難，於是找來建設公司合作興建大樓。當時是臺灣經濟的黃金年代，經濟成長率維持九%許多年，富人手中有大筆現金注入市場，加上臺灣政府積極建設高速公路，鄉村人口湧入都市，房市景氣看好，蓋房子的速度甚至趕不及賣。第一廣場峻工後，建商交付市府一到三樓的所有權，作為原第一市場的補償，並將其他樓層分層出售，交易金額屢破紀錄。然而這項安排，造成第一廣場產權複雜，即使後來大樓蕭條冷清，也難以整合產權人的意見進行都更。這反而給往後的移工商場提供契機。

大廈剛落成時，臺中市中區非常繁榮熱鬧，百貨公司連著百貨公司，遠東、龍心、財神，一間開過一間，而第一廣場是心臟。每天開門，近三十臺電梯不停運轉，手扶梯內外側都站滿了人，地下室四百八十個停車格一位難求，保全老蔣對五樓的精品百貨印象最深，「整條走道都是人頭，看不到路。」當年信用卡還不普及，店家都以現金交易，又碰上臺灣錢淹腳目的時代，那時候生意好到「是用麻布袋來裝錢的」，老自治會連會長回憶。

好景不常，一九九五年中港路上的衛爾康西餐廳，發生嚴重火警，奪走六十四條人命。都市裡傳說有艘幽靈船，飄到一廣的上空，要載滿一百條冤魂才會離開。

都市傳說傳得繪聲繪影，後來又傳有怪客拿著愛滋針筒到處刺人，充滿負面新聞曾讓臺中教育局發文給各級學校，要求學生放學後盡量不要前往第一廣場。

從那時起，一廣的人潮銳減。當時，臺中市郊區新興重劃區興起，臺中市政府遷至西屯區，經濟中心跟著轉移。一九九九年的九二一地震，是壓垮駱駝的最後一根稻草。「我那時候剛來接二樓，每天都有人跟我退租，從一百三十六個攤位一直退一直退，退到最後只剩六間，你說恐不恐怖。」當時負責樓管的郁玲說，「講真的，如果當初不是外勞來，一廣早就死掉了。」

因為特殊的歷史機緣，臺灣人離開了，反而生出安全感，移工們願意進來了。

遮蔽性帶來的安全感與灰色經濟

從外表上看，第一廣場是棟十三層樓高的ㄇ字型殘舊大樓，外牆原本貼滿潔白的磁磚，如今被歲月打磨成洗不掉的灰白。大樓裡的電梯錯落不同位置，分別抵達不同樓層，各自有各自的出口，交織成巨大迷宮。這在長期研究東南亞移工空間的臺大城鄉所教授王志弘眼裡，「這就是種遮蔽感，整個包備起來，就跟個洞穴一樣。」

長期爭取移工權益的臺灣國際勞工協會二〇一六年在一廣開設辦公室，因為工作關係，研究員陳秀蓮經常接觸臺北與桃園等移工聚集地，但她心裡覺得一廣更特別，「有一種封閉性，臺灣人真的不會來，這裡真的相對單純就是外勞。」

「我有找過工廠的臺灣人來，」一位身形瘦弱、脖子上戴著銀色粗項鍊的越南籍廠工阿安轉述，「他們說這裡是外勞的樂園，才不會想來。」「這樣也好，那這裡就是我們的地方了。」坐在他一旁的朋友點頭表示同意。

封閉的大樓、純粹的移工，生出一層保護感的薄膜。

這層薄膜，讓灰色的經濟空間得以在裡面生長。而這個族裔經濟能夠成形，除了大樓的低廉租金外，還仰賴假日才出現的廉價打工仔。

最直接的，便是週末的餐廳為了應付大量的客人，普遍僱用移工打黑工。我當時問過至少五個店家，得出一天的行情價約在一千至一千三百元左右。[4]儘管《就業服務法》規定：外籍勞工禁止從事許可外工作，但是「如果沒有這些人來打工，這裡生意根本做不下去」。有老闆估計一廣的店家，在假日達八成都有非法雇工。

越南人阿嘉週日在一廣附近的餐廳打工，要搭五點鐘最早的一班公車到一廣，通常到晚上十點收拾完才下班。來臺灣第一年他根本不敢休假，這是因為移工仲介積弊已久的陋習。

阿嘉來臺灣之前，要先舉債支付七千美金，約臺幣二十一萬元，以支付當時高額的仲介費。他仔細算過，每個月二萬零八元的薪資，[5]扣掉每個月分攤的仲介費、勞健保跟食宿費，幾乎所剩無幾。要寄錢回家，他得靠假日冒著被遣返的風險出來打工，「我會出來打工，也是不得已的選擇。」他說。

依勞動部規定，若有人檢舉移工打黑工可拿到五千元獎金，而非法雇主將被裁罰十五萬元以上罰款。[6]不過，一廣的店家回應，這裡沒有人檢舉移工打黑工，無意間使一廣成為移工的打工天堂，也讓臺灣店家與移工之間生出信任。

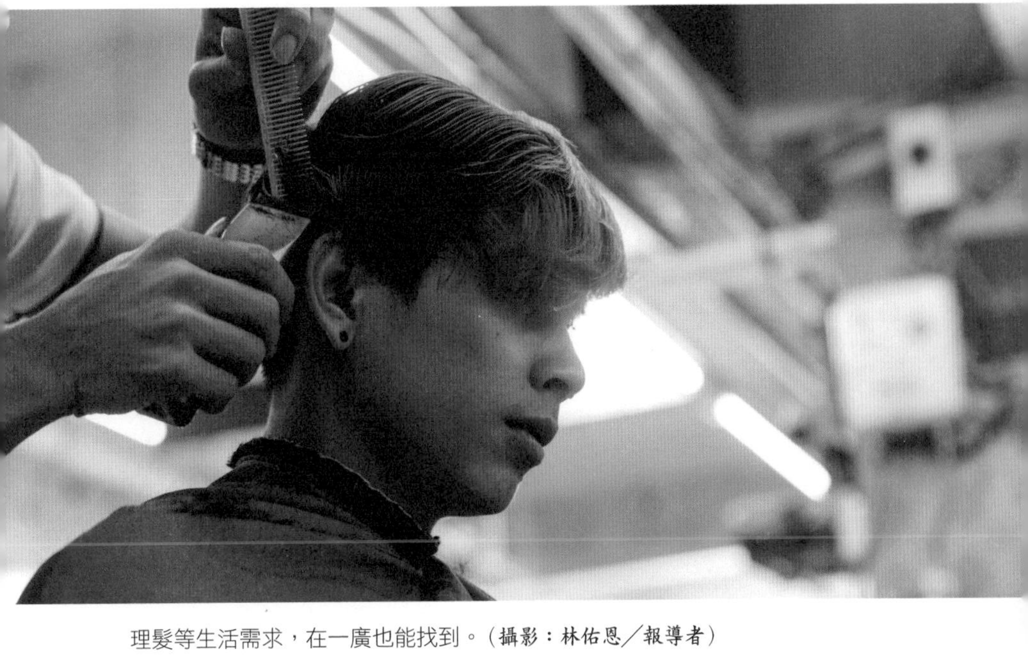

理髮等生活需求，在一廣也能找到。（攝影：林佑恩／報導者）

就像用篩子過濾，不願做移工生意的店家都離開了，手機行是少數留下來的。「找手機嗎？進來看看喔。」此處叫聲喧天，不時切換三國語言，三樓是著名的通訊街，原本經營臺灣客人的店家要轉做移工生意，就得調整腳步。

多數移工使用易付卡，不同於臺灣人辦門號搭手機的方案，於是手機行提供便宜的中古手機，配件也換成中國來的水貨，有些店家觀察到移工的手機汰換速度很快，二個月就會換一支，就延伸出舊換新方案，移工只需貼補一些差價就能買到最新款的二手機。

光是手機行就在周遭發展出連帶的產業鏈，「外圍有收中古手機再拿來給我們，我們整理一下再賣給外勞，一些最新款的手機價差可以達到一萬。」一位手機行的店主告訴我，「外勞的生意比較好做，不像臺灣人搭門號介紹半天還不買，一天做不到三組客人。」年輕移工攢兩三個月薪水，買一部時髦手機，並把它看作開啟新生活的象徵，一位店主估計，移工每個月花至少花三千元在手機上。

給予穩定力量的地下社會

不只是移工撐起一廣的經濟，一廣也擁抱著移工，給予穩定的力量。

他們在臺灣街頭的消費，其實充滿挫折與歧視，只有在一廣消費能被更平等地對待。嫁到臺灣十幾年的何娜，已經取得身分證，卻還在百貨公司買內衣碰壁。某次，她挑了件內衣想試穿，「妳這件買得起嗎？」店員冷冰冰的口氣，讓她回憶這段往事仍有氣，「我不喜歡這種被看不起的感覺。」

這棟大樓的客群轉換，正好與臺灣一段引進移工的歷史有關。在三樓經營東南亞超市超過二十年的柯姐，看著這棟大樓的移工來來去去，她的商店依舊照顧著每個移工的需求。占地二百坪的商場，是中部東南亞百貨的主要盤商，在苗栗經營雜貨店的新住民店主，每週來批貨上千張電話卡。但這家超市的前身，九〇年代初期僅是二坪大的電話卡攤位，直到二〇〇〇年初臺灣高鐵興建烏日段，大量泰勞湧入第一廣場，柯姐才頂下店面，開始經營泰國的雜貨店。

六年後，高鐵完工，臺灣的重大工程告一段落，孔武有力的泰勞逐漸在臺灣消失，取而代之的是印尼與越南的臉孔。柯姐跟著引進更多生活用品，並僱用六名東南亞籍的員工，放權給各國籍的員工與顧客溝通並且叫貨，隨時掌握顧客的需求。

在柯姐的商店裡，印尼、泰國的成箱泡麵堆成整面牆，貨架上最明顯的位置擺著越南的G7咖啡與印尼穆斯林的紗麗，「你來這裡想買什麼都買得到，」在臺灣工作已經十餘年的泰國移工阿朋告訴其他更年輕的移工。

當臺灣人離開了，移工願意進來，這裡成為讓他們有安全感的庇護之處。（攝影：林佑恩／報導者）

這是臺灣人十幾年間都不知道的變化，一廣靜悄悄地長出沒人看見的地下社會。

失意是脆弱的，總要有個遁逃的去處。印尼的女性監護工常被取名作「阿娣」，因為印尼的名字常有 te 結尾，臺灣雇主沒有興趣瞭解她們真正的名字，為了方便，都將她們喚作「阿娣」，就像早期許多菲傭被叫作瑪莉亞一樣。某個下午，我在一廣電梯口碰見印尼的阿娣，她的工作軌跡相當國際化，在香港待了十年，二〇一六年時在臺灣工作近六年，我問她雇主對她好嗎？

「老闆娘很囉嗦，不要一直碎碎念就好了。」阿娣大笑，從臉上和肢體上，都流露出放鬆的情緒，這是少數能不在雇主的視野裡，背地說她兩句的小確幸。

十三樓是菲律賓的教會，我在教會認識菲律賓的看護 Marvic，她為了扶養兩名孩子才出國工作，剛離開的時候，小女兒問她，「妳是我的媽媽，為什麼妳不照顧自己的家庭，要去照顧別人的家人。」

剛離開家庭時，一度讓 Marvic 覺得很痛苦，「他們現在青春期了，但我完全不知道他們喜歡什麼。」

她曾經兩次回菲律賓，每次回家她會推掉所有朋友的飯局，盡可能把所有時間留給兩個小孩，直到她要重新出發去機場那天。不過，她絕對不同意小孩送她到機場。

「我不能看到那個他們看著我離開的畫面。」Marvic 將衛生紙折成小方巾，擦著眼淚說。

在臺灣的日子，她每週會買一張五百元的電話卡打回家，起初小女兒還會纏著問，「妳什麼時候回來？」

「再等一下」、「再等一下，等媽媽賺到你們大學學費。」Marvic 總是在回答這類問題時言詞閃爍。

不過，時間久了，她的女兒也不問這個問題了。

教會裡在臺灣待最久的是Rachel，在臺灣當看護已經十一年。高中畢業，剛來臺灣工作時，她一句中文也不會講，就被送到苗栗的鄉下照顧阿公，剛開始雇主講話她聽不懂時，只敢點頭。某次換季，雇主指著曬衣架上的冬被說：「棉被收起來」，Rachel誤以為要丟掉，把棉被扔進了垃圾車，雇主氣個半死罵她：「怎麼這麼笨！」她嚇得愣住不敢動，深怕雇主會把她送回菲律賓，即便事隔多年，她在回憶這段往事都記得當時自己身體在發抖。

她只能每週到教會禱告：「請主保護我，賜給我愛與寧靜的心。」類似的「語言誤會」發生過幾次，「如果沒有信仰的話，我一定會瘋掉，」她說。

唯有生活在一廣，他們不是一枚沒有差異的勞動力。

二名越南籍移工原本是理髮師，他們能夠在二樓能夠重操舊業，租下小攤位開間理髮廳；還有十二樓酒吧裡表演的印尼樂團，最常創作的主題是他們用視訊維繫的愛情。

他們共同相信著，只要一點運氣加上勤奮，便能在這棟充滿傳奇的大樓裡實現自我。

廣場中的江湖

直到二〇一六年，這個地下社會被看見了。

一廣承載不了那麼多需求，東南亞的商店開始蔓延到周邊。鄰近的繼光街瀰漫魚露與萊姆混雜的道地越南河粉香味，與繼光街垂直的綠川西街，整條街的印尼餐館飄出刺激的南洋辛香料，直接衝擊臺灣人味蕾。

店家溢散出來，政府看到它，附近的居民討厭它。

當時的綠川里長薛雅文經常收到里民抱怨，移工在廣場上喝酒喧譁，或打架鬧事。為了安市民的心，臺中市第一分局每週日會調派六十名警力到第一廣場巡邏。

事實上，移工比臺灣人更循規蹈矩。據勞動部的統計，每一千名移工只有不到五人犯罪，比起當年度臺灣犯罪人口率，每千人約十人犯罪，算是相當低的。[7]

臺中市政府似乎看見這裡的豐厚生命力，在二〇一六年將第一廣場更名為東協廣場。但這樣的命名，顯現臺灣對移工想像的薄弱，不論是統稱的「外勞」，或是區域經濟體的「東南亞國協」，他們似乎是一群臉孔模糊的總體。但他們卻有各自生猛的特色。

不同於東協十國，一廣聚集的移工僅由印尼、越南、泰國、菲律賓四國組成，而且在這龍蛇混雜的江湖裡，族群間的互動遠非「東協」這般統一的概念，而是各自畫出周邊的地盤。

越南人盤據二樓電梯口的位置，泰國人則是聚在三樓角落的泰國小吃店，菲律賓人多數時間在十三樓的教會，而印尼人的領地從一廣的電梯口，一路延伸到戶外的廣場上，白色的三角帳棚是與同鄉聚會的標誌，他們稱呼為「畢拉密」，取自印尼語金字塔（piramide）的諧音。他們鮮少往來，更多時候是彼此歧視，像是泰國人覺得越南人是流氓，而越南人則看印尼人邋遢。

這棟大樓裡，其實還充滿著階級。有少數被菲律賓朋友帶到一廣的白人頗反感警察頻繁的臨檢，來自美國的 Frank 抱怨道，他的菲律賓朋友必須排隊，一個個拿出證件檢查，但「因為我是白人，從來沒有警察檢查我的證件」。

領到身分證的外配跟移工，在一廣也是不同的階級關係。

商家在一廣能夠做起生意，除了租金低廉外，還需壓榨假日才出現的打工仔。在餐廳打工的阿嘉抱怨，開餐廳的外配老闆娘跟他說一天工作十五小時、薪資一千五百元，但「實際上不會給那麼多，頂多只給一千而已」。

即使會有剝削，或互看不順眼，一廣終究安置了他們流浪的心情。

太陽下山，燈箱亮起，廣場外的計程車，吆喝著「回去嗎？回工廠了嗎？」準備接走最後一筆生意。我坐在廣場前的空地，問了身邊的印尼朋友：「你會不會覺得這裡很無聊？」

「是很無聊啊，」他撓撓頭地傻笑，「不過也沒地方去了啊。」

可能是常年日曬風吹的原因，他們皮膚大多黝黑粗糙，平日穿著統一的深藍或深灰制服，在臺灣人眼裡是臉孔模糊的勞動力。唯有在一廣，他們才能展示最獨特的自己。

他們一點也不邋遢，更不寒酸，只要週末踏進昏暗陳舊的第一廣場，他們被嚴重毀損的尊嚴便再次恢復，變得年輕而富有朝氣。

我知道他們下週還會再回到這裡。

2 透明的小孩——在臺無國籍移工寶寶與異鄉生養難題

住在一廣時，我的鄰居是一間相親介紹所，老闆是位年紀大約五十歲的中年女人，她戴著一副金絲邊框眼鏡，臉龐不動時有點嚴肅。我在電梯裡遇過她兩次，第一次遇到時，她對我搬到這裡感興趣，應該是從一廣往外搬，怎麼會是倒過來？聊沒兩句後，她似乎對我的感情狀態更感興趣。

「你幾歲啦？現在還單身嗎？」她邊說邊從包包拿出介紹所的傳單，臉上堆滿笑容。

「是啊，還是單身，我是記者，來這裡寫報導的。」我回答。

「記者也很好啊，你是哪家電視臺的？」「都不是，我在一家網路媒體工作，」當我開始解釋是家專做深度報導的媒體，試圖挽回一些頹勢，她明顯失去了興趣。後來，當她發現我在大樓總跟外勞混在一起，我們又陸續在電梯、走廊遇過幾次，她只是盡力維持著微笑。

住在大廈兩個月之後，我開始享受一些內行人的待遇。例如在某個假日，我和幾個菲律賓朋友在酒吧聽完樂團表演，再跟他們到舞廳跳舞。那家舞廳門口貼了張讓我有些意外的告示：「謝絕臺灣朋友進入」。

「你等一下不要說話，讓我們來買票。」在他們商討對策時，我的心臟快跳到嗓子口，我的幾位移工朋友將我前後包夾，身後有人給我披上外套，整團人嬉鬧著通過檢票員，確定成功後，我心裡充滿的，是種被當作是「局內人」（insider）的快感。

有時我會接待到臺中採訪的同事，當他們看著我熟稔地穿梭在這棟大樓，能夠分辨哪座神祕的電梯通往哪座出口，不管走到哪都有人跟我打招呼，給我起了個有點令人難為情的綽號：一廣主委。尤其當他們這麼叫我，而大樓的主委又剛好經過時。

我的中文名字太難記了。每次採訪，或開啟一段談話前，我都會介紹自己是記者。但他們沒人在意這件事，有些移工會稱呼我「老闆」，好像這是他們對臺灣人唯一的稱謂。這是我最討厭的稱呼之一，有種階級的意味，尤其當時我亟需融入移工社群。

一些比較重要的採訪，我會找翻譯陪同，多數時間，我必須靠自己。我完全不懂他們的語言，跟移工聚會時，只能安靜地坐在一旁，做隻釘在牆壁上的蒼蠅。有時我想，這種跨文化的田野還真令人舒心，不必說話倒挺適合我這樣有些社交恐懼的記者。

關愛之家提供移工寶寶暫時庇護的居所，但寶寶們的國籍取得問題仍是一條艱辛的路。（攝影：林韶安／報導者）

話雖如此，當時的我還是真心想要掌握至少一門東南亞語言，我找了一位印尼語的家教，維持兩週上課一次的頻率。週末時，我有了更好的理由留在印尼餐廳，因為我要練習印尼語。儘管我說得很差，但就像來臺灣許多年只會講「你好」的高加索人一樣，餐廳老闆娘與顧客還是用最大的包容鼓勵我：「好厲害，你會講我們的語言。」

收容移工寶寶的關愛之家

有了這層關係，我愈發熟

悉印尼移工的圈子，也找了一位語言交換的夥伴。她叫莉娜，來臺已三年，在一家彰化的長照機構工作。某天下午，她提前傳訊息向我致歉，我們的語言交換必須順延一週，那個週末，她和朋友約好要去臺北的「關愛之家」，她說那裡收容了上百位移工寶寶，在印尼移工的社群裡經常有人號召去照顧小孩，或捐獻部分的薪水，以購買嬰兒物資。

我對關愛之家很是好奇，在某個熱得汗流浹背的下午，我前往拜訪。還沒進門，屋子裡幾十個孩子的哭聲此起彼落，保母顯得有點手足無措。

「抱抱，抱抱。」小雨的請求掛在空中沒人回應。角落裡有個特別嬌小的孩子，他伸長了手，搖搖晃晃地往欄杆邊走去，圓滾滾的大眼睛掛著長長的睫毛，視線跟著大人的每一個動作，極度渴求他們能注意到自己。

楊婕妤推開門走來，俐落地一手抱起小雨，另一隻手拿奶瓶餵奶，長長的黑髮披散在憔悴的臉龐，不時有嬰兒朝她爬來，就像無尾熊抱緊尤加利樹，攀住她不放。

她創辦的關愛之家一直以來都在照顧愛滋病人，直到二十幾年前，才開始照顧移工母嬰。我問楊婕妤為什麼？「有人需要幫忙，我不能拒絕。」就因為這句話，她接納了一屋子受疾病、國籍汙名的人。

不過，原本關愛之家僅是被動少量收容，後來卻成為移工媽媽在異鄉的娘家，這個轉折，發生在二〇一〇年的某個夜裡。她接到一名自稱在梨山工作的失聯移工的電話，劈頭就說自己快要生了，能不能來接她？楊婕妤回：「我給妳地址，妳搭計程車過來吧。」

過了幾天，一直沒看到這個媽媽，楊婕妤不放心地回撥電話：「孩子呢？」對方回：「沒了。」「沒了是什麼意思？」她再追問時，話筒的嘟嘟聲切斷所有疑問。

後來輾轉知道，那名媽媽撞車讓自己墮胎，楊婕妤一直覺得小孩是自己害死的。也就是從那天起，無論是合法還是失聯移工，楊婕妤再也沒有拒絕過上門求援的移工媽媽。但是，冒出來的移工寶寶愈來愈多，情況也愈來愈嚴重，楊婕妤就曾遇過印尼媽媽把小孩留在門口就離開。

察覺到移工寶寶的情況似乎很不尋常，我四處打聽，想採訪一些煎熬的移工媽媽。我拜託朋友幫我在移工群組裡散布訊息。沒多久，我開始收到一些陌生訊息，「先生，聽說你能解決我們小孩的問題，請你幫助我。」訊息是透過我熟識的新住民傳來的，我們約在臺北車站碰面。

二十八歲的印尼媽媽 Cindy 已有十個月身孕，隨時都可能臨盆，她剛從海拔二千公尺的梨山下山，本來身上有一萬元現金，是男友拿給她墮胎的，她從梨山叫了輛白牌車下山，搭到臺北，司機開口跟她要七千元車資。

她身上僅存的現金不多，眼睛布滿血絲，可能是長期處於逃逸狀態，她迴避著所有人的目光，視線時常不自主地低下。沉默許久以後，她從皮夾掏出一張超音波照片，「這是我的兒子，我想要帶他回家。」

她和男友交往約三年，原本是家庭看護，後來受男友鼓吹，說離開可以賺得更多，她決定成為失聯移工，跑到梨山和男友一起打工。他們在山間的工寮同居，平日就等著包工頭帶他們到不同農家工作，二人過上一段恬淡溫馨的日子。直到男友得知她懷孕，三番兩次要她墮胎，「我不敢啊！我怕有罪。」篤信伊斯蘭教的她，相信墮胎等同殺人。

那天稍晚，我緊急撥電話給楊婕妤，她讓我把移工媽媽帶去，我第一次在夜間造訪關愛之家。我此前很少在這裡看到移工媽媽，以為多數小孩都是被移工父母無情拋棄的。那天晚上，我見到好幾位移工媽媽躺在地板上，甜蜜地抱著孩子入睡，還有一群懷孕等待生產的女人，而楊姐就躺在她們其中。

原來，大多數孩子只是被寄養在關愛之家，移工爸媽們仍在臺灣工作，有些自由度更高的失聯移工，晚間不必回宿舍或雇主家，他們會在工作結束後來陪孩子睡覺。考量到移工爸媽的經濟負擔，楊婕妤僅在收托時，要求他們每月繳三千元的托育費，補貼尿布、奶粉等開銷，不足部分再由關愛之家募款補足。

另一名三十歲的印尼媽媽 Amy 來關愛之家已經四個月，她將三個月大的兒子小星星放在一張嬰兒搖椅裡，像是打節拍般前後搖動，「我需要一點時間賺錢，等存到機票錢我就會帶他回印尼。」她給自己的期限是一年，在這段時間裡她要賺到繳納逃逸外勞的罰款，還有母子倆的機票與等待遣返時的生活費。

移工小孩在各國的難題

在國籍為「屬人主義」的臺灣，即便在臺灣出生，移工小孩也不能取得我國國籍。如果小星星沒有隨同母親回到印尼而是留在臺灣，那他可能成為臺灣單方面認定是印尼籍、但實際上卻是滯留在臺灣的無國籍小孩。[1]

根據聯合國兒童基金會（UNICEF）和國際移民組織（IOM）聯合發布的報告，在二〇二〇年全球約有三千六百萬名移工兒童，他們當中部分人沒有合法的旅行文件（undocumented），或是成為無國籍（stateless）小孩，[2]很容易就遭到剝削。

富國與窮國之間創造出來的收入差距，在推動勞動力流動方面是相當靈活的，富國在人手短缺時引進勞工，一旦過剩即中斷管道。學者華勒斯坦（Immanuel Wallerstein）提出世界體系理論（world system），將資本與移民流動的方向，與國家的政治文化融合在一起，貨品與移民都從居邊陲位置的第三世界，流向以歐美為主的核心國家。

儘管跨國移動前路凶險，但在經濟滯後的國家，受教育程度低、技術水平低，以及受傳統文化限制的女性，個人發展常受到阻礙，為了抓住往上爬的機會，她們冒險踏上前往富國的旅途。不過，在富國她們很難找到自己的位置，只有在少數行業例外，例如醫療護理。這個行業勞心勞力，需要二十四小時照顧老人或小孩，本地人不願意做，招募大量女性移工接手。

愈來愈多跨國移工是處於黃金生育年齡的女性，她們為了就業，拋下家人或推遲生育。不可避免的，出於選擇或意外，她們有些人在異鄉懷孕，生下孩子。

不過移工們的小孩，是不是一出生即有與生俱來的權利，是近年來各國反覆爭辯的主題。二〇一八年，自許為移民機遇之地的美國，總統川普公開批評「定錨嬰兒」（anchor baby），[3]企圖修改出生公民權的規定，並嘗試終止DACA（Deferred Action for Childhood Arrivals，童年抵達者暫緩驅逐辦法）——一項針對未成年無證移民的教育與救濟行政指令。然而，一向對外來移民戒慎恐懼的日本，二〇〇八時，最高法院卻裁判十名無國籍兒歸化日本，這些孩子是由未婚的菲律賓籍媽媽和日本男性所生的「Japanese-Filipino Children」（JFC）。[4]日本並於二〇一九年正式引進移工，與當地勞工同工同酬，還允許通過考核的看護工申請永久居留證，帶家人與孩子同住。[5]

美國人類學家妮可・康斯特勃（Nicole Constable）認為，移工嬰兒正好切中全球勞動力遷移的問題核心，亦是考察一國廣泛經濟結構、人道價值與移民政策的晴雨表。她曾在香港訪問多位懷孕產子的外籍傭工，出版《生在異鄉》（*Bron Out of Place*）一書。[6]她曾在訪談時被質疑，移工嬰兒的數量很少，多數移工媽媽都帶著孩子回鄉了，何必研究這種「小」問題？她回答，「這確實是個很小的問題，但它對我們如何理解和實踐人道主義至關重要。」

對於女性移工的人權侵害

回顧臺灣的遷移政策，所有管理手段旨在防範移工變相移民，尤其是能生出異族小孩的女性移工，國家介入管理她們的身體。在最初的《就服法》裡規定，移工不得結婚與懷孕，違者一律強制遣返。

由於禁婚、禁孕涉及就業歧視，在二〇〇〇年時，美國發布人權報告批評臺灣政府強制女性移工驗孕，已嚴重侵害人權。次年，勞委會不得不取消移工不得結婚的規定，二〇〇二年，再刪除入國後六個月的妊娠檢查；二〇〇七年刪除入國後三日的檢查，一直到二〇一五年，臺灣政府才不情願地全面取消對女性移工定期驗孕。[7]

移工因為廉價的勞動力而受到歡迎，但如同我在本書中一直想傳達的：移工不只是工人，他們在海外仍想要展開個人生活、拓展人際關係，有時，甚至還有孩子。

從統計上看，臺灣的移工人數在二〇二二年突破七十萬，其中三十六萬人是女性，占全體移工一半以上，而且八成都是二十五歲到四十四歲的育齡婦女。在所有女性移工裡，有二十二萬人是家庭看護工，滿足數以萬計家庭的長期照護需求，或許是照顧得太好，臺灣政府屢次修法延長外籍看護的居留年限，二〇一五年後可展延至十四年，還有立委提案延長至二十年。

臺灣在移民法上區隔白領與藍領移工，一般來說，其他國家公民在臺居留滿七年可申請永久居留，再繼續歸化國籍，但藍領移工從法律上即被排除取得公民身分，也被禁止接家人來團聚。臺灣法律清楚顯示，她們是因為廉價的勞動力而受到歡迎，而不是她們的孩子。

她們在臺灣奉獻青春歲月，但對愛情、生育、成家仍有想望。我和語言夥伴莉娜維持兩週見面一次，有時會一起吃飯，聽她聊起自己的家庭。她最崇拜的人是父親，在中爪哇種植咖啡，平時沉默少言，相當愛護妻女，尤其疼愛身為小女兒的莉娜。有次他騎摩托車載她，壓到路上窟窿摔車，他立刻用身體護住她，自己卻撞上路樹。

後來，莉娜的父親生病了，家裡花光積蓄給他治病，可惜沒有成功。父親過世後，留下了一筆錢，勉強支應母女三人的生活。自從莉娜的姊姊交了男友，什麼都願意奉獻給男友，為他買了新摩托車，負擔婚禮多數的花費，還支應蓋新房子的錢。用莉娜的話說，姊姊「被愛情沖昏頭」，把家裡的錢都花光了。無奈之下，她才來臺灣當看護工。

莉娜身材精瘦，一頭黑長髮，舉止十分文靜，衣著上是保守的穆斯林女性，戴著頭巾，即使在夏天也穿長袖，從頭到腳裹得嚴嚴實實。她相當喜愛藝術與閱讀。我住進一廣時，經常碰到她抱著本書，獨自坐在騎樓地板，主題多是愛情小說，就像許多印尼移工一樣，莉娜對臺灣的第一印象來自臺劇《流星花園》，她毫不掩飾選擇臺灣為目的地，是因為「我希望能在臺灣遇到F4」。

我們認識時，我得知莉娜才剛悔婚。她曾和一名男子交往兩年，對方同樣來自印尼，在工廠工作，性格上與莉娜截然不同，男子靈活機智，頗有幽默感。在他們剛認識時，男子直接表達對莉娜的喜愛，沒有戀愛經驗的莉娜，剛抵達陌生的國度，獨自面對孤獨、憂慮與思鄉之情。她接受男子的追求，結識他身邊所有的朋友，男子甜蜜話語豐富莉娜的生活，他們決定在臺灣結婚。

兩人都是虔誠的穆斯林，他們決定舉辦比一紙婚約更具約束力的宗教婚禮，他們請清真寺的長老證婚，穿著傳統的印尼婚服，他們在臺灣的親友都從各地趕來參加。可是在婚禮結束後，莉娜發現，男子在印尼早已有了老婆和小孩，在臺灣也和其他女人曖昧不明。莉娜決定和他分手。

這段失敗的婚姻讓她哀傷不已，莉娜決定把重心放在自己，她上網靠自學完成空中大學英語系的學業，重拾以前在印尼的攝影興趣，並在朋友的幫助下，在臺灣舉辦攝影展。對愛情她還是頗有自信，「我不會跟姊姊一樣被愛情沖昏頭，」她對我說。實際上，她小心翼翼，減少去印尼社群，自願充當我採訪時的翻譯，「能夠聽別人的故事，是很有趣的工作。」她說。

某天下午，她帶一名年輕男子前來，他叫凱，身材挺拔、五官黝黑分明，笑起來有個小酒窩。他不善言詞，但喜愛音樂，在一支印尼樂隊擔任鼓手。他們在印尼住得很近，莉娜說凱是學校裡的「酷男孩」，喜歡獨來獨往，當其他男生鬧烘烘地湧入餐廳，他從家裡帶餐盒，獨坐在教室吃飯。有次，莉娜的表姊舉辦派對，莉娜本來興致缺缺，聽到凱要參加，她盛裝出席，「有點奇怪，我看到他的時候會心跳很快，很害羞。」莉娜說。

高中畢業後，他們失去聯繫。直到幾週以前，莉娜從臉書收到凱的訊息，才知道彼此都在臺灣工作，聊了幾個星期後，凱告訴莉娜，他從高中就偷偷喜歡她了。莉娜跟我講起這個「童話故事」時，手掩著嘴巴，止不住地笑。

我和他們出去吃過幾次飯，莉娜明顯變得開朗，在她說話時，凱總是深情相望。莉娜深信自己終於找到像父親一樣的男人：安靜而有肩膀。

我搬回臺北後，跟莉娜失去了聯繫。某天深夜，我突然接到莉娜的電話，她在電話中口氣很急，好像剛哭過，她說家裡出了急事，希望跟我借一萬元。我盡力安撫，可她不願告訴我出了什麼事，我當下用手機轉帳，並囑咐她好好休息。

我沒再聽到莉娜的消息，向周圍的朋友打聽，才知道她意外懷孕了。凱知道後執意和她分手，但未婚懷孕是伊斯蘭教法的大忌，在印尼一些保守的地區，甚至同意對違反教法的人榮譽謀殺（honor killing）。她不敢跟任何人說，自己偷偷跑到地下診所墮胎。

這件事讓莉娜痛苦不已，沒多久她就回印尼了，至於凱，我後來在印尼餐廳見過他幾次，身邊換了不同女伴。

當我在移工的圈子待得愈久，這類故事就看得愈多。女性海外移工往往受到母國經濟與道德的雙重束縛，就以未婚懷孕來說，在以伊斯蘭教居主導地位的印尼，以及天主教為主的菲律賓，男女都違反教法，但受到懲罰、承擔後果的只有女性。只有很少數的移工爸爸對孩子有依戀，大多數父親都扮演無關緊要的角色，半推半就地分擔生養孩子的花費，還有些男子只提供導致懷孕的精子。

在臺移工寶寶充滿黑數

從二〇一六年追蹤、報導移工寶寶以來，我一直想瞭解臺灣有多少移工媽媽與小孩。政府從勞保資料勾稽，二〇二二年約有五千名移工媽媽領取生育給付，也就是說，每年約有萬名移工在臺灣成為爸媽。[8]但是，這筆數字只反映有投保勞保的產業移工，既沒有受《勞基法》保障、女性群體占大比例的看護工，也沒有登記八萬名失聯移工的資料，[9]實際孕產數仍是黑數。

至於移工黑戶寶寶的數字，移民署清查二〇〇七到二〇二〇年由醫院通報的外籍新生兒有九千三百八十一人，其中父母為失聯移工的黑戶寶寶有九百三十三人，另有二百四十名小孩下落不明，不過，如果加上移工媽媽自行生產、或找地下診所接生，實際數字難以估算。[10]

移工孩童最早進入大眾視野，是在二〇一四年曾引起媒體大幅報導的「古墓女童」。當時八歲的女童玲玲因為父親無法工作，母親是越南藉的失聯移工，一家三口住在祖墳一年半，過著餐風露宿的生活。由於父母沒有婚姻、母親也沒有合法身分，玲玲成為幽靈人口，無法就醫就學，最終，母親主動向警方自首，兩人分別遭到遣返。

受到輿論壓力，當時政府部門為掌握移工寶寶的狀況，研擬了一套新的出生登記流程。流程的運作方式是：新生兒出生後由醫院先通報國民健康署完成出生登記，再由國健署分別將本國籍新生兒資料轉給戶政司，非本國籍新生兒則轉給移民署。接著由各縣市專勤隊員訪查非本國籍新生兒家庭，若父或母其中一方為逃逸外勞，則加速辦理出境流程，將父母及小孩遣返母國；如果父親不詳、母親失聯，則小孩交由各縣市社會局協助安置，直到尋回生母為止。

在第一線的專勤隊員眼中，這份作業流程充滿漏洞。醫院只需在七日內進行出生通報，等國健署移轉資料至移民署，再發公文至各縣市專勤隊，通常耗費兩週以上，「等我們到現場，媽媽早就離開了。」專勤隊員明宏解釋，這些移工媽媽大多是逃逸外勞，擔心會被遣送回國，通常不會留下真實的資料，「依我們的經驗，十件通報裡大概有七、八件都是假資料，後續我們也查不到這個媽媽跟她的小孩。」他說。

「只能等到她願意出面自首，或是想帶孩子回去了，我們才能掌握小朋友的情況。」明宏總結經驗，這些移工媽媽自首的時間呈兩極化，有的一懷孕就想盡早回家，第一時間就來自首，「有的很會拖，拖到小孩五、六歲要上學了才出來。」

被媽媽帶走的小孩，可能就此跟著逃逸的母親四處躲藏、不知所蹤；但也有些孩子一出生即被遺棄，母親把他們留在醫院，或托給友人照顧，接著不知去向。如果小孩未登載父母紀錄，那麼可當成棄嬰處理，經國人領養後取得我國國籍。實際情況通常是母親在生產後離開，留下的資料僅國籍可考，其餘姓名、電話、地址皆為假資料，那麼小孩就會被視為非法停留的外國人，需等待專勤隊尋獲生母後一同遣返。

只是，沒人知道「尋獲生母」需要多長時間。按他的經驗，「不會躲的，兩三天就被抓到了，會躲的，可能二十年都找不到。」

二〇一四年初春，新竹署立醫院的嬰兒室傳來呱呱哭聲，一名女嬰的臍帶剛脫落，此時正在

歐妹與同伴在金山海邊戲水（攝影：林韶安／報導者）

保溫箱裡香甜地睡著。她是失聯移工生下的小孩，只知道媽媽是印尼人，生產後就離開醫院，社會局緊急找來當時的聖方濟育幼院院長周明湧協助安置。

周明湧為她取名 Ophelia，取自聖經中「仁愛」的篇章，冀望她的一生能被充滿愛地照顧著。然而，出生即被遺棄的故事，不會有童話般結尾，Ophelia 注定生命經歷跌宕起伏。

周明湧親暱地喚她「歐妹」，出院第二天就接回育幼院照顧，房間牆上貼滿小歐妹的成長照片。當時我正開始接觸移工寶寶，聽聞有間育幼院的社工正在倡議放寬移工孩童的國籍認定，於是便前往拜訪，當時兩歲的歐妹長得相當漂亮，微卷的頭髮和一雙玻璃珠似的大眼睛。看著歐妹熟睡的臉，周經常忍不住想像她的未來。歐妹的母親是印尼籍失聯移工，國籍上應該是印尼人，無法取得我國國籍，也不能按我國的收出養法規被出養，但她又需要尋獲生母辦理相關手續才能取得印尼國籍。

在等待的時間漩渦裡，她是透明的小孩。

在我的報導初步刊登以後，[11]關於移工寶寶的國籍難題，引起總統府人權委員會的關注、監察委員介入調查，政務委員林萬億也多次協調各部會召開會議。針對那些像歐妹一樣，等待協尋生母的孩子，移民署給尋人期設下期限。如果在境內協尋三個月，或委託母國協尋六個月，都無法找到生母，孩子可以認定為無國籍。一旦孩子被國人收養，便可以取得我國國籍。如果直到二十歲都未被收養，地方政府可以代為申請歸化，使其取得國籍。[12]

政府單位給移工小孩分類，分別是「生父為國人、生母是合法外籍移工」、「生父為國人、生母為失聯移工」、「生父母都是合法移工」及「生父母為失聯移工」。[13]如果父親是國人，看似最為單純，可以由生父認領孩子，取得國籍。但實際上，由於移工爸媽多是未婚生子，移工媽媽必須回母國申請單身證明，已婚者要取得婚配夫否認親子的訴訟判決。考量到移工母國對女性的道德束縛，很多移工媽媽遲遲不肯回國。而單身證明這項要求，對失聯移工媽媽更困難，如果她們自首回國，會被限制一到三年不能入境，[14]將造成骨肉分離。

目前臺灣政府的做法，仍無法讓最為癥結、也最亟需幫忙的，帶著孩子的失聯移工媽媽出面。一旦移工媽媽出面投案，小孩既無法取得居留身分，也不能享有就醫、就學權利，自己也將被迫離境。考量到返國的債務壓力，移工媽媽往往躲得更深。

面對上述質疑，勞動部官員僅重複強調，女性移工也受《性別工作平等法》保障，依法享有產假與育嬰假等保障。在他們想像中，如果父母都是合法移工，孩子出生後就可以申請居留證，並據此辦理健保，往後也能有就學權益。

一旦懷孕，移工可能面對的困境

可所有的移工都清楚，一旦懷孕就會被仲介或雇主以其他名目終止勞動契約，立刻遣返回國。我認識的一位移工媽媽，叫作阿尼，才三十歲，在彰化家中照顧阿嬤。平常只有她與阿嬤同住，雇主只在午飯和晚餐時間才來，不過雇主與她的關係密切，會讓她同桌吃飯，允許她固定放假，甚至為她慶生。但她有一個不能告訴雇主的祕密，她已懷孕六個月了。

事情發生在週日，她早上精心打扮，準備出門跟男友約會，在家裡照著鏡子換上合身T桖與牛仔褲。當晚回家，她無預警地被解僱了。雇主怒不可遏地帶著仲介出現在客廳，她才知道，雇主在她跟阿嬤同住的房間裝了監視器，過去半年她都穿著寬大的罩袍掩蓋隆起的小腹，但她今天大意了。

對家務工人來說，她們在意的是如何小心保住工作、不要惹惱雇主，以及在月底收到裝有薪水的信封袋。阿尼這下覺得自己搞砸了，哭得非常傷心，拚命跟雇主道歉，「我再四個月就生產了，能不能讓我工作到小孩出生，我會自己買機票回國。」

「不，」雇主大叫起來，對著仲介說，「今天你就把她送走。」

這次衝突揭示雇主與看護間微妙的家長關係，此前，雇主對阿尼說，「你就跟我的女兒一樣，」可如今，時間已近晚上八點，連仲介都忍不住求情，「今天這麼晚了，沒有地方安置她，不然等明天再說吧。」雇主在她回來前，不顧仲介的勸阻，已經把她的行李打包，把她為數不多的家當全丟到馬路上。

老人坐在輪椅上掉淚，連她也無法阻止盛怒的兒子，哭著擁抱阿尼說，「妳要好好照顧自己。」阿尼要流落街頭，而她的男友已回到工廠宿舍，門禁的緣故讓他無法來接她，阿尼絕望地在臉書張貼訊息，一位住在雲林的新住民讓她先坐車來家裡。

阿尼的兒子出生一個月後，我問她，會埋怨雇主的無情嗎？「是我自己不好，我覺得自己做錯事情，本來來臺灣就是要工作的，我沒有想過會在臺灣懷孕，現在我只想帶小孩回家。」

長期關注移工人權的監察委員王美玉，她調查二〇一九至二〇二一年移工媽媽的情況，[15]發現移工懷孕後被解約回國的比例變得更高，從四成拉高至近七成。她發現二〇二〇至二〇二一年之間，有五千多名移工媽媽未完成契約即回國，並詢問勞動部她們當中有多少人被強迫離境？勞動部檢查離境面談資料，回覆：沒有任何一件。王繼續調查移工熱線，有二百二十六通電話是懷孕移工打來申訴雇主惡意解約，她抽查這些電話內容，聽到有仲介要脅工人付違約金，或是雇主警告不續聘，但粗心的專線人員並沒有把案件轉給勞動部調查，僅以「移工離境」結案。

雇主急著送懷孕移工回國，實則與臺灣的聘僱制度有關。勞動部嚴格管理配額，採「一個蘿蔔一個坑」，移工轉出後要找到新雇主，原雇主的配額才算空出，得以聘新移工。考量到移工懷孕後難以負擔原本的工作，雇主亟需人手，尤其在需要照顧年老病人的家庭，仲介與雇主往往聯手逼迫工人返國。

直到二〇一九年勞動部一道新的行政命令，[16]同意因移工懷孕解約，雇主可以立即引進或聘僱新移工，不受配額管制的限制，才為勞動力空窗解套。一般來說，移工解約後只有二個月的尋職期，找不到新雇主就必須打包回家，目前勞動部同意移工媽媽解約後，能向勞動部申請「暫緩轉換」，轉換期可延長至半年。不過，政府法規瞬息萬變，多數移工、甚至雇主都未能掌握箇中變化，而仲介經常向他們隱瞞訊息，畢竟引進新移工，人力仲介商就能從中獲得額外收入。

我所認識的移工母親，她們都是堅強的人，熬得過懷孕、無家可歸與恐怖威脅。直到嬰兒呱呱落地，她們才明瞭自己踏入另一個令人害怕的領域：在異鄉養育小孩。

移工政策的殘酷悖論

我與阿憲及小玉夫婦結識已久。他們都是越南移工，我是在採訪一則關於職災的故事認識阿憲的，他的右手掌被捲入機械，至今指節仍難以彎曲。後來，我們屢次在不同場合碰面，他們經常到阮文雄神父主持的教堂做禮拜，之後我到越南做田野，碰到一隊返國移工去部落奉獻，他們也在隊伍之中，當我想採訪越南仲介不得其門而入，他們替我四處打聽。當他們決定結婚，阿憲第一時間打電話拜託我當婚禮攝影，之後也陸續邀請我參加他的婚宴、單身派對，以及女兒出生後的滿月受洗。

當阿憲得知小玉懷孕後，他們共同做了一個不尋常且勇敢的決定，要合法地在臺灣生養小孩。主要理由是，阿憲已在臺灣九年，再三年就必須回國，在剩餘的日子，他們想在臺灣賺錢，卻也不想缺席孩子的成長。

小玉接著告訴她的表妹，她們差不多時間在臺灣懷孕，但她取笑小玉說「這根本不可能」，她已經買好機票要回越南待產。可是阿憲對自己的計畫信心十足。首先，他們都是廠工，有固定休假，能配合輪班，更重要的，兩人的基本薪水算上加班費，每月平均三萬至四萬間。其次，阿憲中文十分流利，已經通過華語檢定，不必依賴仲介。他是個小個子的男人，是我見過最開朗的人，即使遭遇職災與面對在異鄉生養孩子的挑戰，都能和我開玩笑，講得雲淡風輕。

他們定好計畫、保持低調，沒有將懷孕的事告訴任何朋友，小玉刻意吃得更多，好讓自己看來只是變胖，不是懷孕。她每天穿寬鬆衣服，在一家電子廠的品質管理部門做揀貨員。某天，她在長久站立後，下體微微出血，嚇壞部門主管與同事，送醫後，才發現她已有六個月身孕。

雇主大怒，說要和她解約，小玉哭著打電話給阮神父，在他介入調停下，告訴雇主遣返懷孕移工是違法的，老闆不得不打消念頭。不過，老闆將小玉調到大夜班，即使接近預產期，也不讓她提前休假，「我就工作到要生的前一天。」她說。

阿憲則在政府辦公室花了很多時間，辦理各種手續。儘管他的中文能力不錯，但在申請女兒的居留證、健保卡及老婆的生育給付上，他茫然失措。除了那些制式文件表格太困難，沒有任何翻譯版本，他找不到單一窗口告訴他該怎麼做，一直被推來推去。

女兒出生後，夫妻倆的雇主都不讓他們住在宿舍，要他們在外租屋，但每個月兩千元的膳宿費照扣。他們在教堂附近租了間套房，月租八千，而臺灣有執照的保母太貴了，開價都要兩萬五，他們只能找沒執照的無證保母，日托七百、月費一萬五，如果再加上奶粉、尿布等開銷，花費驚人。於此同時，他們為了配合照顧女兒，又不得不減少加班時數，收入大受影響。

至於臺灣現行的育兒津貼、托育補助、保母補助、公幼、公托，都只有本國人能申請，外籍移工不符資格。政府允許移工在臺灣產子，法條裡只寫「有能力者可在臺灣育兒」，[17]給出訊息很清晰：好工人和好父母，你只能選擇其一。

阿憲承認自己把事情想得太簡單了。某天中午，我請他們到餐廳吃飯，阿憲臉上失去自信，看來疲憊不堪，「這真的很困難，」他不自主提高聲音，「我知道我們不是臺灣人，但對臺灣也有很多貢獻，補助就算一半也好，只要一點都好。」他的聲音愈來愈小，他告訴我，打算再過陣子就送女兒回越南。

過去半個世紀，國際移工在各國停留時間愈來愈長，本來只是臨時性的季節工人，在富國缺乏人手情況下，默許或鼓勵移工延長停留，這也增加移民與無證家庭的複雜性。[18]如何協助移工生養小孩，已成為各國必須嚴肅面對的難題。

在歐洲，奧地利、德國和英國，允許包含無證兒童在內的孩子們都能獲得必要的醫療保健；荷蘭、法國、葡萄牙、西班牙允許無證移民與小孩獲得充分醫療服務。[19]即使沒有全民健康保險的美國，無論是否為移民身分，小孩都能享有聯邦與州的公共醫療與福利。[20]

幾乎所有已開發國家，如加拿大、法國、德國、日本、英國和美國在內，都同意讓移工的小孩獲得教育，無論他們父母的身分如何。[21] 美國聯邦最高法院在一九八二年曾有著名的「普萊勒訴無名氏案」（Plyler v. Doe），[22] 裁定保障無證兒童平等的受教權與其他公共福利，大法官布倫南（Brennan, Jr.）在意見書中說：雖然教育不是一項基本權利，但拒絕無證兒童相當於創造他們一生的艱辛。這些決定，都反映我們如何思索人的價值與看待人道主義。一個引人注目的案例，是丹尼爾．帕迪拉．佩拉爾塔（Dan-el Padilla Peralta），他與父母來自多明尼加共和國，在簽證逾期後他的父母決定繼續留在美國，使他們成為無證移民。他們家的收入不穩，經常住進紐約的無家者庇護所，但美國法律保障無證兒童的教育，帕迪拉相繼在普林斯頓大學與史丹佛大學拿到學位，如今是常春藤名校的大學教授。

孩子們揭露移工政策的殘酷悖論，移工在赤裸裸的生活裡必須面對扮演好工人與好父母的兩難。這道難題同樣困擾著主政者，尤其在二〇二二年，行政院核定「移工留才久用方案」，符合資格的資深移工，將可以申請永久居留證。接下來，移工在臺灣的人數與時間都在成長，移工嬰兒的數量也將無可避免地增加。

這會給臺灣帶來怎樣的變化，我自己也不知道如何回答，但我樂觀地認為，只要懷孕的移工都能照顧好自己，體制自然會相應做出調整。到目前為止，我覺得她們都做得很好。

3 移工政策三十年，從禁絕到依賴

我一直沒有真正離開第一廣場。

有段時間，我又搬回這棟大廈，因為我想瞭解更多移工的故事。有些移工即使努力也沒有擺脫自己命運，因此他們的聲音被忽略了，因為媒體上呈現的都是為了那些追求英雄故事的讀者而寫的。可是我聽過的移工敘事，很多人還在個人野心與僵固制度中，苦苦掙扎。

當時任職的媒體對此做出慷慨安排，允許我以中部特派身分繼續報導。於是，我再次搬進第一廣場，這次換到一個更小的合租房，一戶被隔出三個房間，一間住著行動不便的老女人與她的印尼看護，另一間是一對年輕情侶與剛出世的寶寶，我們的房間僅隔一道牆，在半夜經常被尖銳的嬰兒哭聲驚醒。

還有一個我沒說的原因。當我搬回臺北後，我發覺自己已習慣一廣的生活節奏。每個星期六，早上八點，陽光橫斜地灑進我的房間，移工便陸續聚集在一樓廣場，他們都在等待十一點，等大廈的鐵捲門拉起。

大廈透不進光線，裡頭的人很難感受時間的流逝，只能依靠人潮判斷。這裡像是慢熱的鍋爐，熱鬧程度不斷遞增，在週六晚上達到第一波高峰，這晚有些移工不必回宿舍，得以享受整晚的夜生活，大廈的不同角落傳出電音舞曲，有專屬菲律賓人、印尼人的舞廳，也有少數的移工同志酒吧。週日中午是另一波高峰，菲律賓移工在十三樓的教會做禮拜，其他國籍的移工趁機與四散各地的親友見面，約在一廣吃頓家鄉味，互訴思念。

重回一廣以後，我和店主們一同領略著變化。有段時間，市府文官頻繁造訪，他們認為挽救這棟凋敝大樓的唯一解法是招商，找到臺北來的商人買下四樓與十二樓，投資五億元，將四樓規劃成中高價位的商務旅館。

當時大廈的胡總幹事跟著瞻前顧後，我們在樓裡碰過幾次，他似乎不喜歡有記者四處探聽，生怕我攪局，「市政府跟我們有心想要做啦，我們要讓第一廣場再現風華。」他見一次說一次。

財團買下大樓的消息，很快在店主圈傳開。在三樓經營東南亞超市的柯姐，指對面賣衣服的攤位告訴我，「一件賣一兩百，外勞生意就是要很便宜啊。」經驗告訴她，「外勞的消費就是這樣子，要做中高價的比較困難。」

來自越南的阿萍，她的生意遍及六樓酒吧、二樓越式餐廳，及延伸至電梯口的茶水攤，已經在一廣開店超過十年。當她知道有財團預計買下大樓後，沉默了幾秒問：「那我們租金會不會提高？」「如果有變化的話，這家餐廳我就要收起來了。」「我講真的，沒有辦法做了。」

類似的開發案，其實有跡可循。臺北車站的二樓商店街是典型案例。

一九九〇年代臺北車站曾是著名的外勞商圈。一九九三年時，臺鐵與承租人金華百貨發生租約爭議，在爭訟期間，金華百貨不願遷出，臺鐵也無法招商轉租。在這段過渡期，經營移工生意的店家得以以低廉租金進駐車站二樓。

直到二〇〇五年，法院判決金華百貨敗訴，微風廣場取得地下一樓至二樓的經營權，兩年後美食街重新開張，改造得明亮晃眼，再也看不到移工身影。

「他們本來好好的，你來做高級化的規畫，很多東南亞配偶的店家就會被擠壓出去。」臺大城鄉所教授王志弘，他觀察過好幾個東南亞族裔商圈的改造案，指出這類故事的結局。

我希望他的說法是錯誤的。短租一陣子後，由於新聞工作調度，我必須搬回臺北。每次再回到第一廣場，我感覺自己趕不上周圍的變化。原本十三樓的菲律賓教會不見了，取而代之的是家近年如雨後春筍出現的創業孵化器公司。柯姐的東南亞超市也迎來最大的競爭對手，擁有菲律賓（EEC）、印尼（Index）與越南（Vnex）三家貨運品牌的ＣＬＣ集團，在專營東南亞移工的行業裡，

一廣是由移工撐起的商圈，此處的消費物價也會配合移工的需求。（攝影：林佑恩／報導者）

貨運量、食品進口量與薪資轉帳金額都是業界第一，他們在二樓開設占地三百坪的東南亞超市旗艦店，裡頭還附設免費的KTV與休息室。

大樓改名成東協廣場以後，商圈日益蓬勃。一年以內，周遭十坪店面的租金，從兩萬漲到四萬五千，只要有人退租，馬上有人承接。

某天，當我回到一廣，想再品嘗最道地的越式烤豬肉時，阿萍的兩間越南餐廳、複合式KTV，與二樓電梯口最熱鬧的茶水攤與理髮鋪，全都消失了。

我悵然若失。

廣場中央的金字塔，過去是移工席地而坐、等待朋友的地方，如今四周也圍起鐵欄杆，只留下一側改裝為木棧階梯。不久以後，網路上有段影片，當幾名移工坐在階梯聊天時，十幾名警察無來由地驅離他們。[1]

當土地開發、城市拉皮等計畫出現，就會有人想要把這些移工，連帶他們聚集的隱蔽空間清理乾淨。「就像核電廠一樣，每個人都需要用電，就是不要蓋在我家隔壁。」臺灣國際勞工協會研究員陳秀蓮比喻。

不過，移工在臺灣的故事最好從頭說起，透過對於歷史的簡單回顧，或許能讓我們對移工能多理解一點，說教意味也會淡一些。

缺工困境：產業轉型與升值壓力

移民工增加是全球化的現象，臺灣需要外籍移工的原因可以從很多角度說明。找不到工人，是一九八〇年代臺灣老闆共同難處。一九八七年，行政院主計處對勞力短缺進行調查，製造業平均有六成五的廠商表明缺工，營建業則有七成六的廠商勞力短缺，總共缺少約三十二萬名勞工。[2]

缺工問題是社會結構轉變的結果。一是臺灣從戰後嬰兒潮的高出生率，轉為低生育率，勞動人口規模縮小。其二，一九六〇年代以來，臺灣維持近二十年的經濟高成長，資本湧入服務業，讓許多年輕人離開工廠，投入光鮮亮麗的服務業，致使製造業面臨嚴重的產業缺工。

美方壓力讓臺灣的產業發展雪上加霜。一九七八年，美國懷疑臺灣長期操縱匯率，以致連年對美貿易順差，也批評臺灣對於勞工保護不足。在美國堅持下，臺灣在一九八四年通過《勞動基準法》，保障工人最低工資與休假等權利。一九八六年，臺幣大幅升值，嚴重打擊臺灣以廉價勞動力為美國工廠代工的獲利方式，加上勞工對薪資福利待遇要求提高，造成大量中小企業工廠關廠歇業。[3]

部分工廠業主設法生存，私下引進非法外勞。這裡有個地方要釐清，儘管報紙用「非法外勞」指稱，但所謂的「非法」指的是他們使用旅遊觀光簽證在臺灣工作，並不是他們從事非法工作。總之，這些主要來自泰國、菲律賓和其他東南亞各國的外藉勞工，通常持十四天的觀光簽證入境，然後逾期居留。透過旅行社員工中介，雇主只需以當時最低工資的六成給薪，在缺工情況下，這些雇主也願意提供外勞住宿與來回機票。

沒有確切的數字可以得知當時臺灣有多少外勞。一份警政署的估計，一九八八年逾期居留的外國人約有一萬三千人；[4] 如果根據經濟學者張清溪的估算，該年年底臺灣至少有四萬名移工；[5]

如果採媒體報導，市井傳言以觀光名義留在國內的外籍勞工已有七萬人。[6]

無論如何，在一九八〇年代，正式立法引進外籍移工前，工廠偷偷聘僱外勞並不希罕。不過，當時政府的態度是強力查緝非法外勞，勞委會重申不引進外籍勞工，觀光局對非法引進外勞的旅行社施以停業處分。

「政府對引進外籍勞工，自始至終都是採反對姿態，不會因任何因素而改變想法。」時任勞委會主委趙守博，受訪時不斷舉西德為例，說明引進外籍勞工恐造成嚴重的社會問題，臺灣應該引以為鑑。

德國所建立的移工制度可以追溯至二次大戰以後，歐洲大陸景氣快速復甦，工作機會不斷增加，在當地很快就找不到工人可用。西德很快發現附近的國家可以提供更多勞動力，於是開始從義大利、土耳其等國招募客籍工人（guest workers），並從法律上做出區隔，稱呼為「客工」在於他們不具備長期的移民權利，只是暫時性的補充勞工，而使用這些外籍移工的最大好處，就是他們招之即來、呼之即去，在亟需人手時招募他們，在勞力過剩時立即遣散。

歐洲這波戰後招工熱潮，一直到一九七三年石油危機爆發後才停止。當歐洲經濟發展放緩，各國逐步停止招募移工。按當初移工政策的設想，德國政府認為這些移工不能歸化成移民，不久後就會返回母國。然而，移工在沒有工作以後，並沒有離開，由於歐洲人權公約保障移工家人團聚的權利，許多土耳其移工甚至帶著親人返回德國定居。

一份報告顯示，當西德一九七三年終止移工政策以後，隔年土耳其移民的人數增加了二十萬人。在出口衰退、就業低落下，社會瀰漫反移民的氛圍，抱怨外來工人搶走工作，甚至引發嚴重的種族歧視。當時德國一份民意調查顯示，超過八成民眾都反對再聘僱移工。[7] 時至今日，當時引進移工的政策仍影響著德國，政府不得不花費更多金錢鼓勵土耳其移工返國，或設計一連串服務政策，協助他們融入社會。

除了德國的前車之鑑，臺灣政府也有意引導產業轉型。一九八〇年設置新竹科學園區，選定資通訊產業為重點發展工業後，政府逐步減少給勞力密集產業的補貼。這是因為在資本發展過程中，如勞力密集的紡織業、成衣業是典型的夕陽工業，這種只需簡單的科技，仰賴便宜工人的產業，從歷史上看是各國工業化的先鋒，也是在國家轉型成富國後最早被割捨的部門。

外交打擊，臺灣產業更形困頓

臺灣政府起初拒絕外籍勞工的態度看似斬釘截鐵，後來為何會開放引進移工？重要轉折與外交上的接連打擊有關。在一九七〇年代，美國總統尼克森（Richard Nixon）改變外交策略，打算聯合中國以制衡蘇聯，逐步向中國靠攏。失去美國支持的國民黨政府，在一九七一年自願退出聯合國，一九七八年正式與美國斷交，隔年，美國與中國人民共和國建交。成為軟性威權的國民黨當局擔心，經濟衰退可能從而影響統治的正當性，於是開始拉攏居領導地位的臺籍企業家，允許他們組織的工商團體介入政治。

「政府不能再否認國內已有不少外籍勞工的事實，應該要務實處理，而非刻意忽略。」豐群水產董事長、時任全國工業總會理事長的張國安多次向政府呼籲。[8]

逐漸對社會失去控制力的黨國，在一九八七年宣布解嚴，兩年以後完成立法委員增額補選，民進黨拿下二十一席，近三分之一席次，他們得以透過質詢施壓政府。當時，臺灣政府一面強力取締外籍勞工，一面實施《促進產業升級條例》，此條例帶有強迫傳統產業自動化的構想。但對許多中小規模的公司來說，付出的代價實在太高昂了。如果他們不能僱用外籍勞工，只有關門一途。當非法外勞被遣送回國後，業者因缺工被迫關廠，上百家傳產業者進而成立「全國廠商缺工聯誼會」，積極向剛通過補選的民進黨立委陳情，主張合法引進外勞，來彌補不足的人力。[9]

臺灣缺工的狀況，並不是在充分就業下，有些工人還是沒有工作做，為什麼資本家仍經常施壓國家開放勞工市場？對此，遷移學者以「分割勞動市場」（segmented labor market）來解釋，資本主義社會發展後期產生兩種截然不同的工作，一種是有保障、有技術、待遇又好的工作，還有一種沒保障又辛苦，在英文裡被形容為3D（Dirty, Dangerous, Difficult，亦稱3K）的工作。大部分本國人都想做有保障的好工作，可是勞累的工作還是需要人力，想要有人做，雇主當然可以提高底層工作的薪資，直到有人願意接受為止。

但是，拉高底層工人的薪資，連帶地往上所有人的薪資都要調整，所以雇主會盡力維持這兩類工作的界線，創造出雙元就業市場。過去，這類不穩定工作經常由婦女、青少年或原住民來從事，但當勞工意識抬頭，開始跟著要求提升待遇或福利後，最終雇主願意做出的調整，就是僱用不挑剔工作、也不會斤斤計較的外籍勞工。

臺勞被描述成投機的人

於是，資本家把臺灣勞工描述成投機的工人，不是資本發展所需要的勞動力。大約在一九八〇年代中期，由於民間社會的游資浮濫，有些民眾為求一夜致富，沉迷於大家樂這類數字遊戲中。當時中國力霸工程經理在接受媒體採訪時就說，「目前受大家樂影響，建築工人經常無心做『黑手』的勞力工作。」這種說法直接把缺工的原因歸咎於工人不肯腳踏實地、只想投機的心態，根本是錯誤歸因，實際上是雇主不願拉高底層工人的薪資待遇。

在一廣有為移工提供的各色娛樂（攝影：林佑恩／報導者）

把臺灣勞工塑造成好逸惡勞的對象，可能也與解嚴後的抗議活動有關，這時的抗爭以環保運動與勞工運動為主，前者集中在自力救濟的反公害行動。一九八六年反杜邦設廠成功以後，成為後來反公害運動的範本，被繼續運用在「反五輕」、「反六輕」、「反李長榮化工廠」。這類抗議經常造成企業停工、做出補償，對石化產業影響最大。

臺灣工人比以往更注意自己的權利，懂得以法條跟工廠老闆斡旋，或運用罷工、怠工等「順法抗爭」的方式，得到法律內的勞動保障。[10] 根據社會學者吳介民的調查，[11] 一九八八年是解嚴後勞工運動的高峰，此前平均每年五十件左右，當年暴增至二百九十六，議題都集中在爭取年終獎金的事情上，又稱作「年終獎金浪潮」。因此，一些紡織廠在景氣平緩後，寧願將老舊設備淘汰，也不願繼續生產，他們指責如今的工人不再有敬業精神，而是只會跟老闆討價還價「勞工意識」。

「雖然勞工運動、環保運動在社會進步過程中在所難免，但我覺得現在好像偏差了，如果這樣下去，我看將來臺灣的經濟發展會有問題。」時任臺塑總經理的王永在接受媒體採訪時忍不住抱怨。

資本集團將缺工論述成，臺灣勞工妄想一夜致富、勞工運動對企業允取允求，引進外籍勞工才是解方。「紡織業已經對一般勞工不具吸引力，面對工人不足的情況，業界希望政府能盡快引進外籍勞工。」[12]

企業強烈要求、重大工程進度緩慢，加上非法外勞日益猖獗，到了一九八〇年代尾聲，臺灣政府已經有引進外籍勞工的想法。為了挽救低迷經濟，政府大筆投資公共建設來創造內需，規劃了臺北捷運、北二高等十四項重大建設，但工程一直延宕。當時勞委會的調查，攸關國家建設的重大工程，勞力不足高達一六％，[13] 之後的六年國建計畫如果同時動工，預估短缺四十萬名工人。[14] 最終，政府在一九八九年開放重要工程的承包商引進外勞，揭開臺灣合法引進外勞的序幕。

資方壓力，開放外勞的轉捩點

政府只小開大門，讓資本家頗感不滿，決心暫停國內投資，逼迫政府加速引進外勞。一九八九年，臺塑總經理王永在率先宣布停止在臺灣投資，隔年，臺塑更宣布放棄在宜蘭興建六輕，改以在中國福建投資設廠。

這項決定敲響國家警鐘。儘管當時有不少石化業下游業者，例如玩具或紡織廠，已將生產基地外移至中國，政府並不以為意。但臺塑作為石化工業上游，又是臺灣產業核心，萬一臺塑真的外移至中國，對臺灣經濟與國家安全都是極大威脅。

事已至此，政府沒有理由再反對，畢竟它亟需尋求企業家的支持。勞委會頻繁派員考察東南亞國家，洽談合作的勞工引進國，繼任的行政院長郝柏村更在院會說：「國內工人嫌染整工作又髒又臭不願從事，但如果沒有外籍勞工來做，紡織工業就會受到重大影響。」

這番話意思明明白白，引進外籍移工對於高汙染、勞力密集產業是帖續命丹藥，說明臺灣的移工政策在本質上更接近經濟考量，藉由引進外籍勞工讓老舊產業得以繼續存活。

何況引進移工也有外交上的好處。因為長時間的經濟增長，臺灣在一九八〇年代被形容成亞洲四小龍，儘管後來經濟放緩，薪資水準對正飽受經濟風暴摧殘的東南亞國家還是極具吸引力。臺灣也正值外交低谷，邦交國持續下探、被迫退出國際貨幣基金（IMF）及世界銀行（WB）

等國際組織。可當一九九〇年臺灣傳出引進移工後，東南亞各國的外交代表頻敲勞委會大門，泰國簽訂雙邊貿易協議、菲律賓移民局長多次來臺拜會政府官員、馬來西亞允諾支持臺灣加入關貿總協定（GATT）。

一九九二年，中央政府通過了《就業服務法》，作為引進移工的基本法規，內容參考新加坡的做法，採限期限量的嚴格管制措施。先由國家核配行業聘工的名額，雇主才到海外市場招募工人，初步開放菲律賓、泰國、印尼與馬來西亞四國，限制外勞的居留期限最長兩年，時間一到必須回國，而且來臺以一次為限，避免其在國內生根發展。

這種客工制度的好處，國家可以按景氣循環調整引進移工人數，而且透過發給工作準證建立輪替機制（rotation system），以維持一定的勞動力，雖然外籍勞工二年即需要離開，但隨後而來的外勞會立即替代離開者，循環反覆。

除了享受廉價勞工的好處，政府亦欲力避其害。在引進移工前，民間擔心此舉會帶來治安危機，媒體報導又放大了這層恐懼，新聞標題屢見不鮮「外籍勞工儼然成為治安新變數」、「外籍勞工大舉入侵，滋生問題日益嚴重」。為了消弭治安疑慮，以及確保國家發給配額的權威性，政府從一九九〇年展開好幾波非法外勞的全面清查與取締，對僱用非法外勞的雇主施以重罰，後來修訂《就業服務法》，規定移工來臺前，必須向母國申請良民證，來臺以後，限制移工轉換雇主，

越式混合式的 KTV 餐廳，在假日時一位難求。（攝影：林佑恩／報導者）

且雇主有掌握移工行蹤的責任，曠職三日須向警察機關報備，凍結雇主遞補該名移工，直到尋回工人為止。

衛生單位擔心移工是疫病來源。一名主管公共衛生的高階文官在內部聯席會議上直接說：「引進大量外籍勞工，可能會造成國內愛滋病蔓延。」他在會上做出總結：外籍勞工是登革熱與愛滋病的帶原者，引進後果不堪設想。

因此，國家制定一系列檢查，例如外籍勞工在離開前必須通過健康檢查，入國三日後，到指定的醫院再做一次體檢，項目除了一般理學檢查外，還包含愛滋病、梅毒、腸內寄生蟲、以及女性移工增加妊娠檢查，確保沒有懷孕。只要有其中一項檢查沒有通過，必須立即遣返，等到正式工作以後，仍要每半年進行一次健康檢查。

勞工團體擔心搶走本地工人工作，政府對此做出具體安排：雇主引進外籍移工前，必須先在國內公開招募，並且在就業服務站辦理求才登記、在報紙刊登求才廣告三天，經主管機關確認無法在國內招募到工人，才能准許引進移工。

為了維持經濟公平，政府再要求雇主針對每名移工繳交就業安定費，費用彈性調整，目的是讓聘僱本勞與外勞的成本趨於一致。

制度上路以前，勞委會的官員設想了所有的不利影響，並且竭力避免，但看似萬無一失的規定，能夠抵擋外界對外勞需求的狂浪嗎？

狂飆的移工名額

一九九二年，政府首波開放的外籍勞工名額只有三萬二千人。便宜的勞力創造大量需求，搶不到名額的產業大喊缺工，頻頻動員向政府施壓。接續三年，政府連續十波開放外勞名額與行業，到了一九九五年，幾乎所有製造行業均被納入其中。

官員不再被動管理，反而把移工當作獎勵，主動提出新的配額專案。一九九三年，政府鼓勵企業設置新廠、或投資新設備，可以取得額外的移工名額；隔年，再宣布製造業或營造業只要投資達二億元，即可再向勞委會申請新的移工配額；一九九五年，勞委會配合六輕施工，特別以專案方式再為臺塑核配一萬名外勞。

短短三年，政府開放的移工配額一路狂飆，從原本的三萬名，增加至三十萬，而實際在臺灣工作的移工人數將近二十萬，成長了六十三倍。

政府限業、限量的管理手段全面失守，當外勞人數不斷增加，臺灣的失業率亦一路飆升。光是一九九七年，就有約二十五萬人失業，原因都是工廠惡意關廠或倒閉，一九九八年，申請勞資調解的人數即超過十萬人。一九九八年，臺灣工人團體串連發起「秋鬥」遊行，隔年，全國總工會再次號召三萬人上街抗議，訴求之一就是凍結外勞。

他們認為外勞正逐步替代本國勞工，這項後果尤其作用在邊緣的體力工，勞團要求訂定外勞政策的「落日條款」。當時媒體上的報導常呈現一幅景象，營建工地的臉孔被外勞取代，找不到工作的原住民只好回部落，打打零工。內政部的統計指出，一九九五年原住民失業率四．二二%，是一般製造業勞工的兩倍。[15]

工商界繼續說服政府，一九九七年亞洲金融風暴發生後，國內經營環境更為艱難，「如果企業找不到勞工，則關廠或將生產作業移至大陸，受害更深的可能是更多的本國勞工。」一位工總代表說。

當時的統一集團董事長高清愿也在一場國是會議上說，臺灣失業率高跟外勞沒關係，根本原因是企業出走，所以不只要多引進外勞，還要開放大陸工人來臺。他向工人代表喊話，勞資雙方是穿同一條褲子，「一個褲腳就不行，沒有你們（勞工）不行，但沒有我們（資方），你們也不行。」

本地勞工反彈

勞工團體多次走上街頭，逼資方對話，爭論的主題圍繞在外勞人數。一方主張緊縮外勞，避免外勞持續取代本勞，另一方則要求持續開放，放寬引進的產業與人數。但無論哪一方的代表，移工人權都不是談判桌上關注的主題。

抱有「臺灣夢」的移工，很快就被職業災害、拖欠薪資和差別待遇的現實驚醒。一九九二年，正在施工的捷運淡水線傳出第一起移工罷工，上百名菲勞聚集，抗議軌道公司種種不人道的做法，冬天不給保暖夾克，早餐只吃稀飯，工人就算肚子餓想買食物，管理員也禁止他們外出。16類似狀況層出不窮，二〇〇一年，華隆紡織廠的移工聚集抗議積欠薪資；二〇〇四年，雲林六輕數百名移工抗議資方不按契約給薪，而且讓他們露天飲食，不論晴雨。

如果以為能透過罷工爭取權益，恐怕會對移工的現況有巨大誤解。事實上，多數移工都不會有機會走到這一步。當時，《工會法》即規定只有中華民國籍才能當工會幹部，削弱本勞與外勞串連，加上規範移工的《就業服務法》，限制移工不能轉換雇主，而且工作證與居留資格都掌握在雇主手上，剝奪移工與雇主協商的籌碼。

其他一些違反人權的做法，有的雇主害怕移工逃跑，連上廁所都派管理員盯著；有的則實施一旦外勞逃跑，同寢室的人接受禁假的連坐處分。

還有為了不讓移工成為移民，國家曾嚴格控制女性移工的身體。《就業服務法》草案裡曾有一條，如果女性移工在檢查時發現懷孕，會被立即遣返。這條後來因為人道考量被刪除，但政府增加了許多行政手段，在移工入國前後的健康檢查都加入妊娠檢查項目。然而這項要求並沒有規範外籍專業人士或淺膚色的英語教師上。

儘管沒有明說，不過給雇主的暗示不言而喻：你是否願意僱用一位勞動力打折的懷孕移工？為了省去管理上的麻煩，人力仲介商通常與移工另簽一份不平等的工作契約：

乙方在契約期間內，如果下列情形之一，甲方得中止契約並遣返乙方回國。乙方應立即無異議配合，且自行負擔來回機票……受僱期間在中華民國境內結婚、懷孕或生產者；喪失工作能力者；有違公序良俗者；不服從工作指揮，經三次或以上警告者。

一些女性移工為了保全工作，經常在發現懷孕以後，偷偷自行墮胎，或遺棄嬰兒。在人權團體不斷抗議下，懷孕檢查在二〇〇二年才從女性移工的定期健檢項目中刪除。

臺灣的外勞政策開始是替企業供應源源不絕的廉價勞動力，又為了減輕社會擔憂，增加許多管理手段，要將外勞社會衝擊減到最低。

企業再出走，不可逆的移工政策

直到二〇〇〇年民進黨上臺，關於移工權益的主張才納入政策討論。陳水扁在競選時即主張緊縮外勞，當選總統後，首任勞委會主委派陳菊出任，隨即宣布凍結外勞，每年減少一萬五千名移工，逐步歸零。

同一年，臺灣製造業赴中國投資達高峰。二〇〇〇年赴大陸投資金額約二十六億美元，已創下歷史新高，到了二〇〇二年，投資金額再創新高，達到六十七億二千三百萬美元。不只傳統製造業，高科技產業老闆也抱怨政府減少外勞名額，等於是逼企業出走。

臺灣最大的宏碁電腦在二〇〇一年大幅裁員，一口氣解僱近千名員工，包括五百多名外勞，將工廠移往中國，引發國內震撼。根據資策會統計，同年臺灣赴中國投資案，有六成集中在電子產業，中國取代臺灣，成為全球最主要的電腦代工基地。

當時出身商界的經濟部長林信義，不同意勞委會的做法，「產業是臺灣的生存命脈，產業不能生存，勞工也活不下去，」他說，「因此，產業政策比競選政策（緊縮外勞）更重要。」[17]

最後，民進黨的緊縮外勞政策沒有堅持太久。二〇〇五年，先是恢復重大工程案引進外籍勞工，再通過《自由貿易港區設置管理條例》，允許港區內的企業得以僱用四成員工的外勞名額，比製造行業二〇%的外勞上限高出許多。

經歷二〇〇〇年初嘗試緊縮外勞政策，企業界以出走威脅，不但造成經濟發展停滯，民眾也將失業問題怪罪政府，在這之後，臺灣的外勞政策大致抵定，沒有任何一個政府再提出縮減外勞的政策。

無可缺少的移工

所以，當我們為生活中充斥移工，感到疑惑甚至厭煩時，可以去思索更結構性的問題，這是因為臺灣的製造業沒有升級，才要仰賴七十多萬的移工去做那些臺灣人不願意去做的工作，而那些工作正是這個勞動力緊缺的國家不可缺少的。

或者，去考慮移工所帶來的正面效用，正是因為他們的存在讓我們可以去過想過的生活，最典型的例子，就是外籍看護照顧家中長輩，這樣他們的子女都可以去工作、不用中斷職涯。

如果真的沒有移工，恐怕沒有幾個人能出門工作，臺灣的發展也會失去動力。可是，當城市湧入大量的移工，卻沒有相應的都市服務，他們只好週末時躲在城市縫隙，或是沒落的大樓裡。

他們在城市裡，已經退無可退，最終，在一廣構築出地下社會。

專欄

人權轉向的關鍵——高捷泰勞抗爭

時值二〇〇五年，八月二十一日，夜靜無風。位在臺灣南部的高雄，夜晚仍留有白日溽暑的餘熱。這天是週日，移工在一週中唯一的休息日，位在高雄捷運岡山線北機廠的泰勞宿舍，住著一千七百多名泰國工人，日夜為延宕的高雄捷運工程趕工。

接近晚上九點，三名泰國勞工在宿舍喝啤酒聊天，放鬆因整週勞動而疲憊的身體，華磐仲介公司的經理楊安琪突擊檢查宿舍，看到他們在抽菸、喝酒，在宿舍內使用手機，怒斥他們違反宿舍規定，並叫來兩名管理員。

十多名泰國移工聚集鼓譟，趕來的兩名管理員眼神直直盯著工人，射出的怒意像是要穿透他們身軀，混亂中，一名管理員以電擊棒電擊工人，衝突一觸即發。[1]

宿舍傳來陣陣尖叫，一浪高過一浪，黑壓壓滿是人頭，從走廊、房間，乃至管理員的辦公室，咆哮、爭吵、喝斥聲不絕於耳。移工走進辦公室，抓起石頭就扔，砸破了玻璃和營區的路燈，牆也砸得坑坑洞洞的，有人搬來廢紙箱與舊報紙，堆在管理室外，準備放火。

晚上九點三十分，高雄縣警察局派員趕抵岡山宿舍。可是，移工們的憤怒不斷在膨脹，他們朝著警員和警車丟石頭，有警員因而掛彩，警車玻璃碎裂。

警方認定整起事件是泰勞暴動，一名警員在記錄整起報告時寫：「百餘泰勞集結暴動，縱火燒毀管理室、汽車，其餘千餘人在旁鼓譟。」

稍晚，消防隊員與媒體SNG車抵達現場。衝突升高，警方與移工隔著圍牆對峙，消防隊員不得其門而入。

一位逃出來的臺籍幹部告訴現場的警察與媒體：「眾多不知名的泰國籍勞工公然聚眾，人愈聚愈多……楊安琪等人見狀後即逃離管理中心，以免受到波及。」[2]

晚間十一點，電視新聞的跑馬燈打上字幕：「暴動！高雄捷運泰勞火燒宿舍」，記者以驚駭的口吻描述現場：「鐵鋁罐、玻璃、石頭，都成了攻擊消防隊員的武器」、「濃煙直竄天際，根本跟戰爭沒兩樣」。

隔天早上，報紙標題寫著：

高雄捷運，凌晨現場，外勞暴動，燒屋抗警[3]

高雄外勞暴動，工寮燒光，玻璃碎光：像戰場[4]

一些新聞報導的內文寫道，「外勞暴動地區有如戰後場景，整排鐵皮工寮被燒光。」[5]、「情緒激動的外勞，不但集體鼓噪，還放火燒房子與車子，使用強力彈弓攻擊路人，挾持並打傷管理員。」、「宿舍區有二十多名管理員，都無法壓制，多名管理員一度被挾持，其中一人被打傷。」

當時報導的記者避而不談，泰國移工其實有護送在管理室的臺籍幹部離開。

「有泰勞打開窗戶要我和另一位同事快點走。」

「你們走出辦公室，有人用石頭丟你們嗎？」

「沒有。有七、八個泰勞圍過來，一路護送我們到車子上。」

法官後來問一名當時在管理室的臺籍幹部怎麼離開？[6]他負責工人調度，是暴動發生當晚最後離開的臺灣人之一。不過，報社沒有報導這件事情，這段對話只留在判決書裡，完全沒有出現在公眾對於暴動的理解中。

臺灣媒體報導外勞的框架與誤解

上個世紀，美國的傳播學界百般努力，想瞭解媒體怎麼引導群眾心靈。最早研究它的社會學者高夫曼（Erving Goffman）[7]認為，社會事件本來飄散四處，透過人們或組織施以「框架」（frame）來整合訊息，之後才構成多數人瞭解的事實。就像照相機的鏡頭，框住事件中心，裁切掉旁枝末節，新聞媒體同樣把各種事實加工篩選，重塑為觀眾所理解的社會真實。

傳播心理學家麥康貝爾斯（James McCombs）由此獲得靈感，在觀察一場總統大選以後，提出「議題設定」（Agenda-Setting）的理論，指稱新聞記者有時會主動設定議題進程，去影響公眾對重大議題的認知，按麥氏的說法：「媒體不僅告訴讀者想些什麼（what to think），還告訴讀者如何去想（how to think）？」

後來有臺灣學者想知道媒體是怎麼報導外勞。[8][9]他們發現，本地媒體經常將外勞看成是社會問題，就像人在抵抗力差時會出現的小皰疹，需要診斷病因、小心管理。社會學者藍佩嘉延續這層「社會病理學」的分析，[10]她觀察到媒體報導「外勞」時，常帶著種族歧視的意味，將他們視為危險、落後、不衛生、不文明的，再歸咎其基因、經濟或文化上的落後，像泰勞在剛搬進岡山宿舍時，曾有媒體報導：「泰勞平時放假會在岡山鎮逛大街，民眾擔心有天會出問題」，引述當地里長的抗議：「如果泰勞出來，捉雞偷番薯怎麼辦？還有婦女看到也會怕。」

臺灣社會對移工有太多誤解。九二一大地震初期，曾出現謠言：災區沿途有泰勞成群結隊，而且手持棍棒見人就打，洗劫財物和糧食。事後澄清，原來只是一群泰勞因為工廠倒塌而流離失所，這群泰勞事後甚至投入災區重建。[11]就我自己的經驗，移工其實很樂於對他人付出，一廣的外圍街廓有不少無家者，我多次看到有移工捐錢，或是買便當給睡在路旁的老年無家者。

移工們所忍受的惡劣對待

畫面切回泰勞暴動。隔天早上，火勢撲滅，漫天飛揚的塵土終於落下。

接近中午，資方在四百八十名警力與霹靂小組的戒護下踏入宿舍，與泰國工人協商。SNG車也得以開進泰勞宿舍。映入眼簾的是，四棟鐵皮與泡綿搭建成簡陋工寮，房內是鐵製的上下層大通鋪，這裡原本登記的是八百人的宿舍，實際住了逾兩倍、一千七百多名的移工，每人分到的面積比一塊榻榻米還小。

這個簡陋工寮只有一個功能，把工人存放在那裡，剝奪他們的尊嚴。房間僅是薄木板搭成的上下鋪，沒有多餘的窗戶，僅有兩三臺風扇勉強運轉著，室內通風極差，尤其在夏天，工人流了一身汗回到宿舍的時候。後來訪查的勞委會副主委難以忍受，「裡面氣味非常難聞，平常人在裡面待一天就受不了了。難以想像這些泰勞吃住都得在裡面，且一住就是兩、三年。」

晚間七點以後，僅有的三間淋浴間不提供熱水，工人必須排隊洗冷水澡。廁所數量同樣不夠，平均四十名工人使用一座便池，早晨上班前全部工人都往廁所擠，連好好地上個廁所都是奢求。

罷工了十七小時後，泰國移工向廠方提出十六項要求，包含開放使用手機、廢除宿舍代幣制度、撤換打人的管理員、實報加班費等，這都是一些基本的勞動條件，也因為他們的要求，才讓荒腔走板的宿舍管理曝光。

負責管理的華磐仲介公司被揭露一堆不合理的收費，包含每月向高捷收取每名移工一萬零六百七十一元的超高管理費，再向移工收二千五百元的膳宿費、翻譯服務收一千元，強迫工人儲蓄三千到五千元。移工表面上的工資是二萬九千元，但在扣除各種費用後，僅剩下九千元。

為了最大程度地榨取勞動力，泰工月休四天，休假日四點前必須回到營區，工人多次抱怨幾乎沒有休息時間。其他日子裡，仲介公司要求泰工天天都得上工，擅自不出工者，發給警告函，如果收到三張警告函，就會強制遣返回國。

遣返回國是對付移工的利器。所有移工都付了高額的仲介費，要是被提早解約送回去，意味著將背負龐大的債務，這樣的約束足以讓人對各種惡劣的對待都忍氣吞聲。

進宿舍還得忍受各種罰款：越級打小報告，罰三萬；翻牆、偷摘鄰居水果者，罰一萬；外宿、烹煮食物、未在規定時間用餐者罰三千；其他如衣衫不整、亂丟垃圾、遊蕩吵鬧、未關門窗等罰三百元。華磐為此寫了一本「外勞管理規則與罰則」，可資處罰的項目多達八十二項，移工動輒得咎。

宿管員經常把移工看成抽象的勞動力，如果泰工不服管教，管理員可以輕易地毆打工人，或以電擊棒略施懲戒，樹立權威。

社會學者潘毅考察過中國農民工的宿舍，提出一種新的「宿舍勞動體制」。[12]數以億萬計的農民湧入城鎮，他們受戶籍制度排除，無法在城市落戶，沿海經濟特區的工廠大量興建宿舍，容納如海潮般的「流動人口」。潘認為，工廠提供宿舍給短期、高流動性的農民工，掌控他們的生活與勞動，從而全面性地支配工人。例如，工廠可以彈性安排工人的班表，或是要求工人加班，也能施以罰款、扣留證件或拖欠工資等手段，抑制工人的反抗聲音。

不過，她也發現大部分的工人只是在表面上順從，並不是真正認可宿舍繁瑣而嚴苛的管理規定。[13]像是女工會偷換床鋪跟同鄉住一起、在宿舍偷偷煮食，或是在男工宿舍永遠難以禁絕的抽菸、喝酒、賭博。透過這類不起眼的反叛行為，一面向宿管員抗爭，一面建立自我的階級意識。

當華磐仲介不人道的管理手段一一曝光，輿論遂而改變風向。

此時，報紙的標題改成：「泰勞指控華磐，剋扣加班費，電擊棒打人」、「外勞受剝削，住劣屋吃爛菜」，對移工應秉持「同理心」的論述終於出現，《蘋果日報》發表社論表示，「真正的問題還是在於我們的心態，把外勞當作勞動力和商品，而不是把他當作和我們一樣擁有平等的勞動人權。」

多次申訴未果　逐漸累積成暴動

不少人在想，如果時光倒轉，我們能否掌握這場暴動的發端？

事實上，在抗爭發生的前一年，這群泰國移工循各種管道，多次向臺灣政府申訴。紀錄顯示，[14] 二〇〇五年的二月與八月，高雄縣勞工局都收到泰勞申訴：仲介公司沒收手機、禁止外出、管理過當等。

第一次，查察員到場檢查後，發覺宿舍環境惡劣、房間擁擠，食物放太久傳出異味，僅口頭告誡業者便離開。申訴的工人遭到秋後算帳，遣返回國。

第二次申訴，一名泰勞小心翼翼地打電話給雲林縣勞工局申訴，反映仲介公司動輒罰款扣薪、宿舍環境髒亂不堪。雲林縣轉知高雄縣勞工局。這一次，勞工局連派員到現場稽查的功夫都省了，僅透過電話詢問業者，業者回覆絕無此事，結果同樣不了了之。

二〇〇五年四月，高雄縣勞工局舉辦活動慶祝「潑水節」，泰國移工一年當中最為重要的節日。活動結束後，當時的高雄縣勞工局主祕發現口袋有一封以泰文寫成的信件，他找人翻譯後發現是封陳情信：[15]

> 現在約有一千四百、五百名泰國同胞被騙來高雄捷運出賣勞力……泰勞每個月被扣兩、三千臺幣的伙食費，但供應的食物，拿來餵狗狗都不吃，煎兩指寬的魚給外勞吃，根本吃不飽。規定每天只能在營區活動，不可外出，另外強迫外勞購買餐點券以換取食物，那些東西都很貴。
>
> 當工人遭遇意外，或生病受傷得不到應有照顧，（高雄捷運）公司丟給（華磐仲介）包商，包商再丟給公司，最後公司的決定，就是把受傷的工人送回泰國。
>
> 如果有誰犯了錯，不管大錯小錯，被抓到一律遣返，甚至有人不知道原因，就被送走了，從那天起到今天，就沒有人敢再去申訴了。[16]

這封信件裡另外提及未照實給付加班費，以及管理員私下搬來賭博性電玩、讓移工簽地下六合彩的情況。

這些指控在後來檢警調查一一被證實。宿舍限制移工外出，也沒有提供足夠的休閒設施，管理員反而搬來二十多臺「小瑪莉」、「水果盤」、「賓果遊戲」等電子遊戲機，還有私下經營俗稱「多多」的泰國六合彩，慫恿移工簽賭，每月能收集到數十萬賭資。

陳情信的最後，寫信的工人以絕望而憤怒的口吻寫道，「請各級長官不要再視若無睹、不聞不問了，如果全部一千五百多個泰勞起來動一下，長官啊，試想一下會發生什麼事？」

這封信件沒有如預期地達到示警效果。收到信的官員默默地把信件留在抽屜裡，沒有如工人建議的，在晚上九點等工人下班後到宿舍訪查。當致命性的抗爭發生後，該名官員在面對法官詢答時解釋，「這封信件是匿名的，也不是掛號信，依法，我可以不予處理。」

只是，這群泰國工人的呼救一再被錯過，累積的不滿積累成火藥庫，只需一點火星就能引爆。

事發以後，國內人權團體展開聲援，認為高捷泰勞的抗爭是場抗暴行動，他們是臺灣「新奴工制度」[17]底下的犧牲者。原因在於，移工在《就業服務法》的規定下，不能自由轉換雇主，除非是受照顧者過世、雇主關廠倒閉，否則再糟糕的勞動條件都只能忍受，移工若要提前解約，只有遣返一途。其次，政府在管制移工總量的前提下，要求雇主管理好移工，不能讓其逃跑，否則可能剝奪日後的聘僱資格，緊張兮兮的雇主遂用各種手段限制移工自由。再者，考量到引進移工的龐大利潤，仲介樂於代理雇主，透過扣留證件、宿舍管理等方式控制移工。

一千七百多名泰國工人的抗爭運動，也引起國際關注。泰國外交部率先發出聲明，稱「這是泰國提供臺灣勞工二十年以來，最為嚴重的事件」。二〇〇六年，美國國務院定期發布的各國人權報告，描寫臺灣的人權情況，用了一半篇幅介紹這起泰勞暴動事件，這份報告另外為各國人口販運風險排行，在全球一百七十三個國家中，臺灣被排在第二級的待觀察名單，與越南、菲律賓、中國同級。

泰勞抗爭事件為臺灣的人權狀況施壓

泰勞抗爭事件給主張人權立國的民進黨政府莫大壓力。總統陳水扁下令撤查，當時兼任總統府人權委員會召集人的副總統呂秀蓮重話批評，這「使人權蒙羞、國家形象受損」。

一個月內，從中央到地方成立各種調查小組，調查報告紛紛出爐，各級機關互踢皮球。勞委會將問題定調為華磐公司管理措施不符人道，地方政府未盡檢查之責。[18]由於高捷工程大部分位於高雄市，負主要督導責任的高雄市政未積極作為，應負最大責任；高雄縣勞工局接獲兩次移工申訴，未警覺事態嚴重，負次要責任；而勞委會負責政策規劃，只能說是未盡督導責任。

高雄市政府接著公布調查，[19]認為勞委會快速核定高捷公司得引進二千六百名外勞，卻沒有通知地方政府，而且發生抗爭事件的宿舍在高雄縣岡山，因此管轄權應該在高雄縣政府，而非高雄市。高雄縣政府不甘示弱，提出報告反駁，[20]高捷公司設址登記在高雄市，當然應由在地主管機關高雄市勞工局負責。

在這串調查中，意外牽扯出仲介行業官商勾結的祕密。檢警調查發現，高捷原本不符合引進外勞的條件，勞委會四名官員卻快速簽辦，同意引進外勞，圖利高捷公司八億多元。後來，勞委會主委陳菊上節目時，無意中說出華磐公司背後有「有力人士」支持。新聞媒體接著曝光，時任總統府副祕書長的陳哲男接受華磐公司與高捷公司招待，同遊濟州島。眾所周知，陳哲男是當時高雄市代理市長陳其邁的父親。有人懷疑，位高權重的陳哲男就是所謂的「有力人士」，最後，檢察官以「不法利益」起訴一干人等。[21]政治風暴愈演愈烈，時任勞委會主委陳菊，以及高雄市代理市長陳其邁，雙雙負起政治責任下臺。

另外，在高捷公司最初遞交的申請文件裡，聲稱引進泰國移工採直接聘僱，通過審核以後，又私下找來華磐仲介公司引進外勞，以致來臺移工須多付出泰幣八萬五千元至十五萬元的聘僱費。而且，勞委會發覺華磐公司根本是未立案的仲介公司，涉及「非法仲介」問題。

這起泰勞示威運動，讓許多人第一次注意到仲介的角色，也驚覺國內對仲介管理的措施竟是如此破碎且缺漏。

勞委會開展一連串補救措施。例如，在保護移工的權利方面，增設一支二十四小時的多語申訴專線；在機場設置移工出境驗證，確保工人是在充分瞭解自身權益情況下同意離境，避免仲介強制遣返移工。政府介入規範仲介收費標準，每個月只能向移工收取第一年一千八百元、第二年一千七百、第三年一千五百元的服務費用，遏止其他巧立名目的收費；積極推動仲介評鑑制度，如果仲介公司連兩年評鑑不合格，則不允換照，逐步淘汰不良仲介。

政府也將移工宿舍納入管理，要求雇主按規定設置住宿空間、浴廁數量，以及增加管理人員員額，在引進移工以前，都要詳細記載在「外國人生活管理計畫書」。引入移工後，地方政府要定期派員查核，包含宿舍衛生、垃圾清運、安全標示、飲用水標準，還有宿舍裡的各種雙語標示。

從長遠來看，高捷泰勞的那場抗爭行動，影響了後來的移工議題朝人權轉向。法務部召集勞委會與內政部，強調移工處境應依照《世界人權宣言》第七條：「人人在法律上悉屬平等，應一律享受法律平等保障。」

新聞媒體在報導移工議題時也開始增加人權框架，稱奮力打拚的在臺外勞是無名英雄，他們的角色不再只是拉動國家經濟的抽象勞動力，或是要小心管理的可疑外國人。地方政府紛紛開辦移工詩文比賽，民間也自辦移民工文學獎，以文學增加移工面貌的立體感。

制度上的變化

在制度上，勞委會為了符合國際人權標準，在二〇〇七年底，成立直接聘僱中心，鼓勵雇主直聘移工，以減輕移工來臺負擔。二〇〇八年，在勞工團體爭取下，開放移工轉換雇主的規定，只要在新舊雇主和移工都同意的情況下，移工便能轉換工作。這在國家考量移工政策所做出的決定裡，並不常見。我們在前一個章節提到，臺灣的移工政策以資本家的利益出發，後來數次修法，延長移工在臺工作至十二年，放大移工的商品化特質，當時勞委會官員為政策辯護時說：這是為了避免造成雇主訓練成本的浪費。

儘管數次延長移工的工作年限，但工人三年仍須離境，辦理手續後再回工作崗位，每次都得在海外重新繳交高額仲介費，導致移工深受債務捆綁。二〇一六年，民進黨立委吳玉琴、林淑芬提案刪除《就服法》第五十二條，移工三年出國一日的規定。

林淑芬立委在立法院力陳主張：「跨國仲介的就是外勞逃跑的原因，因為三年到了，要再被仲介剝削一次，要做一年到一年半的白工，所以外勞才會逃跑，」她說，「這項修法涉及仲介與外勞之間的不當剝削、不當的仲介費。」

後來，勞動部長到立法院報告，表明政府支持修法，認為這能避免海外仲介剝削移工血汗勞動，據該部估算，修法後能減少各國移工平均八萬元的海外負擔，尤其對越南移工來說，更能減少約十二萬元的仲介費用。[22]

這項提案，在該年十月完成三讀，通過修正。當時蔡英文總統特別發文贊許，「對辛苦的移工朋友來說，是強化勞動權益的一大步」、「讓來臺灣打拚的外籍移工朋友，不用再受到每三年出境一次的限制，不用多付額外的仲介費。」

那場高捷泰勞抗爭事件所產生的政治影響，已遠遠超出一家公司的勞資爭議範疇。當政府面對來自國際和人權團體壓力，官員也得調整做法，做出更多符合人道的政策決定。

當然不是說移工政策從此走向去商品化，但社會中的許多人能夠逐漸理解移工的結構困境，而移工也能捕捉到臺灣一些民主內涵的點點滴滴，窺見人權、公平，與一個他們過去不甚熟悉的世界。這是許多移工第一次出國，在每次抗爭中體會到一些過去沒見過的，而路走多了，他們總會找到前進的方法。

2

危險之島

二〇一七年底，蘆竹移工宿舍大火，奪走六條生命，刺痛移工的恐懼。移工臉書群組開始熱烈討論臺灣工作有多危險，「賺錢天堂」變成「危險之島」。據統計，每兩小時就有一名移工職災，「失能」、「死亡」率是本國勞工的兩三倍。

遭遇職災後，移工常面對求償無門的折磨。二〇一九年。泰籍移工拜倫受職災後請求補償，雇主不予理會，僵持近一年後，他在絕望之下了結自己的生命。

移工撐起臺灣各行各業，卻身陷生死危機。

臺灣該如何回應移工的夢想與痛苦?讓這座島嶼同樣成為移工心目中值得打拚的夢土。

1 等待職災補償的折磨——一名泰國移工之死

如果上天允許，M希望能回到二〇二〇年七月七日那天早上。在一切還來得及挽回之前。過去一年，他眼睜睜看著父親拜倫，從泰國來到臺灣當廠工十二年後，因病痛和經濟而陷入掙扎，變得沮喪且消沉。不過那天早上，父親的氣色明顯好多了，用熟悉溫暖的聲調問M：「要出門了嗎？幾點回來呢？」

M不疑有他，甚至有些開心父親恢復精神。這天是M辦理簽證延期的日子，因為他是持旅遊簽證入境臺灣，每隔三個月他都必須重新辦理簽證。出門前，他告訴父親：「中午就回來了，等我回來了，我再幫你煮飯。」二〇二〇年四月，他們住進希望職工中心的庇護所，這是一所由天主教設立的中心，安置受虐待或職災移工已三十年。

出門不過一個小時，M就接到電話。希望職工中心的社工要他趕快回來：「你爸爸出事了！」

社工的語氣有些焦急，M開始緊張。

警車的尖鳴聲此起彼落，中心裡所有人都在忙亂地奔走。不過M一句中文和英文也不會說，只能拉著翻譯不斷地問：「怎麼回事？」、「爸爸發生什麼事了？」但沒有人敢跟他說。直到警察帶M做筆錄時，他才得知，父親跳樓自殺了。

悲劇始於工殤：鐵塊重擊致臥床失能

兩個星期後，我第一次見到M。他個子不高、下巴厚實、半邊瀏海蓋住眼睛，頭髮如久未修剪般的厚重，因連日睡眠不足，眼睛布滿血絲、眼袋下垂。沒有一點三十出頭男子應有的朝氣，他上身穿著略微寬大的黑色襯衫，明顯看得出來，他正虛弱地撐著身體。

我是在一位叫許惟棟的朋友臉書上得知這場告別式。阿棟當時是希望職工中心的社工督導，服務的對象是外籍移工，過去幾年，我因為經常報導移工的新聞專題而認識他。

我決定去參加拜倫的告別式，在網路上問了阿棟時間地點。他傳給我的訊息裡提及告別式辦在慎終廳。當天下午，我抵達桃園殯儀館，繞了整座建物兩圈，才找到拜倫的靈堂。那裡其實稱不上是靈堂，更像是在戶外搭的臨時帳棚，落在整座殯儀館的最角落，緊挨著廁所與樹叢。

我還沒想好來參加告別式的身分是什麼。和阿棟打完招呼後，他把我介紹給其他來參加告別式的臺灣人，他們是拜倫在醫院時照顧他的護理師以及協助打官司的法扶律師，當他們聽到我是記者後，都問我：「你會寫這則報導嗎？」「拜倫的故事真的很需要被寫出來。」我點點頭應和，心虛得不行，因為我沒有把握有哪家媒體會需要這則故事。

拜倫的告別式結合了臺灣與泰國的傳統喪禮儀式。M一下跟著請來的三位泰國僧人誦經，一下被要求站在一旁，跟著臺灣人答謝捻香，不管三跪九叩、家屬答禮、扶棺靈柩，都需要M。他實在太忙了，我在告別式上沒有機會和M說上話，僅是點頭致意，以及扮演好我的角色，讓他覺得有個臺灣的記者關心這件事，我猜這會讓他的心裡舒坦一些吧。

那天我一直陪著M，跟著他進入火化場。工作人員要翻譯轉告他，待會把爸爸的遺體跟棺木送進去時，要大喊：火來了，趕快走！火來了，趕快走！我不知道翻譯有沒有準確傳達，也不清楚M和其他移工怎麼理解「叫屍體趕快跑」的意義，但他們還是在棺木推進火化間那刻，拉高了分貝狂喊。

領了號碼牌後，便是等待。那天是星期日，整天的儀式下來，時間已近傍晚，愈來愈多移工陸續離開，趕在門禁時間前回到宿舍。原本在這種安靜的時刻，應是採訪的好機會，我還是不願意為了採訪而打擾M，他已經承受太多了。

等到火化完成後，我準備目送他離開。M抱著父親的骨灰罈，突然回過頭直直地看著我，看上去有些著急，拉著他身邊懂中文的朋友，要他們趕緊幫忙翻譯：「我想接受你的訪問，希望你可以幫忙我們在臺灣爭取權利。」

而這也就是我說服媒體編輯這篇報導值得跟進的理由：這場悲劇，暴露移工在臺遭遇職災後求償無門的難題。每個人也能從拜倫與M這對父子的故事中，感受到人生的炎涼，以及這個國家如何對待外籍移工。

二〇〇八年，當時四十三歲的拜倫來到臺灣工作，第一份工作就在桃園龍潭的三永鐵工廠，一晃眼十二年過去，根據臺灣的規定，這也會是他在臺灣工作的最後一年，他就要結束飄泊的日子，返回泰國家中。

二〇一九年七月十六日，根據拜倫自述，他被一位臺籍員工叫去操作俗稱「天車」的橋式起重機，在他按下天車的定位按鈕，打算將鐵塊安置到固定位置，卻因懸吊鐵片的鋼索搖晃，讓他被數噸重的鐵塊撞傷胸腹部。原先拜倫不以為意，直到隔天早上痛得起不了身，才由朋友協助送醫。

不過，這段受傷歷程被雇主否認。三永鐵工廠總經理周釗仰認為，拜倫原本就有酗酒的習慣，而且事發當天吃晚餐時也沒有異狀，否認整起事件是職災事件。工廠的委任律師在接受訪問時主

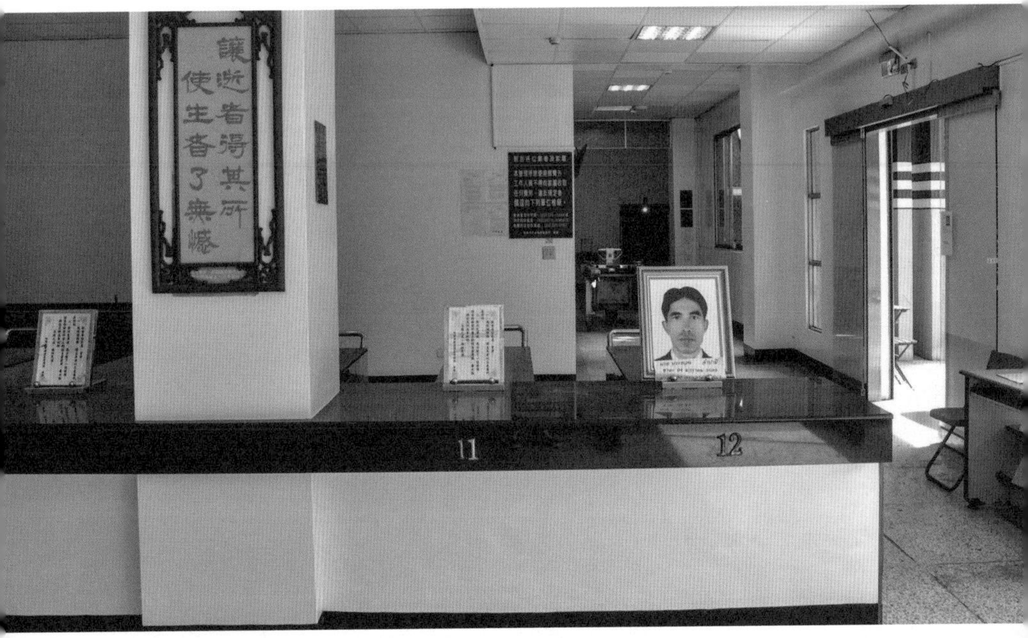

遲遲等不到職災補償，來臺多年的拜倫選擇結束自己的生命。（攝影：簡永達）

張，拜倫送醫並非在工作場所，而且事後詢問其他工人，都表示沒聽到操作起重機的聲音。

醫生的診斷結果是內臟破損，經過檢查後，認定拜倫的傷是「外力造成，重物壓迫胸腹腔造成大範圍腸壞死」，而且膽汁已嚴重侵蝕腸道，必須整段切除。最後醫生為他留下一段小腸，形成人工造口，並判斷他這輩子接下來的進食與排泄，都得仰賴這細小的引流管。一聽說父親在臺灣出事，M顧不得市場裡的豬肉生意，急著飛來臺灣照顧父親，抵達桃園機場時，他只帶了五套衣褲，沒有太多行李。

「可能兩個月就回家了，」M當時面對妻子的詢問，「我想爸爸在臺灣有雇主、有仲介還有同事，他們都會幫忙的。」他安撫不安的妻子。

沒想到，M這趟來臺灣，待了將近一年，他護照上的入境戳記停留在二〇一九年七月二十九日。剛抵達臺灣時，在希望職工中心介入前，近八個月的時間，他每天晚上睡在父親病床旁的躺椅；為了省錢，他只吃父親剩下的醫院餐，每天幫父親擦澡、清理排泄物、隨時注意儀器上的生命徵象，二十四小時都繃緊了神經。

職災認定困難，移工忍痛噤聲

拜倫的工殤，對不少從東南亞來臺工作的移工是很常見的故事。長期以來，移工在臺發生職災的比例都比臺籍勞工更高。監察院在二〇二〇年提出一份調查報告，指出外籍移工因職災而失去工作能力的比例是臺籍勞工的三倍。

這些年來，外籍移工因為工作而遭遇到嚴重的外傷，一再出現在新聞報導中。像是在二〇二〇年，嘉義福義軒蛋捲工廠的一名越南移工，在操作機臺時整隻手臂被機器絞斷；另外一起，是一名在家具工廠的外籍移工遭到推高機軋斷手臂。事實上，這些移工受災害的新聞並沒有真正抓住臺灣人的注意力，可能是類似的傷心故事太多了，讓人麻痺；或者是因為社會充斥巨大競爭，讓人不得不把最弱勢的踩在腳底下。不過，一個社會在朝向更保障人權的方向發展時，總會有些時刻，讓我們回頭思考，自己是不是僅把外籍移工當成一枚隨時可棄的勞動力？那個時刻發生在二〇一九年八月二十八日，地點落在苗栗縣的鼎元光電竹南廠，一名叫作德希莉（Deserie Castro Tagubasi）的菲律賓籍移工，在操作機臺時，被俗稱「化骨水」的氫氟酸潑濺到下肢。

鼎元光電是全臺第二大的ＬＥＤ燈製造商，專門製造各種感光元件，員工人數大約七百人，其中最大的廠就在竹南廠，占地達一萬坪。它用水泥圍牆與鋼筋混擬土遮蓋住工廠裡的世界，永遠籠罩在白幟燈所創造出的白晝。德希莉是這座廠的一名菲律賓女工，來臺近三年，她的雙眼大而分明，一頭長捲髮，很愛笑，臉上有淺淺的酒渦。她的老家在呂宋島東北方的家鄉伊莎貝拉省（Isabela）伊拉岡市（Ilagan），父母都是農民，家中有九名兄弟姊妹，她排行第五。因為家裡吃飯的人口多，經濟並不寬裕，爸爸只能在農閒時候多兼建築工，多賺一點生活費用。

在父母眼裡，德希莉是聰慧又貼心的孩子。成年以後，她到馬尼拉念大學，主修電腦工程，但畢業後大城市裡沒有留給女性工程師的位置，她只能先在百貨公司當銷售員，薪水換算為臺幣大約七千元，這點薪水根本不足以寄錢回家，更別說完成她從小的心願，幫家裡蓋房子。於是，她決定申請到臺灣工作。

到臺灣以後，很多移工將這視為一種分界點，決心切斷故鄉的一切，取了假名、申請新的臉書帳號、捏造感情狀態，自詡為開創新生活的專家。他們有意無意地減少和家人聯繫的頻率，把寄錢回家視為應盡的義務。不過德希莉不是這樣，她仍熱切地維持每週與家人固定視訊，在父母難過時，德希莉會在鏡頭前跳舞逗樂他們，她的姪子與父母經常在掛上電話前問她：「妳哪時回家？」「祕密！也許哪一天我就會出現在家門前，給你們一個驚喜！」德希莉頑皮地回道。[1]

德希莉很少提起自己的工作，當妹妹問起時，她約略提過常碰觸化學藥劑，即便戴著口罩，鼻子還是經常發炎。不過，當她察覺家人開始擔心，便會故作樂觀地說，「多喝點牛奶就好了。」

德希莉在工作以外的時間，都在約會。她的男友是同樣在苗栗紙箱工廠工作的菲律賓移工，有張娃娃臉、短髮、深邃的黑眼睛。他們交往兩年，經常旅遊，去過全臺最高的臺北１０１與新竹內灣老街。當我在第一廣場時，經常陪移工朋友出席與網友見面的約會，也習慣於他們身邊的對象一個換過一個，有位熟識的移工朋友跟我開玩笑說：「海外打工沒有真愛。」工人間似乎有種默契，結婚的對象還是要回家找。但德希莉和她的男友不這麼想，他們有項祕密計畫，兩人每個月從薪資撥出一部分作為結婚基金，已經存了八萬臺幣，預計在二〇二〇年，兩人合約都結束之後，就回到菲律賓結婚。

事發當天早上，德希莉正在鼎元光電竹南廠二樓的切割課，準備用濃度四九%的氫氟酸化學蝕刻液清洗晶片。像這類需要接觸化學藥劑的工作，是臺灣人較不願意從事的高風險工作，通常由外籍移工承擔。她的工作站六人一組，包含兩名本勞與四名外勞，這天因為工作分配其他人都不在，不過德希莉已工作近三年，每次考核作業她都是滿分通過，對於獨自操作倒也不以為意。這天她發現蝕刻液溫度偏低，打算將蝕刻液從化學槽搬出，放到桌上利用室溫回溫，在搬出的過程，半滿的液體搖晃溢出，化學蝕刻液先濺到德希莉的右大腿後側，在脫下防護衣時，液體又沾到左右大腿。

一架在她後方的監視器錄到接下來發生的事。事發當下，德希莉的臺籍主管並不在現場，一名在現場的同事後來接受媒體訪問時形容，簡直「亂成一團」。沒有同事知道該怎麼處理這種狀況，培訓時並沒有教，急救藥品也沒有英文或他加祿語標示，她們看著德希莉痛苦地嚎叫，受傷的腿部已受到嚴重燒灼而冒煙，皮膚開始泛白、裂開、滲血。氫氟酸有個嚇人的稱號叫「化骨水」，因熱門影集《絕命毒師》（*Breaking Bad*）為大眾所知，曾任化學教師的主角就是用氫氟酸溶解屍體，連骨頭都能溶解。

事發後六分鐘，有人從醫務室中拿出中和劑六氟靈、敵腐靈以及九支葡萄糖酸鈣軟膏，十五分鐘內，藥膏全部使用完，而在這個過程，護理師全程站在一旁，不敢靠近，以口頭指示一位沒有經驗的菲律賓移工，戴上手套幫德希莉塗抹藥膏。

十點十七分，德希莉被氫氟酸潑濺三十五分鐘後，救護車終於抵達，將她送往臺北榮民總醫院的燒燙傷專科，在經歷將近十二小時的苦苦掙扎後，她死於多重器官衰竭。當她的男友聽到噩耗時，幾乎用盡力氣才擠出一句成形的話，「我非常愛她，如果我的命可以代替德希莉，我願意。」

一開始地方媒體以普通的工安事件報導，公司發言人僅回應會再檢討工作流程，再無消息。接下來，兩個星期以後，希望職工中心、臺灣國際勞工協會等移工團體前往勞動部抗議，他們無法接受一年多來，臺灣接連發生數起重大移工職災案件，如矽卡宿舍火災、敬鵬工廠大火與鼎元的移工化骨水致死案，勞動部仍把災厄歸咎於個別公司，忽略掉自己防範職災的責任。

一時之間，臺灣社會引發自我引責的浪潮。事發地苗栗縣的一群年輕人，在網路發起一人一封手寫信安慰受難的移工家人，紀錄片導演蔡崇隆寫道，「（臺灣）每天有無形的職災戰役在工廠發生，一樣是寶貴的年輕生命，得到的關注卻是天差地別。」身兼律師的立法委員邱顯智接受家屬委任，透過視訊，他看到德希莉的家人在哭，她的阿公阿嬤、爸爸媽媽、哥哥嫂嫂全擠在螢幕的小框框裡，他在那刻明白，「（德希莉）不只是外籍移工，是跟你我一樣，是活生生的人。」

當鏡頭稍稍離開德希莉的悲劇之後，她的兩名同事決定提前結束合約，原因是「每次工作都很窒息，不知道自己工作安不安全。」「我們根本沒有接受過安全訓練，不知道使用這些化學藥劑這麼危險。」德希莉的多位同事告訴媒體，自己沒有經過任何專業培訓，沒有經驗的工人只是讓資深的同事帶領而已。桃園群眾服務協會（SPA）主任汪英達，他訪問過多位鼎元光電的外籍移工後，形容「他們像工具人，手持晶片放進化學藥劑，每隔幾秒再換個角度，一天下來得弄上好幾片」。

被低估的移工傷亡數

這是每天外籍移工在面對的事，一臺沖壓機軋斷工人的手，另一臺機器吞噬工人的指尖，多數移工在上工前都沒有接受過完整培訓，只是讓資深的工人帶領著操作機器。對於工廠雇主不願意花時間培訓，有個合理的解釋是，流水線的工作時間就是金錢，在旺季訂單增加的時候，工人按完成件數算績效獎金，因此愈快上工，工人能賺的更多，至於撥出時間認真教導別人，並沒有好處。

駭人的數字顯示，每年向勞保局請領職災給付的移工有一千五百多人，平均每兩個小時就會發生一起職災事件。[2]不過，這樣的數字在中國文化大學勞動暨人力資源學系教授李健鴻眼裡，是被嚴重低估了。首先，政府統計來自勞保給付資料，那些尚未強制納保，且人數超過二十萬人的家庭看護工，以及約八萬名的失聯移工，[3]都是政府統計的黑數。

2012-2022年，本、外國籍勞工職業災害失能千人率

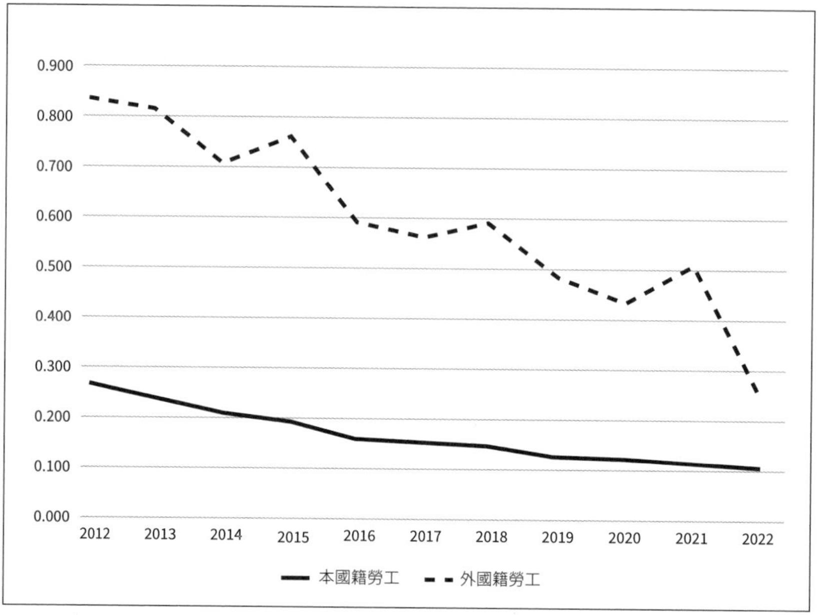

資料來源：勞動部

資料整理：簡永達

李健鴻指出，若勞工要申請勞保職災給付，必須由雇主在申請書上蓋章，方能向勞保局申請，但在第一道關卡，「雇主和仲介大概就先擋下一半了。」

監察院在二〇二〇年的調查報告也做出類似總結，現行《職業安全衛生法》僅規定有一人死亡、或三名勞工重傷，又或是發生重大災害，有一名以上員工需住院治療的職災事件，雇主才需要通報。依規定，雇主需在發生災害八小時內通報，縣市政府再派勞動檢查員前往檢查。但這項通報責任只在雇主，雇主常常怕通報後被勞檢，或在調查期間被要求停工導致損失，而傾向不通報。只要雇主不主動通報，政府根本無從得知。

臺灣職業安全健康連線曾接過一通營造外包商工人阿泰的電話，他從事電塔維修工作，有天在作業時不慎引起爆炸，阿泰從三樓高電塔摔到地上，雇主跟工地主任不叫救護車，而是用自用客車送他急診，並將此事件通報為車禍，並未通報職災，事後阿泰也無法申請任何職災補償。[4]

職災通報率過低，早已為勞動部官員知悉，一位官方代表在二〇二〇年接受監察委員約詢時回答：「有些雇主確實想要刻意規避，因為通報了檢查機構一定會去，所以雇主會想說，不要通報是不是就沒事了。」[5]

即使雇主願意蓋章，讓勞工向勞保局申請職災給付，勞工局會派員做職災認定，但認定的過程相當嚴格，受災勞工必須證明「傷害」與「工作場所」的因果關係，「通常雇主不願意保全證據，他就可以說監視器檔案毀損了，」李健鴻解釋，現行的職災認定並不利於勞工，本國籍或外籍皆然。

不過，外籍移工比臺籍勞工更為弱勢，因為他們必須時刻揣摩雇主的心態。移工的契約三年一期，「他們會擔心申請職災補償後，雇主要把我送回去怎麼辦？如果三年合約到期後，雇主不跟我續約又怎麼辦？」李健鴻說。

很多人無法理解外籍移工這種自願性退縮的矛盾，並將它視為一種懦弱的表現。我一開始也不懂，直到二〇一八年，我為了追蹤蘆竹的矽卡工廠宿舍火災，透過管道加入好幾個越南移工同鄉會的群組，幾乎每隔幾天，我就會在群組看到貼文，又有人在為死在臺灣或是遭遇嚴重職災的同鄉募款。

後來，我到越南拜訪因工廠火災逝世的移工家屬，在我到訪時，黃家大哥庭維（Hoàng Đình Duy）仍穿著膚色肉胎壓力衣，疤痕像蜷曲的蟲，爬過他半個身軀，在他剛蓋起的新房子中接受訪問。不過，當妻子與其他家人都不在時，庭維拉我到一旁，請我幫忙。他之前在臺灣一家電鍍工廠工作，某天，他與同事搬運裝著硫酸液的塑膠桶，桶子意外裂開，導致他上身大面積灼傷。在那場意外之前，他總覺得臺灣的工人看不起越南人，每天中午放飯時，臺灣工人們拿便當占據唯一的餐桌，他和其他同鄉只能蹲在地上吃完便當，老闆也是，一旦發現越南工人犯錯，便會毫不留情地破口大罵，對臺灣藉的工人則輕輕放過。庭維一度覺得整家工廠的臺灣人只有老闆的兒子是好人，他會蹲著跟越南人一起吃便當，還會央求他們教他幾句越南話。

事情發生當天，按黃庭維的話說，工人簡直是驚慌失措，還在爭執要不要叫救護車。老闆的兒子拒絕，堅持用小客車載黃庭維去醫院的燒燙傷急診。硫酸沿著肩膀往下，蔓延到手臂與胸腹部，導致他上身大面積灼傷，需要進行換皮手術。住院第三天，他就被接回工廠宿舍休養，需要看診或進行換膚手術時再由老闆兒子載他過去。後來，他弟弟死於矽卡工廠宿舍火災，他急著帶弟弟的骨灰回家，臨行前，老闆兒子包給他一個六千元的紅包，祝他此行平安。

不過，當他回家處理完弟弟的後事，想再和原工廠聯絡卻遭到冷落，開始在家鄉找工作時，十幾家工廠的老闆都以他受過傷，無法搬重物為由拒絕了他。他在村子裡享受鄰人欽羨的目光，人人當他是從臺灣賺錢回來的有錢人，蓋起最新最高的透天厝，連他的妻子也這樣認為。可是庭維告訴我，他最近都在村子外的廢棄工廠撿廢鐵變賣。

他曾託朋友幫忙申請職災補償，才知道當初老闆兒子用私家車載他送醫，並沒有將此事件通報為職災案件；要求他住院三天就回工廠休養，也是為了躲避賠償規定，一般來說工人住院四天以上，雇主就得依法發放傷病給付，直到治療完成。

回想從河內過來，我竟意外見證多位臺灣的職災者，像我的 UBER 司機，聽到我跟翻譯的對話，知道我是從臺灣來的，熱切地跟我打招呼，說他十多年前也到過臺灣工作，一隻手移開方向盤，展示出他被機械吞噬了三個指尖，接著說：「在臺灣手斷掉之後，老闆不要我了，回來越南也找不到工作，只能開計程車。」

這群移工所代表的國際勞動力遷移是經濟自由化的意外產物。製造業的全球化對企業是一個巨大福音，使他們能夠搜尋成本最低的製造商。美國的社會學家華勒斯坦曾提出全球生產體系的階層關係，以歐美為主的金融與生產中心，例如紐約、倫敦等跨國公司總部，將訂單發至香港、新加坡、上海、臺北等半邊陲地帶的二階城市，這些節點城市再將生產發包至中國沿海二三線城市，或是設廠在東南亞國家，如菲律賓、越南等勞動力更為低廉的地方。

貨品流動的反向就是勞動力遷移。菲律賓一直是亞洲最主要的勞動力輸出國，在六〇年代，馬可仕政府領導下的菲律賓經濟每況愈下，加上龐大的外債如雪球愈滾愈大。一九七四年，當馬可仕宣布「勞工出口政策」時，宣稱這只是紓緩失業與賺進外匯的暫時性政策，但在數十年後的今日，已經沒有人再去質疑這件事。事實上，菲律賓以勞工出口賺進大筆外匯的模式，後來被其他鄰近國家紛紛仿效，例如印尼與越南。

臺灣與其他亞洲地主國都採取了「客工」制度，但臺灣的規定是最為嚴格的。移工簽的都是短期合約，即便能重新履約但也有居留年限，他們沒有資格升遷或加薪，只能以個人身分來臺打工，不得接家人團聚，而且地主國政府通常拒絕低技術的外籍移工歸化，將他們的居留資格綁定工作契約，一旦移工失去工作，意味著將被強制驅離。

在這種制度安排底下，一旦工人發生工傷，雇主可以透過仲介，隨時替補一枚更年輕的勞動力。由於居留資格與職業災害的申請表都握在雇主手上，幾乎沒有外籍移工能夠留下來，走完曠日廢時的職災補償。

庭維再次將希望寄託予我。等我回到臺灣後，他陸續傳來照片，包含他的健保卡、回診時的收據，以及每個月的薪資單。他經常在很晚的深夜打來，應該是等家人都睡著以後，詢問他的案件進展。我把他的情況告訴工傷協會的朋友，很遺憾，那些費心蒐集的證據派不上用場，而且由於工傷案件發生已久，我的朋友建議他回臺灣提告。我將這項消息告訴庭維，不必見面我都能聽出他話筒裡失望的聲音，他諾諾地應和，在掛上電話前，我知道我就要失去他了。之後，我無法再從臉書得知他進一步的消息。

儘管外籍移工在申請職災補償上會面對各種壓力，勞動部職業安全衛生署簡任技正陳志祺仍然相信移工申請職災補償沒這麼困難，現行法規都已有明確規範。他口中的職災補償規範寫在《勞基法》第五十九條，如果勞工因職業災害而無法工作，雇主必須補償醫療費用、就醫期間的薪資，以及勞工治療結束後，依照失能程度給予補償。依規定，勞工在發生職災後，可依法向雇主請求醫療費、在就醫期間的原領薪資，以及依照勞工失能程度，雇主一次性給付的勞動力補償。

雇主設法規避賠償

再回頭來講拜倫的職災申請。「就算是法定要付的補償，遇到賴皮的雇主，說不付就不付，」許惟棟擺擺手說，「通常移工遇到這類案件都要走法律訴訟，才能讓雇主吐錢出來。」

二〇二〇年一月，希望職工中心介入後，許惟棟很快地替拜倫申請職災認定；二月，桃園市勞動局認定整起事件是職災，雇主應負起職災補償責任，而且針對雇主「未二十四小時通報」、「就醫期間未給付薪資」連續開出兩張罰單。

由於《勞基法》僅從大方向規範雇主的職災補償責任，認定職災與否仍握在地方政府，造成各地執法強度差異很大。而且各縣市政府對違法雇主的罰鍰限制在一百萬元以下，金額經常比雇主要付出的法定補償還低，[6]因此有些雇主寧願受罰，也不願意替職災勞工申請補償金，造成職災工人經常得提起訴訟爭取。

從拜倫的個案來看，不管是罰單、薪資、醫藥費、補償，雇主一毛錢也不打算支付。「我們開過二次協調會，雇主的態度從一開始就很強硬，」李珮琴接受法律扶助基金會的委託，成為拜倫的辯護律師。這類案件她並不陌生，因為她協助移工追討職災賠償已有七年以上時間。這些經驗告訴她，除了在司法上攻防，幫移工爭取盡可能高的賠償外，還得隨時緊盯工廠的營業狀況，「我們最怕工廠突然惡意脫產。」

接受訪問時，李珮琴道出她處理這類案件最為洩氣的經歷。有時候，好不容易在法庭上，幫移工爭取到條件好一些的賠償，公司下一秒就把資產轉移，只留下空殼公司，「我們去查封公司的資產也扣不到，雇主就跟你說他也沒錢啊。」

惡意脫產，是小工廠為了躲避裁罰常見的做法。一位曾任某縣市勞工局、負責勞檢的督導告訴我，因為業務關係，他經常檢查鄉間的3K工廠。他觀察這類工廠員工數多在十人以下，由家族共同經營，一旦發生職災或違反職安規定，工廠老闆就會將資產轉到家人名下，另起爐灶成立新工廠。

二〇一三年三月三十一日，一名叫作蘇天萬（Aan Setiawan）的印尼籍移工，在桃園的旭鴻染整公司擔任機臺作業員，流水線的工作經常要做超過十二小時，工人每兩週必須輪值一次夜班。這天凌晨一點十分，他如同往常一樣，看到運轉的機器中有髒汙，伸手去清理。

「如果關掉機器會被廠長罵，看到有髒汙沒有清也會被罵。」蘇天萬不假思索伸手撥掉髒汙，整隻手掌卻被捲軸捲進去，導致多處粉碎性骨折，經過六次手術、十五次復健之後，他的右手只剩大拇指能發揮作用。

他的案件纏訟多年，直到二〇一八年法院判決旭鴻染整必須賠償蘇天萬約一百四十四萬元。[7]判決出爐後，旭鴻染整拒絕賠償，聲稱公司已經沒有資產，他們已將工廠內的機器設備脫手給另一家華震公司，當代表律師游聖佳向法院聲請釐清二家公司的產權，華震公司又變賣給另一家公司，主張廠房機器已屬於華樉工業所有。

游聖佳指出，三家公司登記都設在同一個地址，一直不斷地將廠房機器用脫產的方式，規避要賠償給蘇天萬的責任，「如果旭鴻真的沒有資產，怎麼能聘一、兩名移工到臺灣工作？」她說。

「《公司法》規定，成立一家新公司的資本額只要五十萬，[8]不過雇主如果要付職災賠償，有些勞工失能等級比較高的，可能要賠一兩百萬跑不掉，」同樣多次協助移工申請職災賠償的李珮琴，從案件得出類似結論，「這筆錢對小工廠來講是有壓力的，可能一下子金流軋不過就要倒閉了。」

蘇天萬在二〇一五年回到印尼，律師僅能將被扣押的機器設備拍賣，所得僅有十二萬，與法院判決的一百四十四萬賠償金相去甚遠。他還不滿四十歲，右手掌全斷，回到印尼後也沒法找到工作，僅能幫忙家裡簡單的農活。曾一路協助蘇天萬的TIWA研究員陳素香感慨道：「他們（政府）都說，每個 case 都能夠走到最後，沒有問題，但實際困難重重，你每個環節都要不斷地去爭取。」

在拜倫的案件裡，三永鐵工廠看來暫時沒有脫產的跡象。這家工廠的員工數在三十人左右，僱用七名外籍移工，[9]都是泰國人，成立近五十年，承包來自臺電、中油、中科院等許多政府單位的採購。

為了規避責任，仲介還幫雇主想出許多不用付出全額的花招，像是在外籍移工受傷時，不叫救護車，而是用私家車載去醫

M 抱著拜倫的遺照，在法師的引導下，護送父親的遺體去火化。（攝影：簡永達）

院，就是為了避免留下正式紀錄；又或是私下塞紅包和解，趕緊把移工送回母國，換一個新人來臺工作。

這些遭遇職災後的移工，對雇主來說，不過是隨時可棄的勞動力。

一位父親的愛與犧牲

如果不是因為愛，希望讓孩子有機會脫離貧窮，拜倫不會拋家棄子，遠赴二千公英里外的國度，也不知何時才能和家人再相見。

拜倫的告別式之後第二天，M要申請父親的死亡證明、做文書公證、注銷父親的護照，我提議陪同。我很想試著去理解，他在臺灣面對的孤獨與絕望。獨自一人，飛過二千多英里，面對惡劣的雇主與臺灣繁複的行政，耗了整一年的時間，而語言上的隔絕，加深了這種挫敗感。

不過，橫在我們之間的問題是，我跟M的語言不通，他不會講中文或英文，而我也不會說泰文，而且在搶時效性的新聞工作裡，這項行程安排其實不太有效益。我依約定在臺北車站北三門等他，他帶來一位泰國朋友Ken，是希望職工中心的志工，僅能說非常基本的中文。我們走進一家代書事務所，還沒進門，我就聽到裡面人聲鼎沸。進門之後，我們右前方有名外籍白人男子低頭玩手機，陪同他的臺灣女子朝內低吼道，「快一點，輪到我們了沒？」當下我便決定，不打「臺灣人」這張牌。我想瞭解兩名心碎的泰國人還能遇到多少挫折？

等待的時間很長，剛才右手邊的那對男女已公證完離婚證明，後來陸續進門的人都已有人服務。Ken還站在櫃檯前，他脫下棒球帽，將肥厚的腦袋擠進櫃檯來回扭動，試圖引起裡頭的人的注意。M低著頭，安靜地坐著，因為語言無法交流，他開始跟我分享臉書和手機裡的照片。有張照片他穿著花襯衫、搭配新潮的飛行款墨鏡、梳三七分的厚瀏海倚在船桅欄杆，臉上掛著玩世不恭的微笑，和我眼前這個耗盡氣力的年輕人根本不像同一人。

當大廳的人潮散去，一名戴眼鏡的瘦長男子終於注意到我們。Ken把拜倫的死亡證明與翻好的文件往前遞，用他僅會的幾個單字湊出「我們……辦……這個？」那名男子將視線瞥向我，而我為了做一隻釘在牆上的蒼蠅，刻意迴避他的視線。他露出尷尬的微笑把整疊文件拿回座位跟同事理出頭緒，才明白我們要公證死亡證明，再次回來時他把蓋好章的文件遞給M，當我們準備轉身離開時，我都能感覺到他恨恨的眼神。

離開代書事務所，Ken跟M用泰文討論一下，轉頭說：「跟我走。」他們腳程飛快，以致我們移動時一直維持一段距離。走在板橋市中心，周圍都是高聳的玻璃帷幕大樓，我從後方看，突然覺得他們的背影好嬌小。最後我們走進市政府的聯合辦公大樓。Ken逕直往裡頭走去，停在新住民服務中心的泰語服務櫃檯，說：「這位是臺灣的記者，他想採訪我旁邊這位年輕人，他的爸爸剛死在臺灣，您可以幫忙嗎？」

在我訪問移工的經驗裡，經常佩服他們普遍擁有的靈活性與實用主義，能針對各種不利的情況彈性調整。翻譯帶我們走進一間小房間，掛上會議中的門牌，我們的訪問終於可以開始了。

問起M對爸爸的印象，他說爸爸是個「犧牲」的人。從他記事起，為了給家人更好的生活，爸爸總是努力賺錢。他們住在泰國東北，一個靠近寮國的小農村，拜倫平時的工作是農民，農閒時，他會兼職在建築工地當臨時工、輾米工廠搬貨，或是當三輪車司機。

二〇〇八年的某個夏日，拜倫在晚餐時宣布：「我決定要到臺灣工作。」餐桌上一片寂靜，M回想當時，「我很想阻止爸爸，但是我知道他要去臺灣工作，是為了支付我上大學的學費。」「你是哥哥，你要照顧好妹妹。」M記得父親離家當天的傍晚，他送爸爸到客運站坐車時，爸爸緊緊擁抱他，靠在耳朵旁邊低聲道。

那年四十三歲的拜倫，在來臺移工中屬於年紀偏大的一群。在打工群體裡，年輕女工占據金字塔頂端，做的大多是薪水高、加班多的高科技廠，年輕的男工次之，做加工廠那些流水線工作，在移工市場，年老是明顯的劣勢，很難找到工作。拜倫付了九萬泰銖的仲介費，相當於新臺幣八萬三千元，來到桃園的三永鐵工廠當鐵工，做的是臺灣人最不願從事的3K行業：每天在高溫高熱的環境下，組裝裁切鐵模、操作天車搬運鐵片。

全臺約有五十萬名產業移工，從事3K行業就有四十萬人左右。[10]其中有部分的人感到憂鬱、無法適應艱苦的環境，很想念家人，想趕緊回到家裡去。但在我訪問拜倫的同事、醫院的護理師、協助的社工與律師後，他們都提到拜倫是個樂觀的人，即便在身體最痛苦的時刻，他也沒抱怨，對所有人保持笑容。

但沒有人能想到，眾人眼裡樂觀的拜倫，會選擇跳樓輕生，結束自己的生命。

在告別式時，我曾經問過M在這一年和爸爸有哪些難忘的事？當時他告訴我，他最難忘的是每天中午和爸爸準備中餐：「爸爸喜歡吃辣，但他現在胃不好不能吃辣，我就會告訴他，『你要趕快好起來啊，我就煮辣的東西給你吃。』」

採訪這天，我又請翻譯問了他一次，和父親的回憶。我原以為他會講述這一年來，如何被臺灣雇主冷落，或抱怨怎麼被臺灣的職災補償制度蹉跎。

沒想到他提起最近常出現的夢境。在他七、八歲時，爸爸、媽媽都還在，拜倫會帶著全家在田裡夜宿，晚上大家睡在稻草堆，看著星星，白天起床時，可以看到自家田裡金黃飽滿的稻穗，這是他最滿足的回憶。

可如今，原屬於這個家庭的靜謐簡樸感，全都消失了。

律師與社工的自責淚水

二〇二〇年七月七日早上九點，M為了延展簽證出門後，拜倫躺在床上錄下給兒子的遺言，最後時間顯示在十時四十二分。他幾乎是爬著接近窗臺，連點滴針頭都沒有拔下，從四樓房間的窗戶跳下。「你很難想像，他死的意志有多堅定，」李珮琴噙著淚水想像拜倫的最後一段路。

所有人都在惋惜這起悲劇。隔天一早，李珮琴辦公室接到傳真，雇主的律師傳來寫好的訴狀，上頭寫著：「債權人既已死亡，其爭執之法律關係已消滅……是本件依法應駁回聲請。」

那些在拜倫身邊協助他的人們，卻陷入深深的自責中。許惟棟在Facebook寫下網誌，控訴顢頇的職災補償制度與惡質的雇主，不過，他也問自己：「我還有哪裡做得不夠？」

「從一開始稍微移動就喊痛，到後來可以自己從床上坐上輪椅，」許惟棟看著拜倫相當努力，身體也在一點一點地進步，正當他覺得一切都好轉的時候，拜倫仍舊走上絕路，「我們都一起走了那麼久，他為什麼先放棄了？」他對拜倫的決定不解，也為自己的無能為力感到憤怒。

李珮琴同樣陷入自責的漩渦。「我們在四月提出訴狀，向法院申請定暫時狀態處分，[11]希望雇主先支付拜倫每個月的基本生活費，但錢還沒扣到，他就過世了，」李珮琴停頓了一下接著說，「如果我們扣到雇主的錢，會不會結局就不一樣？」

一個人自殺的原因可能無從得知。不過，M認為自己要付的責任要大一些，他一直回想父親自殺前有沒有任何異狀是自己沒有察覺到的。他想起事發前兩天，社工告訴他，拜倫的勞保給付還要再等三個月；[12]他幫爸爸擦澡時說，「爸爸，我們再撐一下好不好，之後我就帶你回家。」「我可能撐不到那時候了，我沒辦法跟你回家了。」拜倫幾近崩潰地哭著跟兒子道歉：「對不起，我來臺灣是為了賺錢的，現在卻成了你的負擔，對不起，對不起……」M的情緒也跟著潰堤：「我們不要爭取賠償了好不好，我可以帶你回家，雖然生活辛苦一點，但你還有我們，還有孫子。」

時間是壓垮拜倫父子的最後一根稻草。M是泰國家裡唯一的經濟支柱，平時就靠他在市場擺攤賣豬肉，可這趟來臺灣就是一年，不但花光了旅費，連家中經濟也陷入困頓，他還有個十一歲的兒子與三歲的女兒要養。

對拜倫而言，他清楚自己後半輩子都需要人家協助，從移動、換藥、餵食、排泄都是。最後，在拖累家人與犧牲自己下，他毅然決然地選擇了後者。

如同拼裝車的職災補償

拜倫去世幾天後，李珮琴擔心M無法支撐太久，她重擬了與雇主的和解條件，「我們要求的金額幾乎是原本的一半，金額少了約二百萬。」但她清楚記得那次調解的場面，還有對方律師轉述來自雇主的每句話，「拜倫告我，害我多跑兩次法院，我非常非常生氣，」對方的律師強調，「我們絕對不會和解的。」

「遇到這樣不願意付錢的雇主，說真的我們一點辦法也沒有，」桃園勞動局的外勞科長陳秋媚解釋，勞動局已對雇主做出行政裁罰，但對雇主沒有強制性。[13]陳秋媚後來只能透過其他行政程序，逼著雇主賠償，「因為雇主要再申請外勞，我們扣著雇主的文件。」

經過兩次協調，雇主只願意支付拜倫的部分薪資。但關於拜倫的醫療費用、[14]因工傷產生的勞動力減損的賠償，以及家屬的精神慰撫金，雇主仍不願賠償。[15]桃園是全臺外籍移工最多的縣市，照理會處理最多移工職災的案件，不過陳秋媚無奈表示，如果有其他移工遇到同樣的情況，當雇主惡意積欠職災補償，政府很難有通盤的解決方案，「他們只能個別提起法院訴訟，再由法院強制雇主支付。」

索賠如此困難的原因在於臺灣猶如拼裝車的職災補償規定。[16]法律上針對職災補償的規定，散落在《勞動基準法》、《勞工保險條例》以及《職業災害勞工保護法》裡。國家的職災補償制度是採「無過失主義」，將職災視為雇主與勞工要負擔的共同責任，為的是讓受災勞工能更快拿到補償，但法律上也限制了補償金額。

多頭馬車並行的法律，加上各種職災補償的計算方式不同，主責的行政機關也不同，各單位之間又缺乏橫向聯繫，經常讓職災勞工疲於奔命。勞動部在二〇二二年將各法令整併成新的「職災專法」，[17]強制雇主為所有勞工納保，包含經常被國家福利拒於門外的看護工人，它並增加一筆申請職災給付期間的福利金，取消領取失能年金的資格限制，拉了遭遇職災便處於貧窮邊緣的移工一把。

即便如此，有些傷重的移工考量到餘生都難以重回工作職場，他們鼓足勇氣向雇主提起損害賠償的訴訟。可訴訟過程如前述讓人精疲力竭，它要工人自主蒐集雇主的過失責任，還得提心吊膽工廠老闆會突然惡意脫產，以躲避責任。

勞動部的統計指出，當移工提出職災補償的申請後，近半數會被解僱，大約只有二百名移工能撐到領取勞保局的職災失能給付。[18]他們都是一群堅強的人，熬過了雇主與仲介的威脅、努力要保全受傷時的證據，有些爭取損害賠償的人還得撐過曠日費時的法律訴訟，以及長時間沒有收入的掙扎，最後才可能領到這筆與受損身體不成比例的賠償金。

陳秋媚能給他們最好的忠告是，希望他們能遇到個有良心的雇主。

「到底是多冷血的雇主，可以這樣不把人命當一回事？」許惟棟陪著拜倫父子走過復健，共同經歷兩次與雇主在勞動局的協調會，他替拜倫的遭遇感到忿忿不平。

畫面切回我們採訪的那個小會議室，屋子裡的三名泰國人哭得泣不成聲，M準備播放那通最終留在拜倫手機裡的遺言，一直在口中念叨著：「這是爸爸最後留給我的東西了。」

在那段影片裡，沒有一句責怪雇主的話，有的只是對兒女最深的虧欠：「這樣下去也不是辦法，你們要過好自己的生活，爸爸會想念你們，只是爸爸沒辦法再繼續保護你們了。」最後兩句，拜倫是在鏡頭前哭著說完的：「爸爸要走了，你們保重，再見。」

我問M，在告別式上，他在棺材旁跟爸爸說了什麼？「你不要擔心我，我是哥哥，我會照顧好妹妹的，像你以前交代我的那樣。」M用氣音擠出每個字。

我眼前的M仍為了官司而苦苦掙扎，[19]但我相信他繼承了父親的勇氣。「我的父親在臺灣死掉了，但我不希望他的生命是沒有意義的，我們希望在臺灣爭取公平。」

2 夾層裡的六條人命——蘆竹大火暴露移工安全漏洞

來自越南的阿忠喜歡踢足球，從小的時候就喜歡了。

不過他的個子不高，比同年齡的足球員更加瘦小，嘴唇上方還有出生時兔唇手術留下的痕跡，這些條件讓他的青春期過得不怎麼順利，經常成為同學調侃戲弄的對象。上了初中，他決心鍛鍊自己，一年之內，他的體格一下子魁梧起來，技巧也大有長進，他所在的中學球隊甚至打入U15的青少年足球聯賽，「我以前的夢想是加入國家代表隊，成為一名足球員。」時隔多年，他說話的神情飛揚，仍似少年。

可惜事與願違，我與阿忠見面時，他在臺中一家鞋廠工作了三年。我們初見是在東海大學的綠茵足球場，這裡是中部地區少數符合賽事規定的標準球場，因為地點緊鄰臺中工業區，經常是外籍移工週末練習足球的去處。

我觀摩的那場練習賽，由阿忠帶領的越南隊對上泰國隊，兩隊得分互有先後，終場以阿忠起腳射門的一球分出勝負。他的隊友和球迷都衝上前簇擁。等人潮散去，我和阿忠坐在操場邊聊天，他的頭髮理得很短，太陽的側逆光勾勒出他有稜角的的下巴弧線。我看見他反覆瀏覽臉書社團裡的訊息，很多是關於在臺灣身亡的移工，社團裡的同鄉號召大家捐錢以幫忙辦理告別式。

在臺死亡率高　移工們捐款互助

我在第一廣場也常見到拿紙箱募款的移工，有不少熟識的移工朋友都會捐款。老實說這讓我感到困惑，他們的薪水相當有限，大部分都要匯款回家，再扣除每個月的仲介費貸款與服務費，所剩無幾。僅存的零用錢應該用來培養興趣或拓展人脈，就像阿忠明明可以買更多運動用品，為什麼選擇捐款？

「因為你不知道哪時候會輪到你啊，我跟朋友都在說，『有命來臺灣，不知道有沒有命可以回家？』」阿忠說，「萬一有一天我真的死在臺灣，我也希望有人能幫我處理後事。」

我請阿忠把我加入越南移工的臉書群組。潛水觀察了一陣子，訊息大致可分成三類：一類是介紹工作；一類是指認社群裡的騙子；還有一類是在討論臺灣工作有多危險，相互提醒要注意安全。

比起「賺錢天堂」，對移工們來說，臺灣更像是「危險之島」。有好些日子，我在週末採訪移工，週間回到臺北，感覺身處兩個世界，一個是被國際遊客普遍認為安全的臺灣，另一個則是在移工眼中滿布生死危機的島嶼。

我鴕鳥地關閉移工群組「嗡—嗡—」的手機提示音，因為那些為魂斷異鄉的移工募款的消息，總讓我覺得良心過不去。在阿忠發表關於害怕死在臺灣的感慨後，才過一週，不論是臉書的移工群組，或是我所熟識的越南移工友人，都在轉傳一則暗夜裡的惡火影片。

畫面中燒融的鐵皮屋射出火光，萬賴俱寂中傳來間歇的爆炸聲，畫面再帶到哭倒跌坐在路旁的越南親友，有人雙手合十，喃喃禱告。「嗡—嗡—」，每隔幾分鐘群組就跳出一則評論，「嗡—嗡—」，我簡直無從迴避。

那場燃燒了八個小時的大火，刺痛所有移工在臺灣最深的恐懼。

二〇一七年十二月十四日凌晨二點左右，桃園市蘆竹區的矽卡工廠宿舍發生大火，這是十二名越南移工的住處，除了當日輪值夜班的一名移工外，其餘無一倖免，造成六個人死亡，五個人重傷。這是自一九九〇年代開放移工以來，臺灣所發生最嚴重的移工宿舍火警。

隔天上午九點，在桃園市觀音區塑料廠工作的阮文忠（Nguyễn Văn Chac）剛吃過早點，帶著慵懶的氣息走進廠房。同一時刻，黃庭維仍躺在床上休息，二個月前他在大園電鍍廠工作時，頭頂上的硫酸桶突然破裂，導致他半個身軀嚴重灼傷，經歷三次植皮手術才幸運地撿回一命。

「你弟弟的宿舍昨晚發生大火，傷者名單沒有弟弟的名字，他可能死掉了。」兩個人幾乎在同個時間，接到仲介的電話。那通電話，讓這兩位哥哥的世界瞬間塌了。

「怎麼可能，完全不能想像啊。」阮文忠回憶接到電話時，他站在機臺前，腦中一片空白，眼淚止不住地一直掉。家裡有八個小孩，他跟么弟阮文薦（Nguyễn Văn Trãi）感情最好，他們一前一後到臺灣打工，每個週末都賴在一塊。由於家中篤信天主教，在火災發生前的週日，他們才到板橋看全臺最高的聖誕樹，樹上的彩燈閃爍著，四周建築的射燈明亮，小時候因為家貧，他們從沒拍過照，這次才在整排星星燈前留下兄弟倆的第一張合照，並約定好平安夜還要再來。

黃庭維接到電話後，顧不得身上的傷以及全身穿著壓力衣帶來的行動不便，即刻下床趕往弟弟黃庭預（Hoàng Đình Dư）的宿舍。弟弟來臺還不滿三個月，他前陣子因為受傷，一直臥床休養，兩人還來不及見面，如今卻再也見不到了。他在現場哭得幾乎昏厥，一直擔心「媽媽知道要怎麼辦？」

事發前一晚，死者黃庭預的母親阮氏寬（Nguyễn Thị Rộng）一直感到不安，她要女兒打電話給小兒子注意健康。透過視訊，黃庭預看到甫出生的姪子，還開玩笑地說，「怎麼跟姊姊長這麼像。」姊姊也透過螢幕看見了他的宿舍，一無所有且漆黑的房間，有汙漬且發霉的床墊，他坦言臺灣跟自己想像有些不同，「住的地方沒有很好。」

當話筒交還母親，他巧妙地轉移了話題，說過兩天會寄一千美元回家，要媽媽趕快拿去還貸款。可是母親的第六感沒讓他倖免於難，幾個小時後，地獄被打開了。

逃不出的「牢房」

災難發生在凌晨二點零九分。消防指揮中心接到第一通報案，山腳分隊派遣第一輛消防車，車子從上風處接近時，沒有看到黑煙，「看來不嚴重，應該又是外勞煮宵夜燒焦了。」當時一名在車上的消防隊員心想。

就在接近火場時，消防隊員發現，這不是場普通的大火。濃煙衝出屋頂，覆蓋了天空，就連腳底下的柏油路都被燒得滾燙。先前逃出的移工，上半身著火，在地上翻滾著求救。

十幾分鐘後，桃園市消防局陸續派出消防車三十五輛、救護車八輛、消防人員一百零七名；一小時後，火災層級不斷上升，由局長胡英達親自坐鎮指揮。

附近驚恐的移工與新住民聚在對街，他們看見窗戶伴隨爆炸聲，噴出火焰。「你看過地獄嗎？當樓頂的煙霧都開始著火的時候，即使穿著全副裝備的消防員也沒辦法靠近，因為從那時候起，你的生命開始倒數十秒。」一位曾試圖衝進火場救人的消防隊員回憶。

不少人透過電視轉播看見這場大火。「這種任務到現場就知道，不是去救人的，而是避免火勢燒到隔壁廠房。」同樣在鐵皮屋火警居多的新北市擔任消防員的國興（化名）說。他研判外勞宿舍頂多是電線走火，但怎麼會燒得這麼嚴重？

這次起火的是一棟鄉間常見的雙層鐵皮倉庫，由經營隔熱防爆膜的矽卡公司於一九九四年在工廠對面的畸零地建成，當時並沒有通知桃園市政府建管處，屬違章建築。而原本儲放隔熱紙與泡綿等原料的倉庫，二樓夾層悄悄變成移工的宿舍。

十二名男人擠進三十坪的房間裡，四周沒有窗戶，天花板掛著光禿禿的燈泡，夾層裡有很多扇門，每扇門通往一個用塑料合板或木板隔出的房間，裡面只容得下一張床墊，就像「牢房」一樣。房中沒有多餘空間擺放雜物，他們便將衣物凌亂地掛在樓梯扶手。

凶手可能只是一粒小小的火星。消防員透過現場監視器看到，二樓樓梯口的配電箱起火時滴漏火苗，當時樓梯堆滿了衣物、塑料、紙板和泡綿等易燃物，「如果那邊起火的話，會第一時間阻斷人員逃生。」時任桃園市消防第三大隊長賴志忠說。

火星引燃了整層的雜物，濃煙和高熱氣體往上竄，燒破了屋頂，引進新鮮空氣回燃，一瞬間造成全面燃燒，沒人能從火場逃脫。

「鐵皮屋火警是最危險的，因為鐵皮遇熱會變形，可能燒破窗戶或屋頂垮掉，它會有很多空隙跑空氣進來，三到四分鐘就會達到全面燃燒，溫度瞬間升高，」已有十年消防經驗的國興說，「這個案子從一開始就注定消防隊救不到人。」

死亡的消息一下子炸開了。當日越南外交部召開記者會，發言人黎氏秋恆（Lê Thị Thu Hằng）要求臺灣政府迅速調查火災原因，並及時通知越南政府。國際勞工組織（ILO）越南辦公室組長阮氏

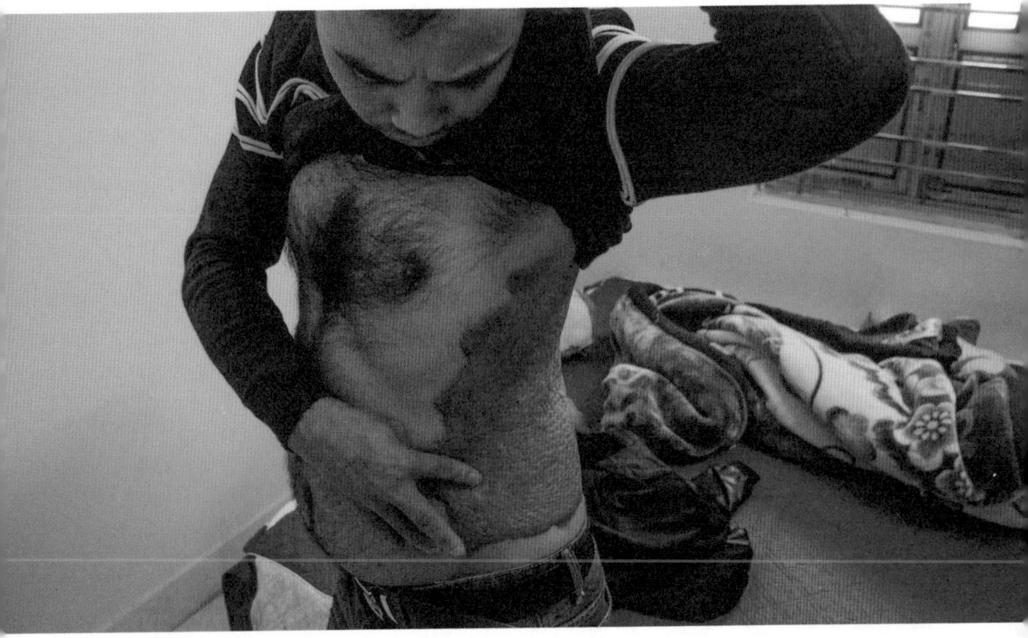

黃庭維的半個身軀遭硫酸嚴重灼傷，經歷三次植皮才幸運保住性命。（攝影：簡永達）

梅水接受我的訪問時，批評臺灣在此案中沒有提供越南移工合法的住宿環境，已經違反ＩＬＯ第九十七號與一百四十三號公約，[1]損害外國工作者平等權益。

三萬間移工宿舍屬高危險群

災後第三日，阮文雄神父為死者舉行追思彌撒。他是越籍移工在臺灣的依靠：做彌撒、提供諮詢、安排庇護、幫助移工申請職災賠償。這位新竹教區的越籍神父，二〇〇四年在桃園成立越南外勞配偶辦公室（現改名為越南移工移民辦公室），長期關注移工人權，美國國務院稱他是「結束現代奴役制度的英雄」，不過他本人沒有稱號聽來那麼嚇人，圓圓的臉龐紅潤，窄框眼鏡後的瞇瞇眼總是帶著笑意。

「你們的宿舍安全嗎？」彌撒結束後，他隨口問了信徒，往後幾天，他的信箱塞滿移工寄來的宿舍照片。

「他們的宿舍都是這樣。」阮神父剛送走一對來申訴的移工，他們住在工廠倉庫，一樓堆放塑膠材料，三十幾個男人擠在閣樓的房間，為了防止移工逃跑，雇主在窗戶加裝鐵欄杆，入夜後將一樓鐵門上鎖。他們不安地告訴神父：萬一失火了，我們一定死在裡面。六十多歲的神父長年處理移工職災，他坦言，「宿舍安全這件事我們一直沒注意到。」

在這場災難發生之後，有人質疑在宿舍睡覺時發生火警算是職災嗎？其實，根據勞動部的規定，[2]只要勞工是使用雇主提供的設施，因設施缺陷所致而發生意外或事故，都算是職業災害。

國興親眼見過這種「牢房」，他說，十之八九都是不能住人的工寮。因為他所隸屬的分隊靠近工業區，他經常進到宿舍送移工就醫，屢次看見一群男人擠在工廠夾層裡吃飯、睡覺，窗戶被鐵欄杆或合板遮蔽，房內擺著生鏽的雙層床架跟沒有隔間的廁所。

引起他注意的不是這樣的空間是否合於人道，而是缺乏逃生動線。國興發現宿舍多建在廠房夾層，進出通常要穿越整個廠區，還要繞過機臺、塑料與鋼板。他常想萬一失火怎麼辦？「我看到都是只有單一出口，窗戶加裝鐵欄杆，如果那個逃生路線還被堵住的話，發生火災就完全沒希望了。」在他看過的宿舍裡，他估算八成都有消防安全的疑慮。

移工們沒有選擇餘地，住進隨時可能喪命的屋子裡。社會學者潘毅曾考察中國沿海的臺商工廠，老闆為了將人員流動控制在最低限度，會在工廠周圍興建或承租宿舍容納農民工，這並不是為了勞工的福利，而是壓迫最弱勢的農民工隨時配合產線加班。[3]在臺灣亦然，工廠在宿舍實施宵禁、保管移工護照，並經常強制扣款儲蓄，要等移工完成合約才能領回，都是此理。而為了幫助不景氣的製造業，政府在二〇〇二年通過一項法律，允許雇主可以每個月從移工的工資扣除一筆食宿費。[4]移工們不情願地繳了房租，可雇主所提供給他們的住處，大多就像上述的工寮，有點像是擱淺在陸地上的遇難船隻。

究竟有多少移工住進違章鐵皮宿舍？二〇一八年王美玉監察委員發動調查，勞動部回覆稱全臺產業移工登記的宿舍地址約有三萬二千多間，[5]但這項數字看不出誰是住在最危險的鐵皮屋或工廠倉庫裡。並非所有移工都住在沒有安全保障的宿舍，少數有資本的公司能自建合規宿舍，但多數為了節約成本才僱用移工的3K工廠，不會額外花錢提供工人通風良好、安全舒適的休息場所，而是將就地把移工塞進工寮。

如果按全臺僱用最多產業移工的桃園市比例，該市容納二十名以下移工的中小型宿舍約占所有廠工宿舍的九成，以此推估，臺灣約有三萬間宿舍屬高危險群。監察委員王幼玲與王美玉曾在未通知雇主的情況下，會同勞動、消防與建管官員突擊檢查十三間移工宿舍，抽查的公司從上市櫃的電子光學廠到3K工廠皆有，結果竟無任何一間宿舍完全通過建築與消防檢查。[6]

臺灣難以掌握到底有多少移工住進致命的工廠宿舍，是因為沒有任何法律要求雇主申報，也就沒有統計數字能把這一切形諸具體、進行討論，很難凝聚眾人憤怒，更難有所行動。不過移工宿舍原本是有法令規範的。二〇〇八年一月，勞委會（現勞動部）曾發布一條規定，[7]雇主申請聘僱移工前必須先提出「供外國人住宿之建築物合法證明文件」，才能取得聘僱許可。

在移工密集之工業區，常可見到這樣的住宿廣告。（**攝影：簡永達**）

消息傳開後，引起雇主強烈反彈，他們認為任何提升移工福利的措施，都會進一步墊高雇用成本，讓他們沒辦法生存下去。勞委會後來多次放寬建物合法文件的標準，可惜仍敵不過雇主團體的遊說，這條規定在當年年底即被刪除。

自此之後，雇主聘僱移工不再需要提供建物的合法文件。曾主管移工事務的跨國勞動力發展署組長薛鑑忠駁斥，當時刪除該規定是為了替雇主節約成本，「建物是否合法，我們地方勞政同仁沒有辦法判斷，後來我們決議，建築與消防就回到各該法規管理。」他強調，「依據建築法規，必須符合H1、H2才能作為宿舍使用。[8]」

在勞動官員所認知的流程中，所有的移工宿舍都會符合建築法規，也會在各縣市建管處登記，消防局會依宿舍登記的地址，定期進行消防安全檢查。而且移工入境後，雇主必須通知勞動局派員訪視，如果真的有移工住在危險工寮裡，在地方政府還多了道防線，能在派員前往稽查時，順道抓出違規宿舍。

矽卡宿舍大火，卻正好暴露出現行管理制度未竟與缺漏之處。

切割式的權責，一步漏步步錯

根據紀錄，矽卡工廠定期接受消防安檢，以及勞動局的移工生活訪視，訪查結果全數過關。令人難以理解的是，明明移工住在堆積易燃物、逃生路線受阻的違章建築裡，為什麼還能通過政府不同部門的層層檢查？

桃園市建管處使用管理科長郭建志回應，只要民眾舉報就會稽查違建，經查「此處未有舉報紀錄」，所以沒有被認列為違建。消防局火災預防科長陳莉婷表示，矽卡宿舍確實通過消防安檢，

「依規定，他們要裝滅火器、標示燈跟緊急照明燈，這部分都有。」至於，防火建材與逃生動線，「這不是我們法定要看的事項，」她說。

關於消防安全，郭建志解釋建物管理邏輯的前提是所有建物都應合法登記，並且符合建築法規，結構梁柱皆達到耐震防火標準，再由消防隊定期檢查建物內部的消防設施，否則「它整個框架都是不耐火的，你在裡面擺滅火器有什麼用？」郭建志說。

可是，為何明顯不合法規的建物，卻能長期逃過建管處稽查？「外勞的宿舍是管理的灰色地帶，」中華大學土木系教授鄭紹材解釋工廠的狡猾做法，雇主通常先以工廠名目向建管處申請建照許可，之後才在廠房裡隔出宿舍，因此這種「廠住合一」的移工宿舍不容易被發現，也不大可能被民眾舉報違建。

也就是說，像矽卡宿舍這類違章建築，根本就不能住人，但在現行制度下，只要沒人舉報，根本很難被察覺，加上行政官僚只做「分內事」的心態，才讓移工身處危險邊緣。

如果雇主要將作為「工廠」的工寮合法改成「住宿」使用，郭建志坦言，「我想是非常困難。」因為兩者在建築法規上的要求相當不同，如果鐵皮屋要符合住宿使用，必須搭建鋼骨結構、防火建材，還要符合容積建蔽率，「幾乎要打掉重做，」他說。

但火災發生前，桃園市勞動局才派員訪視矽卡宿舍，很多人提出質疑，當時難道沒人發現這棟宿舍不安全嗎？「我們的同仁回覆，它（宿舍）全部都合乎規定，」外勞科長張哲航拿出勞動部的《外國人生活照顧服務計畫書》解釋，這是勞動部在刪除移工宿舍需檢附合法建物證明後的權宜做法，其中關於住宿的規定只有兩項：宿舍通道應設置寬敞、消防設施以外國人易懂文字標示。

「如果我們有發現汽油、有機溶劑這些易燃物，我們當然會開罰，但是我們現場沒有看到，」時任桃園市勞動局長的王安邦接過話說，由於生活訪視只在移工入境時檢查一次，如果雇主沒有新聘的移工，那麼他們的宿舍就不會被重複檢查，「有的外勞我可能十多年就看這一次，之後雇主要怎麼改這個房間，誰會知道？」

換言之，消防安全檢查項目是立基於建物是合法的，但移工們住的違章鐵皮宿舍沒有人舉報違建，所以無法強制拆除或管理。但做消防安全檢查的人會不知道這是違建嗎？為什麼不舉報？去做居住訪視的勞動局也看不出這有安全疑慮嗎？

各局處間的聯繫，竟是如此薄弱。過去十多年，矽卡的移工宿舍不是不被看見，相反的，勞動局、消防局屢次進入稽查，卻從未有人向建管處通報。那些移工的生命安全一再被錯過，最終造成無法挽回的憾事。

當矽卡大火的煙塵消散以後，其他移工的日子過得惶惶不安，因為他們住的房子都是像這樣容易引起火災的建築物。接著：

二〇一八年四月，桃園平鎮敬鵬工廠大火，造成六名消防員殉職，兩名泰國移工死亡。[9]

二〇一九年二月，桃園嘉里大榮物流的一處倉庫發生火災，造成三名越南移工死亡、一人重傷。[10]

二〇二〇年三月，臺中大肚鐵工廠發生大火，三名越南移工受困於鐵皮宿舍，逃生不及死亡。

二〇二三年四月，彰化聯華食品工廠大火，造成四名臺籍工人、四名移工死亡。

接連幾年有多名移工葬身火窟，瀰漫的不安與憤怒促使消防員與勞工團體採取行動，他們集結向勞動部抗議，要求將工廠與移工宿舍分開，一位消防員說明他站出來的理由，是為了「不再讓消防員在地下室、工廠、鐵皮屋裡往生」。

改革的消息傳開來後，很多雇主都反對廠住分離，他們擔心墊高成本的政策會害他們失去競爭力。最後，勞動部採取自欺欺人的做法，它讓雇主自行在聲明上簽字，承諾做到廠住分離、排除宿舍高風險因子與進行合法建物登記。

勞動部這麼做的效果很有限，可是意思很明顯：把責任推卸給雇主。二〇二二年六月，位於苗栗的京元電子移工宿舍爆發群聚感染，讓臺灣疫情迅速擴散。[11]由於移工都住在擁擠的宿舍裡，工廠沒辦法符合隔離一人一室的規定，但勞動部想的不是提供額外的公有宿舍，而是在雇主聲明中新增一條：應安排隔離措施。

當移工從巨災倖存下來，總有些人檢討他們的自主能力，由於政府不可能稽查到每間違法工廠，難道移工不能檢舉雇主嗎？「越南勞工到臺灣工作前，都付了相當高的仲介費，大概六千美元，」越南廣義省移工生活服務中心主任武維安說。他服務的中心是越南勞動部[12]的下轄單位，設立在前五大出國工作人數的省分，負責收集海外工作者的投訴，「為了還清家中的貸款，他們大多數都會默默忍受，」武維安解釋道。

出國的仲介費很高，所以這筆錢以貸款預付，約定來臺後的一到兩年，每個月按約定利率分期支付。作為抵押，越南移工必須拿自家的房子或田地擔保。所以，他們不能抱怨，因為會失去工作；不能沒有工作，因為他們沒有多餘的錢；不能不交錢，因為這樣一來他們的家庭會失去財產。這是越南移工最常見的困境，他們被束縛在工作上，於是不敢向政府檢舉惡性環境。

面對先天制度設計不良、後天管理體制失靈，薛鑑忠仍認為勞動局的訪視員應具備敏感度，「如果他感覺這間宿舍異常，就可以通報建管跟消防。」以矽卡工廠為例，如果勞動局通報建管處，經確認宿舍是違建後，「一是它取得合法建物執照，限期內改善，否則就可以依法取消它的聘僱許可。」

當勞動部在刪除雇主引進移工需提供合法建物文件的那條規定時，曾信誓旦旦為了保障移工居住安全，會定期由勞動部門會同消防、建管單位實施檢查。但實際上，勞動部沒有發動過聯合稽查移工宿舍，也沒有任何一件由地方勞工局訪查移工宿舍後，移交給建管單位的紀錄。

勞動部也說，如果移工住在違建宿舍裡，可依法取消雇主聘僱許可。但火災過後，桃園市政府沒有打算發函廢止矽卡工廠的聘僱許可。對此，建

隱藏在廠房內二樓夾層的外籍移工宿舍（越南移工移民辦公室提供）

管處回應，因宿舍建築已經被燒融，現在僅能登記曾有違建；勞動局解釋，因為尚未收到建管處裁罰書，所以沒有官方文件可以廢止聘僱。[13]在監察院二〇一八年的一份報告中指出，歷年來，全國尚未有任何雇主因違反建築、消防法規而被廢止聘僱可許的案例。

昧於現實的規定

移工住宿環境滿布危險，原因是臺灣訂定了一套昧於現實的規定。

勞動部規定由薪資中扣除的膳宿費不得超過五千元，但在實務上各來源國皆在勞動契約載明此費用不得超過二千五百元，否則不允核章輸出勞工。「外勞三餐加住宿一個月二千五百，你在外面找不到這個價位的房子，你要雇主在工業區蓋宿舍，土地一坪多貴，根本沒有辦法啊，」當時的桃園市就業服務商業同業公會理事長黃杲傑說。

王安邦經常收到來自雇主的抱怨。薛鑑忠的信箱也常收到類似信件，他通常回覆制式信函：「照顧外勞是雇主的責任。」

據桃園市勞動局估算，全市聘僱移工的雇主八成都是中小企業。他們聘僱的人數不多，無法實現規模經濟，沒有足夠資本能在廠區自蓋宿舍，所以委託仲介代管，而為了成本考量，仲介大多找看起來危險或骯髒的工寮，「你沒辦法規範租屋市場，又要求膳宿費不能超過五千元，整個結構就是導引他們（移工）住到違建，」王安邦說。

稽查人力嚴重不足，是轉銜失靈的最後一根稻草。我在二〇一八年調查時，全臺約有六十七萬名移工，政府僅編列二百七十四名移工生活訪查員，當時每名訪查員每月至少需訪視六十八間宿舍。後來勞動部察覺到缺失，決議將訪查員增加至三百三十六人，但訪查人力仍跟不上移工成長的速度，現在移工人數已經突破七十三萬人，[14]算下來每名訪查員要負責訪視兩千多名移工。

以全臺移工人數最多的桃園市為例，二〇一八年訪視移工生活的科員共三十四名，[15]負責服務十一萬名移工，單以移工生活訪查來講，移工住處就有五萬多間，若要全面徹查，「我大概要一整年都不做其他事才看得完，」難以負擔的業務量，讓王安邦忍不住抱怨：「我們訂了一個完全沒辦法執行的法律。」

鴻毛之命，重如泰山

六條客死異鄉的人命，難道只是意外嗎？當大火熄滅後，國興一直想著，要怎麼做，這場火才有更多的倖存者？

如果，有人通報建管處，及早拆除違建，或許移工就不會住在危險的鐵皮屋裡。

如果，宿舍有其他逃生出口，或許在樓梯起火後，移工還能從窗戶或其他出口逃生。

如果，鐵皮的宿舍能夠使用防火建材，或許就能為消防隊員爭取更多搶救時間。

如果，以上這些「如果」都能達成，相信這場火警不會釀成如此嚴重的災害。臺灣訂定國際標準的法規，卻無法落實，由於切割式的權責與吃緊的人力，我們無法掌握移工究竟住在怎樣的危險工寮裡。

他們的死亡沒有喚醒臺灣政府的重視，卻是當前國際社會關注的議題。二〇一一年，聯合國人權理事會一致通過《聯合國工商企業與人權指導原則》（*United Nations Guiding Principles on Business and Human Rights*），後來廣泛成為各國衡量企業人權的標準。全球最大的電子行業聯盟RBA（責任商業聯盟）據此制定出供應商的行為準則，勞工的健康與安全是它們最為看重的指標之一，當中包含提供外籍移工能懂語言的職業訓練，與安全舒適的住宿環境。[16]蘋果電腦也是聯盟成員之一，但它決心在人權保障上做的更多，若是供應商在招聘過程讓移工支付仲介費，或沒有讓移工充分瞭解工人權利，都被視為與蘋果公司的價值衝突，可能會因此失去代工業務，蘋果並提供一支電話號碼，鼓勵所有勞工私下檢舉供應商的不當行為。

全球人口加速遷移。在國際勞工組織二〇二一年一份估算報告中，全球約有一億七千萬名跨

亞洲國家移工職災死亡率（每十萬人）

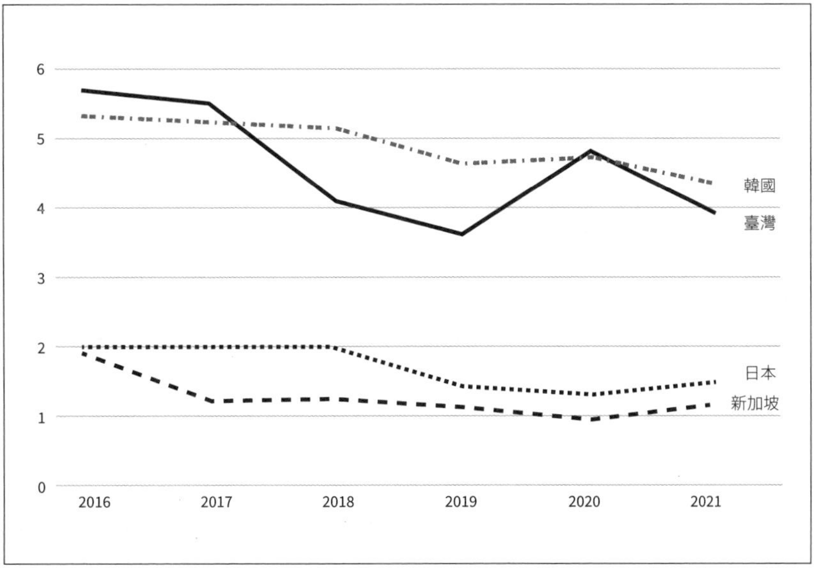

資料來源：勞動部、國際勞工組織統計資料庫（ILOSTAT）
資料整理：簡永達

國移工，占整體勞動力四．七％。[17]在臺灣，移工的重要性大得多，製造業中有一七％的工人是移工，[18]亦即每六名製造業勞工中，就有一名移工。由於他們做的是臺灣人不想幹的3K工作，移工往往面臨更大的職業疾病與災難風險。最近國際勞工組織關於職業死亡的統計分析發現，七成國家的移工職災死亡率都高於本地工人，[19]其中最容易發生職業災害的行業是製造業與營造業，都是移工最常待的行業。

國際上，比較各國職業災害與死亡的跨國統計常用國際勞工組織的資料庫，臺灣與日本、韓國、新加坡比較之下，移工職災死亡率與韓國不相上下，不過是日本的三倍、新加坡的四倍。[20]近年的研究顯示，[21]移工容易發生職災的原因包含經常在有害環境中工作，例如暴露在嘈雜如雷響的工廠，或灰撲撲的粉塵裡。多數人在操作高溫壓合機械前沒有經過訓練，然後又在產線壓力下忽略安全標準，很容易在工作中出事。語言、歧視與缺乏社會保障的制度加劇了移工的脆弱性，在亞洲將移工與雇主掛鉤的嚴格客工制度，使移工面臨更嚴峻的剝削風險，一項韓國的研究指出，缺乏轉換雇主權利的移工比其他外國工人的職災死亡率都更高。[22]

也就是說，移工缺乏職前訓練，加上語言與文化造成的孤立感容易引發職業災害，而日本在這兩方面表現得關懷備置，可能從而減低了移工的工作風險。日本招募移工的主要管道是技術實習生制度（ＴＩＴＰ），表面上是透過交換讓開發中國家的勞工赴日學習技術，但二〇二一年美國國務院的人口販運報告將實習生制度描述為「不折不扣的客工制度」。[23]赴日本工作的移工以越南人最多，他們通常需要經歷四至六個月的培訓並通過語言考試，才有可能獲得在日本的工作，但抵達日本後，前兩個月還要繼續學習文化及語言課程。二〇一九年，日本政府實施新的特定技術簽證計畫，盤點十四項產業擴大招募外籍移工，並將移工定位成中階技術工人，通過技術與語言考試，移工即可申請永久居留證，取得移民資格。

反觀臺灣，對移工入國前的訓練沒有嚴格要求，只需完成臺灣風俗文化、交通工具使用，以及勞動紀律等七十四小時的課程即可。[24]即便如此，訓練的執行效果不彰，[25]我在越南訪問多位仲介公司的經理，他們不少人承認訓練中心只是空殼子，移工實際上不會在這裡學習中文或職前訓練，甚至，有雇主把移工的流利中文視為一種劣勢，擔心他們到臺灣會更容易逃跑。所以，來臺灣的移工在語言不通跟缺乏操作機臺的職前訓練下直接上工，也就更容易遭遇職業災害。

臺灣曾經是越南移工出國的首選，這項趨勢直到二〇一八年被日本取代，兩地的勞動條件差異逐漸成為越南勞工出國考量的要素之一，儘管要花更長時間受訓，但日本的移工職災發生率與死亡人數，都遠低於臺灣。

從另個角度看，由於移工填補了危險的工作，才讓臺籍勞工的工作變得更加安全。據勞動部統計，臺灣整體的職災千人率連年下降，從二〇一二年的四·〇二降到二〇二二年的二·

二六九。與此同時，移工的職災千人率幾乎是本國工人的兩倍。監察院調查報告（字號：109財調0028）顯示，在二〇〇九至二〇一八年間，移工因職災失能的人數有二千五百六十六人，而根據另一份勞動部的回覆資料，在臺死亡的移工高達一千五百四十人。

也就是說，臺灣幾乎每天都有移工變成殘工，每二天就有一名移工死掉。而這一千五百四十條人命是被低估的，因為臺灣政府根本就沒有相關統計，勞動部的移工死亡數字來自雇主通報，如果雇主不主動通報就沒有登錄，而移工的職災數字也只是有進入職災補償程序的數目，如果將私下和解、惡意解僱和失聯移工等黑數計入，人數還會往上攀升。這就是我們看不見的臺灣，一個移工眼中的「危險之島」。

很多移工開始對出國一事感到不安全，這讓輸出移工的東南亞國家相當緊張。國際勞工組織自二〇一五年起啟動金三角計畫（triangle project），蒐集東南亞移工在海外的職業災害案例，並陸續在越南、泰國、柬埔寨等地設立辦公室，「我們很關注越南勞工在臺灣的死亡情形，因為臺灣是最多越南勞工選擇出國工作的國家。」身兼越南金三角計畫負責人的阮氏梅水說。

但臺灣顯然不將移工的死當一回事。當各國竭力調查移工的死亡與原因，我曾致電勞動部、衛福部、移民署、外交部，卻沒有任何部會掌握相關統計，當時主管移工事務的薛鑑忠解釋，「我們關注的議題是開放外勞的效益與影響。」

可是如果沒有這些關於移工死亡的數字，我們會容易被誤導，以為情況還不嚴重。翻開勞動部請領職災保險的受傷類型，最常見的是「被夾」、「被捲」，最容易受傷的部位「手」、「指」、「腳」，搭配在一起便是斷手斷腳。

這讓我想起在越南一路以來，遇到的每位曾在臺灣遭遇職災，甚至死亡的移工與他們的家人。當對新聞輪播各類移工遭逢職災或死亡的消息，而我們逐漸感到麻痺，即使沒有在場，我們都成了這種巨大罪行的見證者。

那場大火尚未遠去，它像幽靈一般，盤據移工的心。

抱著弟弟的骨灰回家後一個月，阮文忠下了一個重大的決定，他不要再回臺灣工作了。「如果我的宿舍發生火災，我會跟弟弟一樣。」他向父親這麼解釋。

這一家人的經濟回到了原點。阮文忠在臺灣工作二年的存款，剛好還完自己與弟弟的仲介貸款。至於他們原本想透過出國工作，來翻轉家庭經濟的夢想，和弟弟的生命，一同在臺灣被燒毀了。

3 從臺灣到越南，傷心的屍骨還鄉路

直到坐上飛機，阮文忠終於有時間靜下來，跟弟弟說說話。

二〇一七年十二月十四日凌晨，他剛滿二十歲的弟弟阮文薦，在桃園蘆竹的工廠宿舍火警中遇難，距離他們相約再去看聖誕樹的日子，只剩一週。

火災之後，阮文忠的人生像錄影機般快轉，替弟弟認屍、招魂、火葬，甚至走上街頭抗議，要求桃園市政府徹查工廠責任。回火場招魂時，一名法師告訴他，要記得喊弟弟的名字。不信鬼神的阮文忠說，「那時候我不相信，沒有跟著喊。」

坐在狹窄的飛機座位上，他雙手環抱胸前的背包，裡頭裝著弟弟的骨灰罈，一邊跟弟弟道歉，「有些事情我也沒有經驗，有什麼做得不好的地方，請你原諒我，我想盡快帶你回家，跟爸爸媽媽見面。」

阮文薦離家九個月後，終於要回家了。臺北到河內，飛行時間約三小時。離開河內機場後，必須先轉車到西邊的美亭車站，乘坐大巴再轉乘小巴，大約七個小時後，他們終於回到越南富壽省錦溪縣（Cẩm Khê）的家鄉。不過，迎接他們的不是喜悅的眼淚，而是家人的哭嚎。「為什麼我的兩個兒子出國工作，只有一個人回來？」他們的父親阮輝坦（Nguyễn Huy Thản）問。

二〇一八年二月二十一日，我重走這條屍骨還鄉的路線。為了回答心中那個隱隱的提問：為什麼他們踏上這條路線？那些因故死在臺灣、或遭遇重大職災的移工，他們的親人朋友又是怎麼看待臺灣的？

社會結構對於個人命運的牽引

從在第一廣場駐點開始，我已採訪過上百位的外籍移工，也讀過不少關於跨國遷移的學術論文，我自認清楚外籍移工如何被仲介的剝削、如何被接收國政府排除在外，以及高額仲介費所帶來的各種副作用。像年輕的女性移工在得知自己懷孕後，必須面對墮胎或從雇主家逃跑的兩難；或是妥協住在危險工寮的移工，因仍揹負仲介費債務而不敢檢舉雇主，只能禱告災難不會降臨在自己身上。

有段時間，我在書寫移工主題的報導時常感到無力。我覺得自己能夠預判故事的結尾，很多移工的命運就像是受「引力」牽引，不由自主地下墜。

社會學者以一種拗口的說法描述這類引力的故事，並稱之為「社會結構」。因為雇主成本上的考量，移工不可避免地住到危險的工寮裡；因為城市裡沒人想做危險的工作，所以移工承擔高職災風險的工作；因為臺灣政府不願意資本與工作被外移至中國，所以從貧窮的東南亞鄰國引進移工。

社會學家認為個人命運很難自外於社會制度、歷史文化的影響，而這種生活中被「套牢」的感覺，就是「結構」的力量。來自哥倫比亞大學的老牌社會學家米爾斯（C. Wright Mills）將這種把個人情境與社會結構連結的能力，稱作「社會學的想像力」（the sociological imagination）。

大二時，我修習一堂社會學入門課程，教師將米爾斯的《社會學的想像》列為指定閱讀。米爾斯在書中舉例說明怎麼運用這種思考能力，一個人失業乍看下是個人的煩惱，不過如果還有五十萬人失業，那可能是工作機會的結構崩潰。正如米爾斯在書中說的：這是記者最需要的一種心智特質。

我不能說自己修了門課就掌握了社會學的知識體系，不過它的確給我一種涵養「同理心」的感受，這在我初入新聞工作時尤有助益。新聞上讓人感到憤怒或悲傷的故事太多，在報導移工的路線更是如此。我總認為要阻卻下一起不幸，就得先搞清楚這世界到底是怎麼一回事，去試著釐清移工的悲慘際遇怎麼跟社會結構發生作用。

在那場造成六人死亡、五人重傷的毀滅性大火發生後，新聞臺不間斷輪播蘆竹工廠宿舍的失火畫面。不過，兩天過後，新聞臺歸於平淡，至於那些客死異鄉的移工，好像也沒有引發後續的關注。

六名罹難移工的姓名，被簡化地只留下姓氏，沒有人知道他們的故事、他們的夢想。這某種程度也符合臺灣人對移工的想像：面孔模糊的勞動力。可能唯有當我們對於移工的故事知道得愈少，才不會在某些時候感到罪惡吧。

災難發生幾週後，我下定決心，既然死去的移工無法向我們講述他的故事，那麼就由我來。我想去越南，找到那些認識他們的人，看看他們出生和長大的地方。我想要試著還原，罹難移工的夢想與遺憾，還帶著點贖罪的心理，我想知道他們的家人怎麼看待害自家寶貝孩子喪命的臺灣。

走進阮文輝的家

北越的天空陰沉，在我造訪之前因連日下雨，把山路變成了泥濘地，每往前進一步，車子半個輪胎都陷入泥漿。

阮文薦的家，位於錦溪縣的山坳處，在一條泥土路的盡頭，一幢拼貼了磁磚、木頭與鐵皮各種建材的雙層建築，遠看像是霍爾的移動城堡。這是個三代同堂的家庭，他的爸爸阮輝坦有八個小孩、十二個孫子，年輕時他在鎮上當建築工，靠著一天八萬越盾（約新臺幣一百元）的薪水，勉力養活全家。

「我們家蓋房子，沒跟人家借錢，這棟房子是我花了十年蓋起來的，」阮輝坦有點驕傲地說。但更讓他驕傲的是，二個小兒子都很貼心，前後到臺灣打工賺錢替爸爸治病，還有拚一個讓全家翻身的夢。

當我抵達阮家，夜黑得已看不見月亮。稍早一些，當我抵達河內國際機場時，讓我相當詫異的，來接我的除了翻譯之外，還有阮文忠與他的父親。在出發以前，我與阮文忠的聯繫一直不順利，唯一一次通話也因為網路訊號不佳而斷斷續續，電話中我約略提到出發的日期與班機。

他們父子是專程來帶我們回家的。一路上轉乘多種交通工具，抵達村口已經接近晚上九點。阮輝坦撥了通電話，吩咐四名兒子騎摩托車出來接我們。越南農村的路盡是未鋪柏油的黃土路，下過雨的初春，地上滿布大大小小的水窪，讓回家的路更加蜿蜒曲折。當時的我坐在其中一個兒子的機車後座，機車前方腳踏板的位置塞著行李，心裡忍不住讚嘆越南人的騎車技術，即使後座載著體型大上一號的我仍能靈活地閃避水坑，只是我的雙手不自主地緊握機車後方的把手。愈往村子裡去，路燈愈像是裝飾品，燈泡沒一盞亮的，我的手抓得更緊了。

進門後我坐在客廳的實木沙發，離阮文薦的遺照只有幾尺遠。那面立牆掛著耶穌與聖母像，靈堂的供桌上擺放鮮花素果，遺照前還有積滿香灰的香爐。阮家客廳所呈現出的混搭風，頗類似越南的國家命運，深受中國的儒教文化與法國殖民者帶入的天主教傳統影響。

十五世紀時，越南首次完成南北統一，黎利王朝建立的新國家以儒家文化為基底改革行政系統，並仿效古代中國，透過科舉考試選拔人才，官員改稱統治者為「天子」，學習一連串傳統儒家的婚喪喜慶祭典禮儀，這與鄰國靠攏強大的佛教國家背道而馳。

天主教隨後在一五五三年即傳入越南，但越南皇帝一直壓抑天主教發展，直到十九世紀，法國以傳播天主教為由，先強行占領南方的西貢，隨後擴大至全境，後來法國統治者禁止天主教以外的宗教傳教，讓天主教在越南快速壯大起來。儘管越南是否實現宗教自由仍有疑義，[1]不過，羅馬天主教與佛教一直是越南信徒人數最多的兩門宗教。越南政府在二〇一九年的人口普查報告稱，全國大約有一千三百萬宗教信徒，天主教的信仰人數最多，大約六百萬人，在亞洲的信仰人口僅次於中國與菲律賓；越南的第二大宗教團體是佛教徒，有五百萬信徒。

羅馬天主教的海外傳教大計在中國初嘗「失敗」，一項關於信徒能否祭拜祖先的爭論竟擴大成清王朝的「禮儀之爭」，所以它在越南傳教改採「在地化」的寬容策略，允許教徒拿香祭祖、拜十字架等。這項改革不僅拓寬天主教在越南的空間，也影響到各項建築與藝術，例如不少越南教堂蓋成中國古廟的外型，或是創造出穿著越南傳統服飾奧黛（Áo Dài）的聖母瑪利亞塑像。

移工家庭的判斷與抉擇

不只在宗教帶著越南的特色，阮文薦家族在派遣家庭成員出國的決策上也是典型的移工家庭作風。

解釋移工為什麼遷移，最簡單的是以「推拉」（push and pull）作為理論依據，移工是受到貧窮擠壓，與富國的高工資牽引才出國工作。這種推論的唯一問題是把人力看作貨品，能夠無拘無束地在世界各地流動，但實際上遷移不是個人決定，而是受到既有政治、經濟，甚至家庭介入的多層次模塑管道。

政府介入跨國遷移是亞洲勞動輸出的特色。越南政府在一九九八年才確立勞工輸出的政策，隔年隨即與臺灣簽訂協議輸出勞工，比起東南亞另一勞工輸出大國菲律賓晚了二十年。不過，越南輸出勞工的歷史可回溯至一九八〇年代，當時共產黨政府逐漸控制整個越南，與同為共產黨的中國和俄羅斯結為盟友，打著學習技術的名義，越南開始輸出「實習生」到社會主義東歐國家換回穩定外匯。直到一九九〇年代初期，東歐社會主義國家相繼倒臺，越南政府不得不重新包裝勞工輸出，將此定調為「消滅貧窮」，由國家定義的貧窮地區優先輸出勞工。阮家居住的富壽省被劃在貧窮區之一，是國家優先鼓勵出國打工的首要對象。

再者，出國工作這個看似個人的決定，其實是整個家族都會參與的重大決策。越南和其他多數東南亞的開發中國家一樣，政府沒有提供妥善的社會保險制度，所以移民家庭成員必須互相提供保護。就像謹慎的股市操盤手會分散購買多檔不同的股票，移民家庭也一樣，只會派遣一到兩名家庭成員到海外工作，其餘成員可能留在家裡幫農忙，或到鄰近城鎮賺有固定薪資的工作。

阮文薦有七個兄弟姊妹，只有大哥留在家中，幫忙父母親打理家中農活，其他兄弟姊妹成年後都分散至越南中部或南部省分工作。阮文忠高中畢業以後，在離家不遠的一家木材工廠工作。兩年以後，他的父母召他回家，問他願不願意出國工作。在移民家庭內部，風險共同承擔是一項重要的精神，願意出國打工的成員，父母會拿家中的田地與房契作為抵押，繳交一筆龐大的仲介費用，而其他的兄弟姊妹則是負擔他在受訓期的食宿費用。相對的，出國工作的成員必須承諾寄錢回來，甚至在農作物歉收時，必須寄更多回來。

家庭成員在決策派誰出國工作時，往往經過精打細算。雖然派兒子到建築工地或工廠工作的薪水比送女兒去當幫傭來得高，但女兒比較可靠，賺的錢大多會寄回家。這種著眼於家庭成員特質的移民安排，被稱作「新移民經濟學」（New Economics of Migration）。[2]

從這項觀點來看，阮家最後派出阮文忠與阮文薦兄弟出國，就沒那麼讓人意外了。

阮文忠是個有責任感的男人，很早就為了家庭外出打工，而身為家中么子的阮文薦，性格尤其貼心。八歲的時候，睡醒的阮文薦沒見到父親，騎著腳踏車想到鎮上的工地找人，結果到了晚餐時間都沒回家，當家人著急想報警時，小阮文薦哭得唏哩嘩啦被警察帶回家。當他長大後，沒有青春期男孩的叛逆，他告訴父親：「現在的人都重視錢，但我更重視家人聚在一起的感情。」

當所有兄姊都離家工作時，阮文薦選擇待在家中陪伴父母。他和父親一樣是個虔誠的人，「他從小就是教堂詩班的一員，每週彌撒都會提前到教堂幫忙。」看望著阮文薦長大的教區神父告訴我，他是個相當熱心的男孩，不管是教堂的裝修或是青年會舉辦的課輔活動，他都積極參與，「（文薦）是個有耐心的人，經常陪村子裡比他年紀更小的孩子踢足球，」神父說。

憑藉深厚的父子感情，阮文薦是家中第一個發現父親身體有異狀的人。一九七五年，持續了近二十年的越南戰爭才結束，那場內戰將許多農民捲入其中，阮輝坦是其中之一。儘管沒有直接上戰場，只是做些後勤補給，但轟隆的炮火聲仍在他身上留下暈眩的後遺症，這個毛病到了老年愈加嚴重，阮文薦發現父親在田裡會突然暈眩，就連拿鋤頭也使不上力。

後來，他決定到臺灣打工賺錢，離家前一晚，仍撒嬌地抱著父親睡覺。阮輝坦回憶，那天清晨阮文薦還不忍吵醒他，只在他耳邊輕輕地說：「爸爸，我要走了，我要去工作了，別擔心我，我很快就回來。」

感受到巨大負罪感的時刻

那場大火過後，原本洋溢在這個家庭的圓滿與快樂消失了。阮文薦的大哥告訴我，自從弟弟去世之後，兩個多月以來家裡呈現莫名的安靜：沒有交談、沒有笑聲，也沒有哭聲。父親阮輝坦會一個人失神地看著兒子臉書上的照片；母親潘氏現（Phan Thị Hiện）則反覆擦著兒子的遺照，如果不小心流下眼淚，她會趕緊用袖口擦掉。

我們在阮家待了兩天，經常碰到這種巨大負罪感的時刻。剛開始，我試著讓氣氛緩和一些，請翻譯幫我禮貌地詢問，能不能參觀阮文薦的房間？他的母親突然皺眉，轉頭和丈夫低聲討論，當下我有些不安：我是不是觸犯了某些文化上的禁忌？他們臉色怎麼變得這麼難看。

阮輝坦請翻譯向我轉達，他們剛才有點困惑的是「房間」的意思，所以夫妻倆討論了一下。

造訪的這段時間，我一直待在一個類似客廳的房間，門口直面聖母耶穌像與祖先的牌位，中央位置擺著一組實木沙發，左右兩側角落各放了張類似古代中國的木製四柱床。原來許多越南農民的家庭，全家是睡大通鋪的，沒有人有獨立的房間，我所看到的阮家有三張床，除了一張是父母睡的，其餘兄弟姊妹都是擠在客廳的那兩張床。

當下我感到羞赧得發燙，好像問了個很蠢的問題，當我極力想挽回專業記者的顏面，卻忽略了犯蠢總是接二連三的鐵律。我不甘心地接著問：那麼可以讓我看看阮文薦小時候的照片，或是他留在家裡的遺物嗎？

「我們家人沒有拍過照，」阮輝坦指向阮文薦的遺照，「那是他唯一拍過的照片，本來是去臺灣工作要繳給仲介的大頭照。」「他沒有留在家裡的東西，他的衣服都帶去臺灣了，現在都被燒掉了，」坐在一旁的阮文忠補充道，「我想到了，他還有一件留在家裡的國中制服。」潘氏現的眉頭皺得更緊了。

阮輝坦轉身蹲下，從一旁的櫃子拿出一個表面有鏽跡的鐵盒，小心翼翼地拿出一疊紙。「每個小孩的出生證明跟小學成績單，我都幫他們收起來。」

儘管父母沒說過一句怪罪的話，阮文忠卻陷入無盡的自責。「弟弟還沒來臺灣之前，我本來想先去幫他看工廠做什麼？宿舍長什麼樣子？我沒有阻止弟弟來臺灣，我覺得是我的責任。」阮文忠和弟弟感情很好，從小就睡在同一張床，即便一同到了臺灣工作，週末午後兄弟仍會一起午睡，就像小時候一樣。

無論哥哥走到哪裡，弟弟就跟到哪裡。當我問起這對兄弟，許多認識他們的人都這樣說。

阮文忠生於一九九五年，阮文薦出生於兩年之後，小時候，當其他兄姊都外出打工了，他們一起踢足球，在教堂後方的樹林裡玩遊戲。兄弟倆共享一切，共享母親、父親和兄姊的愛，以及在那棟拼貼屋裡一張溫暖的床。

兄弟倆在臺灣同樣互相扶持，留下許多難忘回憶。每個週末，阮文忠會多買些菜，到弟弟宿舍煮飯，「弟弟剛來臺灣，他經常說肚子很餓，因為他是新來的，老鳥煮完飯他都沒時間煮了。」吃完飯後，他們通常一起午睡、一起開直播唱歌、一起上教堂，他們也一起逛過士林夜市、一起看過全臺最高的聖誕樹。

阮文忠回越南後，沒辦法在家裡待上太長時間，因為他不知道怎麼面對傷心欲絕的父母。這種時候，他會一個人到村子裡的ＫＴＶ，點唱弟弟生前最喜歡的歌，他用自己的方式緬懷弟弟，這麼做會讓他好過一點。

這段時間以來，他最不願回想的，是到殯儀館認屍的畫面。最先讓他感受到死亡的，是殯儀館內濃烈的福馬林氣味，室內空調讓人不自主打寒顫，天花板的日光燈閃著清冷的光線。管理員帶著他走到十二號冰櫃前，拉出一具屍袋後指著說：這是你弟弟。

「我完全不相信那個是弟弟啊，他們就指著一具骨頭說那就是我弟弟。」阮文忠記憶中的弟弟，身高有一米六八、體重將近六十公斤，是個身材強壯的年輕人，但「那些骨頭變好小，還要跟別人擠一個冰櫃」。

和阮文薦擠在同一個冰櫃的，是另一位矽卡宿舍火災的死者——黃庭預。

被工廠入侵的半成品都市

找到黃庭預的家不難。「請問你們知道那位死在臺灣的先生住哪裡嗎？」這句話像通關密語一般，從我進村子開始，開車的司機、街邊的小販、賣飲料的阿婆，每個人都能為我指引方向，帶我找到他家。

他們家位在海陽省的錦江縣（Cẩm Giàng）。海陽省同樣是越南勞工輸出的前幾大省分，卻與富壽省靜謐的農村景觀不同，這裡更像是被工廠入侵的半成品都市，形狀各異的廠房夾雜著農田，到處是迅疾狂飆的大貨櫃車，所經之處，多是塵土飛揚、破碎頹垣的破爛路。

黃庭預家位在一個空巢的村子，只剩老人與小孩。成年男女超過一半都出國工作，十個人中有七個人到臺灣、兩個人去日本，還有一個會去韓國。

還在巷口，帶路的大姐指了遠處一棟透天厝，示意那便是目的地。那是棟三層樓的水泥磚房，在整片低矮的平房裡，更顯突出，尖尖的屋頂用磁磚拼貼數字「2016」，代表落成的年分，現在是村裡最高且最新的樓房。

「以前我們家比現在的客廳還小。」家中大哥黃庭維告訴我，他們的家庭是出國打工、翻轉經濟的典型故事。

大哥黃庭維是跨國勞動的先行者。和許多越南農民一樣，他選擇翻越山脈到中國廣西打工。在中國待了六年以後返回越南，剛好村子裡有牛頭來找人去臺灣打工，他因為能說一口流利的中文被選上。過沒多久，他的二妹跟著到臺灣工作，完成一期三年的合約後，順利應徵到韓國的工作，在那裡認識未來的丈夫；再接著是家中三妹申請到臺灣工作，累積經驗以後轉換到日本當移工。最後就是黃庭預了。

四個兄弟姊妹先後到臺灣工作，短短幾年之間，他們家從母親做資源回收的貧戶，搖身一變蓋起村裡最氣派的房子，吸引鄰近村民羨慕的眼光。不時有人到他們家裡拜訪，希望能請他們幫忙牽線出國工作，母親阮氏寬（Nguyễn Thị Rộng）順勢當起牛頭，她一年能介紹約六十名越南人到臺灣工作。

但我面前的的阮氏寬，沒有牛頭的強悍氣勢，她寬而對稱的雙眼皮下垂，眼睛早已哭腫，疲憊與挫折全寫在臉上。至今，她仍無法接受兒子就這麼離開了。

有段時間，當兄弟姊妹都出國工作，屋子裡只剩媽媽跟庭預。鄉下的生活簡樸而寂靜，網路訊號非常微弱，老人用不上3C產品沒差，但黃庭預成天拿著新買的智慧型手機直嚷無聊，母親特地從鎮上找人，在他房間裝了無線網路的路由器。

現在，她在為黃庭預上香，有時仍會不甘心地問：「你要什麼我都買給你，你怎麼忍心丟下我一個人？」實際上，二十五歲的黃庭預是第二次到臺灣工作。高中畢業後，他曾和姊姊、大嫂一起在苗栗後龍的紡織廠工作，這次再去臺灣，是為了跟交往多年的女友結婚。

在哥哥蓋的透天厝旁，老家也改建成兩層樓的平房，原本是留給黃庭預結婚用。「我想再往上蓋一層樓，跟哥哥的房子一樣。」他告訴母親，這趟去臺灣他只簽了二年的短期合約，繳了仲介費五千美元，等存到足夠的錢，他就要回家。

兒子這趟出國，阮氏寬總覺得心神不寧，她讓大兒子跟女兒輪流出面勸退。黃庭維要弟弟留在越南照顧家人，至於「你要蓋房子的錢，我幫你負責。」或許是希望能憑自己的力量成家，黃庭預沒有接受大哥的提議，仍決定要出國賺錢。離家前一天，母親特地煮了一桌菜，祭拜祖先與神明，希望祂們保佑兒子此行平安。

沒想到，離家還不滿三個月，就接到兒子的死訊。

這段時間以來，我一直不知道怎麼讓我採訪過的那些死者親人好受一些，更不敢開口問他們對於臺灣的印象。我的翻譯建議我可以到墳前上香，對越南人來說，死後若有更多人助禱，能讓死者家人安心，並寄望於他們幸福的來世。

我的翻譯阿鶯當時是位在成功大學的博士生，可她在來臺灣以前，已經在越南胡志明市的大學取得學位與教職，並在一所當地的大學教授文化社會學，移民工也是她關注的主題之一。雖然她此行只擔任翻譯，但我整趟採訪相當依賴她，她比我更懂得如何在越南農村做田野。從進入村子開始，她會趁隙先幫我買好給受訪者的伴手禮，提醒我付給包車的司機更多小費，或在離開之前，以我的名義準備紅包給兩位受難者的父母。我相當感謝她，要不是她，我在語言完全無法溝通的越南農村，採訪根本難以為繼。

不過，海陽省的情況有點不同，主要幹道的兩旁，我能看到一些臺灣企業的工廠。坐在駛進錦江縣的大巴上，當檢票員開口問我們在哪站下車，看見我焦急的樣子，他能立刻轉換成中文和我說話，或是蹲在門口洗衣服的小姐，光是聽到我和翻譯講的話，就能用中文為我指引方向。走在黃庭預的村子，到處都能碰見能夠說中文的越南人。

黃庭維對弟弟的死有些自顧不暇，他在弟弟出事前兩個月，才因為在電鍍廠檢修設備時，頭頂的硫酸桶破裂，造成他半身嚴重灼傷，經歷過三次重要的換皮手術，他才撿回一命。雇主後來包給他一個紅包，要他趕緊回越南處理弟弟的後事，從此不再聞問。在採訪當下，除了弟弟的事情，黃庭維一直希望我能幫忙他向雇主爭取賠償。我相信他找上陌生的臺灣記者已是求助無門。庭維的無助經常讓我想起在富壽省遇到另一名返國移工，但我把他們想在一起不是情況雷同，恰好相反，他們是返國移工幸與不幸的雙面故事。

我在富壽省住的地方，是村子裡的唯一一家旅館。坦白說，這趟採訪在出發前，一直讓我相當擔心，我不知道兩名受訪者家住哪裡，對他們的背景一無所知，至於翻譯也是出發前一刻才找到，當然更不可能提前預定旅館。這件事對我來說相當反常，記者有很多類型，而我大概是最為謹慎小心的那種。

到越南的第一晚，不小心在阮家聊得太晚，阮家父母找了村裡唯一有汽車的朋友，送我們去村裡的旅館。來載我們的叔叔對臺灣特別好奇，他的兒子跟阮文薦相妨，也在臺灣工作，但最近因為工作時受傷，還在跟臺灣雇主談判賠償問題。不過叔叔對此一點也不擔心，「仲介告訴我不用擔心，他們在臺灣會好好照顧我兒子。」我實在不知道該不該跟他說，關於臺灣仲介那些惡名昭彰的傳聞。

當車子開近旅館時，我看到一棟三層法式洋房，和路旁廣告看板的照片一樣。不過，當車子開得更近，我驚訝地發現，三層洋房僅是一個建築立面，穿過假大門，建物的背面是三間連在一塊的鐵皮屋，這才是我要住的旅館房間。屋內有一股溼抹布的味道，電視與熱水器都是故障的，窗戶的玻璃有個破洞，根本無法阻隔屋外的蚊子，那個房間僅用簡單的合板隔成，我幾乎整晚都能聽見隔壁那對男女的聲音。

不過我很難對旅館動怒，理由之一是這間旅館沒有登錄在傲嬌外國旅客所仰賴的 Trip Advisor 評價系統，何況老闆娘對我相當熱情，會為我送上水果與點心，而且我詫異地發現，她能夠聽／說中文。她是第一批從越南輸出到臺灣的看護工之一，一九九九年曾在臺北照顧一位行動不便的年長女士。在她辦公室留有一面牆，貼滿她與前雇主的各種生活照片，她們一起去過臺北車站前的新光三越大樓，以及信義區的象山登山口。她不斷講著到臺灣工作的這段經驗怎樣改變她的人生，當時她剛離婚，正是靠臺灣的這份薪水養大孩子，以及回越南後蓋成這間旅館。

這類移工返國的成功故事，很容易讓一些臺灣人覺得，移工來臺灣賺到比原生國更高的薪水，他們應該對此心存感激。事實正好相反，身為移工接收國的臺灣才是占盡便宜。

為了揀選到最有價值的勞動力，雇主可以透過仲介設下一連串選工標準，包括身高、體重、性別、婚姻，以及身上有沒有刺青。海外的挑工現場是最為冷酷的地方，年老是一種劣勢、學歷太低也不行，還要國家擔保此人無不良素行。

臺灣得以僱用身強體壯的移工，可是工人的養成過程，無論是日常維生或是教育成本，臺灣都沒付過一毛錢。將移工引進到臺灣以後，政府再透過法令限制移工長期居留與家庭團聚，處心積慮地排除移工成為移民。一旦移工生病，或遭遇職災，政府再默許雇主與仲介把工人送走，把照護成本丟還給原生國，再替換一名新的工人進來。

整個客工制度得以施行，外籍移工不過是一枚隨時可棄的勞動力。

還想去臺灣嗎？

假日的午後，幾個曾去過臺灣工作的男人聚在一塊，他們操著有口音的中文向我抱怨：「去臺灣工作很危險啊」、「我們住的地方沒有很好」、「我叔叔兒子的手指才被機器切斷」……

他們不是臺灣人，但卻是臺灣不可或缺的一部分。他們撐起了製衣產業，也撐起了鋼鐵機械、自動機具、塑膠原料、建築營造和其他攸關臺灣人福祉的領域。

「那你們還想再去臺灣工作嗎？」我問。

「我過完年還要回去臺灣，」人群中一位中等身材，在桃園龜山工作的男人苦笑著說，「仲介費還沒有還完啊。」

同樣的問題，我也問過阮文忠與黃庭維，遭遇弟弟的死劫後，還回臺灣嗎？「我不要回臺灣了，我現在覺得臺灣工作很危險，」阮文忠說，如果重來一次，他不會相信仲介的甜言蜜語，「仲介公司都說得很好聽，說去臺灣工作環境滿好的，賺錢又容易，結果根本不是這樣。」

黃庭維也不回臺灣了。他在臺灣遭遇嚴重的職災，休息三個月後，他帶著弟弟骨灰回越南。但黃庭維強烈的負罪感不是來自弟弟，而是他上小學的兒子。採訪過程中，我看見他數次想拉兒子的手，都被巧妙地閃過了。

實際上，黃庭維在採訪過程的態度相當積極，他找出弟弟的遺物，帶我認識其他在臺灣打工的越南人，「我希望透過你的報導，能讓臺灣政府重視我們越南勞工的權益。」他相信，如果在臺灣的移工勞動條件能夠改善，就能讓他的孩子生活變得更好。

「我以後還想讓他（兒子）去臺灣工作，」他哀傷地說道：「你看我們這裡的農田，都是臺灣人跟韓國人來蓋工廠了，以後，也不會有田可以再讓他種了。」黃庭維的話一直讓我想起阮輝坦，他們的回答好像在回應我這趟採訪最原始的提問：兩名罹難者家屬對臺灣的感情是什麼？

待在富壽省的日子，阮輝坦帶我走過小兒子生前的軌跡，去過他們小時候踢足球的球場、拜訪從小看望著他們的教區神父。我記得在我離開村子前，阮輝坦堅持送我到村口等巴士，上車前他抱著我，語氣中夾帶哽咽，說了好長的越南話，說完後在我左右臉頰親了一下。

自然我是聽不懂的，但我想起前一晚，他透過翻譯跟我說的：「我的兒子已經沒有了，但是我們還有很多越南人在臺灣工作，我只希望臺灣人能公平對待我們越南人，不要住在危險的宿舍。」

圖輯

屍骨還鄉路

二〇一七年十二月，桃園蘆竹的移工宿舍發生大火，最終造成六個人死亡，五個人重傷，年僅二十歲的阮文蔫不幸在這場大火中喪生。

而這場燃燒了八個小時的大火，刺痛所有移工在臺灣最深的恐懼。

二〇一八年二月二十一日，我重走這條屍骨還鄉的路線。探究臺灣何以成為移工眼中，布滿生死危機的危險之島。

二〇一七年十二月，桃園蘆竹的移工宿舍火災，刺痛所有移工最深的恐懼。

這場大火造成六名越南移工死亡，五人重傷，這是臺灣遭遇最嚴重的移工宿舍火警。

死者阮文薦六十歲的父親阮輝坦，為了兒子的後事，兩個月內往返河內與富壽省不下十次，一趟車程需要七個小時。

阮文薦全家的晚餐，卻永遠少了一副碗筷。

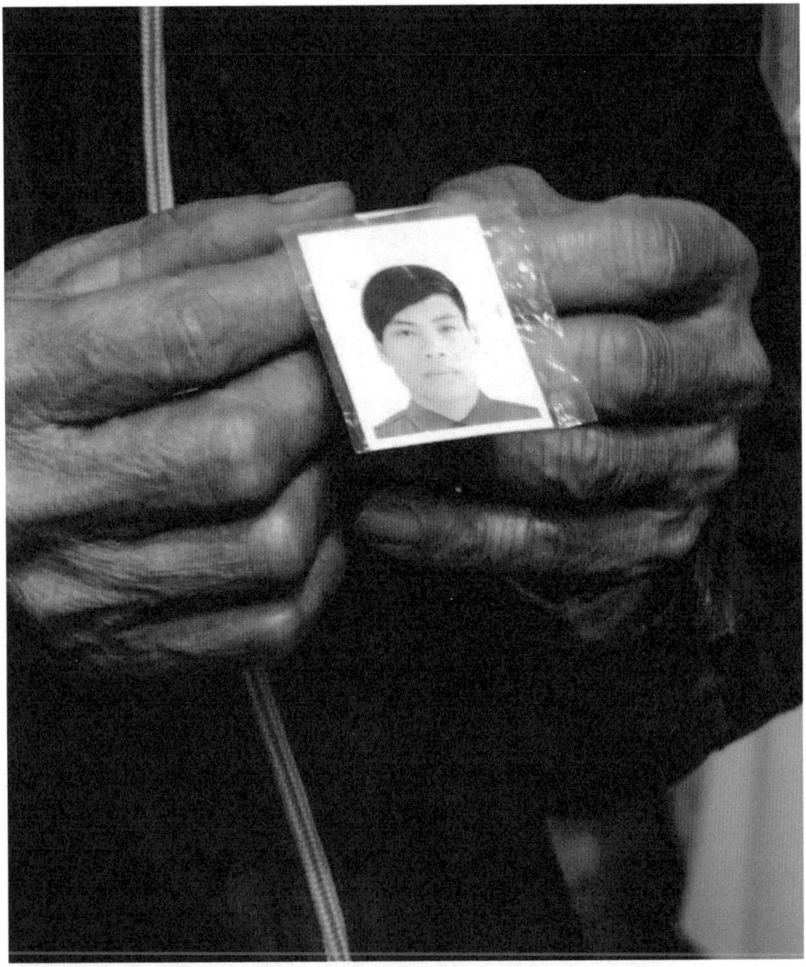

阮輝坦找出兒子唯一一張照片，是出發到臺灣工作前所拍攝的大頭照。

潘氏現找出兒子在家中唯一的遺物，是兒子的國中制服。

阮文薦一家人都是虔誠天主教徒，死後葬在天主教的墓園。

母親潘氏現一直壓抑情緒，但看到兒子墓碑忍不住眼淚潰堤。

阮文忠和弟弟在臺灣互相扶持，兩人經常一起開直播唱歌，現在，他懷念弟弟的方式，是找個地方唱弟弟生前最愛的歌。

阮文薦沒有自己房間，他和哥哥從小擠在一張床上睡覺，但現在，他的兄弟們再也感受不到那份溫暖。

越南鄉村的孩子，長大後可能到臺灣工作，但是他們的未來會更好嗎？

如果臺灣針對移工的安全保障，依舊沒有改善，那麼這條傷心的屍骨還鄉路，就會一直重複地走下去。

4 異鄉送行者——以佛法撫慰人心的越南法師

在我住一廣的那段期間，只要天氣沒那麼熱，或是沒有安排採訪時，我會坐在第一廣場中庭的板凳上，什麼也不做，只是觀察來回走動的移工。

這是我在前《紐約客》駐北京記者何偉的書中學來的，[1]他擔任社會學教授的父親在他小時候經常和他玩這個遊戲：隨機挑一個人，看能不能觀察出什麼。他的衣著有趣嗎？走路的姿勢如何？他來這裡做什麼？我經常從何偉的書中尋求指引，除了他與父親練習觀察力的小遊戲外，他還提過在中國當記者所學到最重要的一課是：要保持耐心。

我和他有同樣感受，要讓一名移工推心置腹需要幾個月甚至幾年的時間。往返臺北與臺中太花時間，而我真的需要更多機會打入移工圈子，於是，我四處打聽，在一廣大樓裡租間套房。

從這個位在大樓右側十一樓房間的落地窗向外俯瞰，能看到中庭廣場延伸至綠川的兩岸。我發現經常有三、五個移工拿著紙箱，有時會印出受傷移工的照片，湊近路過的移工，希望他們能捐錢幫助照片中受傷的人。

剛開始打入移工的圈子，我無法先安排好週末的採訪行程，傳統新聞工作透過意見領袖約訪的那套行不通，多數移工又只在週末放假。於是，我開始隨機搭訕坐在路邊的移工。那群每週都會出現的捐獻箱移工，理所當然地成為我的目標。

捐獻箱小隊的帶頭越南移工叫作段文進，方臉大耳，有一頭又黑又硬的頭髮。他在車床工廠工作，平日製作各種模具與切割鋼鐵片，粗重的工作在他手上結了厚繭，臉上長滿粉刺與坑疤。每到假日，他會用髮膠梳上油頭，穿著成套廉價西裝與一雙鞋尖脫皮的皮鞋出現在廣場。

「為什麼你在這裡募款？」某次我與他們坐在同一張板凳，我開口問。「我來臺灣一年多，看到受傷的、死亡的越南人很多。」為了證明所言不假，阿進拿出手機打開臉書，找到一位受傷移工的照片展示給我看，「像他們發生意外，有些老闆都不會幫忙，只有我們越南人會幫忙越南人。」

這是我在接觸移工時經常聽到的一種說法，我把它理解為一種普遍的畏懼臺灣人症候群。

當我想要認識移工時，我已經知道臺中車站附近的天主堂有菲律賓神父帶領的彌撒，在臺中公園有各種印尼移工的讀書會、武術交流和舞蹈聚會，我也認識泰國移工足球隊長，經常和他們練球後回工廠吃烤肉。唯獨越南移工，很長一段時間，我不得其門而入。

見到阿進的前兩週，我在廣場搭訕過另一名越南移工阿嘉。他才二十二歲，經常蹙起的眉頭在他的額頭跟眼角都留下皺紋，看來比實際年齡更為蒼老，只有笑起來露出的虎牙顯露出稚氣。他來臺灣還不到一年，但隨著時間過去，他發現臺灣的工作並沒有仲介說的那樣美好。

阿嘉在製造汽車車門的工廠工作。來臺後，他察覺沒有越南仲介承諾的加班機會，要還完仲介費遙遙無期。更糟的是，阿嘉才抵臺一個月，工廠訂單受到經濟不景氣的影響，不得不讓工人縮短工時。

「四點四十分就下班，先去吃飯，五點去打工，打工到十一點，最晚曾經到凌晨兩點才下班。」阿嘉說，「我剛開始在工廠附近的一個菜市場搬菜，如果工作比較多，老闆給我一小時一百元，如果工作沒那麼多，老闆只會給我九十元。」

阿嘉週末也到一廣的越南餐廳打工，「通常是在餐廳洗碗，老闆說禮拜六的薪水是一天一千二百，禮拜天比較忙，一天有一千五百。」阿嘉補充道，「但實際上不會給那麼多，只給一千或一千一百。」

接著幾天，我的手機陸續傳來阿嘉做電焊或在工地攪拌水泥的影片，還有一張他從下頸延伸到肩膀的傷痕照片，是一道從左肩延伸至胸口十五公分的傷疤。幾次見面後，除去語言的隔閡，阿嘉給我的感覺跟一般臺灣的大男孩沒兩樣，講到那些工作落下的傷都是逞強的口吻。

他對我的提問幾乎毫無保留，包括怎麼找到違法的打工？以及越南工人如何在逃跑前安排好工作？我的翻譯告訴我，第一次見面時阿嘉曾私下問她，「為什麼這個臺灣人會對我們越南工人有興趣？」他說，「我也找過臺灣同事週末來一廣玩，不過工廠的其他越南朋友說，臺灣人才不會想跟越南人出來。」

不只是對他，我對移工在工人以外的身分更為好奇。當問到移工出國的動機時，答案幾乎是千篇一律：為了照顧家庭。當我認識的移工愈多，我愈加覺得奉獻家庭是個很好拿來搪塞訪問者的藉口，尤其當我追問移工在故鄉的新房想蓋成什麼風格？打算用什麼材料？他們總是興趣缺缺地說，「反正爸爸媽媽會處理。」我所熟識的廠工大多年紀很輕，出國工作更似他們半推半就的人生，「因為村裡沒工作好做，所以我出來了。」

與阿嘉更熟悉之後，我有天好奇問他，把老家的房子翻新以後，在臺灣還想完成什麼目標？想了好一陣子他羞赧地回，「我想把中文學好一點。」

因協助移工而結識法師

我的翻譯碧泉當時是在暨南大學讀博士班的越南留學生，我後來才知道，我們都想私底下幫助阿嘉這名上進的年輕人。她經常在晚上用視訊通話教阿嘉中文。我則四處打聽，找到一間在週末時開給移工的免費中文班，班級的主持者是一位越南籍的法師，名叫釋淨如。

可是接下來兩週，阿嘉婉拒與我見面。當他的假日打工更多，更加融入越南人的社群之後，店裡的越南籍老闆娘跟顧客都在問他：那個臺灣人都跟你說些什麼？「姐姐告訴我，千萬不要相信臺灣人。」阿嘉說。我再次被廣泛的畏懼臺灣人症候群擊敗，不過總算學到寶貴的教訓：永遠不要低估周遭移民工對外來者的警戒。

阿嘉有太多理由不信任我，移工很多都是在雇主不知情的情況下偷偷打工，一旦被政府發現會被驅逐出境，而且移民官員祭出最高七萬元的獎金，[2]鼓勵民眾檢舉違法移工，新聞裡有臺灣人便以檢舉為業。當我瀏覽臉書看到各種移工職災的消息，總感到良心不安，於是我盡可能在移工的社群裡，多多認識他們的支持體系，其中之一就是越南法師釋淨如。

初次造訪中文班時，帶路的移工領著我穿過陰暗的騎樓，路口酒店的霓虹燈招搖亮相，到處都是廉價鐘點房的廣告。我們走進一棟老舊公寓樓上，那是普通的三房住宅，客廳中央是莊嚴的佛堂，釋淨如帶著幾位新住民姊妹誦經，書房有另一位新住民正在為二十多名移工上中文課。

另外一次，釋淨如將佛堂搬到離廣場更近的一家越南餐廳樓上，我前往拜訪，她正為即將到來的盂蘭盆會而忙碌。我是跟著幫忙募款的阿進一起來的，我很好奇移工孤身在海外工作，除了拚命工作寄錢回家蓋房子外，如何在一個無情的世界裡，尋覓指引自己人生的路子？

這兩次造訪，我都向釋淨如提出採訪請求，都被她婉拒了。中文班那次，她建議我採訪幫忙上課的新住民姊妹；超渡法會時，她則希望我改為採訪募款的移工，甚至主動提議要協助翻譯。

直到二〇一七年，桃園矽卡工廠宿舍發生大火，燒死六名越南籍工人。這場悲劇之後，我反覆瀏覽好幾個越南移工社群，想要知道遭遇災厄的工人與他們的親人，是否有被妥適照顧。我意外看到一則貼文，照片中，釋淨如幫幾位罹難工人超渡。

我三度造訪，釋淨如的佛堂這次搬離市中心，進駐靠近大坑山區的一間老式眷村矮房。我請她談，如何幫助移工安置心靈。她終於答應了，露出一種莞爾又寬容的表情，告訴我：「明天我在梧棲有一場法會，你來看看吧？」

以佛力安撫心碎的人們

「nam mô a di đà phật」、「nam mô a di đà phật」（南無阿彌陀佛），越南語的腔調隨著梵音節奏起伏，吟唱聲傳自地底，穿過迴廊共鳴，聲音更響了。

尋著聲音，從梧棲童綜合醫院的側門走入，還要再下兩層，不透光的地下室，只剩冷調的日光燈閃爍。在狹長陰暗的走廊盡頭，用木板隔出的房間成了簡易靈堂，正中央阮日登的遺照是從臉書下載的，露出淺淺的微笑，一如女友阿賢對他的印象：貼心、愛笑、對朋友很好。

阮日登和阿賢的愛情從臺灣開始，他們原本約定要一起回越南過年，接著結婚，在剛蓋起的新房子前做點小生意，結束異地辛苦的移工生活。但是，年僅二十六歲阮日登沒有守住他的諾言。返國前一個月，因為一場突如其來的車禍，兩人再見面，便是在靈堂。

參與這場超渡法會的全是移工和新住民，除了阿賢和工廠的同事，還有來自臺北、臺中、嘉義、高雄的新住民。他們並不認識亡者，只因在臉書看到告別式的消息，「覺得生命很無常啊，我們現在幫助他們，有一天也會輪到我們，」嫁到臺灣近二十年的阿阮特地從高雄北上，送她口中「陌生的弟弟」最後一程。

釋淨如站在隊伍最前頭，手持法器、身穿一襲寬鬆黃色袈裟。她在兩天前接到阿賢的電話，希望她能陪「亡夫」走最後一段路。

臺灣有大約七十萬名移工，他們在臺灣人的視野中，大多安靜溫順，就連死，也走得悄無聲息。客死異鄉、無依無靠，他們人生的最後一段路，便由同樣身處異鄉的釋淨如，為他們送行。

釋淨如身高僅一米五，在一群移工之中，身形更顯得嬌小。她的臉圓而有稚嫩的五官，個性謙遜，輕聲細語，以至於有時聽來像是自言自語，在多數時間，她又必須維持法事莊嚴肅穆，因此不太常笑，與人頗有距離。休閒時她喜歡開車，擁有一臺二手的白色豐田汽車，不論開進山區的產業道路或是鄉下的停屍間都堅持自駕，她的助手開玩笑說，「師父開車很快喔。」

「每週就有二、三人死掉」

釋淨如給了二十萬名越南移工在臺灣難以得到的慰藉，替他們在異鄉收屍。從二〇一四年起，釋淨如經常接到越南移工的電話，「剛開始我幫移工超渡的時候，我很驚訝，一週就有兩三個人死掉。」累加下來，她每年超渡上百人。

釋淨如主動問起我每年有多少移工死在臺灣？我向她解釋，臺灣政府並沒有做相關的統計。為了釐清真實的移工死亡人數，我曾打電話詢問政府單位。首先接通的是勞動部，「我們不會注記移工死亡，你要不要問衛福部？」轉給衛福部後，他們說，「外國人的資料你要不要問外交部？」電話打過去後，外交部說，「核發簽證的是移民署，你要不要問問他們？」最後，移民署告訴我，「只要雇主或仲介沒有幫移工更新簽證，移工的居留證就會自動失效，我們不會知道原因是移工死亡。」整個下午，我的電話不斷地被轉接到不同政府部門，卻沒有任何一個掌握相關統計。最後，電話又回到主管移工事務的薛鑑忠，他可能想終止電話迴圈，才說，「我們關注的議題是開放外勞的效益與影響。」

一切好像都說得通了。臺灣對外籍移工的關注始終在其帶來的勞動效益，以及可能衍生的外部成本。一九九四年，當時社會不斷爭論是否擴大開放外勞，一位經濟學者為政府解套，「我們大概思考的方向是引進外勞的社會效益與社會成本這兩者相比，哪個比較高……如果（政府）管理效率很高，制度很完善，引進外勞造成的社會成本減少，容許的數量就可以多一點。」

至於，關乎人類生存的基本統計，例如出生與死亡，都不在國家的考量裡。可是，如果沒有任何統計數據能幫助臺灣的政府官員理解移工死亡的情況，他們也就不會構思出相關的社會扶助政策，幫助移工度過這些關卡。

關於死在臺灣的移工有多少？勞動官員相信，最接近的數字是領取職災死亡給付的移工人數，每年大約二十多人。釋淨如相信絕對不只如此，她往往一場法會超渡的死者就超過六十人，名單是由越南移工的同鄉會提供的，「我們接觸的比實際死掉的少很多」，她認為，「還有很多在外面死掉的，我並不知道。」

二〇二〇年，監察委員王幼玲與王美玉發表關於移工職災的調查報告，[3]報告中說，隨著臺灣製造業工人的整體職災率下降，外籍移工的職災率卻增加為臺籍工人的三倍，光是二〇一八年，領取職災失能給付的移工人數就有一千五百六十八人，平均每兩個小時就發生一起職業災

面對人間苦難，釋靜如以佛法撫慰人心，希望活著的人們有勇氣繼續下去。（**攝影：余志偉／報導者**）

害，可是領取職災死亡給付只有二十一人。

人們很容易認為移工職災與死亡數字的巨大落差是合理的，覺得移工在生病後都會自主返回原生國，這種假設被稱作「鮭魚偏誤」，實際狀況是移工從職災到死亡的數字都被嚴重低估。[4]理由是移工必須納保才有申請職災給付的資格，而不受勞基法保障的家庭看護工、外籍漁工以及失聯移工都是統計上的黑數。即便被納保，多數移工與他們的家人並不知道可以申請補償，就算知道怎麼申請職災給付，還會遇到雇主與仲介的種種刁難。

釋淨如比政府官員擁有更多管道，來理解移工傷病死亡的殘酷事實。「在臺灣每個越南同鄉會的頭都認識她，」曾以逃跑外勞為題拍攝紀錄片的導演阮金紅談起釋淨如，直說「她可以影響所有在臺灣的越南人，因為她能連結移工跟我們（新住民）姊妹。」

現在釋淨如隨身攜帶兩隻手機，電話那頭，是隨時不期而至的死亡。有的是廠工，半個身軀捲進機械裡傷重不治；有的是逃跑的工人，在尚未落成的華廈墜樓卻沒人敢送醫；還有移工在異鄉沒有結果的愛情下，最終只能被拿掉的孩子。

她的助理向我承認，尋求協助的多數是逃跑外勞，因為「他們死掉老闆不會出面，在臺灣又沒有家人，我們同鄉就請法師來超渡」。釋淨如見識過各式各樣的死亡，她經常開車深入山裡的工寮，或駐足在殯儀館沒人認領的無名屍前，這些人的名字或許被遺忘，但他們的血永遠留在這座島嶼。

意外間成為送行者

然而，她說自己會成為客死異鄉移工的送行者，全是意外。

二〇一四年，釋淨如第一次幫移工超渡，是受新住民的鄰居請託，幾位她鄰居認識的越南移工往生，「臺灣的法師來招魂，講的是中文，怕他們聽不懂。」當年才二十九歲的釋淨如詫異於他們生命的消逝竟無人問津，「就一個牌位小小的，沒有人來上香，走得很冷清的那種，」她繼續說。

「我們在越南很注重一個人的後事，活著的時候是好是壞都過去了，他已經死了，不過死了沒人幫他誦經、沒有人來上香，」她說，「我覺得很傷心，好像他們的生命在臺灣沒有價值。」

但在這天以前，她與越南移工的生命是沒有交集的平行線。

更具體地說，他們不同的出身代表了全球化的兩種面貌。為了挽救高失業率，越南在二〇〇〇年後大幅度向全球輸出勞工，村裡的標語鼓勵農民出國：「出國工作去，財富帶回來。」幾百萬人，跟隨國家政策，離開了村莊，去其他國家工作，拚搏一個翻身的機會。

而釋淨如是社會菁英，她七歲在胡志明市出家，人生一路平滑。從國立佛教大學第一名畢業，二〇一一年考取留學獎學金，赴臺灣佛光大學進修碩士。「從小我都在寺院裡長大，很少接觸那些經濟困難的人，」釋淨如解釋，「尤其外勞大多來自北越，胡志明市（位於南越）是比較都市的地方，我不會接觸到他們。」她精通英語、中文，經常受邀出國弘法，護照上蓋滿往來美國、日本、新加坡的戳記。

「其實我一開始還沒有感同身受，我對移工還沒有同理心，因為我從小都在寺院裡面，我來臺灣都在參加研討會，都是在討論臺灣人去越南做生意，或是聽老闆、仲介抱怨越南移工怎樣不好，」她說。

當她到臺灣念書那年，越南移工人數已經突破十萬，是第二大的移工族群，僅次於印尼，但釋淨如仍沒接觸任何一位移工，因為佛光大學建在宜蘭郊山，而她幾乎不曾下山。

「我當時沒有站在移工的立場去想怎麼保護他們，那很正常啊，因為我完全沒有接觸到移工啊，」釋淨如為自己辯護。

二〇一四年，她繼續拿到獎學金，轉往暨南國際大學攻讀教育博士，論文主題是越南新住民的中文課程。遠房親戚的姊妹正好在臺中有房間出租，她意外搬到第一廣場附近，移工自此走入她的視野。

無法出世的出家人

釋淨如當時的鄰居多是越南的新住民，週末帶著移工到她的公寓誦經，隨著認識的人多了，她陸續接到請託，替死在異鄉的越南人超渡亡魂。

正青春的生命，還來不及展開，就已成為蓮位上的寥寥幾筆。但兩個小時反覆誦經與儀式下來，她已精疲力盡，無力關心這些人的死因或其他訊息。直到某次靈堂中，正中央的遺照是跟著她學佛的女弟子。「看到自己的徒弟死了，感覺真的很不一樣。」她望向地板，「我印象很深刻，那個女生才二十三歲，長得很可愛，每次見到我都很甜地喊我『師父』。」

「雖然我之前也去幫越南外勞超渡，我也很難過，但是我不認識他們，不過在照片上看到自己的徒弟，真的很傷心。」「然後，我就覺得人生真的很無常，我就會想到他們家人怎麼辦？」釋淨如比了比坐在一旁的阿進，他經常幫忙用手機錄下整個超渡法會的過程，傳給死者在越南的家人，「他們的家人知道自己的小孩死在國外，就一直哭一直哭。」

「我想到我的父母也在越南，萬一我死在臺灣，我的父母卻沒看到我最後一面，回來的只有骨灰，那會有多難過，這是我沒有辦法想像的。」釋淨如依舊沒有太多情緒，以平淡的語氣回憶那場誦經。

釋淨如在助念後，問了女孩的訊息。原來她來臺灣才四個月，父母貸款六千美元讓她出國工作，但女兒死後，這筆債務徹底壓垮家中原本匱乏的經濟。

那個週末，釋淨如一如往常帶著新住民與移工誦經。原本，她極力維持佛堂的莊嚴與肅穆，一直與移工保持著距離，從不過問他們的生活，日子久了，她也習慣移工們大都安靜，活得悄無生息，像是對生命的屈從。

可那天替女孩助念的畫面，一直縈繞在腦中，誦經結束後，她多問了一句：你們在臺灣的生活過得如何？原本移工粗糙且黝黑的臉龐，突然陷溺於一種溫柔的情緒，他們毫無保留地向釋淨如敞開生命。接下來幾週，他們陸續帶來出國前的契約，與每個月的薪資單。移工出國前需繳交六千至七千美元的仲介費，家人通常要跟銀行、親戚或高利貸借錢，她才明瞭，出國工作是必須搏上全家人的賭局。

「我很驚訝他們的仲介費，還有其他費用扣完以後，每個月只剩八千至九千臺幣而已，」釋淨如拉高音量，難得顯露微慍的情緒，「很多人都在抗議越南外勞逃跑，但是那時候我才真的感受到，他們逃跑是因為真的活不下去。」

有移工帶她去東海大學附近的宿舍。它只是一間小房，大概八坪，狹小的空間硬擠了三張鐵製上下鋪，已經沒有多餘的空間。房裡原本只住六人，但新來的菜鳥沒地方睡，湊合睡在不及一米的走道上。

「你們這樣晚上怎麼睡？」釋淨如問。「師父，我們有時候晚上輪夜班回來，不小心都會踩到人，他們還會罵我，新來的晚上回來怎麼不小心。」帶她去參觀的移工答道。

釋淨如無法置身事外，再當個出世的出家人。「我想幫助他們，但你也知道我的背景，就是讀書而已。」釋淨如曾憑藉著讀書，扭轉身為女性在寺院裡的劣勢。早年的僧團中，有著男尊女卑的規矩，修為再高的比丘尼，見到剛受戒的比丘也要行禮。「在越南重男輕女的觀念很深，比丘可能不必付出很多努力也能成功，但是我們比丘尼必須加倍的努力。」因為自身的經驗，釋淨如同樣相信教育能翻轉移工的人生。

她找來同鄉的新住民教中文，學費全免，考過中文檢定就發獎學金鼓勵，唯一的條件是不准中途放棄。二〇一七年，一班三十個學生中，將近三分之一考過中文檢定，有四個學生從移工轉換身分，變成留學生。

「師父完全改變了我的人生。」二十六歲的楊廷進來自越南北寧省，在臺灣CNC廠工作七年，二〇一七年他考進靜宜大學大眾傳播學系，當起大學生。「原本我到臺灣只想當工人賺錢，沒什麼想法，但師父一直鼓勵我要有夢想，」他有點不好意思地說，「現在我想當一名攝影師。」

在逆境中修行

週末的早晨，許多越南人會聚集在釋淨如的公寓，鄰近的臺灣人議論紛紛。

「我跟信徒有緣，一開始三五個人來找我聊天，後來人愈來愈多，但跟很多人講話很累啊，我就帶他們誦經。」後來來的移工愈多，從十幾人、三十人，再到五十人。

從二〇一五年開始，釋淨如頻繁地接到警察臨檢，說她窩藏逃跑外勞，她為此搬了三次家，「師父，我們（移工）念經要小小聲地念，不然又要被告了。」

臺灣人對她不信任，越南人也對她滿是懷疑，「有外勞直接打電話來罵我，出家人都是亂七八糟，就是想騙錢。」

二〇一五年八月，平時在桃園車床工廠工作的阿進，第一次搭車到臺北車站募款，他抱著一個簡陋的瓦楞紙箱在車站大廳來回踱步，外頭貼著一張受傷移工的照片，是他從臉書社團看到後列印下來的，照片旁以中文、英文、越南語三國語言寫著：「請大家幫忙，感謝。」整天下來，沒有收到任何捐款，只有收集到滿滿的嘲弄與質疑。

「你為什麼只有一個人？」、「你到底拿這些錢到哪裡去？」、「你是不是把錢收到自己口袋？」

等到他募到了心中設下的目標三千元，他便從桃園搭車南下臺中，按照著臉書上的指引，找到釋淨如的佛堂。「他跑來三次，都沒遇到我，因為我經常不在啊。」釋淨如回頭看了看站在一旁的阿進。阿進站在一旁顯得特別拘謹，不只是他，我經常在與釋淨如聊得忘我時，才意識到信徒們拘謹地站在一旁，只有我與法師是坐著的，然後我便陷入一種或坐或站的掙扎中。

我曾私下問阿進，為什麼他要花費難得的休假日去募款？「我們佛教講慈悲心，我覺得有人需要幫忙就做了，沒有想太多。」佛教是越南最重要的宗教之一，和他一樣的佛教徒，在越南大約有一千多萬人，在一九五〇年代，越南信奉佛教的信徒人數達到最高峰，曾占總人口的一半。越南與臺灣同樣提倡人間佛教，這來自二十世紀初一項佛教改革運動，主張以教育、慈善等活動參與社會，進而落實佛法，而這項做法擴大佛教在全球的影響力，「即使不是佛教徒，也會相信一些佛教的觀念，像是行善、做功德迴向父母。」釋淨如解釋。

比起當個慈善家，阿進只在乎女兒對他的想法。「我只有一個女兒，離開的時候（她）才一兩歲，」三年後回家，女兒應該會講話了，也開始懂事了，「她會不會想爸爸都在外面幹嘛？」阿進把每次外出募款、參加法會的照片傳給家人，「我想給孩子留下一個好的印象。」

二〇一五年，釋淨如在臺灣辦超渡法會，他們選擇在農曆七月十五，這是華人的中元節，在佛教中則是盂蘭盆會這一天，在籌備期曾一天湧入八十多個往生者的名字。「我們相信農曆七月是孤魂月，孤魂野鬼會墮入地獄，所以我們會在這天誦經，為往生者超渡、為父母祈求平安健康，」釋淨如說。

她從越南邀請來三位德高望重的法師，整場法會粗估要花三十萬元。但阿進與朋友的募款加起來不過十幾萬，「越南人都以為工人在國外賺錢很容易，我給幾位法師看捐款的時候，一百塊皺皺的鈔票鋪開來，十塊錢的硬幣一大堆，」釋淨如饒有興味地回憶這段故事，然後「他們就說：『我不要你們的錢啦，機票跟飯店我們自己出。』」

話雖如此，釋淨如並不打算讓遠程而來的法師負擔旅費，看了之後她跟阿進說，剩下的她來負責。出家人哪來的錢？「出國前家裡給了我一筆錢，大概八十幾萬（臺幣）。」釋淨如出家前的家境小康，故鄉是南越的檳椥省，村子靠海，父親有船，經營漁獲買賣的生意，家裡蓋了村子裡的第一棟別墅，她則從小由傭人保母帶大。

到了臺灣，釋淨如的生活維持寺院裡的簡樸。有次，我在寒流天造訪，夜裡寒氣逼人，釋淨如拉了拉身上的卡其色毛呢大衣，一位新住民的弟子忍不住向我抱怨，「師父很省的，你看這件衣服已經破掉了，她不買新的，衣服破掉她自己也不會補。」那件大衣的內裡破了又補，已經穿了七年，即便有弟子想拿家中的二手衣服來，她也一一婉拒，除了灰色與黃色的僧袍外，那件卡其色大衣是她僅有的休閒服裝。

面對周遭人的懷疑，她說，「都是在逆境中修行。」看似對所有磨難都能坦然，問她是否仍有渡不過的關？她環顧房間，屋裡聚集新住民與移工的信徒，長舒了口氣說：這世間最難渡的是「情」。

「我們姊妹嫁來臺灣很辛苦，說難聽一點，就是被買來的，和老公沒有感情基礎，嫁來第一年，什麼都不懂，就要一直生孩子。」嫁到臺灣十七年的 Judy 說得直白，「我們心裡常感到很孤獨，在臺灣語言不通，沒有家人，我們常感到很寂寞。」

男工與女工、移工與外配，儘管各自有伴，寂寞讓他們的感情在異鄉迅速膨脹。釋淨如作為女性法師，更容易聽到那些感情的事。某次誦經結束後，一名女弟子像蜘蛛盤據在房間一角，等待眾人離去，她突然上前抱住釋淨如，哭得說不完話，「師父，我想念我（被墮掉）的孩子。」

「我剛開始聽到我也很驚訝，」她似乎看穿我的心思，墮胎不是牴觸了佛教信仰嗎？「但我不能跟你一樣反應，不然我跟你保證，以後她們就不會跟你說了。」

阿美十八歲嫁到臺灣，對象是一名六十多歲老兵，兩個人沒有感情，也沒有性，婚後阿美換過不少男友，丈夫也裝作糊塗，畢竟，他只想人生最後一段路有個人陪。但阿美如此渴望愛，卻得不到，她陸續為不同的男人，墮過十個小孩。

「你說她難道不知道這麼做是錯的嗎？她一個女孩子，難道不會保護自己嗎？她告訴我，『師父，男人說你不跟他做愛就是不愛他，你要避孕他們也要說（有意見）。』」釋淨如的口氣中多了疼惜，「我能做的就是幫忙超渡嬰靈，讓她的心靈平靜。」

講佛法之餘，也多了對人的同理與溫柔，這是移工與新住民眼中的釋淨如。她盡力滿足不同人對她的期待，在越南的師父與教授眼中，她是倍受期待的接班人。

「你在臺灣就專心讀書，花那麼多錢沒有意義。」釋淨如的師父其實不同意她在臺灣做這些事，因為她們都清楚：釋淨如終究是要回越南的。甚至，她未來十年的人生都被規劃好了。依照原本的規畫，在拿到博士學位後，她會先回胡志明市的佛教大學教書，再過幾年，她的師父會將住持的位子傳給她。等佛寺穩定以後，釋淨如心底有個更大的發願，「老家旁有一大塊農田，我會在那裡蓋佛寺跟學校。」

釋淨如出生後，母親就離家了，由於出生便少了母親陪伴，她的父親總覺得對小女兒虧欠，「小時候我最愛娃娃，每次爸爸出海回來，就會買最新的娃娃給我。」釋淨如說起父親對她的寵愛，在旁人眼裡，簡直是溺愛。有次，釋淨如生病，父親急著要帶她看醫生，她任性地說：我不要坐車，我要坐在你肩膀上。父親拗不過女兒，背著她走了半小時的路，附近鄰居看了都說：「你這樣寵女兒不行的。」

當父親知道女兒要出家，他一度氣憤地說：妳到哪個寺院出家，我就去放火燒了他們的寺廟。父女的感情，花了很長一段時間修補。釋淨如離開越南前，年邁的父親問她：怎麼又要離家這麼遠？她記得那次談話的最後，她答應父親，等這趟留學回國，她會在老家蓋佛堂，之後便永遠陪在父親身邊。

二〇一七年，父親突然因病去世，釋淨如沒見到他最後一面。「其實，我在臺灣做這些事，都是想做功德迴向給父親。」釋淨如得知父親死訊後，消沉一段時間，她的中文班停開，超渡法會也停辦。

她努力讓自己回到生活規律。某天，她搭計程車回佛堂，一上車司機聽出她的口音問：「妳是出家人？」

「我在越南出家，現在在臺灣讀書。」

「讀完書嫁人嗎？」釋淨如被突如其來的問題問楞，不知該怎麼回應。

「我知道妳們越南人很多都是假結婚，就是為了留在臺灣，陪臺灣人喝酒。」

過沒多久，釋淨如在臺灣成立協會，她把老家那塊地賣了，換來的錢在高雄郊區蓋了佛堂。

「現在沒辦法離開臺灣了，」她開玩笑著說。

讓活著的人知道怎麼繼續下去

二〇一八年的過年前，氣象預報警示有一波強烈冷氣團來襲，臺灣氣溫下降至八度，電視臺形象化地稱其為「霸王寒流」。釋淨如邀請我參觀當時尚未完工的佛堂。樓內還是水泥灌澆的毛胚房，冷風灌進屋內讓人直打哆嗦，釋淨如走在前頭，身上仍是那件卡其毛呢大衣，手在空中不斷比劃：這裡將來會是誦經的地方、這裡以後要開兩個班的中文教室。

接近晚上八點，二樓飯廳飄起團團霧氣。來自臺中、嘉義、高雄的新住民與移工齊聚一堂，準備了滿桌素菜。圓桌中央的位子當然是留給釋淨如的，她仍精力充沛，拉著我們坐下。話題又回到超渡這件事，她說：「超渡不只是讓死者安息，更重要的是，要讓活著的人知道怎麼繼續活下去。」

這是她一直在做的。畫面切回那場位於地下室的喪禮，從頭到尾，阿賢像個克盡職守的護喪妻。起立、跪下、磕首，過程中她沒掉一滴淚，直到法會結束、人潮散去，她突然起身緊抱著釋淨

阿賢在法會過程中沒掉一滴淚，直到人潮散去，她緊抱釋淨如，哭得說不出話。（攝影：簡永達）

如，像個小孩一樣，哭得說不出一句話。

釋淨如沒有太大情緒。面對死亡這件事，唯一能做的只有接受。亡者已矣，最重要的是生者。她輕輕地拍著阿賢的背，溫柔地說：「沒事的」、「沒事的」，其餘的，都會沒事的。

3

異鄉家人

臺灣約有二十萬名越南移工，從事職業災害頻傳的底層工作。越南移工阿高計畫自組工會，為同鄉爭取權益。他們儘管面臨人員流動性高、仲介施壓，以及對母國極權的恐懼，但也在一場場遊行中長出信心。

假日時，經常可以在東北角海岸邊看見一群印尼移工淨灘。這支隊伍由瑪雅發起，在淨灘中建立起同鄉情誼，就像是與朋友們共享的派對時光，緩解思鄉的寂寞感。

同一時間，臺灣各地也在舉辦菲律賓移工的選美活動。他們從工廠作業員，搖身變成舞臺上的國王與皇后。這些菲籍移工及其周邊產業，組成規模可觀的社群經濟。他們不僅交換資訊，也聯繫感情，安慰彼此遠離家人的心情。

1 那些在臺灣奮力一搏的移工男孩們

阿軍無法簡單地告訴我，為什麼他在越南的大專機械科畢業後，選擇離鄉背井到臺灣工作。剛開始，他認為轉折點是在二〇一四年那年的年夜飯上。

他當時大專剛畢業，感覺人生正要開始，父親卻突然病倒了。他的家鄉位在越南東北方的北江省，是越南最為貧窮的省分之一，以出產稻米、荔枝，還有街上四處奔跑的雞聞名。直到阿軍要出國工作前，北江每人年平均所得只有六百五十美元，約新臺幣一萬八千元，是當時全國數字的一半；因此，當地人往往必須遠赴一千七百公里外的南方工廠工作，或到六十公里外的河內近郊尋求機會。

他的父親才四十多歲，是名流動的建築工人，他們是由同鄉組織的工程隊，到處承接臨時的工作。而所謂的工地，大概是某個未完成的樓房，當房子完成，工人們就開拔遷去另一處工地。

可是他們不像那些房子，能夠牢牢扎根於某處。阿軍的父親整年跟著工程隊流轉各地，母親留在故鄉北江省種田，阿軍在越南北部的第二大城海防市讀書，而妹妹則到中越打工。唯有在過年這天，全家人會聚在一起吃飯。

某年的年夜飯，他的父親在飯後抱怨腰疼的老毛病，他已經聽父親講了好多年。「在我們鄉下的父親都是這樣的，為了省錢給小孩花用，如果有病痛都是忍耐著。」但阿軍那天直覺父親的情況跟過去不一樣，站也站不直、坐也沒辦法。在他堅持下，父親到城裡的大醫院檢查，醫生建議父親動手術更換骨盆關節，醫藥費大約要新臺幣三十萬。

阿軍是家族中第一位大學生，但是找工作並不順利。越南得益於八〇年代中期的經濟革新（Doi moi），經濟成長率在亞洲僅次於中國，[1]失業率更長年維持在二%上下，在東南亞移工輸出國中表現不錯。可是找不到工作的狀況確實發生在阿軍身上，原因之一是產業轉型跟不上大學擴張的速度，一項調查顯示，越南大學生失業率是中專工人的六倍。[2]阿軍畢業後先在一家東南亞常見的大型連鎖超市 BIG C 當保全，後來又到ＫＴＶ當服務生，月薪大約新臺幣二千五百元。

那樣的薪水根本沒辦法幫忙家裡，所以他決定出國。跟隨前人的腳步，他找了村裡俗稱「牛頭」的介紹人，成功與河內的仲介公司接上線。

比起去臺灣，有不少越南人更喜歡到日本或韓國，因為薪水更高，不過要跨過的門檻也高。

工人得先學會日語或韓語，並考過語言檢定，而且等待工作的時間也長，常常要等一到兩年。相較之下，到臺灣簡單得多，接待阿軍的越南仲介說：「最慢一個月。」想到家裡急著用錢，阿軍選擇了臺灣。

這是阿軍第一次出國，原本無所謂的心情，在收行李的時候突然緊張起來。

阿軍在網路論壇發問：去臺灣工作要帶什麼？有位曾去過臺灣工作的網友回他：「臺灣什麼都買得到，如果擔心口味不合的話，就多帶些吃的。」於是，阿軍在行李箱裡塞了三十條法國麵包，占據了半個行李箱的空間。

二〇一六年，我第一次遇到阿軍。他是個方臉的年輕人，矮小結實、顴骨高聳、眼睛黑黝銳利。那時候我已經採訪過很多移工，對阿軍這類外出的故事很熟悉了。關於移工為什麼出國？有很多遷移學者提出解釋，例如最為普遍的，遷移是母國貧窮的推力與新富國家拉力作用下的必然結果；或更複雜的，將各國依階層排序成從核心到邊陲的世界體系理論，把資本流動與移民路徑聯繫起來。

但這些說法也常讓我感到沮喪，移工有點像是在彈珠檯上四竄的彈珠，身上受各種力量牽引而難以抵抗。儘管強調政治經濟結構的因素，可以為跨國遷移的行動補足脈絡，可是我也認識很多像阿軍一樣的年輕人，他們的冒險精神同樣讓人吃驚，把自己從熟悉的生活連根拔起，再到另一個國度把它建立回來。

我是在釋淨如的中文班第一次見到阿軍的。和其他年輕工人不同，他不染頭髮、穿著不合身的襯衫、皮鞋擦得鋥亮，頭髮往後梳成俐落油頭。即便這堂晚間的中文課讓移工剛下班就得出發，身上大多還穿著工廠制服，阿軍仍把自己打理得乾乾淨淨。

下課後，我抓緊時間介紹自己是記者，正在採訪一些移工的故事，學生多半面無表情地離開。兩名年輕工人走向講臺，說想找我練習中文口語，他們一個叫阿軍，一個叫阿勇。其實他們中文已經說得相當流利，根本不需要我的協助，但當時我正為找不到採訪對象而焦灼不已，不願放棄任何結識移工的機會。

在一廣，透過酒攤建立情誼

我和阿軍約好下週見面，在第一廣場一家霓虹閃爍的低檔KTV。這裡外觀是間越南餐廳，老闆娘為了多容納些顧客，才以合板隔出幾間當成唱歌的包廂。在我抵達時，一群男人已經喝了一輪，地上凌亂堆著喝過的鋁罐。

我還搞不清楚這場宴會的主角，以及是誰買的啤酒，阿軍便拿過一罐啤酒遞給我，自己也拿了一罐，示意我乾杯。

「這是誰買的？這樣直接拿不太好吧？」我不放心地問。

「沒關係啦，我們越南人都是這樣，喜歡交朋友。」阿軍喝了口啤酒，帶我跟他的朋友一一敬酒。

當我愈融入移工的聚會，愈感覺喝酒是種神祕的儀式。有點像身處威尼斯的「狂歡節」（carnival），大家戴上面具來到慶典廣場，彼此坦率自由地交朋友，不必在乎面具後那人的身分地位。我剛到一廣時，盡量表現出與移工結交朋友的渴望之情，在碰杯那刻，我終於感覺自己的努力有了回報，一種被接納並與之締結兄弟之情的感受。

我在一廣的日程安排很規律，白天整理採訪逐字稿，中午隨意找間東南亞餐館吃飯，找機會跟老闆娘攀聊。週末時，我幾乎不拒絕任何酒攤的邀約。通常喝了兩輪啤酒，進入第三輪時，移工的臉上開始發紅，也開始跟我講述來臺灣的故事。

「老闆很囉嗦啊，一直講，」包厢裡一位越南移工停了一下，搜索腦海中遺忘的單字，「一直講『卡緊咧』。」他接著說，「（工廠裡）臺灣人都不做啊，都叫我們做比較累的工作，薪水領得也比他們少。」

初到臺灣的移工有些人難以適應。他們儘管脫離了農村的步調，卻發現無法融入城市的生活節奏。我採訪過的移工或多或少都會抱怨在工廠或在臺灣的日子。

某天下午，一名印尼移工和朋友在騎樓喝酒，喊我過去，我帶著攝影記者赴約。他們抱怨著工廠的班長怎麼樣不把他們當人看，身軀與臉龐都放鬆下來。當我的夥伴拿出相機準備拍照，一名本來醉倒的移工突然起身，試圖搶走相機，大聲講著我們聽不懂的外語。那時我們的翻譯還在轉角和前一位受訪移工聊天。等到她趕過來解救我們，我才知道那串話的意思：「你們拍的照片會放上網嗎？我不想讓我媽媽知道我在臺灣過成這樣。」

臺灣夢與現實的落差

出國前，阿軍和很多移工一樣，對臺灣的印象還停留在偶像劇《流星花園》，建築物璀璨明亮，到處都是發光的霓虹燈。這種對中產、都會生活的想望，被人類學者視為激發移民的遷移動力。美國人類學者妮可·康斯特勃（Nicole Constable）研究菲律賓與中國女性透過電子郵件結識美國男子，一些人並通過結婚移民至美國，這類對移民目的國的想像激勵許多人想要離開，並為遷移投注努力。[3]社會學家白朗潔（Danièle Bélanger）在訪問越南人遷移至日本或臺灣的經驗後，發現對目的國想像與現實的落差，經常是越南移民工自認移民經歷失敗，或中斷返回的原因之一。[4]

落地桃園機場後，阿軍瞬間清醒過來。他才剛走出機艙門就被叫住，幾十名移工排成長長的人龍，移民署的官員逐一清點，點完名，仲介吆喝著讓他們趕緊上車，然後十幾名男工擠進破舊的麵包車，目的地是臨時搭建成的鐵皮宿舍。

通常是晚間抵達的移工，會在宿舍過一晚，等待隔天安排健康檢查。那裡總是昏暗，白天不開燈，只有些許陽光從窗戶射入，屋裡也沒有任何家具，只有角落三間沒有門的淋浴間，以致這棟建物不像是給人住的宿舍，更像倉庫或酒窖。數十名移工晚上就睡在地板，四處都是酸腐的臭味，那是由男女的汗腥、發酵的垃圾堆疊而起的味道。

也就在那一刻，阿軍才意識到，「我來臺灣不是來觀光的，我就是一名外勞。」

阿軍後來被安排到一家自動機具工廠當作業員，廠裡只有四名外籍工人，都是越南藉的。工作從早上八點做到晚上九點，只有中午能休息一小時，通常老闆會準備午餐，只有假日才要自己解決。

頭一個月，因為不懂中文，休假也不敢到外面吃飯，阿軍只吃帶來的法國麵包。儘管阿軍有大專機械科的學歷，知道怎麼畫設計圖，但他現在每天只是站在ＣＮＣ機臺前，按幾個鈕，將鐵片切割成設計圖上的形狀。工作單調乏味，加薪或升遷也無望，還有初到臺灣所經歷的孤獨及惡劣的工廠條件，都會讓移工重新審問自己：為什麼要來臺灣工作？

薪水當然是首要原因，但是臺灣與母國的薪資差距只是移工做決定的廣泛背景，一項必要（necessary）但非充分（insufficient）的條件，最直接的反證是能出國的移工通常不是最底層的，而越南與菲律賓也不是東南亞國家中最為貧窮的。[5] 然後有些移工還會回答道：「是為了幫家裡蓋房子。」不過，每當我更進一步問，關於房子的建築風格，或裝潢布置，他們似乎沒有興致延續這個話題。

移工關於出國的真實想法常被掩蓋在增加收入之下，出國賺錢、蓋房子都只是清單上的待辦事項，有時就連形塑出國的決策過程都是半推半就。像是阿勇告訴我的，他是直到出發前一個月才知道他要出國了。高中畢業後，阿勇便到南部省分打工，突然有天媽媽打電話給他，說已經和一位村子裡的牛頭商量好，要介紹他到臺灣打工，工作三年就能在老家蓋新房子。阿勇只能聽從父母安排，幾乎無從拒絕。

等阿勇到臺灣後，他才發現這可能是他做過最有挑戰性的事。即使他在越南已打工三年，自詡為開展新生活的專家，但來到臺灣仍令人畏懼。除了語言上的恐懼，還有工業區的人與路都散發著濃烈的壓迫感，工廠幹部總是大聲說話，主幹道上各類工業區分布，其間鑲崁著移工宿舍，黏貼成整片園區，一切都是木木呆呆的。

第一廣場光是散發的疏懶氣氛，就和工廠的單調呈巨大對比。即使是餐館裡已褪色的紅色塑料凳、酒吧劣質音響播放的嘈雜音樂，都對移工有巨大吸引力，更不用說還有假日限定，那群刷翹睫毛穿短裙的女工。這裡的一切都散發著虛榮而危險的浪蕩氣息。

想起出國初衷，決心學好中文

阿軍剛來臺灣時也吃不消，和其他移工一樣，他喜歡待在一廣築成的巨大夢境裡。過年過節是海外移工遭遇的第一項考驗，越南和臺灣同樣過農曆新年。在阿軍家的傳統裡，即使家人四處奔波也要一起吃頓年夜飯，這是團聚的日子。

阿軍來臺灣的第一次農曆新年特別想家，一位也在臺灣工作的叔叔找他吃飯，再回工廠續攤。阿軍隱約記得那晚他們喝了好多箱啤酒。

那天晚上他喝掛了，連後來怎麼回到宿舍都忘記，隔天醒來時已經是下午，頭痛得要死。醒來後，阿軍的心情很差，「我怎麼把生活過成這樣？」那天剩下的時間，他給自己訂了新年的目標：學好中文。

當我認識阿軍後，採訪移工的任務變得順利不少，大概每隔兩三個星期，我們都會碰面。他經常為我突發奇想的採訪題目而為難，當我聽說有所謂的越南幫，專門販賣劣質的迷幻藥物給移工，阿軍幫我問了一位當藥頭的朋友能不能受訪。再隔一週，我問阿軍進展如何。

「別說了，害我被罵了一頓，」對方說，「你瘋了嗎？居然要把我介紹給記者？」阿軍模仿那名藥頭的聲調，笑了出來。

多數時候，阿軍都是找我去一些同鄉會的活動，從唱歌比賽、時裝走秀到廚藝秀都有。「只要有比賽我就報名，沒有比賽我就毛遂自薦當主持人，」阿軍解釋：「我不是真的想要得名。」不過這倒是增加自信和做生意的好途徑。

認識阿軍好一陣子，我都沒有想到以他為主角寫文章，因為男工們的聚會總在喝酒，對話很難深入。直到某個冬天的晚上，我們約在他宿舍附近的便利商店。當我問他要不要再喝幾瓶啤酒，「今天我想喝牛奶就好，」他說。

總之，那是個很神奇的夜晚，沒有酒精的催化，我們聊了好多，關於夢想、關於未來。原來我們有令人驚奇的相似之處，同樣對未來充滿困惑，卻又年輕想奮力一搏。

阿軍已在他的世界站穩腳跟，正準備往上移動。他對其他移工頻繁的抱怨，逐漸感到不耐煩，「聽他們抱怨在臺灣怎樣不公平、被臺灣工人欺負，我其實不喜歡。」阿軍拿出手機，翻回一年前他決定學好中文那天的臉書動態。他上傳了一張賓士車的照片，並在底下留言：誰沒有夢想？「我要賺很多錢，然後回越南蓋間大房子，還有買好車，」他腦中構築的房子很清晰，「房子兩層樓就好，但我要蓋一個車庫，裡面停一臺賓士跟一臺瑪莎拉蒂。」

那天晚上，阿軍重述自己出國的原因：「我想出國是為了自己。」在他出國前，父親的病經重新診斷後並不需要開刀，只要固定服藥就好，但他還是堅持出國工作。

「我以前讀大專的時候就想出國，也想學好中文，到臺灣正好都可以做到。」阿軍當時還有個交往的對象，我出於好奇問，女友沒有反對嗎？阿軍說：「她沒說什麼，就算說了我也不會聽，男人嘛，要有夢想。」

當時阿軍決定要出國遠行，他把擴展眼界、翻轉階級跟增加收入放在同等位置。出國當移工只是一項任務，能不能成功全看自己的決心，當阿軍想起自己來臺的初衷後，他想學做生意、廣交朋友、還要盡可能地瞭解臺灣社會，而這些都有賴於掌握中文這門語言。為了表現自己的決心，他把手機裡的遊戲全刪了，只留下字典跟廣播。平日中午的休息時間他用來收聽中文電臺，週末到中文班上課，盡可能推卻其他越南朋友的喝酒邀約。

創業開始　重視商譽

學中文半年後，阿軍跑到臺中車站附近的一家機車行詢問：我想要批發電動車。

老闆娘沒被一名移工要批發車子的舉動嚇到，但要他先付押金五萬。「那對你們臺灣人來說可能不是很多，但幾乎是我半年的零用錢。」阿軍告訴自己，「沒關係，做生意總是要冒險的嘛。」他付了押金，開始在網路上推廣，很快地就有許多越南人跟他買車，從臺北到臺南都有。他通常收到移工的匯款後，才讓機車行的老闆娘幫忙寄送，電動車與運費都從原本的押金扣除。

他的事業起步得快，但麻煩的是，「如果車子故障我不能做售後保固，這樣對顧客很抱歉，」他認真地說，「我覺得這會影響我的商譽。」三個月後，阿軍中止了他的電動車事業。

那只是他的第一次創業，當我認識他時，他在籌劃另一次更大的冒險。「我說服幾個朋友投資，合資了將近二十萬元在網路上賣衣服。」其他股東同樣是越南移工，這筆錢是他們好幾個月的薪水，更別說他們還有人仍在償還仲介費的貸款。

阿軍說服朋友的理由是：「我跟其他越南人學中文的歷程不一樣，多數人只有學口說，但我花更多時間學會認字。」所以，我可以在網路上跟中國工廠進貨，而對方不會知道他是在跟一個越南外勞做生意。

阿軍告訴我，他待在一廣時，都在觀察這裡商鋪賣的衣服樣式。「我清楚越南勞工喜歡什麼衣服，我們喜歡名牌，又不能賣得太貴，」所以他打算向佛山的工廠批發仿冒服飾來賣。

創業之初，他僅用臉書來推銷衣服。因為他沒有多餘的錢買專業相機，或僱用外拍模特兒，所以只能把批發來的衣服，盡可能平整地攤在地板拍照，但室內黯淡的光線讓平價的服飾看起來更廉價了。他的生意不見起色。

擁有經營才能的移工阿樹

一天晚上，阿軍找我和他的朋友吃道地的越南火鍋。餐廳靠牆的地方，有張為他們保留的長桌子，阿樹坐在中央，旁邊坐滿他的熟人、剛認識的朋友，還有一些他不認識的。

阿樹整個晚上的大部分時間，都是在聽朋友說話，散發一種慵懶而自信的氛圍。他也是一名越南移工，二十五歲，來臺灣三年，不過他在一廣同時擁有一家商鋪，賣時下最為時髦的仿品服飾與球鞋，很受越南移工的歡迎。每個假日從早上開門便一直有客人拜訪，所以他又僱用了一名店員，就算一個月只營業八天，營業額往往能超過十萬。

相當有生意頭腦的阿樹，除了這家商鋪以外，還在網路上開商店，並同時經營五個 LINE 群培養下線，讓其他移工幫他賣衣服，並允諾給他們抽成。那天吃火鍋時，阿樹講了一些他的事，我聽得津津有味。他的故鄉是越南北方的海陽省，一個每年出國到臺灣打工人數前三名的省分，

「不是每個家庭都有這個條件，來臺灣工作的仲介費要新臺幣二十萬左右，」他說，「我們家有這個條件。」

他家裡經濟小康，父親擁有一支約莫十多人的工程隊，相當於臺灣的包工頭，而阿樹是家中最小的兒子，父母寄予厚望。在他從師範技術學院畢業後，「我爸媽想送我出國增加人生歷練，我也覺得這樣會讓我以後更獨立一點，我就過來了。」

阿樹能用中文流利地與我對答，這也讓我很吃驚。當他決定要到臺灣工作後，曾自學了三個月的中文，即使臺灣的仲介和雇主並沒有要求，他仍在出國前就通過了中文檢定。

來到臺灣以後，他在臺中一家外銷馬達的工廠工作，但他不像其他工人，會盡力在雇主面前留下好印象以爭取加班機會。從一開始，他就計劃好要找工廠以外的打工，「畢竟父母跟全家人賺的錢都是提供給我，希望我到臺灣賺錢。結果，我到臺灣的薪水扣掉所有的費用，大概只剩下一萬臺幣，（這樣）是不夠的，我就想賺更多錢。」

他先在一家麵店工作，負責洗碗跟切小菜，後來跳槽到一廣附近的越南理髮廳，找到助手的工作，等學到足夠技術以後，他在原本工作的理髮廳旁開了自己的理髮攤位。

「理髮時認識的人變多了，我開始想要做生意。」他在一廣認識賣電話卡的新住民，在得知對方已經取得臺灣身分後，阿樹向她提出合作，由那位新住民出面租下廣場一樓的攤位，再交由阿樹負責經營，作為使用她身分證的補償，阿樹願意付出每月一半的利潤。

不過，阿樹並不打算為了賺錢而捨棄愛好。他的臉型像狐獴一樣狹窄，眼睛細長，皮膚細膩光滑得不像是名工人，手上配戴的繁瑣銀飾與項鍊，提點出他還是個愛美的年輕人這一事實。

某次，他為了參加一場越南移工的模特兒選拔，清晨起床先到餐廳打工，中午休息時再從烏日騎了四十分鐘的腳踏車，趕到臺中火車站參加選拔。他在那場競賽中獲得第二名。此後，他似乎更享受舞臺，四處征戰各類選秀比賽，不但自組移工樂團擔任主唱，而且他中學時學過跆拳道，經常在伸展臺上秀一手，作為出奇制勝的武器，「我會去臺北參加活動，但交通費跟花費都很高啊，所以我要想辦法賺更多錢。」阿樹笑著說。

阿樹看待自己，已經跨越從勞力工作到腦力工作的階級界線，「我現在就算不做工廠，這裡（商店）一個月都能賺三萬多，加上網路那邊的訂單，收入可以到七、八萬。」阿樹週末愈來愈少留在商鋪顧店，他利用手機就能遠端管理員工與訂單，所以當他自認已經沒有留在臺灣的理由後，「下個星期合約結束後，我就要回越南了。」

「我有三十多個下線，他們繼續留在臺灣幫我賣衣服，我提供樣品跟目錄，有人要買就跟我講，我從越南工廠發貨，再轉給他們賣。」阿樹說。

阿樹從短暫的移工生活領略出野心，正如他父母的期望。「我不只要出口到臺灣，還要到日本、韓國、馬來西亞，我打算透過朋友、親戚找到去這些地方工作的越南人。」

那晚的火鍋宴會，阿軍整晚都搭著阿樹說話，我看得出他對阿樹的崇拜。兩人談興濃烈時，很容易忘了我在場，切換成全越南語的對話。當晚坐在我旁邊的是阿勇，不過他和我一樣表現得格格不入。阿勇的身高將近一米八，高出阿軍一顆頭，長得更斯文，他的雙肩瘦削、眼眸深邃、臉上仍有青春痘的結疤。可是他很害羞，我與他們見面時，都是阿軍在說話，阿勇安靜不愛搭話，但他那晚一直貼心地幫我翻譯餐桌上的談話。

在那場餐會後不久，阿軍開了賣衣服的實體店，地點就在他的宿舍房間。原本宿舍是四人房，他負擔其他三人的房租，月繳七千住單人房，相當於他三分之一的薪水。但他的位置只有一張單人床墊，中心位置讓給一杆兩軌衣架，以及兩個半身的假人模特兒。

崇拜郭台銘，嗜讀卡內基

阿軍每天早上五點就得起床處理客人的包裹，這樣中午才能趁休息時去郵局寄件，晚上他不再爭取加班，經常回覆客人的訊息直到半夜。一天只睡三四個小時，然後白天再若無其事地做工廠裡的粗重工作。

「你這樣不累嗎？」我按捺不住問道。

「你知道臺灣富士康的老闆郭台銘嗎？」阿軍抛出另一個摸不著頭緒的問題回答我。這家公司是全球最大的消費性電子產品代工廠，從二〇〇七年開始在越南北江省購地興建廠房，正好是阿軍的故鄉，是富士康在東南亞最重要的生產基地之一。

「他是我的偶像，能夠管理上百萬名員工。」他說，

「每次只要我遇到困難，我就會想到人家大老闆一天也是二十四小時。他能做到我也可以

阿軍（左）與阿勇在宿舍裡，這裡是阿軍販售衣服的「實體店」。（攝影：簡永達）

做到。」

一天下午，我到他的宿舍幫忙包裝包裹，他還沒有多餘金錢可以請員工，正好我也希望找個安靜的地點訪問。阿軍的宿舍是雇主委外管理的，這種形式在中小企業的工廠很常見，當雇主沒有足夠資本自蓋宿舍，就會外包給仲介或宿舍業者打理。阿軍的宿舍斑駁昏暗，外觀鐵皮已有多處鏽斑，我跟在他身後，從自行車、電動車間繞過，坐在藤椅上的房東燙成爆炸頭，悠悠地抬頭看了我們一眼，阿軍指了指自己，示意我和他是一塊的，她低頭同意我們經過。

打開門，地上堆著批發來的衣服，這裡沒有多餘的家具或裝飾能彰顯房間主人的個性，除了角落的那張書桌外。這並不是移工房間裡常見的家具，層版上擺了不少越南文和中文書籍，其中一本是郭台銘的語錄。

另一本是卡內基。他在上世紀出版的著作《人性的弱點》（*How to Win Friends and Influence People*），在美國經濟大蕭條後爬升的過程出現，書中推廣的溝通技巧感染從餐廳服務生到公司執行長等各類讀者。許多人把這種能力抬高至界定人生潛力的手段，《紐約時報》評價這本書是除自由女神外的美國象徵。迄今，這本書被翻譯成三十八種語言，全球銷量超過三千萬本，在一九八七年翻譯成中文版在臺灣出版後成為暢銷書，當然我想在越南也是。

「你有沒有看過卡內基的書？」

「我沒看過。」

阿軍不只一次勸我放棄記者事業，鼓勵我從商，尤其當我說，現在他的薪水和我一樣多時，他笑了，「你真應該讀一下這本書的。」

這本書像是吉普賽人的占卜書，在不同階段給予阿軍啟示，他在一次讀過這本書後，改稱呼顧客為「家人」。每天晚上，阿軍會在臉書上開直播，和他的「家人」聊天。我參加過一次，整場直播像是宗教重生的布道會，除了他偶爾唱幾首歌外，其他時間都在鼓勵他的「家人」：「一個失敗的男人不是貧窮，而是沒有夢想」、「就算整個世界懷疑你，你也要相信自己」。

在臺灣僱用數十萬移工的工廠裡，移工對雇主們來說差異不大，所以，很難讓老闆發掘你，你必須自己發掘自己。這件事，移工從老家一路走來都在付諸施行。離國工作不只是決心而已，關注遷移的網絡論者提出，有志遷移的移工必須把自己放在遷移網絡中，盡可能去結識返國移工、專門介紹農民出國的牛頭，才能聯繫上遷移行業的仲介業者。

第二輪更為冷酷的篩選由臺灣仲介代為施行。范裕康在論文中整理出仲介引進移工時，所做的種族化行銷策略，像是說菲律賓人聰明但愛計較，適合科技業；印尼人聽話順從適合做看護，而越南勞工吃苦耐勞、學習力強，可以做各種工廠工作。[6] 亟欲找到工作的移工，會費心裝扮成雇主所想要的工人，在拍大頭照時染回黑髮，或在履歷吹牛自己所會的技能。

憑藉努力，轉換身分

在我完成第一廣場的採訪，搬回臺北以後，阿軍繼續從臺中向我敘說他的故事，他大概每兩、三個星期會打電話來。「你別看我每天在臉書上都是開心的樣子，其實，我經常感到很孤單。」隔年接近春節的某一天，他打電話跟我說。

阿軍找不到跟他有共同目標的人，「我心裡清楚，其他越南人都覺得我很奇怪，老闆也只想要乖乖的員工就好，很多時候我就走自己的路。」這年的年夜飯，當工廠的越南朋友約他喝酒，他一一回絕，對此他說，因為「我不想新年的第一天又喝到爛醉了」。

之後，阿軍通過了中級的中文檢定，這項測驗以考成語及限時完成作文嚇壞不少外國人，在完成另一期三年合約後，阿軍如願考進靜宜大學英文系，正要從外籍移工的身分轉變成外籍生。「你看我已經會講中文了，現在我想學英文，這樣以後世界上哪裡都可以去。」阿軍自我宣告，要成為另一個人。

某個週末，阿軍留下我與他的事業夥伴阿勇一起「顧店」，他準備去臺北，參加一場越南同鄉會的幹部選舉。他似乎毫不在意讓一名臺灣人幫他賣衣服。這天下午，鄰廠的越南移工很自然地走進房間，自顧自地挑起架上的衣服，或是開直播給朋友遠端選物。阿勇跟我一樣手足無措，他不擅長面對客人，多數時候都是安靜地坐在一旁等著幫顧客結帳。

接近晚上八點，阿勇決定提早打烊。他騎電動車載我在工業區晃蕩，最後車子停在一家平價牛排館前。點餐時，他糾結於菜單上「沙朗」、「菲力」的字義，我告訴他在這裡沒有差別，但他還是點了最貴的，也給我點了一份。

吃完飯後，他載我到車站，我們坐在站前的噴水池，看著馬路上一大片透著燈光的窗。我問他：「你覺得來臺灣工作會怎麼改變你的人生？」有一段時間，我們之間靜默不語。然後他開口講到老家的蘋果樹，他小時候經常和朋友爬到樹上偷摘果子，村子裡經常有牛在路上閒逛。離家近六年以後，他說最近常想起老家的日子，打算明年合約到期後回家，也要退出阿軍的服裝生意。

我問起他來臺灣的原因，他說，「我看到很多人來臺灣，我就來了。」當初，選擇讀高中而不是技術學校時，「我爸媽想要我讀家裡附近的高中就好。」面對仲介公司，他還在猶豫不決時，「人家說我們沒念大學，也沒有技術，那麼就出國幾年賺一點錢。」看來，回家是他人生第一次自己做的決定。

同樣的問題，我也問過阿軍。「在臺灣很自由、很公平，每天都有人在吵，基本工資一直調高，法律也很好，不像越南是共產主義，從大到小每一層都貪啊。」阿軍補充道：「有個新聞說臺北是全球最適合移居的城市，對不對？」

「之後呢？」我問。「之後也是要回越南的，不回去不行。你也是吧，不管你去哪裡，你都是想回去的吧。賺錢是賺錢，人還是要回家的。」阿軍說。

2 我在臺灣學抗爭——一堂在臺移工的公民課

二〇一六年十月二十一日，抗議的人潮徐徐地走向立法院門口。尖鳴的喇叭聲與叫罵聲不絕於耳，越南工人阮德輝的心臟跳動彷彿漸漸應和著這種節拍，律動地更加急促。

雖然還未下雨，但天空被鉛灰色的雲所覆蓋。立法院外，代表移工與仲介的團體隔空叫陣，兩方僅隔一道柵欄，各自的人馬高舉各自的抗議旗幟與標語，手持大聲公對罵，一邊的人喊「人比利潤優先」、「假人權、真賣臺。」另一邊回嗆。

阿輝率領其中一支越南移工的隊伍，他與幾個朋友特意請假北上抗議。彼時場內正在審查《就業服務法》五十二條修正案。按原規定，移工一般工作契約是三年，合約期滿後離境，即使是履新合約也必須出國一日。多年以來，這項規定讓想繼續工作的移工得先回國，然後再重新申請來臺，這也意味著人力仲介可以再收一次高額的仲介費，給工人帶來沉重壓力。

五十二條原本的立法用意是在避免移工因居留時間達標，而歸化成臺灣人。但在二〇〇七年修改《入出國及移民法》時，已經注記外籍移工不適用移民法，一併排除了移工歸化國籍的可能。隨著海外招募移工困難，不少雇主得等三個月或更長時間才能填補勞力空缺，政府因而考慮廢除移工續約得先出國一日的規定，正好也能減輕移工負擔，算是一舉兩得的政策。然而，消息傳開，卻引來臺灣仲介的強硬抗議，這曾讓阿輝相當困惑，因為移工回不回國怎麼看都跟臺灣仲介無關。可是，臺灣仲介積極動員公會團體，頻繁地上政論節目反對修法、拍攝一系列短影片指責移工團體，甚至打電話要脅提案的立法委員，聲稱法案一通過，逃逸外勞的人數就會暴增。

這些指控都不是真的，因為只有在極少數的情況下，移工才能轉換雇主。只要移工居留權綁定工作契約的這項事實沒有改變，那麼雇主仍掌握移工去留的生殺大權，足以讓工人每三年需要更新契約時，都籠罩著一層自願性順服的灰色陰影。

那次修法審查的前兩週，臺灣移工聯盟才剛舉辦一場遊行，同樣是抗議三年出國一日的規定，長久以來幾乎不參與臺灣抗議活動的外籍移工，許多人第一次走上街頭，那天估計有三千名移工參與遊行。

勞動者的覺醒時刻

阿輝與朋友們都參與了那場遊行。他們是天主教徒，週日經常在桃園聖心天主堂望彌撒，主持神父是長期關注越南移工權益的阮文雄，他經常在講道之餘宣講工人的權利，這讓部分移工對爭取勞動權相當感興趣。由於阿輝在臺灣已經待了十多年，他曾是神父的二把手，也是教會一支勞工小組的組長，經常協助其他移工申訴，或召集移工參加各種抗議活動。

許多投身工運的人都稱自己完成一次階級覺醒，屬於阿輝的時刻發生在二〇〇二年。那時臺灣開放越南移工才三年，阿輝是第一批來臺工作的越南人，他在苗栗苑里的鐵工廠做事，小工廠裡沒有會講中文的移工，甚至整個工業區也沒有其他越南人。

剛到臺灣時，阿輝迫切想認識其他同鄉，建立人脈，「我在腳踏車貼了一張紙，上面用越南文寫『我是越南人』，放假我就騎去菜市場晃，想認識朋友啊。」他笑壞了說，「都沒有越南人啊。」他因為找不到同鄉，不得已自修中文，整天戴著耳機收聽臺灣的新聞廣播，花了兩年時間，他將中文磨練得幾乎沒有口音。事情傳開後，鄰近工業區的越南移工，經常找他調停與雇主的糾紛。

某日，他接到朋友電話，一名越藉移工被雇主的兩個兒子輪流毆打，將香蕉水倒在他的身上。阿輝氣壞了，放下手邊工作，趕到現場，「我看到他的皮膚爛掉，一直在喊『我好痛』，」他拽著受傷的移工到醫院，請醫生開驗傷單後，跑警局報案。接著，仲介跟老闆都到了，他們一進門就大咧咧地咒罵著。

「我一開始有點擔心，臺灣的警察會不會跟越南一樣，只幫有錢有權勢的人。」結局超乎他的預期，那家工廠被停業一週，勞工局的官員每日進出檢查，後來雇主被要求賠償受傷移工。「我簡直是生活在兩個世界，」阿輝對著我說，「在臺灣，法律是可以保護我們的，我們真正是平等的。」

三十二歲的阮越高是新加入的小組成員，個子不高，下巴略微寬厚，朋友稱呼他「阿高」。他在遊行前不久才克服被遣返的恐懼感，接受了阿輝的建議申訴工廠設備，「阿輝是熱心的人，他幫助很多在臺灣的越南工人，」阿高回憶與阿輝的首次見面，「我才接觸工人權利的事，想要跟著他去學習。」

他們都參與了二〇一六年那場立法院外的抗議。接近中午，法案交付表決。「投票的時候，我們就在外面，心裡很緊張，不知道會不會通過？」阿高心想。

「如果通過了，是減少工人的負擔，那對我，或是我們越南人是很有利的。」阿高曾深受其害，他第一次來臺灣時繳了約六千美金的仲介費，三年契約期滿，他因為工作認真而獲得老闆續約，但由於三年期滿需要出國一日的規定，他被迫返回越南，再繳一次三千五百美金的仲介費。

在首份合約的三年內，由於背負盡快還清仲介費的壓力，阿高根本不敢參與任何教堂的勞教活動，更別說上街頭抗議了。「剛來臺灣很怕，一直在想賺不到錢還仲介費怎麼辦？每個禮拜做完彌撒就回宿舍啊，哪裡也不敢去。」阿高回想那段時間，隱隱的不安感經常在他腦中擴散。

當天中午得知法案通過了，「我們抱在一起哭。」阿高回想在議場外，移工們互相擁抱、喜極而泣。沉澱過後，他走到一旁，深深地吐了口氣，像是將胸腔中的迷茫感一吐為盡。「這讓我相信好事真的會發生，我很有興趣繼續參加抗議。」阿高難掩激動地說。

為什麼不反抗

如果把阿輝與阿高參與抗爭當成彰顯個人勇氣的故事，恐怕會對移工在臺灣的境況有誤解。事實上，多數移工仍深陷各種瑣碎的法規與仲介管理術中，即使發生工作傷害也只能忍氣吞聲。

可是為什麼移工不行動？曾在希望職工中心工作的李易昆對此很是好奇，展開碩士論文研究。[1] 他在一九九五年訪問庇護中心裡的工人，發現高額的仲介費、綁定工作契約的居留資格，以及工廠內部管理細則等組成一套壓制系統，像密織的網控制了移工生活的方方面面。比如說，當雇主得知移工們偷偷串連想爭取權利時，除了會用「遣返」來威脅工人，在事情告一段落後，雇主還會減少移工的福利，作為之前「不聽話」的處罰。

工人們簽的都是短期契約，冒著隨時被遣返的風險，所以多數移工甘願失去權利也不願意冒著麻煩與風險去抗爭。勞工運動出身的李易昆在庇護所工作期間，一直思索要怎麼幫移工形成集體抗爭。他曾協助一家工廠的菲律賓移工組織罷工，一開始移工對加班費計算不公感到憤怒，進而組織起來想要反抗，可後來由於雇主的反制讓移工放棄抵抗，繼續留在原有位置。

移工對行動猶豫不決其實與臺灣工人在解嚴前後的抗爭雷同。一九八四年，臺灣在美方壓力下通過《勞動基準法》，三年以後，臺灣解除長達三十八年的戒嚴，各地湧現罷工潮。第一波以化工廠、電子廠與客運業勞工為主，以罷工為手段爭取加班費與年終獎金，後來其他行業的勞工群起仿效，追討《勞基法》保障的工時、休假與加班津貼。[2]這類「依法抗爭」的勞工運動一發不可收拾，後來資本家發起反擊，以虧損或業務緊縮為由，將發起抗爭的工人領袖解職。[3]為了化解勞資矛盾，臺灣政府成立一個勞工事務的專責部門「勞工委員會」，並在二〇一四年升格為勞動部。

勞動學者觀察全球工人運動發覺有個大致的模式。首先人們透過人際網絡比較自己與其他人的待遇，當工人發現自己被埋沒在底層，相對剝奪感的情緒可能促使他們行動，去尋找更有力的支持，像是與其他工運團體合作，或者組織自己的工會，同時他們也會有興趣去瞭解更多勞工相關的國家法令。這樣的轉變在馬克思主義者眼裡便是工人完成了階級意識覺醒。[4]

所以，如果要鼓勵移工踏上抗爭之路，通常得先經歷權利意識萌芽的階段。週日參加由阮文雄神父所主持的彌撒是個好起點。當移工進到了臺灣，等於進入一個全新的世界，重新建立自己的人際關係，是首要任務，不僅要排遣孤單，更重要的是交換工作資訊，包括各自工廠的工資、福利制度跟管理方式。

交朋友是許多移工週末到

二〇一九年十二月八日移工大遊行。大型人面八爪章魚一如仲介控制移工的方方面面，而這正是出來抗爭的移工們亟欲擺脱的。（攝影：張榮隆）

第一廣場的原因，參加彌撒結束後的聚會同樣是認識新朋友的好法子，而這種交換情報的過程，自然而然成為一種移工社會化的機制。剛來臺灣的移工菜鳥還不懂得自己的權利，成為雇主口中「很乖」的工人，但隨著在臺灣的日子愈久，他們在不同聚會受到其他前輩提點，由菜鳥變老手，慢慢學到在臺灣生存的本領。這樣的轉變在部分雇主眼裡是移工「被帶壞了」，所以會採取反制措施，包括不讓移工在週日休假、禁止他們外出，或要求警察在假日到移工聚集地巡邏等等。

阿輝在處理完鄰廠移工的申訴後，已經有了爭取勞動權益的意識。可移工想和本地工人一樣抗爭，只有抗爭意識還遠遠不夠。如同所有外籍移工來臺前所付出的代價，阿輝付出將近四千美元的仲介費，他來臺灣的時間是在二〇〇二年，當時這筆錢對一個越南農村的家庭來說簡直是天文數字。

「我家裡把牛、土地都賣掉了，還不夠錢啊，就開始借錢，跟銀行借、跟親戚借。」阿輝回想剛來臺灣時，「每天都睡不著，每天都在想著我要怎麼趕快還那些錢，我要努力工作、我要認真學中文，我要努力。」

剛到臺灣之初，除了每天聽從工廠組長的指示切割模具，完成每日嚴格的定額任務，還要應付仲介的威脅，天天如此，疲累不已。不過阿輝的學習力有目共睹，他在越南就是以修理機車維生，操作機臺與切割鋼板都能輕易上手，加以他能說流利中文，工廠老闆對他相當重用，不僅派他當移工圈的小主管，也讓他帶新來的臺灣工人熟悉機器。

阿輝的工作量無疑加重了，薪水卻仍維持在基本工資，在他內心裡總認為自己被埋沒在最底層，漸漸地失去幹勁。加上他看到，「在工廠裡面，最危險的工作都是外勞在做，為什麼薪水比較少，我覺得對外勞很不公平。」阿輝跟老闆反應過幾次，得到的都是：「我知道了」這類虛應的答覆，讓他逐漸認清事實，自己在工廠裡永遠都只是最底層的工人，沒有升遷的機會。這樣的念頭愈來愈清晰。

工作六年後，他決心要離開工廠。「（逃跑）前一個月，我慢慢把東西搬去朋友那邊，每次都只能帶一點點，不能被發現。」待時機成熟，他在某個晚上找理由離開宿舍，就沒再回去。阿輝的身分成為所謂的「逃跑外勞」，按政府的說法，移工為指定雇主以外的人工作就是非法外勞（illegal migrants），但人沒有合法非法之分，他們只是工作證件有落差，國際上更傾向用「無證移工」（undocumented migrants）稱呼。

無證移工與「合法奴工」

移工並沒有「逃跑」，情況更接近是單方面毀棄勞動契約，但如果按越南移工的說法，這群人被叫作「自由人」，因為他們從此擺脫了仲介控制。對移工有研究的社會學家藍佩嘉曾做過一項研究，比較合法移工與無證移工在勞動條件上的差異。她發現無證移工的薪資與勞動條件都更好，反而是循契約聘僱的移工陷入「合法奴工」（legal servitude）的境地。[5]

由於臺灣採取嚴格的客工制度，只允許移工以暫時勞工的身分短期居留，排除他們長期居住，甚至入籍的可能。制度是這樣運作的：由勞動部與經濟部共同決定哪些產業可以引進移工，以及它們能夠僱用的移工人數。這種做法將抽象的工作機會變成商品，並在跨國人力市場不斷被哄抬價格，最終由兩地的仲介商將尋租成本轉嫁給最底層的移工，讓他們支付高額的仲介費用。

當移工進入臺灣，政府為了維持他們作為客工的暫時性，設定了居留年限。即使取消原本三年需要出國一日的規定，廠工在臺還是不能超過十二年，而看護工在達成某些條件下最多居留十四年。等契約時間一到，作為接收國的臺灣政府會想盡辦法把移工送走，政策上將簽證綁定在雇主手上，只要雇主不續約，移工便輕易地被排除出去，並且限制移工轉換雇主的資格，只在雇主歇業、破產、不支付薪水等嚴格條件下才能夠更換雇主，[6]即便能轉換工作也只有有限的尋職期，等於將他們置於勞動市場中最底層位置，拿走勞工的底牌——「用腳投票」。[7]

話雖如此，不是每個工人都願意承擔成為「無證移工」的風險，雖然可以溢出政府的控制，但也喪失使用健保醫療，以及合法申訴的權利。其他威脅還有被當成「逃犯」，隨時受警察盤查，在最劍拔弩張的時刻甚至被奪走性命。至今最惡名昭彰的例子是二〇一七年的阮國非事件，一名失聯移工在拒補後遭警察近距離連開九槍，以致失血過多死亡。這番風險連阿輝起初也不堪承受，「剛跑的第一年很怕啊，完全不敢出門，吃飯都是自己煮，不然就是朋友買來給我。」有一次，他和當時的女朋友在工寮附近散步，遠遠看到有警察，「我馬上轉頭跑啊，跑到一半連拖鞋都掉了。」阿輝說。

當我試圖在採訪時解釋移工的結構性困境，有些工廠雇主不服氣地抱怨，表示他們僱用每名移工都付出擔保金，而且政府保障工人有法定的基本工資，加上補貼伙食、住宿等費用，換算下來，僱用移工與本地工人所花費的成本相去不遠。這種說法與事實不符，因為僱用移工的成本確實比較便宜。在臺灣，本地工廠工人每月薪資落在三萬八到六萬之間，[8]他們的移工同事領基本工資兩萬六千元，[9]並且沒有資格加薪或晉升。

此外，雇主普遍喜歡使用移工，因為比本勞「好用」太多。除了政策限制下造成的脆弱處境，還有兩地人力仲介商索求高額仲介費，等於給移工套上債務枷鎖，不太有時間去抱怨工時過長或遭受虐待，使他們成為比本勞更好控制的工人。[10]

跟隨李易昆的提問，藍佩嘉同樣訪問她認識的菲律賓女工為什麼不反抗？得到的答案多跟財務壓力有關：「仲介費把我們的手腳綁住了，沒辦法反抗」、「我們害怕回嘴反抗會被送回菲律賓。

我們不能再付一次仲介費。」因為債務壓力，許多看護工願意超時工作來向雇主表達忠誠，希望換得合約展延。[11]我也問過阿輝類似的問題，怎麼拖那麼久才參與抗爭運動？「我是一直忍耐忍耐，等到我把仲介費還完了，也有賺到錢了，我就覺得就算被抓、被送回去也無所謂了。」他說。

離開工廠後，阿輝先是搬進朋友的房子，對方也是一名無證移工，為他介紹了CNC廠的工作。那時阿輝已有六年工作經驗，能說流利中文，對所有人都謙和有禮，但打定主意要做的事情，又堅持得像螺子一樣。這樣的人格特質深受老闆賞識，甚至租了間新廠交給阿輝打理，「他（老闆）給我設計圖跟數量單就好，我管五、六個工人，都是越南的，我自己找來的，我們就自己做，做好了他再來載走就好。」

阿輝的工作內容相當於廠長，收入是過去在工廠當移工的四倍，年收入將近八十萬。到了第二年，他已經完成賺錢的目標，整修完老家的房子，陸續送八個兄弟姊妹出國求學或工作。只是有件事情還付之闕如：改善同胞的生活。

「我是天主教徒，我覺得我很幸運，天主已經賜給我很多，我能夠賺到錢、可以去思考，已經比很多越南人幸運，那我覺得我就應該去幫助其他人。」阿輝在二〇一〇年投入教會服事，協助阮神父處理越南移工的申訴案件。

不過，移工幫著其他人做抗爭，總有些泥菩薩過江的氣味，若計畫不周，他們可能變得比離家時更窮。「很多沒有看到未來的人，他們知道自己辛苦，也瞭解自己受欺負被壓下去，我是不想後面再來臺灣的人受欺負。」阿輝的聲音雄厚了起來。

他多年來轉介不少受傷移工去阮神父的庇護所，有個例子讓他印象很深：有名女工右手遭沖床機重壓碎裂，只剩一層皮連著，但公司不願意賠償，她訴訟打了三年，最終還是敗訴，回越南後找不到工作，載浮載沉地活著。

籌組工會的夢想

傷心的故事一再重複，這讓阿輝有了更大膽的想法，他想成立一個屬於越南移工的工會，複製過去協助工人與雇主打交道的成功經驗，替移工爭取權益。只是，臺灣已經有像臺灣國際勞工協會，或是阮神父的越南移民移工辦公室這類NGO組織，替移工爭取權益，為什麼還要成立越南移工的工會？

「我們的工會是我們的，是代表我們越南勞工⋯⋯如果我們可以自己處理我們的事情，為什麼要讓別人代表我們。」阿輝說話維持一貫的緩慢而沉穩，白淨的臉龐不太表露情緒。

一個簡單卻有力的的事實是，移工和雇主並非平起平坐，移工的工作位置握在雇主手上，他們可以隨時被替換。儘管大多數移工都知道單憑自己成不了事，也有許多人對此漠不關心，也許是他們害怕，也許是被債務綁住手腳，或者他們認為在臺灣的薪資已經比原生國好得多，不應該對工作再有抱怨。

無論如何，在工人群體當中，總有人能從周遭的變化領悟出一個道理：如果齊心協力，他們或許能改變現況。

工作中總會有些激起大家怨恨的事情，像是工資低、被無預警地取消休假，或是無償地處理各種雜活。這份怨氣能招致工人群起抗議，但偶發的行動如星火，不足以保持長期的結果，有些人從行動中領略團結的重要性，進而團結起來爭取到更好的工作條件。阿輝的想法符合大多數資本主義社會的發展，想為辛苦勞動的他人爭取權益，最後都成立了工會。

但阿輝可能不清楚的是，臺灣的工會運動其實也曾長期受到打壓。臺灣經歷過長達三十八年的戒嚴，當時的國民黨政府為了打壓異議者，實施了嚴格的工會法令，例如一家工廠只能有一個工會，或成員在三十人以上才能籌組工會，這些規定不利於多數為中小工廠員工的臺灣勞工。[12] 另一方面，當時的國民黨政府與資方聯手扶植自身的工會，例如在企業安插情治人員，操控工會成為黨的外圍組織，或是安排黨員參與工會選舉，奪得領導權。[13] 這也使得臺灣在解嚴後的工會運動必須先與原有的傀儡工會鬥爭，才能成立真正由工人自主領導的工會。

阿高和朋友從觀音工業區搭車北上，準備參加二〇一九年移工大遊行。（攝影：鄒保祥／鏡週刊）

搶奪工會主導權是臺灣早期工運的核心任務，但移工長期被排除在外。雖然國家法令沒有反對移工參加工會，但《工會法》裡規定只有本國籍才能擔任幹部，等於剝奪移工參與團體協商的權利。這條限制國籍的規定直到二〇一〇年才拿掉，如今移工可以在臺灣自組工會。[14] 政府允許成立的工會有三種，分別為職業工會、企業工會與產業工會。所謂的企業工會設立在公司內部，一家公司只能有一個工會，如果移工要加入現有工會，要看本國勞工幹部同不同意，由於本勞與外勞爭取的工作權益不同，本勞幹部多數情況不會把移工視作工會吸納的對象。

比較可行的做法是成立職業工會，只要該縣市還沒有相同類型的職業工會，且能招募到三十名會員，就可依法完成登記。移工工會多是循此規定，目前在臺灣登記的移工工會有三個，分別是宜蘭漁工職業工會、桃園家庭看護工職業工會，以及全國家戶勞動產業工會。如果順利登記，阿輝想要成立的越南移工工會，會是全臺第一個全由外籍廠工組成的工會。

以工會成員的身分首度亮相

阿高後來也加入了工會籌備處。當二〇一六年結束三年出國一日的抗爭後，他們將目標放在三年後的移工大遊行，主打議題就是針對所有移工有感的仲介制度，訴求取消私人仲介，改為國對國的直接聘僱。

在二〇一九年移工大遊行的前兩週，我向阿高提出全程記錄他們工會行程的請求，他欣然接受。為了那場遊行，他們做了很多準備工作，某天下午，我到天主堂的二樓邊間，那裡是工會成員平常開會的地方。阿高剛從工廠下班，脫下鞋子走進圍成圈的夥伴中，我感覺他從憔悴的工人又活了過來。當時他們正在一些碎布上用越文寫下心聲：取消仲介制度，最後再與其他菲律賓、印尼團體，合作編織成百納被。

但在人群前發言，不管人數多少，依舊讓他緊張。出發前一天，他把講話要點寫在紙上隨身攜帶，分別囑咐成員記得帶工會的旗幟與背心，稍晚一點，我的手機再次接到阿高的電話，他好意提醒我碰面時間，但這已經是當週第三次了。

儘管工會還沒成立，但這是他們首次以工會成員的身分亮相，對自我的意義重大。

二〇一九年十二月八日，清晨，七點零五分。

週日晨間的觀音工業區，是白牌車的一級戰區。駕駛銀色豐田廂型車的司機，三隻手機的鈴聲沒消停過，他一手扣著方向盤，一手幫著車隊的司機跟等車的移工配對。坐在副駕的阿高同樣忙碌，他用越語精準地下達指令，吩咐同鄉幾點幾分在工廠門口等著。

要不是他們的言談露了餡，這幕僅是一般移工的週末日常。「你們去臺北玩阿？哪時候回來？」司機先起問，有意順道攬下回程的生意。

「我們去臺北抗議。」阿高見司機沒反應，繼續用不流利的中文忿忿地說，「仲介每個月收我們服務費很多錢，根本什麼都沒做啊。」

這臺車上，包含阿高在內五名越南移工，都是工會籌備處的成員。他們準備搭車北上，參加兩年一度的移工大遊行，後車廂擺著他們特意製作的抗議紙板、布條、旗幟與背心。

早上，七點四十分。

阿高與朋友等候在中壢車站，他們手持紙板，上頭寫著：接人去抗議，取消仲介制度。週日的車頭，路過的移工不少，卻沒人真正停下腳步。三十分鐘過去，我看著阿高不斷上前向其他越南移工解釋這場遊行的訴求，然後一再地碰軟釘子，最後竟沒人同行。「他們都怕啊，」阿高尷尬地向我解釋，為何越南移工被浮濫超收仲介費的情況最為嚴重，卻沒有人敢上街抗議？

越南政府規定，勞工出國工作的仲介費不得超過四千美元，然而據臺灣移工聯盟（MENT）經過一年訪查，每名越南移工繳交六千至八千美元不等的仲介費，比起印尼與菲律賓勞工多繳了五千美元（約臺幣十五萬）。[15]

臺灣國際勞工協會研究員吳靜如投入移民工服務快二十年，她觀察，「大部分的移工週末都喜歡去參加 Party，消解一下上班的苦悶，願意上街頭的移工本來就少，大家都怕仲介報復，只是越南人更困難，他們還多了（越南）政府的壓力。」

或許是恐懼的延伸，若在越南上街抗議，示威者動輒被共產黨政府冠以「顛覆國家」的罪名，處以徒刑。我為這篇報導訪問的越南移工，他們都不同程度地流露出擔心，有人要求刪除訊息紀錄，有人只願意透過 whats app 聯絡。

很難確定越南政府對移工的監視有多嚴重。至少，阿高與多數的越南移工都相信，遊行現場肯定有越南政府的人馬，混在隊伍中，監視著他們的一舉一動。

海上遇死劫，負債來臺賺錢

阿高出生在越南中部的廣義省，家靠大山，父母務農，為了養活家中九個小孩，兩人經常為了錢爭吵。

為了養大九個小孩，阿高的父母不得已必須分配食物，「我們小孩不懂啊，經常很餓，吃完了還想吃，媽媽就說她不餓，給我們吃啊。」阿高說，「那時候我才八歲，但我覺得我懂得怎麼回事。」

賺錢成為阿高往後生活的重中之重。他十五歲開始工作，先幫家裡務農，後來在車站幫來往的旅客挑行李，或在山裡的伐木場背木材下山。長期背負重物，造就他的背拱而厚實。

待十八歲成年後，為了更好的薪水，他上漁船工作。在越南中部至南部近海處捕魚，每月約能賺五百到七百美金，海上賺錢快，每次出海都拿回現金，阿高陸續幫家裡蓋了新房子，也負擔了弟妹的學費。

不過，看似不錯的薪水，是他用命換來的。某天晚上，船尾響鈴大作，所有人擠在魚網兩側，準備將漁獲一落一落拖上船，突然，漁船一側的鋼練鬆脫，兩名漁工連帶被拖下海。漆黑的海面，當所有人急著找尋落海的漁工，船上的老漁工悻悻地說，「過兩天等他們浮上來再找。」

海上的人命不值錢，阿高說，「平常生病就自己吃藥，除非病到快死掉了，否則不可能上岸。」真正讓阿高決意上岸還是為了錢。二〇一三年，越南漁船在近海補不到魚，阿高所屬的漁船越界到印尼海域捕魚，遭印尼海巡艦艇攔截，手持長槍的警察登船，兩邊人雞同鴨講，差點擦槍走火。「那次好怕啊，也不會講話，他們警察拿著槍指我們，他叫我們轉身、看外面，我聽不懂啊，要往前一點問他，就被打了。」最後，他們的漁船被扣了兩天才回國。

越南中部沿海漁獲匱乏，被漁民普遍認為與臺塑在中越鋼鐵廠排放汙染有關。[16]當時阿高不清楚這層關係，他僅察覺到捕魚賺不到錢，便回到家鄉一邊幫父母做農活，一邊想著換下一份工作，不過「種田種什麼也活不了，去北越的工廠也賺不到錢」。正當阿高苦惱時，在臺灣工作的表弟休假回到越南，鼓勵他出國工作。

於是，阿高在臉書找到一名牛頭，繳了美金六千五百的高額仲介費，他將家裡的土地抵押貸款還不夠，還得四處跟銀行、親友借錢。

在全球勞動經濟的瘋狂邏輯裡，讓移工背債出國工作是標準做法，理由是為了讓他們成為更順從的工人。有個說法是，移工來臺一年還債、一年打平、一年淨賺，通常在工作第三年後才開始回本，這讓新來的工人尤其不敢反抗。

因環境惡劣　出面爭取勞權

二〇一四年，阿高來臺才九個月，他就跳出來抗議工作環境。他在一家化學材料廠工作，工廠煙囪常冒出惡臭，當其他移工選擇隱忍時，他鼓起勇氣跟主管反映，「這樣的環境太臭了，我沒辦法工作，我想要回越南。」

剛來臺灣，貸款當然還沒還完，所以他問仲介：「仲介費你們可以退我多少？」仲介說不能退錢，「仲介費才還一點點，我想到我回越南，這筆錢也還不完，我就不想回去了。」阿高很擔心會遭到雇主或仲介報復，但他當時還不會說中文，特別透過翻譯說，「你們不能送我回越南，不然我要換雇主，這是我的權利。」

依照當時的規定，如果雇主接受阿高轉出，政府會凍結這起配額直到合約結束。考量到聘工不易，老闆最終接受了阿高的條件，將工廠停業了三個月，花了數百萬修理更新設備，煙囪沒再發出惡臭。這次成功的經驗，讓阿高萌發爭取工人權益的興趣。

阿高開始參與天主教工人小組的活動，這是工會的前身，原本只是一群同為天主教徒的越南移工為了瞭解勞工法令的集會。阿輝率先拋出組工會的想法，但讓其他移工凝聚抗爭意識的導火線，來自一名小組成員在所任職工廠的嚴格管理中，累積了許多怨氣。[17]其他越南工人們在小組裡分享經驗，他們來臺後都被要求簽了一份同意書，表明他們同意觸犯下列任一項，無異議被解約遣送回國。

工作專長與甲方（雇主）所要求不符、或不能勝任者。

喪失工作能力者。

有違公序良俗者。

造謠生事煽動或怠工者。

還有一張列滿各種被警告的行為，讓人隨時都會違規，而工人只要遭開勸告單達三次，同樣會被解約遣返。這些規定包括：

電腦主機護蓋不完整，計一點。

離開寢室未關閉電燈、水龍頭、空調或其他電器，計兩點。

以電風扇或吹風機吹乾衣服、襪子、棉被、被套，計兩點。

寢室內查獲菸蒂，計四點。

奇裝異服（如染髮）有損公司形象，計兩點。

以熱水洗衣物，計兩點。

未依上下班指定路線行走，計兩點。

光是宿舍的管理守則就上百條，當然臺籍勞工不適用這些管理，綿密的管理術，讓移工一開始就難以拒絕。入國後不久，公司會先給工人簽下「證件委託保管單」，讓公司扣留他們的護照，再

參與陳抗練兵，讓阿輝（右一）與工會的越南移工們長出信心，超越原本對於極權的恐懼。（攝影：張榮隆）

簽下一張「儲蓄同意書」，允許公司每月從他們薪資扣下一筆金額，作為「逃跑保險」，直到移工完成三年合約才能領回。

綿密的管理術，全靠私人仲介從中施展。他們願意這麼做，全是因為仲介產業的惡性競爭。在臺灣，有上千家仲介公司，但有聘僱移工資格的雇主是固定的，尤其那些能一次聘很多工人的工廠雇主，更是仲介亟欲拉攏的客戶，傾斜的市場位置讓他們不敢向真正的服務使用者雇主收錢，而是向移工收取三年累計六萬的服務費。[18]

仲介向移工收費，卻都幫著雇主管理工人，對於仲介這種壓制或是不作為，阿高有切身感受。他有次生病，呼吸不順，晚上睡不著覺，他打電話請仲介載他去看醫生，仲介說：「我今天跟明天工作排滿了，後天再帶你去看醫生。」阿高回，「如果我死掉了怎麼辦？」對方竟說：「你現在還可以說話，不會死掉啦。」阿高回想起來仍有氣，「仲介每個月拿服務費卻沒有幫我，這樣我要仲介幹嘛？」

二〇一六年後，眾人決心以成立工會目標。為了招募會員，他們趁週末在火車站附近擺攤，或到各地的教堂介紹工會理念。

他們一起去過七個教堂：桃園、樹林、南崁、楊梅、新竹、東海、沙鹿。一直從旁協助的吳靜如，經常跟著到處宣講，「剛開始他們講話比較沒信心，經常會問：『我這樣講對不對？』……

現在他們可以自己安排活動，誰上臺講話、誰印傳單、誰開直播。」

參與陳抗練兵，讓這群越南移工長出信心，甚而足以蓋過源於對極權的恐懼。

為工安上街　妻遭解約

在二〇一六年的抗爭後，阿輝心理暗暗下了決定，他要回家。「我兒子已經八歲了，我只有透過視訊跟照片看過他，我想多陪孩子，」他當時認為自己的階段性任務已完結，是時候回歸家庭了，於是逐漸淡出工會籌組。

沒過多久，壞消息傳來。阿輝作為無證移工工作的工廠遭到檢舉，他被關進拘留所，等待遣返。由於阿輝是天主教工人小組的組長，也是越南移工圈子裡的頭人，當他出事後，工會陷入低氣壓，籌組任務全面停擺。

「我在移工團體也久了，希望人（移工）不流動根本就很困難。」吳靜如話說得無奈，因為她明白移工畢竟是群流動的工人，參與過這次抗爭不代表下次還在場，但是做社會動員總需要具有領袖魅力的人，「他們組織能力夠，可以 Call 人，大部分（移工）都是跟著熟悉的人來的，當熟人不見了，他們就不來了。」

移工很像候鳥，或許有來有去，才是生活的常態。當阿輝離開後，阿高的妻子阿月，在二〇一七年決定申請來臺工作團聚。當問起妻子支不支持他在臺灣的抗爭？「她說我如果不去抗議，她就不要我了。」阿高談起妻子，眉眼都跟著飛揚起來。

她是他最強的後盾。二〇一七年底，桃園市矽卡工廠的宿舍發生大火，造成六名移工死亡、五人重傷。這起臺灣所遭遇最嚴重的移工宿舍火警，促使許多越南移工走上街頭抗議，要求政府正視宿舍安全。阿月也參與其中。

不料，阿月隨即遭到仲介業者報復。有人將她參與抗議的照片上傳至仲介群組，結果原有的仲介找理由跟她解約，新的仲介沒人願意承接，就這樣，阿月來臺才五個月就被迫返回越南。

打擊不只如此，阿高的雇主察覺到他在放假日參與遊行，氣憤地找來仲介處理，他們逼阿高簽下自白書：如果再去參與遊行，將無條件接受公司處罰，包括遣送回國。

面對被遣返的威脅，阿高沒有停下腳步。畫面切回二〇一九年底的移工大遊行，在戰友與摯愛返國後，只剩阿高孤獨地堅持抵抗。

十二月八日，下午一點整。

人潮湧入國民黨黨部前，這場遊行活動的起點，路線會經過民進黨黨部，最後停留在勞動部前抗議。這邊，印尼藉移工身披百納被，那側，菲律賓移工製作了大型人面八爪章魚，隱喻仲介控制移工的方方面面。遊行現場像是共赴一場嘉年華。

遊行開始前，阿高被找上臺喊話。為了這個短講，他做了相當多準備，先用越語寫草稿，再請教會的越南留學生幫忙翻譯成中文，最後一字一字用拼音寫下筆記。這是他第一次站上大型陳抗舞臺，節奏有些卡頓，聲音也數次被臺下吶喊聲淹沒，但他展現一種難以企及的自信。

走下舞臺，阿高喃喃地說，「我今天很開心，辛苦好幾個月，終於要結束了。」他的身心像蜷曲的茶葉在熱水中舒展開來，他私下透露，這是他最後一次在臺灣的抗議活動，等二〇二〇年合約到期後，他也要回越南了。

關心臺灣民主，開聊亡國感

看似漂亮的工會願景，充滿不確定變數。首先，工會的核心幹部紛紛回國，加上仲介施壓，新來移工加入意願不高，吳靜如承認，「目前客觀條件是不利的，說不定阿高明年回去，工會就會解散了。」她停了一下，不希望我誤解，「其實，工會成不成立，我並不是那麼在意，但是這個團體對這些人有什麼影響，或是，每個人是不是能在裡面成長，這是我比較在意的。」

「來臺灣六年，改變我很多想法，從思考的方式，到行為都改變了……以前在越南，連想像遊行都不可能，在臺灣可以想、可以做，還可能改變（政策），」阿高在遊行的空檔很喜歡和我討論臺灣的民主，他主動聊起那陣子很夯的「亡國感」。我看見他在臉書轉貼香港反送中的相關訊息，不只移工議題，阿高也跟朋友去參加臺中的反空汙大遊行。「一開始我過來只想賺錢，現在我想協助更多越南人，這是我本來沒有想到的。」臺灣的民主很好，但阿高也明白，那是臺灣人爭取來的。

二〇一八年，阿輝在離臺前的最後一個行程，沒告訴任何人，他一早從桃園搭火車到宜蘭，為了找到林義雄的慈林紀念館。知道三十多年前林義雄的滅門血案，是他當年為了學中文，聽廣播聽到的，「我很有興趣瞭解，臺灣以前也是威權的國家，是怎麼變成民主國家的？」

平日午後，陽光晒進大片落地窗，館內沒有其他遊客，他小聲地和館員說：「我可以聽得懂中文，但是我的閱讀不是很好，你可以幫我解釋這些展覽說什麼嗎？」

他們在臺灣不只做工，也在街頭旁聽一堂，在臺移工的公民課。

3

卻在他鄉築淨土——印尼移工淨灘團的故事

瑪雅（Mayasari）週末沒上班時，我會坐火車去和她碰頭，參與她所組織的淨灘活動。

週日清晨，在太陽還沒冒出令人厭惡的蒸騰熱氣之前，東北角的海岸旁經常會看到一群膚色黝黑的年輕男女埋頭清理垃圾。他們是Universal Volunteer（環球志工印尼移工淨灘）的成員，平日都是在臺灣工廠或家庭做事的印尼移工，但在淨灘現場，他們從兢兢業業的工人變回熱情的年輕男女。

有的移工把撿來的海廢往身上擺弄，彷彿最流行的時尚配件；有的仿效時尚模特兒凹折身子，擺出各種不符人體工學的姿態。幾名年輕工人大笑著、閒聊著，海岸的聲音也從此有了新的活力。

有段時間，我發覺自己的移工系列報導難以為繼。尤其是在二〇一八年第一廣場改名成東協廣場，完成了仕紳化（gentrification）的蛻變後，這個族裔空間彷彿對移工失去吸引力，好幾位我在廣場認識的移工從此沒再出現。更糟的是，他們購買的電話方案大多是用完即丟的易付卡，只要他們週末不來第一廣場玩耍，我便與他們失去聯繫。

我搬回臺北以後想要繼續講述移工的故事，並打算從遠處觀察他們。少了第一廣場這類有邊界的田野地後，我展開一項自命為「網路民族誌」（Netnography）的計畫。因為我發覺臉書這類社交媒體（Social Network Site, SNS）其實維繫了相對穩定的個人身分，移工經常更換電話號碼，通常會一併移除通訊軟體，卻很少有人會拋棄經營好一陣子的臉書帳號。最早應用民族誌方法來觀察網路社群行為是美國傳播學者科齊涅茨（Robert Kozinets），[1]他考察熱門科幻影集《X檔案》觀眾的論壇留言，有位熱愛此影集的女士信誓旦旦地說自己看到UFO，「別人都說我瘋了，但如果你相信我，請告訴我。」結果，她受到論壇裡的人們的熱烈鼓舞，有位粉絲回覆她，「總有一天真相會被揭露，不會再被政府黑幕掩蓋。」

後來行銷科學家持續拓展這類研究，把田野考察和消費行為結合起來。一篇有趣的論文把注意力放在活躍於社交媒體的網美，[2]研究者加入好幾個崇拜凱特王妃（Kate Middleton）穿衣時尚的臉書社團，網美們以誰的拍照角度、穿衣風格最像凱特而受到粉絲追捧，她們經常發文指點粉絲打扮，視自己為最理想的凱特學（replikate）專家。

社群時代裡人們深層的自我展演欲與偷窺欲在網上互相匹配。我申請加入了好幾個移工在臉書上的私人社團，在快速瀏覽下，發現一個 Universal Volunteer 的社團，看來是關於登山和淨灘的主題，管理員帳號連結到一名叫 Maya 的印尼移工。她的顯圖是位笑盈盈的女士，穿戴粉色且綴有花鳥圖案的頭巾，外罩著鮮黃色的工地帽，雙手環抱淨灘時掃到的塑料廢棄物。她的眼睛明亮，戴一副粗框眼鏡，還有張圓圓的娃娃臉。

在唯一的休假日淨灘

瑪雅他們淨灘的故事曾被媒體報導，許多人看了之後感激他們的奉獻。有位教授投書媒體，誇他們「比臺灣人更愛臺灣」。他們不是臺灣人，可能還或多或少受過臺灣雇主或仲介的欺侮，一些人沒有固定休假、拚命加班以償還仲介費。

不少人認為工人願意為了多賺錢而加班，但在一廣採訪週末流連該處的移工時，我就知道，休假日對他們有多重要。那是整星期辛勞裡唯一的休息日，我所認識的許多移工都喜歡在這天找朋友混跡酒吧跟夜店，以逃避工作壓力與生活挫折。

因此，我對瑪雅在休假日淨灘的決定很好奇，我給她發去消息，想採訪她與淨灘團的故事。

瑪雅沒有直接回應我的採訪請求，反倒是邀請我週末直接跟他們去淨灘。

沿臺二線濱海公路往前駛，車子駛過陰陽海，在新北的水湳洞漁港慢下來。遊覽車、小客車緩緩駛入，塞滿位置不大的公有停車場。三百人聲勢浩大地向海岸走去，在二〇一九年六月盛夏的某個週日早晨，我與瑪雅他們共同參與一場淨灘活動。

那場活動是臺灣人辦的，參加者有帶幼崽來玩水兼淨灘的父母，有抱著寵物犬在大型海洋廢棄物前自拍的大學生，還有年輕的電腦工程師，趁機伸展整日蜷縮在電腦前的筋骨。如果站在海岸公路向下眺望，上述這些人三三兩兩聚在海灘，有點像在大洋上被分割成無數孤立的島嶼，本來都各自為政、毫無關聯，但從某個角度看去卻變成有意義的連續體。

在群島的弧線外緣，常伴隨零星小島，猶如散落在大洋上的珍珠。在海灘最邊緣的角落，有一群膚色黝黑的臉孔孤立於淨灘大隊外，四五個男人彎著腰，用手中的鋸齒刀賣力地割斷糾纏礁石多年的廢棄魚網，他們都是瑪雅的夥伴，同樣是在週末投入淨灘的印尼移工。

我跟瑪雅落後於大隊，走向海岸的小徑經過一間廢棄的公有廁所，裡面堆滿從前淨灘隊伍留下的垃圾，因時間與高溫蒸燻出惡臭。臺灣人下意識掩著口鼻快速經過，只有瑪雅停下腳步，「這裡還有很多垃圾沒有清耶」，她的聲音在空氣中迴盪，沒人回應。

瑪雅戴起手套，清理完無人聞問的廁所後，隨即投入印尼移工的淨灘小分隊。瑪雅個子小、健談、充滿精力，一名與她熟識的印尼移工開玩笑說：「她喜歡講話，好像停不下來。」但我發現，那天裡的多數時候，她和其他印尼移工都是低著頭且安靜地撿垃圾，就連活動結束後的大合照，或許因為害羞沒有加入，他們僅擠在一旁局促的角落自拍。

淨灘活動的發起人小Q，在臉書擁有五十多萬粉絲，她辦過多場淨灘活動，瑪雅他們也跟著參加過好幾次。小Q很早就注意到瑪雅與她的夥伴們，「印象中他們很低調，不跟大家合照，但是每次都很認真清理大型廢棄物。」

瑪雅自認相當融入臺灣人的社群之中。每次淨灘的尾聲，有項標誌性的活動需要所有人投入其中，長長的人龍排成「之」字型，從海岸公路延伸至沙灘，一個傳一個，輪流將大型海廢跟垃圾袋搬運上岸。等所有裝滿海洋垃圾的黑色垃圾袋都搬運上車，所有人歡呼鼓掌，相鄰的人們互相擁抱，像與朋友共赴一場派對。

每年約有一萬五千場淨灘活動遍布這座島嶼。根據國際淨灘行動（International Coastal Cleanup）發布的報告，[3] 二〇一七年臺灣清理出逾四十六噸的垃圾，動員近二萬人次，在全球淨灘參與度排名第五，光是廢棄寶特瓶，排列起來能綿延十七公里，環繞大安森林公園七圈。

但在政府與國際組織的統計中，少了像瑪雅這群移工的付出，他們不是登記立案的環保組織，但在二〇一七到二〇一九年間辦過近八十場淨山與淨灘，撿了超過二千四百公斤的垃圾。

為獨立養兒　赴臺灣工作

瑪雅出生於印尼西爪哇的鄉下。村子靠海，村裡的工作不外是捕魚或種田，但瑪雅的父親不一樣，年輕時他第一次接觸唱片，便雄心勃勃地認為娛樂產業將會改變這座村子。瑪雅父親借款開了村裡第一家音響器材行，專門租借設備給偶戲團和本地歌手。他的音響事業擴張得很快，一下子僱用二十多名員工，他後來想到唱片公司辦活動也需要宣傳，又開了一家電臺，每日播放音樂與本地新聞。

古靈精怪的瑪雅，像極了他的父親。「姊姊是很像公主的，我不一樣，我喜歡跑出去玩。」她跟男孩比爬樹、玩鬥片。十八歲高中畢業後，瑪雅不打算繼續念書，她就在父親的電臺負責廣告業務，沒想到在印尼鄉村電臺投放最多廣告的是外勞仲介，她常跟客戶開玩笑說：「你們這是在釣魚吼。」

「沒想到我也被釣了。」瑪雅用中文笑著跟我說。瑪雅起初不願意告訴我，為什麼她要放棄家鄉的舒服日子，選擇離鄉背井到臺灣工作？她只說：「因為要賺錢啊。」當我繼續追問時，她會突然垂下臉來，轉頭用印尼語請翻譯轉告我：「可以不要問這個嗎？我不想說。」

我不是第一次面對這種尷尬的採訪時刻，它經常發生在採訪離國的移工母親時。有次我在第一廣場的教會，隨機採訪了坐在一旁的 Marvic，她相當健談，樂於分享來臺灣打工的夢想與挫折，

來自印尼西爪哇鄉村的瑪雅。她和其他印尼移工會在一週中唯一的休假日相約一起淨灘。（攝影：鄒保祥／鏡週刊）

唯獨當我請她回憶離開菲律賓那天的場景時，她突然低下頭、禁不住抹起眼淚，就連晚一些與朋友的飯局，她也因為負罪感沒有胃口，早早就回雇主家休息。

記者經常是毀掉聚會氣氛的罪魁禍首，也常因為與受訪者之間脆弱關係而招致批評，我們帶著任務前來，常要問出一些惹人厭的問題。有位記者前輩曾生動地描述記者與受訪者關係，採訪時你會覺得跟受訪者是親密的愛人，每天醒來想的都是她／他，可是採訪一旦結束了，下次見面又變成冷淡的陌生人。

一位人類學領域的朋友告訴我，她絕對不會為了提問而毀壞與報導人的關係。我常在心裡不甘心地想，那是因為人類學者可能在整個學術生涯就一兩個田野地，有足夠的時間可以搞清楚一切。可記者沒辦法這樣做，即使在最寬容的媒體裡，編輯還是會給每則報導壓上截稿日期。當我寫作離國母親的故事時，我想要瞭解她們千里迢迢來臺灣打工所做出的割捨與犧牲，怎樣也無法迴避她們如何與孩子告別的問題。

之後，在不同場合，沒有初次採訪時那麼緊繃，我小心翼翼地刺探，瑪雅則是不同程度地吐露她的過去。她曾在印尼有段婚姻，二〇一〇年離婚後，成為單親媽媽。在帶兒子搬回娘家後，瑪雅全心投入於工作，做過百貨公司的播音員、銀行業務，甚至當她看到市場裡有家賣鹹蛋的攤販生意很好，她便跑去拜攤位的阿婆為師，放假時兼職做起鹹蛋生意。

瑪雅用手比劃著不存在的水平線，形容自己在印尼的薪水與生活都是平庸的，可是「小孩未來的教育不會是免費的，我要先幫他準備好」。

就像許多離國工作的母親，瑪雅很難向兒子解釋自己為什麼一定要離開。離開前，她僅輕描淡寫地跟兒子說：「我們可以有自己的房子，不用再跟外公外婆住了。」談到兒子，瑪雅禁不住又哭了，抹起眼淚說：「我要獨立養自己的小孩，不要依靠男人（前夫和父親）。」

瑪雅在二〇一二年第一次來臺灣時，被仲介安排到臺南做看護。瑪雅當時月薪是新臺幣一萬八千元，照顧一對阿公阿嬤，每日的工作大致如此：早上五點半起床準備早餐，接著洗衣服、掃地，九點準備點心，十二點煮午餐，下午帶老人出門散步，一天幫忙洗二次澡，半夜要起床檢查尿布。

瑪雅能夠適應日復一日的工作，但難以忍受沒有休假的日子。「我小時候不是那種很公主的女生，我喜歡跑出去玩，喜歡自由。」她三年的契約沒有完成就回國了。過了一年，當她決定再次來臺時，為了有固定休假，她願意多付出約新臺幣六萬元的仲介費，這次被安排到一家電子廠當檢查員。

工廠成排的窄桌上，突兀地亮起日光燈，瑪雅每日在成堆的電子零件中翻看，挑出有瑕疵的品項。她盡力從周遭氛圍中學習當一名工人，手上的動作、呼吸的節奏，必須合併成同一頻率才最省力。她每天必須檢查完成上萬個零件，因此，只有在腰疼得受不了的情況下，瑪雅才會離開塑料板凳，稍稍舒展摺疊的身體。

登山紓壓　迎來第二春

疲憊的工作、沉重的債務，以及拋家棄子的負罪感，都會讓出國工作變得倍感壓力。我認識的許多移工都會抱怨離國生活，或在星期日喝得酩酊大醉。

面對過載的生活壓力，瑪雅選擇爬山。從工廠宿舍的郊山開始，每次氣喘吁吁地登頂後，當路過的臺灣登山客對她報以回笑，微風穿過樹林徐徐吹來，她會盯著山下的風景心想：「唉，還有什麼好抱怨的呢？」

她從臉書瀏覽，申請加入一個由印尼移工組成的登山社團，他們曾攻頂過玉山、合歡山、大雪山。「她是位勇敢的女士，」瑪雅二〇一九年才在臺灣清真寺完成儀式婚的丈夫，也是和她一起推動淨灘活動的夥伴韓多（Mas Ade Warhanto）誇說：「瑪雅是第一個完成玉山攻頂的女性印尼移工。」

韓多四十出頭年紀，身材壯碩，有黝黑的皮膚和長長的睫毛，他拘謹寡言，和愛交朋友的瑪雅不同，臉書沒有登山以外的照片。韓多對二人初次見面沒有印象。那份感情萌芽在某個週六下午，韓多獨自搭車在合歡山腳下，突然接到瑪雅的電話。

「你在哪裡？」

「我在合歡山。」

「你怎麼沒有約我？我也想去啊。」瑪雅撒嬌地掛上電話。

韓多沒想太多，他看見豁口長滿了野花，空氣聞起來與氣流在肌膚的感覺，讓人有些酒醉的昏眩。他特意放慢步調，不斷回望已走過的山谷與森林，直到接近晚上七點，他開始有點擔心自己怎麼還沒抵達登山口的遊客中心。後方突然有車燈照亮漆黑背景，按了兩聲喇叭示意他停下。彼時，一個熟悉的聲音從車上傳來，是瑪雅。

她才剛下班，連衣服都來不及換，從臺北坐計程車上山找他。當時，韓多看著瑪雅的裝備，穿著裙子跟涼鞋，拎著一個帆布袋，興致勃勃地說要跟他一起攻頂合歡山，心裡又好氣又好笑。不過韓多這次對瑪雅留下深刻印象，「她很有行動力啊，說到做到。」

瑪雅開朗的性格，部分治癒了韓多。韓多是獨子，這在鼓勵生育的印尼社會並不常見，青春期少了手足的陪伴，待成年後，他又獨自搬到雅加達近郊工作，在二〇一二年前離婚後，前妻帶走女兒，他的生活變得更加封閉。

當三十五歲的韓多向同事宣布，他要申請臺灣工作時，得到的更多是揶揄，而非鼓勵。他的年紀不小，而且他在一家汽車板金工廠工作已經十三年，是廠裡的組長，領著不錯的薪水，因此，當他的朋友聽到這項想法時，笑他說：「你瘋了才會想去臺灣工作。」

韓多還是來臺灣了，幾乎沒跟任何家裡的人或朋友討論。

來到臺灣後，他一頭栽進臺灣的山林中，方便他隱蔽自己，但又彷彿一直等待被拯救，用他的話說：「我喜歡一個人爬山，當然有人陪也不錯。」瑪雅出現後，韓多的交友圈擴大了不少。

起初，他們跟印尼朋友約週末爬山，下山時順手沿途撿垃圾，等這逐漸成了他們登山活動的習慣以後，瑪雅想到：山裡可以做，海邊為什麼不行？

二〇一七年他們第一次淨灘，選擇去外澳的衝浪勝地。為了環保，他們預先準備工廠裡裝貨的塑料編織袋當垃圾袋，「因為可以重複利用啊，」瑪雅大笑回憶道。但他們初次淨灘因為沒有事先向環保局申請，沒有垃圾車可以來清載垃圾，而且他們也到那時才知道雙北市的垃圾車不收指定外的垃圾袋。

結識臺灣淨灘伙伴

他們決定參加臺灣人辦的淨灘活動取經。

第一次參加基隆外木山的淨灘活動，一群印尼移工從南到北，先在臺北車站集合後，搭火車轉公車，抵達外木山的海灘已超過十點。淨灘團正準備收隊，瑪雅有點慌張，找不到主辦方可以詢問，當臺灣人慢慢離開以後，他們決定留下來繼續淨灘。

當天參加同場淨灘活動的高廣蒼回憶：「社團的人就講不要理他們啦，要撿他們去撿。」他使勁拍了下自己的大腿，加大聲量說：「靠么，才十點半而已，我陪他們繼續撿。」

高廣蒼的個子不高，身材單薄，卻和許多工廠裡的領班一樣，有份對做事人的疼惜。他們約好下個週末再一起來淨灘。早上八點，當高廣蒼抵達外木山時，瑪雅他們已經在撿垃圾。當影子逐漸縮短，太陽曬得石頭冒出蒸氣，空曠的海邊找不到遮蔽物，高廣蒼看見幾名印尼移工仍在拉扯一張卡在礁石的巨大廢棄魚網，他們輪流拿石頭敲打，打算割斷魚網。

「換做是臺灣人早就放棄了，要是我，我也算了。」高廣蒼回憶道。

過了午餐時間，這群移工似乎沒打算收手，當天他們一路清理到太陽下山，等到所有垃圾都搬至清運點時，已經接近晚上六點。高廣蒼準備開車回家，遇到瑪雅一行人正走去搭公車，但他愈開愈覺得不對勁，「他們走去公車站牌至少要半小時耶。」

之後，高廣蒼替移工們準備了手套與鋸齒刀，陸續找了自己的朋友，幫忙共乘兼淨灘。回應高廣蒼的人寥寥無幾。一來是語言不通不自在，二來因為瑪雅他們挑的淨灘點，都是一般淨灘團體不願意去的，多在陡峭的山壁旁，或是堆積大型廢棄物的礁岸，有些甚至要架竹竿或繩索才能抵達。

可瑪雅他們的行動正是目前淨灘活動所欠缺的。雖然荒野保護協會從二十多年前開始推廣淨灘，直到二〇一五年，臺灣才湧現淨灘熱潮。據環保署統計，全臺每年約有二萬場淨灘活動，不過，荒野協會的資深研究員胡介申對這項數據沒有太多開心的情緒，「全臺一〇%海灘累積了超

淨灘之後，伙伴們一起在海中玩耍，像家人般的相處。（攝影：簡永達）

過五〇%的垃圾，而且多數堆積在東北角海岸。」荒野保護協會在二〇一八年進行全臺海岸快篩調查後發現，[4] 許多淨灘團體選擇到風景區淨灘，其實對海岸清理並沒有太多效益，「我知道有一群大哥，他們專門去東北角很難清的海岸，或者清一些大型廢棄物，很佩服他們。」他說。

所有人都想瞭解，為什麼這群移工在平日疲累的工廠或看護工作後，要用難得休假日清理臺灣人留下的垃圾？

「我們踏在同一塊土地上，就不應該分你是臺灣人，我是印尼人，這是我們的地球，我們都有責任保護它。」瑪雅以平淡語調精準地回答，似乎早有準備。

她在其他媒體的訪問中也說過類似的話，像在複誦一個讓人感到滿意的答案。從過去採訪移工的經驗，我領悟出這類訪問有個共性，由於跟臺灣記者缺乏信任，他們通常不會第一次就給出最接近心聲的答案，而我必須更有耐心，等待答案背後的答案。

「家人」般的情誼

瑪雅開始淨灘不久就開設臉書專頁，在這個私人頁面裡，她拍照記錄下每次淨灘後所見、所思、所感、所想的事情。她記得某次在平溪附近的萬古瀑布撿垃圾，當時正好有對父子要玩水，父親看了看水池說：「好髒喔，我們不要下去。」兩人就坐在溪邊的大石頭，等到瑪雅他們撿完垃圾，才開心地下水。

韓多則記得更多與夥伴的回憶。自從上次淨灘遲到後，他們決定不再發生同樣的錯誤，通常前一晚下班後，移工從桃園、新竹、臺南、高雄、屏東出發，各自搭車到淨灘地點，接著他們在沙灘搭帳棚，所有人數著星星、圍著營火過夜，「大家從很遠的地方來，能跟朋友一起聚會，我覺得很棒。」

我繼續參加幾次瑪雅所主辦的淨灘活動，發現有群更常出現的熟悉面孔，來臺近三年的莉依絲（Lis）與她的丈夫，以及年紀最輕的賽門（Simon），他們私底下喚瑪雅作Mama（媽媽），叫韓多Boss（老大）。

還有幾位常見的臺灣人，因為瑪雅有限的中文能力，給他們分別取了綽號，才四十多歲的高廣蒼被叫作「阿伯」，比他大九歲的林大哥叫「阿公」，三十出頭的小江是「弟弟」。

離國的移工，或許割捨了部分的親情，卻因為淨灘，他們在臺灣成為彼此沒有血緣的親人。

有次淨灘，他們邀請我提前住在他們「基地」，隔天再一起出發。所謂「基地」，是棟位在汐止的電梯公寓，一位在淨灘時認識的臺灣人，發現這群移工常在前一晚露營，便宜租給他們的。

通常只在週六晚上，到隔天傍晚各自回到宿舍前，他們才在「基地」過夜，過上類家庭（fictive kinship）的生活。

從傍晚開始，瑪雅在廚房忙進忙出，準備全家人的晚餐。為了這頓飯，她每個星期六都會起早，特地去菜市場買菜。那天，瑪雅戴著美麗的灰藍色頭巾，長衫罩袍包覆全身，只露出雙手與臉部，經典的穆斯林婦女裝扮。這項穿著在《古蘭經》裡稱「希賈布」（Hijab），意指「窗簾」或「遮蔽物」，帶有謙遜、隱私、美德的含意。她的裝扮看起來比起她在工作時只包頭巾更為隆重，在這個稱為「家」的地方，她才換上作為虔誠穆斯林感到最舒服的服裝。

這天稍晚，「阿伯」高廣蒼在晚餐後來訪，他帶來在海邊釣的魚給大夥加菜。他們聊起最近瑪雅在印尼發起的募款。在她的家鄉爪哇島，由於海平面不斷上升，豪雨過後海水需要更長時間才會退潮，她為此募集了一千零三十五顆的紅樹林種子，打算將這些種子種在海岸。一群印尼移工與臺灣人一邊說著，雙手拚命在空中揮舞，溝通只使用簡單的中文單詞，但談話與笑聲的節奏此起彼落，毫無冷場。

人類學家一直拓展「擬似家庭」（fictive kinship）在移民社群裡的研究，並在美國的黑人社群初步累積豐富成果。一九六〇年，一位美國人類學家李博（Elliot Liebow）在華盛頓特區市中心進行田野調查，他記錄的主角是名叫作泰利的年輕人，他經常跟朋友聚在一家外賣店的街角。[5]

在街角世界裡，為了使朋友關係更有效用，街角男人經常創造出一些親屬關係連結（kinship ties）。從友誼開始，將之與同事關係、鄰居關係相結合，再建立成擬親屬關係（pseudo-kin），兩個男人最普遍的做法就是「認作兄弟」（going for brother）。這樣做的好處，在男人遇到危急或需要幫助時，他能夠從他們身上尋求幫助、安慰或支持。最極端的案例是泰利的一對朋友，在他們認作兄弟三個月後，其中一位在打架中受了重傷，住院一個多月。一個星期後，與他認作兄弟的哥們直接找挑起那場群架的人報復，並殺了那個傢伙。

這層關係網發揮最普遍的功能是經濟支持。因為街角的男人們普遍信用度不高，很難跟店主借到錢，有些借款人會看在他們「兄弟」的面子上願意借錢。泰利也隔三差五地借錢給一位乾兄弟，並想盡辦法，為他在工地謀到一份工作。

這樣的擬親屬關係同樣作用在亞裔移民的社群裡。多年研究移民的社會學家海倫．艾博（Helen Rose Ebaugh），她曾經在休士頓的越南移民社群蹲點，背景多是在一九七五年越南戰爭結束後，逃難至美國的船民。她發現已安頓下來的越南人經常會分享住所，或幫忙新來的移民立足，這些互動讓彼此發展出擬親屬（pseudo family）的關係。6

一位第三代的越南移民告訴她：當她還是小孩時，每個星期日，她們家的餐桌會坐滿好幾位來海外求學的越南留學生，一段時間後，她開始稱他們「叔叔」。那些學生會教她和其他小孩功課，等到她與兄妹十幾歲時，那些學生會替他們找打工機會，等那群留學生在休士頓有了妻子、小孩，女孩也會對待他們的小孩就像自己的表兄妹，讓這些孩子融入在他們原本的家庭之中。

離國工作會放大孤獨感，瑪雅與她的朋友們在淨灘裡找到陪伴彼此的家人，這正是離國的移民最需要的。當我跟他們更加熟悉後，有幾次在沒有外人的淨灘裡，他們的行動少了那股志願性服務的奉獻感，更帶著生活感與自在的喧鬧氛圍。

莉依絲先是興奮地將撿到的塑膠網格盤放在頭上，擺出時尚封面女郎的姿勢，瑪雅抱著從礁石拉出的保麗龍浮板，二話不說跳進海裡游泳。不久後，角落傳來嬉鬧聲，半身的矽膠情趣娃娃被海水沖上岸，幾個男人用廢棄寶特瓶配合，朝著假人擺出性愛姿勢，大夥笑得擠成一團。淨灘結束以後，所有人又一頭栽進海裡。陽光經海水反射，閃爍金黃色的光芒。弟弟和阿公從左右兩邊逼近，突擊似地向瑪雅潑水，阿伯努力地伸長了手，用手機留下自拍合照。

韓多看著這幕，坐在沙灘轉頭對我說：「真的很像一家人。」並低聲繼續說道：「他們不會讓我覺得我是外勞、別的國家的人、沒有錢的人，他們讓我感覺我們真正都是平等的。」

關於移工為什麼要投入淨灘這件事，我想韓多找到了他的答案，我也是。

4 假日裡的國王——菲籍移工選美中的隱蔽世界

泰國芭達雅海灘的一處大型購物中心前，四周的射燈明亮，競逐二〇一九聯合世界先生（Mister United World）的舞臺上，只剩四個人了。他們分別是來自菲律賓、泰國、緬甸、印度的代表。

在主持人宣布第四名前，代表菲律賓參賽的傑克（Jake）第一次登上國際舞臺，當時他的心跳聲隆隆，簡直要壓過喇叭聲響，他用力地抿了抿嘴唇，試圖讓自己冷靜下來。

「得獎的是菲律賓先生，」主持人宣布名次，臺下立刻報以掌聲。傑克還沒回神，勉強擠出不失禮貌的微笑。

「我原本沒預期聽到我的名字，」一個多月之後，他在中壢的一家咖啡廳向我解釋，「我以為我會是第一名，或至少是第二名。」

傑克總是心不在焉，他一直低頭滑手機，眼神始終沒與我接觸。「我找到了，」他突然說，「朋友幫我剪了一部參賽的影片。」舞臺上的傑克隨音樂邁開自信步伐。他頻繁上健身房操練出完美的體格，肱二頭肌隆起、前臂青筋暴露，加上菲律賓與印度混血身分，他有線條清晰的輪廓與下頷線，以及格外深邃的黑眼睛，一頭黑髮與鬍子修得乾乾淨淨、整整齊齊的。

在參加這場國際選美前，他做了許多男偶像會做的準備，包含運動健身、飲食控制，以及隱藏真實年齡。一位菲律賓籍的經紀人告誡他：「要說自己是二十多歲，在舞臺上才有競爭力。」而他累贅的原名 Roger Jacolbe 改為 Jake Jacob，這也是出自經紀人的決定：要取一個所有人都能讀的英文名。

我們初次見面的經驗不算愉快。我先是在朋友的臉書上，看到傑克正在曼谷參加選美的訊息，我和他並不認識，在臉書找到帳號後，給他捎去私人訊息，介紹自己是記者，想要採訪他參與選美的故事。

我們約定兩個星期後，在中壢車站附近的星巴克見面。地點與時間都是他決定的，當天下午，我從臺北坐火車南下中壢，按約定在星巴克等他。我們說好晚上七點碰面，但他忘記我們有約，在七點十三分傳來訊息：「我跟朋友在西堤吃飯，晚點才能過去。」在我有限的採訪經驗裡，沒遇過這種情況。我忍不住想，他是真的忘了嗎？也許他覺得不能夠信任我？或是他覺得跟朋友吃飯比接受採訪更有趣。

我一直等到快晚上九點，接近星巴克打烊時間，傑克總算出現。他活脫脫是個肥皂劇裡的男明星，穿著緊身黑色皮衣內搭白上衣，梳著誇張油頭，一身廉價香水混雜便宜髮膠的氣味。他一手推開咖啡廳大門，同時向我招手。他走向我，摘下墨鏡後逕自坐在對面，隨即拿出手機秀了ＩＧ與臉書頁面抱怨道，「我的臉書好友人數已經滿了，每天還是有一堆人要加我」、「我的ＩＧ帳號是新建的，粉絲還沒有很多，你知道要怎樣吸引更多人嗎？」

他似乎沒有打算解釋遲到兩個小時的原因。我按捺不住，試探地開口：「你忘記我們有約嗎？怎麼去跟朋友去吃飯？」「從泰國回來以後，很多原本不熟的朋友都想約我吃飯，」傑克放下手機，「剛才約我吃飯的是兩位菲律賓嫁過來的姐姐，就像我的乾媽一樣。」

「我不能推卻她們的邀約。」他正色說。

假日選美先生

這位菲律賓先生，另一個身分是在臺灣工作的移工。我們見面時，他三十二歲，在臺工作已六年。傑克平日在長榮空廚的切割部工作，對於這份工作，他形容自己像是把剁刀，一直在切數

傑克（Jake，中）贏得了國際選美的頭銜後，在臺灣移工圈成為小有名氣的模特兒。（圖片提供：Jake）

不盡的胡蘿蔔與蔬菜。可一到週末，當褪去移工的身分後，他是菲籍移工選美裡的國王，擁有上萬名的粉絲。

傑克什麼都願意講。不像我所認識的大部分移工，他顯然挺喜歡講自己的故事。儘管我想跟移工打成一片，盡可能參加他們與朋友的聚會和婚禮，但在採訪時，因為臺灣人與記者的雙重身分，還是能隱隱感受到社會位置的作用，尤其當新認識的移工忘了我的名字時，會下意識地脫口稱呼我「老闆」。老實說，那讓我覺得很難受，當以為田野做得夠久了，卻發現自己還是個局外人。

傑克不覺得我們之間有差距，反而認為自己高人一等。他是明星，而我只是不知名的小記者，攀上他在圈子裡的高人氣。當我為了寫他的人物報導，請他介紹身邊親近的朋友時，他會直接問：「這對我有什麼好處？」

我努力感受他描述的世界，及其背後支撐起選美經濟的人際網。臺灣有超過七十萬名移工，菲籍移工約占十五萬，參與選美者大概五千餘人，若加上周邊的攝影師、化妝師、服裝設計師，以及買票入場的觀眾，這個移工群體將近二萬人。他們共同建構出一個體系龐大、分工細緻，又互動緊密的菲律賓社群。

想離家的欲望很早便席捲菲律賓的村莊。這股浪潮席捲的，不見得是最貧窮的男男女女，反而常常是最自我、最不安分的人。在西內格羅省（Negros Occidental）東北角的小漁村長大的傑克從小就不安分，村子靠海，常有慶典祈佑漁獲豐收，他喜歡出鋒頭的性格早有跡象，每次慶典都爭取上臺跳舞。

只是家裡有六個小孩，家計全由當建築工人的父親擔起。他的父親是印度移民，關於父親為什麼來到菲律賓，傑克並不清楚。不過歷史上記載了兩波印度人遷移至菲律賓的紀錄，一次是十九世紀末，當美國取代西班牙殖民菲律賓時，採取了自由移民的政策，當時船公司在印度與菲律賓之間開設新航線，便宜的船票帶來一波印度移民。另一次則是在一九四〇年代，印度與巴基斯坦分治，分割成以印度教與穆斯林為主的兩個國家，導致政治動盪與不斷升高的暴力衝突，一批流離失所的印度難民輾轉進入菲律賓。

傑克相信自己的父親屬於後者，他孤身一人來到菲律賓，刻苦學習他加祿語（Tagalog）以融入當地社會。儘管如此，缺少親屬的支持網絡，根本養不起六個孩子。傑克是家中長子，四歲那年，母親不得不將他交給外祖母扶養。祖孫倆靠著政府發的福利金支應學費與生活開銷。

青春期少了手足的陪伴，傑克感到孤單。「家裡只有我一個小孩，我沒有媽媽，都是自己一個人，我曾經很怨恨我的父母，」儘管祖母家與他父母家在同個村子裡，他也沒有回去看過，「我也不知道為什麼我不想回去，」他停頓一下，「可能我已經把我祖母當成我真正的媽媽了吧。」

高中時，他有一個「Pure boys」的小圈子，儼然校園裡的偶像男團。他們之中，有人是樂團鼓手、有人是籃球隊員。傑克曾自信地說，「如果學校有個帥哥的排行榜，我想我們應該在前七名。」

傑克的個子僅一米七四，高中時期，他曾為自己的瘦小害臊，便開始練習健美，身材一下子魁梧起來。學校裡的女孩們認為他很有吸引力，「我身邊有很多女生的朋友，我並沒有喜歡她們，但她們會一直主動靠近我。」

他的最高紀錄，曾一天收過五個女孩的禮物和情書：「你真是個帥氣的男生」、「你的肌肉練的真好」，有女孩連續一個月寫信示愛，但傑克從不回信，她氣得在一封信件最末寫道：「我不會放棄追求你的，直到你答應和我交往為止。」

對他而言，女人的愛慕好像從來不夠。當學校裡舉辦選美比賽，他興奮地告訴「Pure boys」的兄弟們他考慮參賽。「你應該去參加，你有很好的天賦，很好看的臉蛋。」其中一位朋友告訴他。

初次登臺，他不曉得手往哪裡擺，下舞臺也搞錯方向，不過，他很快掌握伸展臺的訣竅，「要用你的眼神、用你的身體，去取悅觀眾，讓她們笑、她們尖叫。」當其他同齡人對未來茫然失措時，他彷彿找到自己的天命。「我非常享受那種被注目的感覺。」他說。

他開始善用自己的優勢，就讀社區大學時，他在週末經常混跡酒吧，跟不同女人約會。「我以前不是個很好的男人，」傑克說，「我仗著自己長得好看，跟很多女生一夜情。」

直到某天，他在圖書館遇到一名女孩，她經過時，給傑克留下深刻印象。他對我總結第一印象：皮膚很白、身體很香、身材很好。傑克不時偷瞥那名女孩，察覺對方也在看他。離開前，女孩主動走近傑克問電話號碼。「我當然會給妳我的電話了……只是，妳會打給我嗎？」傑克對女孩故弄玄虛地說。

當天晚上，女孩果然打電話給傑克，聊了很多。「她好像不是在乎我的長相，而是真的在乎我這個人。」女孩經常傳訊息、打電話，尤其在傑克難過的時候，女孩後來成為傑克的女友。「她很有耐心，會講笑話逗我開心」，即使女友知道自己曾約會過很多女孩，仍相信他是個適合結婚的對象。「她讓我覺得我可以成為更好的男人。」傑克說。

馬尼拉出發　為生計來臺

大學只讀了一年，傑克一心想投入模特圈，他搬到馬尼拉尋找機會。在一座帥哥美女如雲的城市裡，他們當中大多數人，不到三個月就會失望，幻想破滅。但傑克抓住了好運，被一家經紀公司相中，他偶爾接到走秀活動與商業拍照，儘管一次酬勞只有五百披索（約三百臺幣）。

身為家中長子，他必須支撐弟妹、祖母，以及女友的生活。他找了份餐廳服務生的兼職工作，盡可能地延長明星夢的期限。

俊美的傑克從小就參加選美活動（**圖片提供：Jake**）

日子一久他也為錢犯愁，不得不再多兼一份食品工廠作業員，他曾出船打漁一年，也曾在專做汽車安全氣囊的工廠做事。傑克的月薪大概是六千臺幣，女友沒有工作，他的收入只能勉強餵飽他們。每次當父母打電話來，希望他能承擔弟妹的部分學費時，傑克算了算自己的薪水，每每都覺得錢不夠用。

他一位在工廠裡的同事有過類似的狀況。二〇〇九年到臺灣工作，他用賺來的錢改善家裡的生活，還買了新房。傑克看了很是羨慕，也想當一名海外菲律賓勞工（Overseas Filipino Worker, OFW）。

和多數菲律賓人一樣，傑克對出國工作的認知來自親人。

傑克的阿姨就是一名OFW，負擔整個家族生計。小時候，傑克家裡沒有足夠的錢買多餘東西。因此，他最期待在海外工作的阿姨回國的日子，「她知道我喜歡球鞋，每次都會買最新款的Nike球鞋跟巧克力給我，」曾將出國工作簡化成球鞋與巧克力的傑克說，「我的夢想是長大後要出國工作。」

直到繳交仲介費，他才發現出國工作，不是巧克力與球鞋的幻想。在銀行沒有足夠信用評等的他不得不向貸款公司借款，並背負了十四萬披索（約八萬三千臺幣）的高額債務。和我調查過的案子一樣，離國之前，他在貸款公司的要求下，簽下一張來自臺灣的本票，貸款公司並交付他一疊十五個月的繳款單，這使得他在二〇一三年來臺灣工作的前三年，每週必須爭取加班以償還債務。

直到二〇一六年，他還清債務，偶然看到一條選美比賽的訊息。壓抑的星夢，在臺灣死灰復燃。這次他決心要贏得頭銜。比賽前一個月，他下班後固定上健身房訓練，為了讓肌肉線條更明顯，他嚴格控制飲食，盡可能只吃肉與蔬菜，並減少吃米飯的頻率，說是能更有效率地燃燒體內脂肪。

他在這場比賽拿下冠軍，在其他移工選美比賽中，他連續贏得兩次冠軍、一次亞軍，以及「迷人微笑先生」、「最上鏡先生」等頭銜，在僅僅三年時間內。當問到這些成就，他有些抱怨其他參賽者，「他們沒有準備好自己的身材，我有時覺得他們不合格（unqualified）。」

傑克每月花費至少五千元，在購買健身補劑、保健食品與保養品上。當年齡突破三十後，他對自己的外貌感到焦慮，「我的年紀愈來愈大，其他參賽者都是年輕人，現在也會擔心，所以變成我要更關注保養。」他給自己訂下規則：每天睡滿八小時、盡量不曬太陽、睡前記得敷面膜。

除了維持體態，參加選美也所費不貲。參加每一次比賽，他要付給主辦者五千臺幣作為「註冊費」，相當於他月薪的四分之一。雖然可由出售門票回收付出的錢，但他坦言，「通常我必須先付，之後再慢慢找人贊助」，多數時候並不能完全回收。

贊助商與參賽者互利共生

在臺灣，這些菲籍移工的選美活動，通常由經營商店的菲律賓新住民出資支持，但實際上由移工臨時組成的籌辦團隊負責籌劃。活動需要租借場地、器材等等，在比賽前，每名參賽者還會由專業攝影師拍攝宣傳照；此外舉辦選美還得有獎金、獎盃等，所花費的金額不是小數目，能互利共生的贊助商被參賽者與籌辦人纏著加入這場盛會。

贊助商的商標會出現在活動背板上，有時現場會有他們提供的獎品。在新竹經營服飾商店的弗洛爾（Flor），是一名菲律賓藉的新住民，也是這些選美活動與傑克的贊助商之一。

她在二十年前來臺灣時，也是移工，在竹科的電子廠當作業員。如果開著車子沿國道一號開，從新竹出口減速，高架下方是一座又一座的高科技廠。距離第一批工廠興建已經有四十年，在上世紀八〇年代，臺灣政府受美國矽谷的啟發，投入建設新竹科學園區，決心以電子產業取代原有勞力密集的紡織業。

這些不可或缺的電子消費品供應商，認為自己位處全球化的前沿，雇主偏好能說一口流利英語的菲律賓移工。弗洛爾是其中之一。

來臺灣之前，弗洛爾在菲律賓的銀行工作，並憑藉自己的努力完成大學學業，這也形塑了她的價值觀，相信努力就能改變生活。但來臺作為一名移工，卻重重打擊此一信念。「有的工人就會欺負你，這是我第一次碰到這種情況，」她說來臺初期相當挫折，因為「你好像沒辦法改變自己的處境」。

工作一年之後，她與同工廠的涂崇銘拍拖，僅三個月過後，她認為對方是個忠厚老實的人，決定和他結婚。婚後不久，她發現丈夫容易感到疲倦，在她的堅持下，涂到醫院做了檢查，發現肝臟長了顆腫瘤，只有換肝才能活命。他們親近的家人與朋友都到醫院做了肝臟配對，檢驗結果只有弗洛爾的肝臟不會排斥，「我就捐了六六％的肝臟給他，」弗洛爾做這決定時根本不敢告訴父母，「我家只有我一個女兒，他們肯定不會答應。」

幸好手術相當成功。不過，兩人在養病期間沒有收入，他們還有三名小孩要養。弗洛爾決心再次扭轉命運。她前一份工作擔任一家窗簾工廠的業務，儘管她的流利英語足以應付國外客戶，但瘸腳的中文卻還不夠向主管報告，「我們老闆給我很多功課，每天都要我拿報紙唸給他聽。」

才過一年，弗洛爾的中文說寫已經大有長進了。二〇一三年，她在網路上買賣仿品以開創她的事業，並費心記錄菲律賓移工客戶的偏好，「他們喜歡 Nike 球鞋，我把照片傳給大陸那邊的業務，他們會幫我找，然後把貨寄來臺灣。」弗洛爾說，球鞋與香水賣得最好，「工廠裡的外勞很愛噴香水，他們大概兩個星期就會來買，有人一次就買一兩瓶。」

為了招攬客人，弗洛爾在各廠布局自己的業務。「我要一個人負責一間宿舍。」她從前一份工作領悟商業擴張的規律後，制定了以下策略，先從臉書找到大廠的工人，拉攏他們成為自己下線：「你要不要跟我合作？你幫我蒐集訂單，我給你佣金（commission）。」

才過兩年，她已經累積足夠資金，在竹北開設自己的服飾店。她開始引進菲律賓的品牌，但這些品牌不見得有仿冒品的吸引力，她亟需宣傳自己的商店。二〇一五年，弗洛爾第一次在臺灣舉辦選美比賽，她讓獲勝的前三名穿上商店的衣服，拍照上傳社交媒體，儼然代言人，「客人看到他們穿會覺得好看，有人一次訂三、四件，」她說，「營業額大概增加了三〇%。」

多年下來，弗洛爾有封長長的模特名單。多數是選美比賽中獲得名次的優勝者，也有部分的人主動寫信給她：「女士，我很想做模特，請問能否擔任您的模特兒。」至今，她有個通訊軟體的群組，大約有十多個人，「假如下個星期要拍品牌的衣服，我會問誰不用上班可以來拍照，我就會安排，」弗洛爾說。

傑克是商店的代言模特之一。「為什麼選擇傑克？」我問。「因為很帥啊，」弗洛爾咯咯地笑，又重複了一次，「真的很帥啊。」她補充，「客人看到他穿覺得很帥，就會馬上要買。」

在某些比賽裡，傑克會穿上弗洛爾引進的衣服走秀。不過，他們之間的關係，遠比單純的商家與模特來得複雜。由於引入勞動力的國家想要最大程度地攫取勞動力，又不希望衝擊內部就業，因此將移工簽證綁定雇主，而為了確保雇主擁有完整的勞動力，會再限制移工不得兼職工作。[1]

如果違反這項規定，雇主會被罰款，移工也會被驅逐出境。在這層因素下，這群菲籍移工模特為商家代言或走秀，都存在著曖昧的交換關係。

以傑克為弗洛爾走秀為例，他只會在事後拿到兩件商店的衣服。可是弗洛爾不認為自己虧欠，「他就是想要當 model，他想要曝光，我想要宣傳商品，give and take，各取所需而已，」她說。

以禮物交換建立連結

事實上，銀貨兩訖的貿易關係，是晚近資本主義盛行後才出現的。法國社會學與人類學家牟斯（Marcel Mauss）觀察毛利人的交換行為後，寫成著作《禮物》。[2]他認為，正是這種透過禮物交換所創造出的連繫，真正建立了人際之間的信任與友誼。

牟斯將禮物交換的過程細分為三重義務。首先由贈禮者送出禮物，再來是收禮者要接受這項禮物，最後是收禮者必須要回給贈禮者等價或更高價值的禮物。人有送禮的義務，收禮者因不願與送禮者發生矛盾，而有收禮的義務。禮物交換至此，送禮與收禮者已經建立雙向關係，牟斯認為，雖然送禮物看來是自願的行為，但收禮實際上是種虧欠他人的負債，而且不回禮還會讓別人覺得自己無能，可能影響自己的社會位置。不管如何，收禮者會以回禮完成整個禮物交換的任務。

一九九〇年代，有位名叫閻雲翔的人類學博士生，受到牟斯的啟發，搬進黑龍江省的下岬村。生活一段時間後，他發現村裡人的禮物交往相當頻繁。[3]當地人會透過贈禮的互惠行為來結盟，將禮物之網改造為人際之網。村裡有項傳統，在農忙時期，缺少勞動力的家庭得從他們的親友處尋求幫助，叫作「求幫工」，並在以後等待機會回報。

就像華人社會說的「做人情」，吃點小虧，實則蘊含了對於下次回報的期待。一位村裡的年輕人告訴閻，沒有人會為了僅僅幾塊錢的報酬幹活，他們寧願無償幫忙，以便日後在類似的情況下可以得到同樣的回報。

如果單就經濟觀點來看，這不是個好主意。互助對主家不是無償的，甚至比僱工的花費更多。東道主要準備好飯好菜、好菸好酒，對工作品質與完工時間也難以控制，而且在競爭之下，伙食的品質得不斷提高，進而墊高了互助的花費。儘管如此，這仍是鄉村社會中接受的辦事途徑。閻雲翔解釋，如果一個人找不到人當幫工是很沒面子的，那等於向世人宣告，他在村裡沒有面子，他的關係幾乎是零。

回到開頭，傑克參加的那場國際選美，他必須支付一千美金作報名費，其中弗洛爾幫忙贊助了大部分的花費。至於其他在臺灣舉辦的小規模選美，參賽模特經常被要求賣出至少五十張門票，以顯示他們在社群裡的人氣。弗洛爾身兼某個菲律賓同鄉會的主席，有時她以同鄉會名義，幫忙她熟識的移工購買幾十張票，達成參賽資格。

於是，一個緊密連結的菲律賓社群產生了。人類學者陳如珍研究在港的菲籍移工選美多年，「互通有無是這個社群（community）存續下去的關鍵，」她解釋，不必是金錢的立即回報，但參與其中的所有人，都得花時間與感情經營關係。

作為一名成功的模特，必須謹慎地維持與贊助商的關係。這就說得通，為什麼傑克與我初次見面遲到了三個小時。他當時向我解釋，他在採訪前臨時接到某名外配店主的晚餐邀約，「我不能取消這場飯局，」他說。

另外，管理自己與選美主辦者的關係同等重要。

舉辦選美的收益

每個週日，在臺灣各地有著大大小小的菲律賓移工選美活動，小的在室內活動中心舉行，大的在百貨公司的戶外廣場舉行。馬力歐（Mario）舉辦的選美，被視為是最隆重的選美活動之一。

我在二〇一九年聖誕節前的週日，參加一場馬力歐所舉辦的菲籍移工選美，地點在新竹巨城百貨前廣場，這塊空地估計能容納八百人，原訂下午才開始的活動，一早就站滿了觀眾。選美的參賽者為男女各二十名，都是來自臺灣各地的菲律賓移工。大螢幕輪播模特們的宣傳照，臺下第一排坐著自菲律賓邀請來的服裝設計師、電影明星、醫美集團總裁以及代表處官員。

我與馬力歐見面時，他三十六歲，在臺工作已經十年，主辦過四場選美。他主辦的選美活動報名相當踴躍，經常超過三百人，而他必須從中挑選出四十名有潛力的模特，委請專業攝影師幫他們拍攝形象照與微電影。

傑克同意這場比賽競爭最激烈，「我在臺灣的（移工）模特圈朋友都會參加，它在菲律賓人的社群裡相當有名，」傑克在二〇一八年參賽拿到第二名，是他少數在臺灣未能奪冠的選美競賽。

馬力歐從菲律賓呂宋島的老家一路走來並不容易。二〇一一年，因為父親中風，他來臺在工廠當作業員。工作之餘，他看影片自學沙畫，二〇一五年考取臺灣街頭藝人執照，是第一位擁有表演執照的移工。到了二〇一八年，政府公布《外國專業人才延攬及僱用法》，[4]馬力歐以藝術家身分，成為從藍領移工轉換為白領專業人才的第一人。

菲律賓社會熱中選美，人類學者給過多種解釋。其一來自菲律賓的創世神話，世上第一個男人與女人是馬勒卡（Malakas）和馬加達（Maganda），分別代表著強壯與美麗。因此，在菲律賓人世世代代的認知裡，女人是代表美麗的，而美麗是值得被欣賞的。

受到西班牙傳入天主教影響，菲律賓熱中選美，從鄉村到城市，隨處可見大大小小的選美比賽。尤其是每年的五月花節，全國上下都會舉行神聖十字架的遊行慶典，重現海倫娜皇后尋找耶穌十字架的故事，而每個村落裡的大事，就是要選出最美的女孩扮演海倫娜皇后。菲律賓的宗教與家庭文化，間接讓人們更加熱愛選美。

錢是推進選美成為一項生意的動力。四十多年前，一位曾贏得后冠的菲律賓小姐泰圖拉（Joyce Burton-Titular）說，「選美是一個實現平等的機會，即使你來自最貧窮的地方，仍然有機會贏。」她認為，「在我們的國家，選美才是真正的平權運動（equalizer）。」[5]

許多害羞且瘦長的少女受到鼓舞，她們離開農村湧入都市，擠進一間又一間的選美培訓營（beauty pageant boot camps），滿懷期待蛻變成優雅的洋娃娃，有朝一日，能踩著六吋高跟鞋登上國際舞臺。她們之中有人完成蛻變。二〇一九年，一位二十四歲的女孩特麗安娜．格雷（Catriona Gray），代表菲律賓參加環球小姐（Miss Universe）的佳麗摘下后冠。這已是菲律賓抱回的第四座環球小姐冠軍獎杯。賽後，菲律賓總統杜特蒂（Rodrigo Duterte）公開發文祝賀，「她是整個菲律賓的驕傲。」

一九七〇年代，當菲律賓政府將勞工送出海外作為減貧的主要戰略。愈來愈多的菲籍移工出國工作後，也將選美文化帶到沙烏地阿拉伯、香港、臺灣等地。

一位名叫莎朗．納吉（Sharon Nagy）的美國人類學者，曾到波斯灣的島國巴林，觀察一場由當地的菲律賓移工舉辦的選美比賽。[6]這類活動得以在異鄉舉辦，需要許多以同鄉凝聚的團體才能辦到，其中一位選美活動的籌辦人告訴她：我們必須幫助彼此，盡快在這塊土地站穩腳跟，同時向本地人展示我們的才華。

在臺灣，參與選美的移工模特們，似乎找到能掌握自己命運的一條路，不只是作業員或照顧老人而已，而是能展示自己的本色，以及向臺灣人介紹菲律賓人以引為傲的美麗。

儘管每場選美活動都能吸引不少觀眾，但顯然和組織者原本設想的不同，他們的活動並沒有出現在臺灣人的視野。過去幾年，我參加了數場移工選美與時尚秀，觀眾幾乎清一色都是菲律賓移工，連菲律賓藉的新住民都不常見。儘管沒有人統計歸納買門票入場觀眾的國籍，可我從沒看過有印尼或是越南等其他國籍的移工，來觀賽的臺灣人頂多是參賽者的伴侶、工廠同事，或是和我一般的記者。

我曾設想，是因為他們的活動沒有公開刊登廣告，才沒有臺灣觀眾來觀賽。我想，只要臺灣人知道有這樣光采奪目的移工選美，肯定會跟我一樣深陷其中。

我有一位菲律賓彩妝師朋友馬克（Mark），他曾在鞋廠工作時被化學藥劑濺傷臉，為了遮掩臉上的傷口，他開始自學化妝。消息傳出後，他經常受邀幫參賽的模特化妝，甚至一手打造他們參賽的服裝。在幫參賽者們取得多個獎項之後，他逐漸在移工選美的圈子裡有了名望，決心舉辦自己的選美比賽。他舉辦的服裝秀與選美被視為圈子裡隆重的盛事，多次被臺灣媒體報導，由他主導的服裝秀在花博公園、華山文創與松菸文創園區都曾公開展示過。

很多人拿他跟馬力歐做比較，我問過他怎麼看。「我們的才華都是差不多的，」他迂迴地回答，「只是他拿到了藝術家的簽證，他可以辦在公開場合，而我不行。」

即使受過多次政府邀請舉辦展覽，馬克對於收費入場的選美比賽仍相當謹慎。儘管主辦者與參賽者間的關係模糊，但參與其中的人都是藍領移工，一旦被勞工局認定為業外打工，將被強制離境。沒有移工能承受這項後果，尤其在負擔鉅額的仲介費之後。多數時候，他將活動辦在一座公有市場裡的婚宴會館，觀眾得事先向參賽者購票才能入場，等於先篩過一輪觀眾的身分。

當地人對移民工文化存在抵觸心態也是原因之一。有段時間，我著迷於這類移工選美，理由是他們在舞臺上展現出的自信，與我過去訪問過的移工形象大不相同。當我在網路上張貼出選美比賽的照片與活動訊息，經常有朋友留言對活動有興趣，但我從沒在比賽現場見過他們。莎朗在巴林做田野研究時，也經常跟熟識的朋友描述菲律賓移工選美，他們看來饒有興致，問了許多問題，但他們從未有人接受她提供的免費門票。一位熟悉的巴林女人告訴她：「我該怎麼跟我丈夫說，我花了一個整個晚上看菲律賓人的選美？」

參加選美往往還得付出昂貴的代價。即便馬力歐強調，這場選美的收益將用來幫助菲律賓的貧困兒童；不過，他也承認，參賽的模特需付出一萬臺幣購買「參賽資格」。當中的五千元，移工可透過販賣觀看比賽的門票回收，一張門票五十元，初選資格是參賽模特得事先賣出至少一百張門票，以證明自己在網路上的「高人氣」。另外的五千元要參賽者自掏腰包，馬力歐聲稱這筆錢全都花在參賽者的禮服、妝髮與宣傳照上。

雖然每場選美都會吸引很多菲律賓移工觀眾，但不是所有菲律賓人都樂見這些活動，甚至不少人認為參加選美的移工都是愛亂花錢的。

陳如珍初次聽到反對意見，很是意外。她曾在研討會上滿意地發表關於在港菲傭選美的研究，會後卻有名菲律賓學者跑來抱怨：這些勞工是在浪費錢。她後來陸續蒐集到反對菲傭選美的兩大理由：「賣弄性感，違背天主教教義」、「亂花錢」。

反對者認為參加選美的移工愛漂亮、貪玩，與海外菲律賓勞工的形象相悖。OFW一直是個為家庭犧牲的角色，他們按月把工資寄回去，只留一點錢自用，只是，「為什麼當他們花錢在自己身上，就是亂花錢？」陳如珍反問。

「我來臺灣還是寄錢回家，同時我也花一點錢參加選美，這是我的快樂，」傑克是家中唯一出國工作的人，大部分錢花在父母身上，還有些錢用在接濟兄弟姊妹，以及姪女姪兒的生活。

還有一類人秉持的反對理由是，他們擔心工人被騙錢。我問了馬力歐好幾次，參賽者收來的錢怎麼運用？他一直不願回答，要到最後，他給了最接近問題的回答：「我沒有靠辦選美賺錢。」

當主辦人能結識很多人，有時能獲得豐厚的回報。在成功舉辦多場選美後，馬力歐經常接受媒體訪問，成為社群裡的紅人，所有在臺的菲律賓移民都想同他建立關係。他將這些關係轉化成收益，像菲律賓的導演打算為他拍一部紀錄片、受邀至劉若英演唱會上表演沙畫，或接到十場科技大廠的尾牙演出等等。

所有移工都曉得要累積人脈，並善加利用。沒有人一輩子甘願當個「移工」，這份工作只是過渡，人脈有時能幫忙找到新的職涯路徑。像傑克那樣，能參與國際選美，或簽入菲律賓的模特經紀公司，都是來自他在臺灣參賽時認識的設計師與模特介紹的。

不只是轉化成收益，參與選美所建立的人脈，更普遍的功能是連繫情感。

療癒思鄉的辦法

「我參加選美是為了交到更多朋友，」另一名參與馬力歐的選美比賽的模特巴亞尼（Bayani）說。工廠裡的人脈效用不大，除了調換班表外，參加選美對拓展交際圈是件好事。

我們認識時，他才二十八歲，有兩個兒子，分別是七歲和一歲，來臺灣還不到兩年，經常想家。「我第一次來臺灣，什麼都不懂，所以我需要朋友，」他說，「他們在臺灣有很多經驗，可以教你怎麼在這裡生存（survive）。」

有段時間，他的思緒一直陷在離國的那天。他記得是早上九點的班機，家人送他到機場，媽媽率先打破沉默，告訴他：「你現在就要離開了，你會離我們很遠，要照顧好自己。」巴亞尼回憶，他的兄弟們牽起手，為他禱告。他的兒子也到了機場，跟他說：「Daddy，不要擔心我，我愛你，我會想你的。」

巴亞尼聽完後，反而加快腳步通過海關，「我走很快，因為我不想看到他的表情，我也不想讓我兒子看到我在流淚。」通過海關後，他透過玻璃窗看到兒子在哭，「這對我們都很難，他知道我必須離開，他知道我們家的處境。」

工廠的生活也讓他難以適應。到臺灣之前，他一直堅信自己會在電子廠工作，因為仲介是這樣說的，可現在他在一家連鎖餐廳的中央廚房做事，每日將豆子和穀粒分開攪拌，「你很難跟仲介抱怨，我們必須完成契約，否則契約就會作廢。」他的樣子疲憊，無奈大過於怨恨，「我沒有選擇，我需要這份工作，我需要錢。」他繼續說道，「當我來到這裡，我不是操作機器，我就是機器。」

巴亞尼需要朋友，來協助他適應新環境，以及面對兒子的疾病。事情發生在二〇一八年，巴

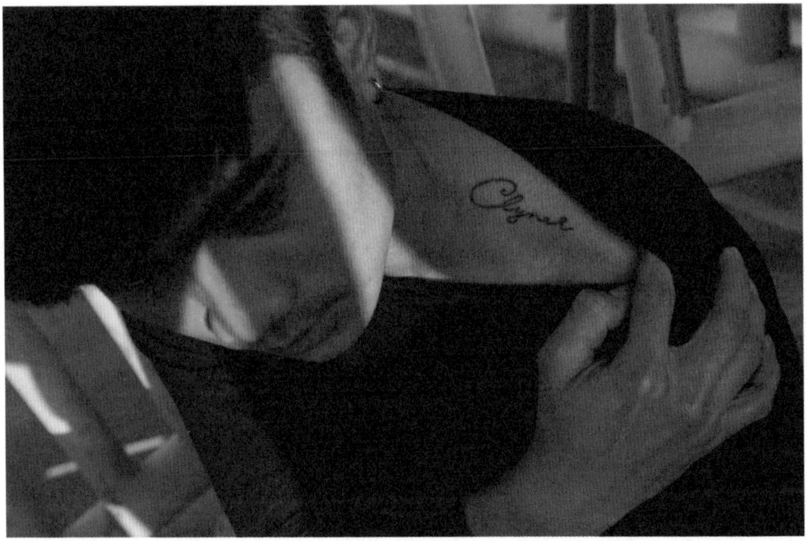

巴亞尼在肩膀上刺上兒子的名字，這是他寄託思念的方式。（攝影：林煒凱／鏡週刊）

亞尼來臺灣剛滿一年，他的大兒子經歷許多天的高燒不退，家人帶他到醫院檢查，醫生建議順道做個骨髓檢測。檢查結果出爐當天，巴亞尼還在工廠工作，整天心神不寧，等下班後打電話回家，他的母親支支吾吾，岔開話題問他有沒有吃飽？工作適不適應？直到掛上電話都沒再提起檢查結果。到了隔天才傳簡訊說：「檢查結果是陽性的。」

兒子確診是白血病，讓他的世界瞬間崩塌，只能不停禱告，「上帝啊，我該怎麼辦？我該怎麼付這筆醫藥費？」抑鬱地過了三天，身邊沒有朋友可以傾訴，巴亞尼決定把故事寫下來，發布在菲律賓移工的臉書社團。「開始很多人傳訊息給我，他們願意幫助我，鼓勵我，」多數傳訊來的人巴亞尼並不認識，「有些人承諾他們回到菲律賓後，可以繞去我的家鄉，替我的孩子加油打氣。」

菲律賓的同鄉會為他發起募款，也有移工願意週末當志工，和他站在街頭募款。為了讓更多人認識他，進而瞭解兒子抗病的故事，他的朋友鼓勵他參加選美。這個決定對巴亞尼來說不難理解：他的身材高挑，閃亮的黑眼珠藏在瀏海後面，從高中到大學，他多次代表學校和村子參與選美，拿過不少冠軍。

畫面切回前面那場聖誕節前的選美，活動在頒獎時達到高潮，臺下觀眾的尖叫聲震耳欲聾，尤以巴亞尼的粉絲們最為熱烈。長達九個小時的比賽後，巴亞尼只獲得第三名，這項結果不被粉絲們接受，抗議評論湧入主辦者馬力歐的臉書頁面。

巴亞尼喜歡稱他的粉絲為「家人」，因為那種為了照顧家人，而不得不遠離家人的微妙心情，「他們能夠理解，」巴亞尼說。他和後援會會長潔琪（Jackie）結為好友，她來臺灣已經九年，當初為了給女兒更好的生活而出國工作，現在卻和女兒沒有話說。「我常看到她和女兒講完電話後，偷偷擦眼淚，」巴亞尼轉述，「她已經不知道十四歲的女兒喜歡什麼了。」

「菲律賓人都是好演員，」巴亞尼要假裝自己對新生活很滿意，尤其在聖誕節時，一個屬於家人團聚的節日。「他們在吃飯，看起來很很開心，我也很開心，」巴亞尼透過手機螢幕看見久違的家人，「但他們不曉得，掛上電話後，我一直哭，我的心碎成一塊一塊的了。」

巴亞尼曾暗許要當一個負責任的父親，不再讓孩子成長於缺少父親的關愛，因為他自己就是這樣一路長大的。小學四年級時，他的父親先到臺灣工作，之後又到沙烏地阿拉伯，一直到他上大學才回家。儘管透過書信、電話保持聯絡，不知道從哪時候起，那些對話也成了走過場的儀式。

「爸爸，你吃飯了嗎？」「爸爸，我想你。」「我愛你。」

「所有重要的日子他都不在，」他無奈父親缺席，但「你不能責怪他，因為你必須理解，他也是為了我們」。就像斬不斷的輪迴，我問他，自己現在不也踏上父親的後塵嗎？「現在有智慧型手機啊，我可以經常跟兒子視訊，」巴亞尼笑著說。

就像許多菲律賓人一樣，出國工作讓導致婚姻名存實亡。巴亞尼來臺一年後，妻子提出分居，他成了單親爸爸。消沉過後，他在左右肩膀刺上 Clyner 和 Mavie，他兩個兒子的名字，「他們現在是我最大的責任。」雖然巴亞尼極其想跟孩子們見面，但他現在盡量避免在電話中談論回家的話題。剛來臺灣時，他一直確信，自己完成第一期三年合約後就會回國，因此，當他的男孩們問：「爸爸，你哪時候回家？」

「我很快就回家了。等我回家，我們一家可以團聚，不會再分開了。」巴亞尼承諾他的男孩們。甚至，他相當樂於描繪再次團聚時的情景，「當我回家時，我們可以去打籃球、可以去

Jollibie（菲律賓的連鎖速食店）吃飯，可以像你小時候那樣，坐在我的大腿上握著方向盤開車。」

如今，他可能想要斬斷家族裡出國工作的輪迴，當我再次問起，他打算哪時候回菲律賓時，他的語調發生變化，更多的是無奈。

「我不知道還會在臺灣待幾年，我必須存夠他們將來念大學的花費。」巴亞尼說。

圖輯

假日裡的國王與皇后

每逢週日，臺灣各地都舉辦不同規模的菲律賓移工選美活動。站上舞臺時，他們不再只是工廠裡的外勞或家中的幫傭，他們是假日裡的國王皇后。

臺灣有超過七十萬名移工，其中約十五萬來自菲律賓，參賽選美者約五千多人，若加上周邊的攝影師、化妝師、服裝設計師和觀眾，總人數接近二萬，構成自給自足的小圈子。在選美裡，這群移工模特不只找回自信，也連繫感情，撐著渡過思鄉的寂寞，安慰彼此遠離家人的心情。

四名移工模特在拍照空檔若有所思

二名移工模特幫彼此整理頭髮

移工模特們在週末排演時共同聚餐

參賽的移工走過舞臺，為了贏得獎杯，
也為了自我成就。

參賽移工日夜排練，
就為了走上不到一百米的紅毯。

獲獎移工在天臺拍攝團體照，當時正逢疫情肆虐，精緻的口罩成了最時尚的配件。

參賽模特在舞臺上展現肢體與自信

在選美比賽中贏得后冠的模特，她的臉上有著喜悅與自我實現的滿足感。

週日晚間，拍攝完宣傳照的模特準備回宿舍，重回移工身分。

4

人權大浪

移工正在改變東亞的勞動力格局。隨著東南亞國家經濟快速成長，年輕工人不再渴望出國，與此同時，東北亞國家因人口老化，開始競爭外籍移工。這導致移工市場正從買方轉為賣方市場。

歐美品牌大廠推動「零付費改革」，要求雇主承擔移工的聘僱費用，這對十萬名在電子供應鏈上的移工產生直接影響，並加速擴展至其他製造業。

然而，面對移工出口國愈來愈多的工人保護政策，有些臺灣和菲律賓的人力仲介卻開始共謀操控借貸和票據，使移工在工作的同時，也陷入高利率的債務之中。

新的遊戲規則將如何塑造？那些負責招募的上千家仲介應該如何應對？當一部分仲介業者在高度規範的壓力下逐漸失控，又有一群仲介業者表示他們不想再背負吸血的惡名，希望積極進行轉型。那麼，這條轉型的道路將會是什麼呢？

1 簽本票的陷阱——誰讓菲律賓移工背負失控債務？

直到米蘭達接起那通電話前，我們的採訪還是相當平靜的。

在桃園內壢與中壢交界，散布著各類從生產鬧鐘、食用油到電子晶片的工廠。米蘭達在其中一家電子廠工作，她的公司負責封測半導體晶片，並賣到美國製成各種電子消費品。我搭了一個多小時的火車來找她，因為她的一篇短文贏得移民工文學獎的首獎，這座獎項延續東南亞文字刊物《四方報》的精神：讓移民工發聲。

我們約在宿舍門口，建築物看上去很體面，大樓貼著磁磚、中庭廣場鋪設空心磚。不一會兒，厚重的金屬大門開出一道縫，米蘭達探出頭。她的個子不高，比實際年齡看起來還小，已經四十歲了，但有一張娃娃臉，眼神充滿孩子般的好奇。

我們初次見面是在二〇一九年的夏天，那時她在臺灣工作滿十二年，已達移工居留的上限，完成契約後她就必須返回菲律賓。但年底COVID-19病毒開始向全球擴散，各國紛紛封鎖邊界。這反倒讓米蘭達鬆了口氣，她害怕回到菲律賓，因為「我是逃來臺灣的」。

她從小就知道自己與眾不同，比起玩洋娃娃，她更喜歡跟其他男孩一起鬥陀螺，當女同學坐到她的膝上閱讀，她又會感到難以言喻的愉悅。母親在她很小時就出國工作，先到中東國家幫傭，後來又到臺灣當看護，米蘭達的父親不情願地「父代母職」，並將此視為對自身男性氣概的否定。

菲律賓人發明了「houseband」、「huswife」等詞彙，類似中文語境的「家庭煮夫」，嘲弄那些被留下來照顧家庭的丈夫。菲律賓學者艾莉西亞・平格爾（Alicia Pingol）的研究曾提到一位菲律賓的家庭主夫在清掃庭院時，一些經過的女學生嘲笑他說：「你會長出胸部喔！」[1]

為了維護男人的面子，有些留在家鄉的丈夫會另尋工作，再用妻子寄回來的錢僱保母外包家務。不過，受損的男性氣概，卻以最糟糕的方式作用在米蘭達父親身上，他開始酗酒，性情變得暴躁易怒，當靜謐的村子議論米蘭達與女孩走得很近時，他對米蘭達拳腳相向。

「每當他看到我在街上玩耍時，他就會用皮帶鞭打我，不管皮帶打到我身上任何地方，總會在我的皮膚上留下痕跡。鞭打那一剎那，感覺熱燙的痕跡烙印在我的手臂上、腿上、背上。」米蘭達那篇得獎文章〈鞭打的痕跡〉說的是她疼痛的青春期，終日在父親的咒罵與毒打中度過，直到母親休假回菲律賓才消停一陣。

那時米蘭達已經上高中，開始跟一些女孩子約會。有一天午夜，父親醉醺醺地回家，一腳踹醒熟睡的米蘭達，咒罵她是社會敗類。米蘭達低頭聽著那些羞辱人的話，不斷地發抖哭泣。突然，父親掐住她，她感覺到冰涼的尖銳物抵著脖子，「我的父親說如果我不改變的話，他就要用扁鑽殺了我！」米蘭達的尖叫吵醒母親，母女合力才把喝醉的父親拖回房間。

那晚是米蘭達對父親的最後印象。隔天，她逃離了那個家，換過好幾份工作，輾轉寄住在朋友家，直到她大學讀了一陣子，因為打工的薪水入不敷出，不得不出國工作。米蘭達剛開始申請時，沒有告訴任何人，直到通過臺灣一家電子廠的面試，她才告訴母親，自己終於也要去母親曾打工過的島嶼冒險了。

「妳媽媽會覺得失望嗎？」聽到我的問題，米蘭達有點疑惑，「妳媽媽出國工作想讓你們有更好的教育，不要再出國打工。」我以為我的英文說不清楚，又問了一次，「所以，當妳媽媽知道妳要到臺灣工作，她會失望嗎？」米蘭達瞪大眼睛一臉不可置信，然後用手遮住嘴巴咯咯地笑。這種表情我見過，尤其當我問一些蠢問題的時候。

「我們覺得能出國工作是一件很光榮的事情，」米蘭達收起笑容，「出國工作很競爭，很多人準備很久都沒面試上工作，我很幸運，第一次面試就找到工作了。」「我的家人都以我為榮。」她說。

米蘭達所言不假，海外菲律賓勞工（ＯＦＷ）是地位的象徵，他們每年匯回約三百八十億美元的外匯，是菲律賓主要的收入來源，政府對此心存感激。根據世界銀行二〇二二年的統計，菲律賓收到的外匯在全球排行第四，僅次於印度、墨西哥以及中國。[2]正因如此，每當聖誕節有大批海外勞工回國時，菲律賓政府會在機場為他們舉行特別的歡迎會。

米蘭達來臺灣工作後，部分收入一直用來扶持家人。家中排行最小的弟弟大學畢業後，在菲律賓找不到活幹，米蘭達託仲介給他找一份臺灣的工作。米蘭達告訴我這些故事時，我們才見第二次面，卻感覺像是認識很久的朋友，我們坐在大賣場的美食廣場裡，「我從來沒跟人家說過家裡的事情，」她神情自若地啜著可樂和我說。

貸款與債務是移工常態

她接起一通電話，臉上的表情瞬間沉了。她用英語混著他加祿語，一種在菲律賓廣泛使用的本地語言，語速愈來愈急。等掛上電話，她強顏歡笑地表示要提前結束採訪。

「怎麼回事？」我不放心地問。「我弟弟的貸款今天是繳款日，他繳不出來，」米蘭達疲憊地說，「我沒有多餘的錢，等一下要坐車去找親戚借錢。」

那天剩下的時間，我陪著米蘭達走訪幾間工業區裡的雜貨店，店主多是從菲律賓來的新住民。米蘭達簡單介紹我是名記者後，常有這樣的對話：「為什麼你要採訪米蘭達啊？」「她拿了一座文學獎，很厲害。」「對對對，她比較安靜，不像其他工人放假都出去玩。」

一陣寒暄後，米蘭達把老闆娘拉到一旁講悄悄話，又無奈地離開。後來，米蘭達決定坐車去找母親的姊妹，她婉拒我一同前往，我只好目送她搭上一輛向南的公車。

我放不下米蘭達的家庭故事，即便家中有三人出國工作，仍無法擺脫債務。當時，我正在醞釀菲律賓移工選美的故事，經常混跡在他們排練的小屋。我將米蘭達背負債務的故事告訴認識的菲律賓朋友傑克，他是一名經常參與選美的移工模特，眼眸深邃、鼻梁高挺，鬍渣勾勒出有稜角的下頷線。他拿過好幾次選美比賽的冠軍，在菲律賓人的圈子裡小有名氣，想結識他的同鄉也多。

當傑克聽到我的問題後，大笑了幾聲，「你知道我為什麼到（臺灣）第三年才開始參加選美比賽嗎？因為我前兩年都在還貸款，」他對米蘭達的困難不以為然，「我們每個人都是這樣走過來的。」

正是傑克的冷淡反應，讓我感覺到這可能是菲律賓移工在海外的共同遭遇，於是我四處打聽，想找到同樣深陷債務問題的工人。

一位在NGO工作的朋友為我介紹 Jasmin，她是看護工，也是一位替家務工人申訴債務問題的運動分子。在臺灣的看護工以其惡劣的勞動條件，屢次招致國際人權團體批評，如今有看護工奮起為他人爭取權益，令我驚訝。

很多看護工一到臺灣便開始做牛做馬。出國前說工作是照顧老人，實際卻是幫傭、看護與保母的三合一。雇主理所當然地認為，簽了契約就等於擁有工人的所有時間，她們通常一週七天都沒有休假，[3]而這項基本權利，從二十年前就開始被倡議，至今未果。二〇〇三年，作家劉俠（筆名杏林子）遭看護推倒後不幸過世，事後發現該名看護因長期缺乏休假而精神異常。國內人權團體主張制定《家事服務法》，以保護家務工人的權益。

臺灣政府拒絕將外籍看護納入勞動法令保障，這意味她們在工時、休假、職災方面全無保障。她們工資也比其他產業移工更低，很多年都被壓抑在一萬五千元左右。除此之外，她們的人身自由常常受到限制，必須與雇主同住、不能任意外出。再考慮她們在出國前支付的高昂費用，家務移工經常被認為是最為脆弱的工人。

很多人都被她們的男性雇主欺負過。二〇一六年一則影片在移工社群廣泛傳播，影片中一名上身赤裸的中年男子欲強脫看護的褲子，她不斷以中文回「我不要」、「老闆不要」、「我說放手」，男子絲毫沒有停手的意思。該名看護不是第一次遭到雇主騷擾，她向仲介申訴卻沒有獲得處理，才決定外流影片尋求幫助。

這則五分多鐘的影片讓外籍看護群體瀰漫著厭惡的情緒，上傳一週便吸引數萬次點擊，影片

位於臺灣的移工金融匯兌機構（攝影：蘇威銘／報導者）

後來登上印尼新聞網站首頁，幾萬人氣憤地在留言區批評臺灣雇主惡行，英國媒體BBC也跟進報導。[4]

外籍看護常被看作脆弱的工人，但朋友所描述Jasmin的故事卻不是這樣，我對她感到好奇，透過臉書發訊息給她。可能是工作忙碌的緣故，Jasmin對採訪不感興趣，不是很慢才回覆，就是回訊息不超過一句話。一週後，我重寫了介紹信，說明自己在一家做深入報導的新聞媒體，尤其關注移工的人權，並附上網站連結。

「你們報導了Supriyanto的故事？那位死去的印尼工人？」她用

翻譯軟體快速瀏覽新聞連結，「等一下，你們也寫了懷孕移工的故事？我身邊有好多朋友都因為懷孕被解僱或逃跑。」

「我懂了，你是專業的記者。」（You' re a caliber journalist!）「你是揭露**猖獗的非法收費和吸血鬼高利貸**的最佳人選！」（You are the right person to expose this RAMPANT ILLEGAL FEES AND BLOODSUCKING LOAN SHARKS!）

我們約在她的工會辦公室見面。我提早三十分鐘到附近，但她給的地址實際上不存在，我走過附近三條巷子，都沒看到一間像辦公室的屋子。我打電話過去，Jasmin 表示要站在門口等我，原來我剛才路過了好幾次，外觀是單層鐵皮屋，挨著一幢透天厝，很容易被誤認為住家的車庫。

她們的辦公室不到二十坪，感覺像被嬉皮占領的青年旅館，一進門有供更換的室內拖鞋，房間裡塞進三張上下鋪雙層鐵床，一名手纏上繃帶的移工正躺著休息，另一名懷孕移工坐在靠近門口的雙人沙發。這裡最有工會風格的裝飾大概是四周牆壁用各色便利貼留下的抗議標語：「我們要休假，因為我們是人」、「我是人、是工人，不是奴隸」（I am human, I am a worker, Not a slave.）。

Jasmin 一屁股坐在沙發上。我問她怎麼開始協助其他移工，她笑了笑說，「自從我的案子解決以後，我就在想怎麼教其他看護去爭取比較好的（勞動）條件。」

她身高大概一米五，身著連身長裙佩戴眼鏡，未施粉黛而隨意地紮起馬尾，還有幾束頭髮落在肩頭，說話的語速很慢，神情像陷入回憶。

二〇一四年的某個晚上，高雄市巷弄裡傳來一陣陣尖叫聲，兩名仲介公司的人強拉著 Jasmin，想將她塞進一輛黑色轎車後座，送回菲律賓。「這樣做太無情了，」Jasmin 哀傷地說。儘管她為這個家庭工作才四個月，但她自認與這家人相處融洽。當別的看護還在爭取家中冰箱的使用權，Jasmin 抵達的第一天，雇主太太讓她放心當自己家，告訴她冰箱裡的食物都可以隨便吃。Jasmin 回憶道，「太太知道我喜歡吃香草口味的冰淇淋，有次買了一桶給我。」

為此，她願意為這家人做得更多。Jasmin 主要的工作是照顧雇主的媽媽，由於她能夠說一口流利英語，在雇主的堅持下，Jasmin 也教他的孫子英語。她只能在料理家務、照顧老人和照看孩子的間歇休息片刻。儘管如此，Jasmin 未曾抱怨工作。

但是現在，因為一張法院寄來的債務通知書，雇主卻打電話讓仲介來把她帶走，完全不聽 Jasmin 解釋，這令她備感心痛。

「拜託你不要中止我的合約，不要送我回去，」Jasmin 記得那晚，當仲介拉扯著要將她送走時，雇主一家就站在一旁，毫無作為。她壓低身軀企圖擺脫仲介的手，幾近崩潰地向雇主哭喊，「你們臺灣人，願意擦你們父母的大便嗎？我願意！這是你們需要我們菲律賓人的原因。」

她聲嘶力竭的控訴為她爭取了一些時間。她趁雇主與仲介商量的空檔撥了通電話給當地的勞工局，說明仲介違反她的意願正要將她送走。當地官員及時介入，把她送去桃園一處由人權團體開設的庇護所。

米蘭達、傑克與Jasmin所賺的每一分錢都必須優先償債。他們負債是為了取得工作，而由於這份債務，他們又被束縛在工作上，不得不花更長時間來償債。曾是移工運動組織者的李易昆在他論文問道：「他們（移工）為什麼不行動？」[5]一位受訪的菲律賓工人告訴他，因為被債務綁住了手腳。在三年契約裡，一年償債、一年還本，要到第三年才開始賺錢。因此，他們沒時間去抱怨工作。

這在世界上一些地方被稱為契約奴役，但在亞洲，卻是普遍的僱用方式。它是這樣運作的：Jasmin為了獲得一個在臺灣家庭的工作，必須在繳交體檢、簽證和機票等規費外，再繳給家鄉的仲介公司約合四萬八千臺幣的仲介費。「簽完合約以後，他們以幫忙買機票為由，扣留我的護照還有合約，在出發前兩天，要我再多付八萬披索（約新臺幣四萬八千元），」Jasmin形容這筆債務是場陷阱，讓人無從拒絕，「只有兩天，你要四處去陳情，還是要趕快想辦法去借錢？因為我還是想到臺灣工作啊。」

她沒有足夠多的錢，於是仲介公司的人給了她一個地址，是一家貸款公司。為了付清仲介費，Jasmin簽了一紙常規的貸款合約，「他們要我簽名，我說：『可以，但我要錄影』，」話才說完，「他們就沒收了我的手機。」她借了八萬披索，約定月利率二％、年息二四％、分成十四期支付，貸款公司給了她十四張繳款單，要求她到臺灣後，每月持繳款單到便利商店繳費，以臺幣還款。

來自臺灣的本票

在臺灣約有十五萬名菲律賓移工，勞動部曾調查約六成五都有借錢支付仲介費。[6] 借款出國是移工的慣例，但過去幾年發生變化，他們在借款時都被要求簽下一張來自臺灣的本票。Jasmin 也是其中一員。

二〇一三年，立委林淑芬接獲陳情，有菲律賓移工在搭機前被迫簽下本票。移工原本向一家當地貸款公司借款菲幣八萬元，來臺以後，他們每個月還款臺幣八千多元，連續繳十個月，再加上利息、違約金等費用，債務高達臺幣十幾萬。移工還不出錢，出國前簽下的本票就會發揮作用，被臺灣的財務公司拿去請求法院發出強制執行命令，以扣押移工的薪水。「這種超收仲介費的現象存在已久，現在又變進階版，用簽本票的方式以合法掩護非法。」林淑芬召開記者會要求勞動部徹查。[7]

接到法院執行命令的人愈來愈多，一場由債務引發的焦慮情緒席捲了整個菲律賓移工的圈子。

二〇一五年，時任監察委員的高鳳仙在調查報告[8]中指出，本票推助長了廣泛的重利放貸、恐嚇與暴力討債等犯罪，「本票被利用為刑事犯罪工具的情形嚴重，也常被作為重利剝削外籍勞工的工具。」

究其原因，本票不問債權關係，只需經法院審查票據沒有造假，就能強制向債務人追討債務，反而淪為惡意執票人對移工或弱勢者討債的工具。高鳳仙要求金管會重新檢討本票制度。

臺灣最早使用本票大概在一九六〇年。當時新富階級的資本注入房地產業，造成經濟快速勃興，卻也有一堆人開了無法兌現的空頭支票。政府為了增加交易信心，修正《票據法》，增加票據犯的刑期，並加強本票的擔保性質，開票人只需在紙上寫金額、指定到期日，以及雙方的簽名，這張紙便成為本票，如果欠款人逾期還款，持票人就可以拿著本票到法院申請強制執行。

到了八〇年代中期，票據犯的數量不減反增，許多人都用妻子的名義開票，導致女子監獄人滿為患，不少人甚至帶著小孩服刑。意識到誤罰的情形嚴重，臺灣在一九八七年刪除票據犯的刑責，但作為擔保工具的本票卻被留了下來。

後來，臺灣的金融市場漸漸穩固，有生意往返的商人更傾向使用支票。除了方便在銀行兌現外，支票的信用狀況被記載為公開資訊，要是開票人沒在時間內存入帳戶足夠的錢，支票跳票達三次，便會被所有銀行列為拒絕往來戶。相較之下，本票只是方便債權人追討債務，萬一受債人還不出錢，可以透過法院強制法拍他們的財產或要求雇主扣薪，常被地下錢莊用做追債工具。

在我追蹤移工被債務束縛的新聞時，得知法律扶助基金會正受馬尼拉經濟文化辦事處（Manila Economic and Cultural Office, MECO）委託，受理上百件菲律賓移工提出的扶助案件，全都是受本票裁定後被強制扣薪的情況。這其實是少數家事工人發動抗爭的結果，自從二〇一八年起，Jasmin 不斷鼓勵工會成員向菲律賓辦事處申訴，而類似案件的突然湧入，讓法扶決定另立專案，Jasmin 投入其中，針對這類受本票捆綁的債務案件提起訴訟。

超速膨脹的債務

在抗爭以前，Jasmin 不過是個普通的家庭主婦。四十多歲的她來自馬尼拉市的郊區，一處都會區與貧民窟的接合地帶。由於菲律賓的工資很低，有超過二千七百萬人口生活在貧窮線底下，近四分之一的人口。[9] Jasmin 一直覺得自己是「中產階級」，因為她與丈夫有房子、雜貨店和大學學歷。正因如此，她一直沒想過要出國工作。

在二〇一三年時，她發現丈夫和別的女人走得很近。和八〇%的菲律賓人一樣，Jasmin 從小接受羅馬天主教的薰陶，教義裡不允許離婚，視天主教為國教的菲律賓政府也給離婚設定高門檻。Jasmin 只能退而求其次，與丈夫分居，獨立扶養兒子們。當時，她的長子準備上大學，光靠她的收入只夠讓他們吃飽。

Jasmin 需要找份工作，她想到在扶持丈夫的生意之前，她曾做過電話客服，顧客大多是憤怒的美國人。二〇一一年之後，菲律賓取代印度，成為全球最主要的電話客服外包中心，包含花旗銀行、微軟公司，以及電商龍頭亞馬遜等美國企業，都在馬尼拉附近僱用了成千上萬的電話專員。[10]

不過，「當你超過三十歲，就連客服的工作都找不到，」Jasmin 意識到要供三個兒子都上大學是不可能的事，她想到出國工作一途。許多菲律賓人走的全球化遷移路線，是從臺灣開始的。Jasmin 的三個姊妹都到過臺灣工作，其中一人後來到了加拿大，她告訴為錢所困的 Jasmin 趕快找個仲介去臺灣工作，因為這是「前往西方國家的捷徑」。

根據國際勞工組織的調查，全球將近一千二百萬名家庭監護工，當中約有四分之一是來自菲律賓。[11]另一項研究顯示，在美國有約一七%的護理工作都是由移民擔任，他們多數都是菲律賓人。[12]美國加州大學柏克萊分校（UC Berkeley）學者凱瑟琳．蔡（Catherine Ceniza Choy），在她的《護理帝國》（*Empire of Care*）中講述了菲律賓人怎麼透過應聘護理工作而踏上全球遷移之路。[13]

一八九八年當菲律賓成為美國的殖民地不久後，菲國開始廣泛設置護理訓練機構，教授前沿的護理技術。在菲律賓獨立以後，許多專業的菲律賓護士透過交流訪問計畫（Exchange Visitor Program）進入美國，當時適逢戰後美國護士短缺，醫院大量僱用了這群菲律賓護士。到了一九六五年，美國通過《移民與國籍法》（*Hart-Celler Act*）接納更多亞洲移民，給予符合美國需求的少數人才優先移民待遇，護理人員被納入其中。當加拿大發現老年人口數量增加得比其他年齡群體快，他們放寬居家看護的簽證，在二〇一九年實施新的招募看護計畫（Caregivers Immigration Pilot Program），只需工作二年即可歸化為加拿大公民，接家人團聚。

「去加拿大是我的終極目標，但我需要先來臺灣累積工作經驗。」Jasmin 說出部分來臺從事看護工作的菲律賓人心聲。有學者形容菲律賓看護遷移至加拿大是個逐步移入的過程（multi-step immigration process），[14]許多看護工由於沒有受過專業的護理訓練，她們會先到東亞及中東國家累積一到二年工作經驗，再申請赴加拿大或其他西方國家工作。

於是，Jasmin 在家鄉找了仲介安排盡快出國。菲律賓停滯的經濟讓愈來愈多人想要離開，依賴他們自海外寄回的匯款繼續支持著國家。政府感激菲律賓海外勞工的貢獻，甚至把他們的地位提升到與「國家英雄」黎剎（José Rizal）並列。當菲籍看護在海外遭剝削的消息愈來愈多時，菲律賓政府在二〇〇六年強力介入，要求各國給菲律賓看護的薪資不得低於四百美元，並對國內仲介業嚴加管理，嚴禁向看護收取任何的仲介費用，只能收取基本的簽證、護照規費。一旦違反規定，將吊銷仲介執照。[15]

雖然規定如此，但多收費仍是仲介的常規做法。為了獲得在臺灣的工作，Jasmin 向馬尼拉的一個仲介支付四萬八千臺幣，她沒有那麼多錢，按照慣例，仲介介紹她向一家合作的放款公司借錢，月息為二％，並被要求簽下一張本票。出國前要簽的文件非常多，仲介並沒有給她足夠的時間審閱，以致 Jasmin 根本不記得自己簽了什麼。

在離開菲律賓以前，Jasmin 為她在臺灣一萬五千元的工資雀躍，這是她在菲律賓做同等工作的五倍。可是 Jasmin 也和她認識的其他母親一樣，很難向孩子們解釋她為什麼一定要離開。除了即將上大學的長子，她的另外二個男孩只有七歲和六歲。她想起從前當志工時照顧過的孩子，都是父母離國工作的留守兒童，「他們年紀還那麼小，母親沒有陪在他們身邊，有些連刷牙都不會。」

二〇一四年六月，Jasmin 天沒亮就獨自出門了，「我不能讓他們看著我離開，我會承受不了。」在落地桃園國際機場前，她想起朋友告誡她的話：「臺灣的工作很辛苦，沒有休假，還要二十四小時顧著阿嬤，妳要有心理準備。」她當時很有自信地回答，「沒問題，我準備好了。」

不出多久，她便發現自己太輕忽這份工作，只有決心遠遠不夠。她在高雄照顧一位中風的阿嬤，晚上九點半就寢後，阿嬤大約每二個小時會醒來說要上廁所，即使她穿了尿布。五點一到，阿嬤睡不著了，Jasmin 得跟著起床，她先幫全家準備早餐，再帶阿嬤到公園散步，接著洗這家十口人的衣服，跪著用抹布擦一到四樓的樓梯，再準備午飯。

日子週而復始，她連喘息的時間、空間都沒有。她的房間只是個木板隔出的空間，夾在客廳與廚房之間，貼著廁所。「老闆經常找朋友來打麻將，有時候打到凌晨一兩點。」有一次，客人要上廁所，開錯她的房門，這讓 Jasmin 相當憤怒，「我們就是這樣沒有隱私。」

Jasmin 剛到臺灣之時，每月的薪水是新臺幣一萬五千八百四十元，[16] 但她第一個月的工作天數不足月，雇主再按比例扣薪，僅得一萬四千元。剛抵臺時的花費又特別多，她必須支付仲介的服務費、健康檢查、居留證、健保卡等費用，零零總總扣完後，她只剩下九千元。

在最初的貸款中，Jasmin 的工作契約是唯一的抵押品，借了八萬披索，正常換算約為新臺幣四萬八千元。不過貸款業者的神祕算式，在納入手續費、文件費與匯差後，原本八萬披索的債務變為新臺幣八萬多元。她當時被趕著簽名，未能理解這之間如何計算，而且契約也沒有留存一份給她。依約定，這筆錢來臺後分為十四期分期付款，每月需要償還的本金加利息是七千六百四十元，乘以十四期，這筆債務變成新臺幣十萬六千元。

從四萬八千元到十萬六千元，她的債務一下子膨脹二〇〇%。在工作的前兩個月，Jasmin 常因為財務壓力與負罪感而突然沒胃口。「我是真的沒有錢可以繳（貸款），」她每月僅剩不多的薪水必須寄回家，以支付兒子們的學費。

她在拖欠了兩期之後，便陸續接到法院寄來的本票裁定通知，要求雇主每月扣除三分之一薪水，[17]用以償還每月需支付的貸款。Jasmin 擔心被雇主發現會失去這份工作，偷偷藏起法院通知，那陣子她變得沉默。

每天早上，她為住家頂樓的祖先牌位更換茶水時，少了雇主與其家人的視線，那是她一天中最為放鬆的時刻。Jasmin 固定與兒子們通話，「他們講些學校的事情，都是些生活瑣事，但我不會講我正在臺灣經歷的（債務）事情，偶爾說我在臺灣工作很累。」男孩們告訴她：「我相信我的媽媽都會克服。」

「他們都是男孩子，我本來是個溫柔的人，但我要為了他們堅強起來。」Jasmin 流著淚說，「他們已經沒有父親陪在身邊，我必須成為他們的榜樣。」

Jasmin 說，她曾要求財務公司通融處理，並表達自己的還款意願，但遭到拒絕。紀錄顯示，因 Jasmin 拖欠繳款，臺灣的財務公司反而增加一筆遲滯金的罰款，按每日〇・二%的複利計算，她又額外背負了一筆七萬元的債務。如果再加上原本需要償還的十萬元，她累計的債務高達十七萬元，而且這筆金額不斷擴大。

高明的債務剝削鏈

在法律扶助基金會律師朱芳君的經驗中，Jasmin 的情況相當典型。菲律賓的仲介公司在招募工人時，通常先向菲勞違法超收八萬到十二萬披索的仲介費；再讓工人拿推薦函，到由臺灣人出資、菲律賓人掛名的貸款公司借錢，部分勞工被要脅如果不在指定的公司貸款，會被扣留護照、趕不上飛機、貸不到足夠的金額等。

雖然廣告傳單上約定月息以二％計算，但貸款公司巧立名目增加手續費、自訂匯率、借菲幣還臺幣等規定，以致菲律賓移工還款的平均年利率高達四〇％至六〇％，超過臺灣重利罪所規範的借款利率，也就是年利率不得超過二〇％的上限。

我在調查過程蒐集了許多菲律賓放款公司的傳單，上頭都寫著「快速到款」、「毋須擔保人」、「不看財力證明」，欲出國的移工只需拿著護照，與一紙到臺灣工作的契約，就能在一小時內拿到支票。

離開菲律賓以前，當地的放款人會要求移工簽下來自臺灣的本票，上頭用中文注記「該本票依某某地方法院管轄」。在移工來臺後，這張本票轉入臺灣財務公司的手中，成為討債的利器，「本票裁定在法院只是形式審查，只看有沒有債務人的簽名，這樣方便債權人快速追討債務，甚至讓法院去幫忙強制扣薪」，朱芳君說通常只需一到兩週，法院就能發出強制執行命令。

在Jasmin的案件中，她在臺灣的債權人叫「全球財務顧問公司」，這家公司曾被檢察官起訴，被認為是一起人口販運案件中的主謀。[18]

放款、仲介、追債都是同一群人

二〇一四年，新竹地檢署檢察官曾詳細調查，發現菲律賓的貸款公司、以及臺灣的財務公司和人力仲介，背後其實是由臺灣方百分百出資並掌握的同一家公司——全球財務顧問公司（下稱全球公司）。

當時的檢察官調查後發現，力通人力仲介的老闆蔣德明先在菲律賓設置海外人力仲介公司，又成立E-cash貸款公司，找來當地人作為名義上的負責人，專門提供來臺移工貸款，全球公司則在臺灣向菲律賓移工催收海外債務。而且，全球公司總經理周美伶身兼力通公司的副總經理，力

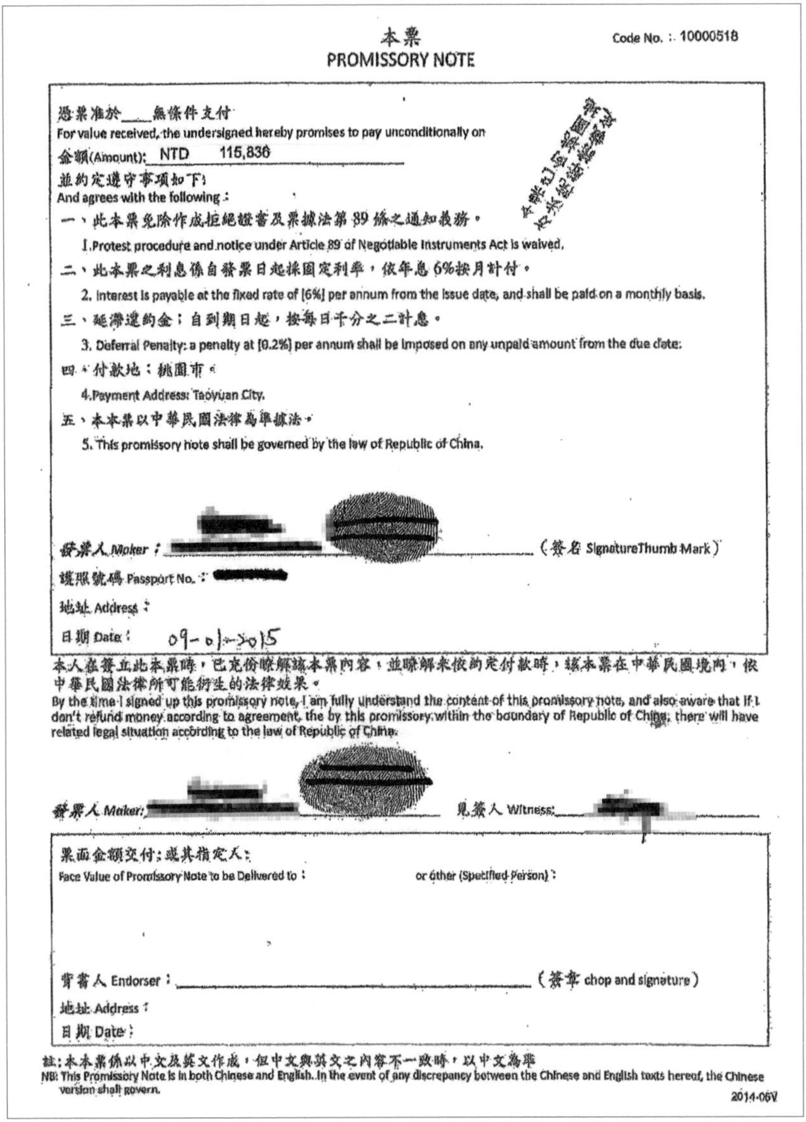

本票
PROMISSORY NOTE

Code No. :. 10000518

憑票准於____無條件支付
For value received, the undersigned hereby promises to pay unconditionally on
金額(Amount): NTD 115,836
並約定遵守事項如下：
And agrees with the following :
一、此本票免除作成拒絕證書及票據法第89條之通知義務。
1.Protest procedure and notice under Article 89 of Negotiable Instruments Act is waived.
二、此本票之利息係自發票日起採固定利率，依年息6%按月計付。
2. Interest is payable at the fixed rate of [6%] per annum from the issue date, and shall be paid on a monthly basis.
三、延滯違約金：自到期日起，按每日千分之二計息。
3. Deferral Penalty: a penalty at [0.2%] per annum shall be imposed on any unpaid amount from the due date.
四、付款地：桃園市。
4.Payment Address: Taoyuan City.
五、本本票以中華民國法律為準據法。
5. This promissory note shall be governed by the law of Republic of China.

發票人 Maker : [redacted] (簽名 SignatureThumb Mark)
護照號碼 Passport No. : [redacted]
地址 Address :
日期 Date : 09-01-2015

本人在簽立此本票時，已充份瞭解該本票內容，並瞭解未依約定付款時，該本票在中華民國境內，依中華民國法律所可能衍生的法律效果。
By the time I signed up this promissory note, I am fully understand the content of this promissory note, and also aware that if I don't refund money according to agreement, the by this promissory within the boundary of Republic of China, there will have related legal situation according to the law of Republic of China.

發票人 Maker: [redacted]　見簽人 Witness: [redacted]

票面金額交付；或其指定人：
Face Value of Promissory Note to be Delivered to :　or other (Specified Person) :

背書人 Endorser : ______ (簽章 chop and signature)
地址 Address :
日期 Date :

註：本本票係以中文及英文作成，但中文與英文之內容不一致時，以中文為準
NB: This Promissory Note is in both Chinese and English. In the event of any discrepancy between the Chinese and English texts hereof, the Chinese version shall govern.
2014-06V

菲律賓移工在海外借款時，被要求簽下來自臺灣的本票。（照片提供：法律扶助基金會）

通的會計又同時管理著三家仲介與財務公司的資金調度。

在全球公司那裡欠債的菲籍移工平均負擔八到十萬元的債務，檢察官認為這已是「創造不當債務拘束勞工」，造成移工來臺後至少得花一年時間「抵債勞動」，於是檢方以「人口販運罪」[19]起訴力通仲介與全球公司。

今天多數國家對人口販運（Trafficking In Person）的定義，來自聯合國在二〇〇〇年《預防、壓制及懲治販運人口議定書》所界定的：

> 「人口販運」意指以威脅、暴力或其他強迫手段，如綁架、欺騙、誘拐、濫用威權或利用弱點等方式，去招募、運輸、讓渡、窩藏或收受人員。

所以，人口販運有兩個核心要件：欺騙與脅迫。人力仲介以各種方式敲詐他們控制下的移工，簽署利息高得嚇人的貸款合約，讓他們還沒開始工作就已經負債累累。由於他們需要工作來支付給仲介的欠款，來臺後也不太可能抱怨工時過長或上司虐待，這構成以債務來控制移工。

但對造律師主張，菲律賓貸款公司與臺灣財務公司是單純的債權移轉，雙方只是合作夥伴，即使股東名單重疊，也無法證明兩者合謀以債務剝削移工。

在本案中，儘管檢察官已詳細調查雙方金流、訪問將近二百多名菲籍移工，甚至策反一名被告當汙點證人，全球公司仍全身而退，法官判定其無罪。即使檢方一路上訴到高等法院，仍被駁回。

如何證明「剝削事實」

不只全球公司，臺灣還有很多家仲介兼營的財務公司，都有重利剝削移工的嫌疑。「臺灣（仲介）與菲律賓（貸款）公司是交叉持股，甚至它們的股東名單都是重疊的。」一位檢察官K曾主動偵辦這類惡意的財務公司，並發現此一套債模式已經相當專業化。

這些公司熟知臺灣法令，他們一面要求移工簽下切結書，表明自己沒有為了工作多付錢，並將切結書送往菲律賓代表處與我國勞動部核章驗證。另一面再讓移工借錢支付高額仲介費，並要脅他們簽下本票，巧妙地將移工為支付仲介費的借款變為私人貸款，要是政府介入調查超收仲介費，仲介公司便能推卸借款是移工私人所用，跟仲介過程無關。

在二〇〇〇年初期，臺灣曾有六件由各地檢察官以「重利罪」、「人口販運」起訴財務公司的案件，[20]但最終都被判無罪。法官判決的理由之一是，被害人不像是被害人。

「法官認為，被害人都不覺得自己被剝削了，怎麼檢察官一直說是不當債務？」當時以人口販運罪起訴其中一家財務公司的檢察官K推敲法官的想法，被害人主觀上沒有受害意識，貸款契約又在外國簽署，臺灣並無管轄權，如果又無法證明這條債務剝削鏈是由臺灣公司主導，很難讓法官做出有利於移工的判決。

「我訪問了三百名移工，沒有一個例外，他們都是從同一家仲介公司，介紹到同一家貸款公司，再到臺灣，由同一家財務公司催收，」K找出當初調查的卷宗，足足有三大箱，疊起來高度及腰，「這麼多的人，都循著同個模式來臺灣……我還是認為，你不能去否認臺灣公司跟菲律賓貸款公司有關聯。」雖然高等法院已判決確定，但至今回想過程，K仍為這群負債累累的移工們感到不平。

針對移工們的申訴以及檢察官的起訴，我進一步與全球公司聯繫並要求採訪，該公司把我的電話和信件轉給力通人力仲介，最後力通以信件回覆表示，「有更多的工人未按期還款或是不還款，我們也是求助無門，只能承受這些高額的呆帳。」同時強調，檢察官不明意圖地對他們的錯誤起訴，法院已判決無罪，對公司造成的傷害他們不願再回想。

究竟陷移工於債務束縛是否觸犯人口販運罪？這是一種很古老的罪行，欺騙、脅迫，甚至綁架，在一個多世紀以前，還是很普遍的僱工方式。例如準備到上海賣菜的中國農民被綁架，醒來後發現自己躺在航向大洋的船上，這是英文 shanghaied 一字的由來。到了十九世紀後半，來自印度或中國的苦力（coolies）被賣往美洲的殖民農場也是類似情況。

所以，人們普遍覺得人口販子（traffickers）專做討人厭的勾當，他們以欺騙、脅迫或暴力的方式販賣勞工，把人當成商品。可是人力仲介不一樣，他們為主動上門的移工提供勞務契約，為他們尋找目的國的潛在工作，並處理關於遷徙的一切作業。

由於沒有人會同意簽署涉及嚴重剝削或禁錮行動的合約，而且人力仲介對移工的各種收費都得經過輸出與接受移工的雙邊政府審查，讓人力仲介顯得形象清新。不少人試圖區隔兩者，前者是在脅迫或受欺騙的情況下進行，而後者則是移工的自願行為。

可這種強迫與自願的二分法忽略了一項事實，「大多數移民工的決策中既有受迫因素，也有自主選擇的部分。」[21]對強迫勞動有研究的牛津學者大衛．特頓（David Turton）解釋，移工可能同意為出國工作多付錢，卻在承諾薪資、勞動條件或還款方式上受騙。

仲介業者與人口販子看起來從事的活動不同，但實際上有若干重疊，有時候甚至是同一群人，所以將他們的角色看作連續體的兩端會更恰當。尤其在亞洲，人力仲介以債務融資促進移工遷移的現象，讓試圖區隔兩者的人更加困惑。當代由機構驅動人口流動的規模和複雜度都是前所未見，在這裡對與錯的界線並不是那麼清晰，如同一位臺灣仲介曾告訴我的：「一旦你涉足這個市場，沒有一家仲介敢說自己沒做過違法的事情。」

本票如何陷菲律賓移工於債務中

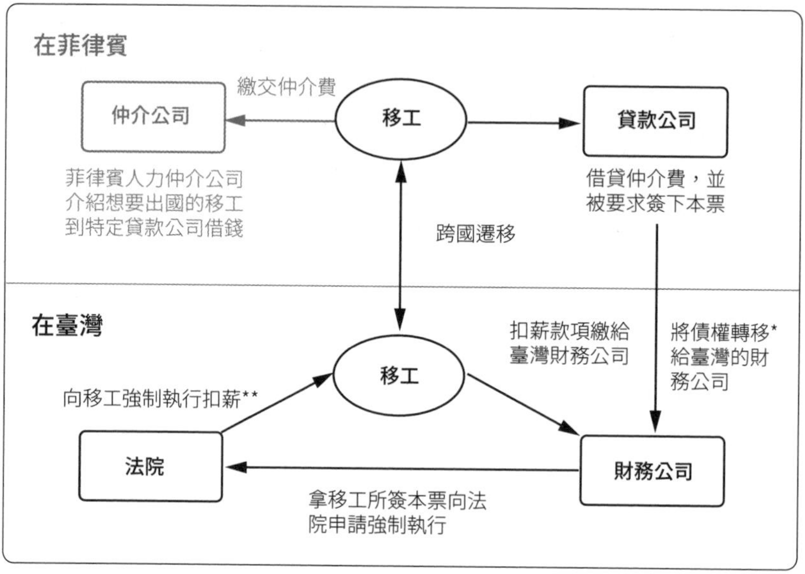

* 臺灣的財務公司認為與菲律賓貸款公司之間，是單純的債權轉移；但在法扶的經驗裡，這兩者有密切合作關係，甚至可能是同一個金主，因此法扶律師認為臺灣的財務公司實際上是代理收款。

** 由法院民事執行處實施強制執行，要求雇主向移工扣薪，再將扣薪款項按月繳給債權人（財務公司）。

資料來源：法律扶助基金會
資料整理：簡永達

以移工是否同意不合理的勞動條件，可能對判斷人口販運的罪行於事無補。有研究者主張從工人的情境考量，[22]他們都為了離國借錢付給人力仲介，在陌生的國度裡，債務與移民法規同時作用，將移工捆綁在為其擔保的雇主身上，因而更容易受到各種形式的虐待與脅迫。[23]研讀歷史的學生都能舉例證明，債務對勞工束縛有多嚴重，比如墨西哥偷渡客被迫花更高的錢在工廠裡的商店購買食物，或臺灣早年佃農被困在欠債的土地上難以自拔。

在調查後期，我愈來愈想瞭解使用本票向移工追債有多普遍，於是我利用網路爬蟲技術，下載了二〇一八至二〇二〇年的判決書進行分析，結果發現向各地法院申請本票裁定的前十名聲請人，[24]有三家是專向移工催討債務的財務公司，全球財務公司是其中一家，平均每個月向法院聲請四百多件本票裁定。

迄今，全球財務顧問公司仍在經營，而且公司規模不斷擴大，在新北、臺中、臺南、新竹都設有分公司，員工超過二百人，業務範圍跨足菲律賓、泰國、印尼的貸款公司。

針對全球公司涉及人口販運案件的無罪判決帶來重大影響，「我們不會再偵辦移工債務的案件，我們認為法院已經做出判決，那可能代表這是沒有問題的，」一位配合檢察官偵辦人口販運案件的調查局資深幹員說，至今十多年間，沒有檢察官再立案調查受債務剝削的移工。

無法證明的剝削鏈

二〇一八年，有了前一次檢察官的失敗經驗，說明了以刑法起訴行不通，法扶這次改替移工們提起民事訴訟，他們把訴訟重點放在兩地公司並不是單純的債權移轉，而且臺灣財務公司對菲律賓端的惡意放款一切知情。

九名義務辯護律師投入這場官司，她們都是長期關注移工權利的女性律師，甚至在Facebook成立群組以分享蒐集來的證據，「這是很難得的經驗，大家很真心地分享，感覺所有人都想把這件事做好，」義務律師之一的吳秀娥說。

但法院庭審的結果讓她們相當沮喪，大部分都敗訴了。「其實做這案子讓人很生氣，因為他們背後就是一群臺灣人在搞鬼，而且早就串通好鑽法律漏洞。」她說。

根據《民法》裡債權移轉的規定，當菲律賓貸款公司將債權讓與臺灣財務公司後，臺灣財務公司被假定為不知情的第三人，此即後手不受前手拘束的規定，[25]即使菲律賓移工主張當初背上貸款是受到欺騙，也不能以前手菲律賓放款公司的債務糾紛來影響後手臺灣公司的債權。

「臺灣的財務公司就算不是主謀，也至少是共犯，不能說他們都不知情，」吳秀娥說。她們在庭審上，曾逼對方拿出移工最初在菲律賓的貸款契約，發現臺灣財務公司從一開始就被列為共同債權人，而且許多雖是兩地公司，卻沒有簽署債權轉讓合約，或簽署的時間晚於法院向移工發出本票裁定之後。

吳秀娥說，臺灣財務公司並非真的不知情。曾有名移工考量到臺灣財務公司要求的利息太高，她寄錢回家，讓媽媽拿去菲律賓的貸款公司還錢，繳了兩期後被拒絕了，公司要求以更高利息的臺幣還債。在庭審上，吳秀娥質疑臺灣公司主張的債務沒有扣除已繳的兩期，「怎麼可能，我們兩邊電腦都是連線的，她有還錢怎麼會沒有紀錄？」吳秀娥回憶，當時一家財務公司的總經理不小心說漏嘴，承認了臺菲兩家貸款機構的關係。

這樣的行為是不是犯罪行為，需要法院來裁判。然而，多數法官都認為，移工們已在貸款契約上簽了字，就像是自願的。

每次聽到法官將移工的債務問題稱作是自主選擇時，菲律賓籍神父陳智仁（Father Joy）都相當沮喪。他在臺中設立庇護所已經十六年，照顧勞資糾紛、受虐待，甚至遭性侵的菲籍移工。據他觀察，移工背負債務在臺工作，是許多勞動剝削的潛在原因，背後來自臺灣盤根錯節的仲介體系。

他用鮮明的八爪章魚來比喻，「菲律賓的貸款公司、仲介公司，跟臺灣的財務公司，看起來就像是章魚（的）腳，彼此之間都沒有關聯，但它們的大腦是同一個，都是臺灣的仲介公司。」「如果不是臺灣的公司在背後把持，菲律賓的貸款公司怎麼敢不要擔保品就借錢給工人？」陳智仁神父反問。

休息日，我拜訪他們的庇護所，這裡是臺中郊區一棟老舊的樓房，穿過黑巷子，隱匿在一家網咖樓上。接受庇護的都是女工，無一例外，她們都是因為少繳了幾期貸款，被法院裁定本票債權強制執行後遭雇主趕出來的工人。中斷付款的理由卻不一而足，有人是因為懷孕，或是抱著老人上下輪椅時扭傷腰，不得不暫停工作，她們因而被雇主扣除了部分或全部薪資。

女工們謹慎地拿出資料夾，裡面收納了每期繳費收據與法院信件。我當時注意到角落的一名女人，她有刀刻般的苦臉、頭髮毛躁夾白，但還是梳理地相當乾淨，她獨自坐在一張鋁製長桌旁。「我跟她們不同，我在菲律賓是專業護士，」她來臺超過十年，照顧過二個小孩與一名不良於行的年長女人，她相當自豪靠這份看護工作養大四個小孩，並自認工作刻苦認真，「她便祕的時候，我需要用手幫她挖大便。」

可是現在，在她照顧同個女人八年以後，雇主發覺她體力大不如前，又有債務問題，趁著犯些小錯誤把她開除了。「他們怎麼可以這樣對我？他們不清楚，那些年輕的工人都是沒有受訓過的，可我是名專業的護士。」她哀傷地說。我想起一個名詞能描述這群家務工人——「情感無產階級」，她們沒有別的生產資源，靠著投入感情換取薪酬。

除非移工能夠蒐集到足夠證據證明臺灣公司在國外惡意放款，否則財務公司便能以不知情為由免除責任，繼續向移工討債，而且在債權轉移以後，由於不是在臺灣直接放款，不受我國貸款利率的限制。對不少人來說，這是一筆風險很低的好生意。

臺灣有愈來愈多財務公司到海外拓點。根據當初檢察官的調查，全球財務公司三年間提供二千多名菲勞貸款，放款金額總計新臺幣一億一千多萬元，光是收取利息就高達五千六百萬元。「現在臺灣的銀行（借款）利率很低，年利率都在二%到三%……我們在這裡（越南）年利率抓在二八%上下，」一位曾在臺灣銀行業擔任法務，二〇一八年後轉赴越南成立貸款公司，專門借錢給來臺移工的阿德（化名）說。

阿德強調自己的生意一切合規合法，我聽他飛揚地講述這門事業未來潛力時，不免開始擔心那些借了錢移工的前景，將被限制在債務束縛中沒有出路。阿德請我不要多慮，他們拉高放款利率是為了彌補商業風險，移工一旦逃跑，那筆欠款將淪為呆帳，最終他們只能自己吸收。

阿德的答案出人意料，因為這暗示移工擺脫債務困境的方法竟是逃跑一途。社會學家藍佩嘉曾在一篇論文提及「合法奴工」的原因，[26]由於移工接收國會刻意限制工人為特定雇主工作，使他們不能在自由勞動力市場流動。在債務與移民法規的雙重壓力下，移工容易受到剝削與虐待，而一旦他們申訴，很可能會遭雇主解僱和強制出境。在此情況下，一些移工選擇不聲張地離開原雇主，儘管面臨著被國家盤查與遣返的威脅，工人卻也獲得更大的自由，以便能快速賺錢供養家人。

移除部分債務是目前最好的結果

二〇一六年末，Jasmin 搬到臺南照顧一位肌肉萎縮的女人。可換到新工作沒多久，她又收到法院的通知，要求雇主扣她的薪水以償還債務。之前她曾因法院寄來的傳票加上臺灣仲介挑撥，被迫換過兩次工作。這次，她相當擔心再被雇主開除。

「我從我的案件中學習到很多，」Jasmin 告訴她的同伴，「你開始申訴後會遇到騷擾，也會出現些機會，如果你不把握住，不管你換到哪個工作，那些債務公司永遠會追著你跑，他們會不停地騷擾你的雇主，你會一直被中止合約，問題會一直下去。」在庇護所時，她看過太多和她有相同遭遇的女人，Jasmin 決定要反擊。

她在住家附近的公園召開第一次會議。那次活動來了快一百人，許多看護都在抱怨：她們都背著債務工作，不少人因此被換過多位雇主。「我們女性看護工真的很弱勢，他們可以要脅妳的雇主，讓妳失去工作，也可以直接來妳的雇主家裡，把妳的錢拿走，」Jasmin 說。

她聽過有的看護工向馬尼拉經濟文化辦事處申訴後，成功拿回超收的仲介費，但下樓就被陪同的仲介拿走退款。有的看護因債務問題被中止合約，準備被送回菲律賓，財務公司的人追到機場要她還錢，否則不讓她上飛機。即使工人回國後，財務公司的人仍繼續打電話要脅她們的家人。

對於 Jasmin 與她的朋友來說，她們都願意償還債務，在能力所及的範圍內。Jasmin 的案件獲得相對好的結果，法官幫她移除了拖欠繳款的七萬元罰金，原本的貸款利率也調降為我國《民法》上限的年利二〇%。於是，她的債務從十七萬減少至六．五萬元。

Jasmin 盡可能地出席自己的官司。最後一次庭審，法官要她承諾，每月還款五千元，「我拿不出五千，我的兒子即將從大學畢業，還有兩個男孩，我得繼續幫他們付學費。他們永遠是我的優先順位。」考慮她的月收入，以及每月必要支出後，法官最後讓她每月還款三千元，在二年內償還完畢。

在法扶協助的上百件移工申訴案中，只有極少數的移工能獲得像 Jasmin 一樣的裁判結果。朱芳君解釋，《票據法》裡後手不受前手拘束，[27]意味著臺灣財務公司不必為前手菲國放款人承擔責任，[28]這對移工受債務剝削的案件相當不利，儘管「有些法官是同情移工的，但你要他判本票無效，他大概也判不下去，法官認為他可以做到的，可能是用違反公序良俗去判，讓利率超過二〇%的債務不算數，」她說，「這已經是我們律師能夠預期，法官能夠判的最好的結果。[29]」

成立工會，留臺打造理想國

Jasmin 所獲得的還債條件，在菲律賓看護工的圈子裡傳開了。為了分享自己爭取權利的經驗，

Jasmin 在臺灣成立了第一個外籍看護工的工會，協助成員提起債務訴訟。（照片提供：外籍看護工工會）

她在 Facebook 成立一個粉絲專頁，取名「胡蝶夫人」。

「女士，您一定是充滿勇氣的女人，請您幫助我，」Jasmin 的信箱每日湧入近千封訊息，有部分女性看護工陷入更危險的多重債務。Jasmin 解釋，看護工的收入只有一萬五千元，但她們每月要還的貸款大約八千元，連續繳十四個月，再扣掉繳給臺灣仲介的服務費一千八百元，前二年的薪水只剩下六千元，「我們到底要怎麼生活？我還有小孩要養，我該怎麼辦？這是為什麼很多看護工再貸款第二筆。」

在 Jasmin 剛開始打官司時，她圈子裡的朋友並不看好。在她之前已經有相當多菲律賓移工來臺工作，有些嫁給臺灣人，拿到移民的身分，她覺得這些女士「太驕傲了」。「妳現在做的事情只是在浪費時間，我們還不是都乖乖還完這筆錢，我們都走過來了。」不只一次，Jasmin 被拿到身分的新住民調侃。她回憶當時她的答覆，「如果你們妥協了，那是你們的選擇……」

「當我來到臺灣，我很自然會比較臺灣與菲律賓政府，我也清楚每個國家的政府都有些科層的鳥事。」「不過，當我跟一些臺灣人談話時，我能感覺到，他們真的願意聆聽你的聲音。我在臺灣看到一條路可以走，它或許能夠改變我們的處境。」Jasmin 說。

二〇一六年中，她在臺灣成立了第一個外籍看護工的工會，幫工會成員提起爭執債務的訴訟是主要任務之一。在我二〇二〇年訪問 Jasmin 時，她的組織與法扶合作，協助七件債務官司提起訴訟，還有一百多件準備申請下階段的法律扶助。

如今，Jasmin 每週工作六天，有一日休假能夠全心投入工會事務。在臺灣生活得愈來愈自在的她，似乎忘了當初設定要去加拿大的目標，對此她說：「我不需要去加拿大，追求那個理想中的工作……我覺得如果我留在臺灣，反而更能打造我們理想中的工作條件。」她對我說，「我相信我們能做到。」

2 當日本變移工首選——預示臺灣缺工危機的越南勞務街

二〇一八年底，一則不尋常的越南旅客脫團事件，迅速地占據新聞版面。一百五十二名越南遊客到臺灣旅遊後脫團失聯，「假旅遊真打工」的標題迅速登上各家新聞臺的跑馬燈。這無疑是歷來規模最大的一次脫團事件。為了促進東南亞旅客來臺觀光，二〇一五年交通部觀光局開辦「觀宏專案」，允許越南在內的東南亞遊客以參加旅行團的形式來臺觀光。

臺灣以嚴格的控管邊境聞名，極少有「跳船」或「跳機」的情形，絕大多數的無證移工都是依合法工作簽證來臺，然後再因為各自不同的理由離開雇主。

在一九八〇年代，臺灣曾有過東南亞國家的人民持觀光簽證來臺打工，逾期不出成為無證移工的例子。當時臺灣還沒開放外籍移工，但有些工廠老闆會偷偷僱用這些沒有合法居留權的外籍工人。後來，臺灣政府在一九九二年實施《就業服務法》，這項法律採取了嚴格的客工制度，只允許移工短期停留三年，且仰賴私人仲介引進，切斷移工透過自己人脈找工作的可能。

為了保證移工引進無礙，臺灣政府加強取締非法外勞，並修法限制了多數東南亞遊客的觀光簽證，他們必須出示回程機票和財力證明，並到臺灣的駐外辦事處通過面試，才有機會到臺灣旅遊。一個領務官員不願意說的事實是，臺灣旅遊簽證只有之前拿過歐洲或美國簽證的人才容易取得。

被黑心仲介哄騙，來臺工作原是一場空

待脫團新聞稍緩之際，一名當時脫團的越南人阿泰想要自首，他找上阮文雄神父主持的越南移工移民辦公室，並跟社工坦白，來臺灣全是一場騙局。[1]

阿泰在網路認識一名自稱在臺灣有門路的人。這個人向他保證，只要付出一千五百美元，他就能幫阿泰辦旅遊簽證，並在臺灣安排工作，一個月可以賺大約二萬臺幣，是他在越南打工收入的好幾倍。他曾想過找仲介公司以合法方式來臺，但仲介費要六千美元，何況前二年他姊姊才到臺灣工作，家裡的土地早拿來抵押，沒法再負擔他的出國費用。

儘管知道拿旅遊簽證打工有風險，[2]但越南農村的窘迫生活還是讓阿泰想奮力一搏。到臺灣以後，當初的中間人再也聯繫不上，他在臺灣流浪兩個月找不到工作，輪流寄住在朋友的宿舍，

他不想再給別人添麻煩，決定自首回家。

阿泰經驗所揭示的，是二十世紀八〇年代以來亞洲遷移體制共同經歷的變化。[3] 新興民族國家一方面增加對邊界的控制，一方面發展由政府介入監管的循環遷移體制。對於想到國外工作的工人來說，由於邊界控管帶來的風險增加，他們必須依賴更專業的人力仲介，而不是運輸穿越邊界的偷渡業者。

從理論上看來，這樣做的好處是全面的：窮國工人獲得工作機會、富國得以使用便宜的工人，而且循環移民的做法，讓兩國人口都不至於流失或增加不想要的移民。亞洲國家逐漸把這種跨國輸送勞動力的方式塑造成合法且安全的遷移管道。按此推論，有證移工將使偷渡業者運輸無證移工的市場枯竭。[4]

但實際上偷渡的情況並沒有消失。據內政部統計數字，臺灣一年大概有二萬件非法移民，[5] 多數是持旅遊簽證入境後消失無蹤，還有部分是經由風險更高的偷渡入境，每年大約二百多件。[6] 如果再考慮到失聯移工，二〇二二年在臺灣的無證移民超過十萬人，且這個數字不斷增加中。[7]

越南人在婚姻移民、外籍移工與無證移工等類別，都是在臺灣人數最為龐大的外籍族群，但由於統計類別或適用法規不同，移民官員很容易把三者看作不同的人群。然而，他們都可被視作廣義的移民。一些遷移學者主張用更廣泛的遷移行業（migration industry）[8] 來研究人口流動，不

阿輝與返國移工朋友，定期到北越少數民族部落捐獻物資，作者也與他們一同前往。（攝影：簡永達）

只把焦點放在人力仲介，還包括其他運輸、體檢、貸款公司和偷渡業者的交織影響，這些都是幫助移民流動的一環。從這個角度來看，可能是原本存在於兩地的遷移管道受阻，例如不斷升高的仲介費用，才讓潛在的移工冒險踏上偷渡之路。

等逃跑事件平息以後，我開始快速搜索逃跑越南旅客的訊息。一位在阮神父那工作的朋友給了我阿泰的電話，我請返回越南的阮德輝幫我聯繫。阿輝發現他們都住在中越的農村，於是邀請我到越南採訪，這樣才能知道村子裡的年輕人是怎麼被哄騙去臺灣打工。

阿輝的邀約很有吸引力。當我採訪

移工議題的時間愈長，我對人力仲介這個難以一眼看透的角色愈加好奇。在我和移工的談話裡，常感覺他們所有的困擾都來自仲介，而每當新聞報導講到人力仲介時，也總是把他們寫成像是販賣人口的黑心商人。

歷史上，對仲介業者最負面的描述來自清代官員林則徐，[9]他在一篇奏折把仲介運輸華工的生意比作「賣豬仔」，這個譬喻後來被廣泛引用。十九世紀後半葉，在福建、廣東等地出現眾多的「豬仔店」，他們招募華工去南洋，或是前往歐美的殖民農場當苦力（coolies）。

可無論如何，人力仲介商在這連續不斷的遷移體系中扮演重要角色，讓移工得以在千里之外找到工作機會。而且，我愈來愈覺得，如果我們繼續只將移工議題的焦點放在仲介的種種罪惡上，那麼我們會找不到改善仲介業的動力，也會容易忽略同樣需要為苦難負責的政府與雇主。這些因素讓我想花時間去研究人力仲介，並相信它能幫助我理解移工的債務問題與不公平的招聘體系。

喝下生豬血，變成局內人

二〇一九年八月，我搭上前往越南河內的班機，沒有明確的採訪計畫，我只知道阿輝要和朋友去北越山區的少數民族部落捐物資。他們都是從前在臺灣當移工時認識的，因為天主教徒的身分走到一起。回到越南後，他們覺得自己出國能賺到錢相當幸運，因此經常相約做志工服務。

我抵達越南時正好是雨季，蒼白的天空掛著不停的雨。清晨七點，阿輝包了一輛小巴士上山。那是我第一次實際見到阿輝，四肢細長、臉窄窄的挺秀氣，聲音和電話裡一樣冷靜。

每當我和阿輝通電話，他總是格外謹慎，深怕自己電話被監聽。所以，我們的對話幾乎不留紀錄，不傳文字訊息，語音留言也是隔段時間就收回。

他有充分的理由感到擔憂。二〇二三年，「無國界記者組織」（Reporters sans frontières, RSF）依新聞自由度排行，在一百八十個國家中，越南名列第一七八名，只領先中國和北韓。[10] 越南有數百家新聞媒體，但均為政府所有，受制於越南信息通信部（Ministry of Information and Communications），一個類似於中國中宣部的機構，所有的媒體主管都是由共產黨政府任命。

然而，年輕讀者對黨的新聞敘事失去興趣，他們轉向 Facebook 與社交媒體，越南的網路普及率在人均收入水平相近的國家中居於前列。[11] 一些異議者開設個人部落格批評政府，他們的文章每天的點閱量都能輕易破萬。黨因而開始騷擾、逮捕或軟禁這些異議分子。

二〇一六年，當時的美國總統歐巴馬訪問越南時打算與維權人士見面，著名的意見領袖阮光阿（Nguyen Quang A）被維安警察祕密帶上車，以阻止他與歐巴馬會面。二〇二〇年，三位獨立記者被逮捕，被陸續判處十一到十五年的監禁，包括曾獲得無國界記者組織新聞自由獎章的范文庄（Pham Doan Trang），她仍被監禁在獄中。[12]據美國人權觀察（Human Right Watch）估算，至少有一百六十名記者及異議分子至今仍被關押在越南監獄。[13]

阿輝曾是越南維權人士阮文雄神父的助手，他在臺灣時協助神父處理移工申訴，並策劃過多次示威遊行。「越南公安早就把我列入黑名單了，」阿輝告訴我，入境越南前，他備分並刪除手機裡的所有聯絡人的資訊與照片，才能保證自己與親友的安全。

阿輝所做的種種保護，暗示了他與所有人都保持著距離。這對寫故事的人來說不是件好事。我常覺得採訪是場加了速的親密過程，要在短時間內獲得受訪者的信任，甚至講出他都沒想過會說出來的祕密。

但每次的採訪不見得都能順利，往往需要等待一個成為局內人的時機。一九五〇年代，人類學祖師爺紀爾茲（Clifford Geertz）曾到印尼峇里島考察鬥雞文化，[14]當時政府正下令嚴禁鬥雞，被視作闖入者的紀爾茲受到村裡人的冷落，沒有人願意跟他談話，直到某次觀看一場非法的鬥雞比賽，警察突襲，觀眾一哄而散，他跟著一名村民落荒而逃，才終於被接納成局內人。

對中國有深刻研究的學者吳介民也寫過曾讓他印象深刻的田野筆記。[15]當時他仍在哥倫比亞大學讀博士，有次和指導教授黎安友（Andrew Nathan）前往河南考察，村民端上一條半熟不生的魚，下半身炸的金黃酥脆，上半身仍瞪著眼、鼓著嘴，主人吆喝著讓貴賓動筷子。「如果在現

混合著現採香料的半凝固豬血，是獻給遠客的菜餚。（攝影：簡永達）

場，你吃不吃？」吳介民跟著老師二話不說夾起筷子，一口接一口吃到只剩魚骨，那條魚才斷氣。多年以後，他總結那次的田野：村人一方面在凸顯熱情款客，另一方面也是試膽，「你不敢吃，他的氣勢就贏你一截。」

那天，當我們抵達部落時，山裡的道路在大雨沖刷下已不成形，徒留滾滾泥漿。我跟其他越南朋友輪流把物資背上山。接近晚餐，我正在廚房幫忙，聽到一聲尖銳的豬嚎，後來村民端了一碗生豬血到我面前。血紅色的液體呈現半凝固，混著各種山裡摘的香料。所有人都在看，首領透過阿輝翻譯和我說，這是一道呈現給遠道而來貴賓的菜餚，聽到這裡，我不做多想便喝下那碗生豬血。

那天稍晚，我開始能感受到局內人的待遇。我從阿輝的朋友們開始採訪，他們其中幾個人跟我講述當逃跑外勞的日子，包括怎麼透過親友找到工作，以及跟店主之間又愛又恨的微妙感情。我向他們坦白，自己正在調查越南的仲介體系，從農村牛頭（sponsor）[16]到城市裡的人力仲介，之前想透過臺灣的仲介引薦，努力了好幾個月，可還沒約到任何採訪。

十幾個人分頭打電話，替我在私人群組裡聯絡朋友，敲定採訪。我採訪的地點都集中在紙橋郡（Quận Cầu Giấy），是新興的開發區，坐落在越南北部的河內市近郊，周圍都是大樓林立的工地。下午時分，主要街道上空蕩蕩，一整排商店沒人光顧。

越南移工對臺灣的嚮往正在消退

直到傍晚五點四十五分，寂靜被打破了。數千名年輕男女走出訓練中心的大門，其中許多人都穿同款藍白 Polo 衫上衣，上頭印著越南與日本的國旗。在這條越南最著名的「勞務街」上，短短不到六百公尺的街道聚集上百家「勞務輸出公司」——也就是人力仲介——他們負責招募、訓練越南的年輕人，運輸到日本、韓國、臺灣等地做工。

越南移工一直是臺灣製造業主要勞動力來源。從二〇一八年開始，在臺灣工作的外籍移工超過七十萬人，其中超過六成都是產業移工，越南移工占了近四成五。

可年輕越南移工對臺灣的熱情正在消褪。自一九九九年越南政府開始輸出勞工到東亞新興國家以來，臺灣一直是越南移工首選。但這個情況在過去幾年有所轉變。二〇一八年，日本首次超過臺灣，成為越南勞動力最大宗的接收國。二〇一九年約有八萬名越南勞工前往日本工作，臺灣只有五萬四千人，差距持續拉大。[17]在新冠疫情趨緩並解除邊境封鎖以後，二〇二二年約十四萬名越南勞工出國工作，日本仍是最主要的目的地，[18]超過六萬七千人，臺灣維持五萬八千人上下。[19]

越南年輕人不想到臺灣打工的原因有很多，首先，越南經濟正在勃興，過去十年的經濟成長率維持在七％上下。越南從二〇一八年中美貿易戰中獲益，外資不斷自中國出走，將工廠基地轉移至越南北部。接著，南韓三星集團在隔年關閉所有在中國的工廠，將海外生產重心移到越南，預計未來超過半數的智慧型手機都將從越南生產。來自臺灣的電子代工龍頭富士康亦在越南積極布局，除了擴大在北方北江省一座生產筆記型電腦與平板的工廠，並宣布將投資三億美元、招募超過三萬名員工。蘋果公司的臺灣供應商，包含和碩與廣達，也看好越南前景，紛紛轉進越南投資建設更多的電子代工廠，這使得工人就業機會大增。[20]

其次，越南高等教育的快速擴張也影響勞工出國的意願。教育部門在一九九〇年代末修改法規，允許私人設立大學及專業學校，但產業結構調整跟不上大學成長速度，每年約有二十萬大學畢業生找不到工作。[21]他們之中不少人會申請出國工作，但對海外工作有更高的期待，對臺灣艱苦的工廠不感興趣。

對「我世代」[22]的年輕人來說，刻苦忍耐是上一輩的事，越南政府順應潮流，也跟著修正出國工作的說詞。二〇〇〇年初，輸出勞工作為一項國家的主要減貧政策，政府喊出「支持貧窮地區職業培訓……爭取每年八千名勞動者出口」。但在二〇一七年後，越南官員的說法轉為：「準備未來的人力資源」[23]，強調到海外工作是為了加強語言能力與技術，並喊話出國勞工隨時要返國為國家經濟發展貢獻技術與專業。

「我看再過幾年，沒什麼越南人要到臺灣工作了，」阿義這麼說。他是一位專門輸送越南工人到臺灣的越南仲介，經營臺灣市場已十六年，並且能說流利的中文，但在二〇一九年上半年，阿義已多次聘請翻譯陪同他前去日本拜訪客戶。

阿義的看法和年輕越南移工們的心聲不謀而合。我在那條勞務街閒逛時，有群十八、九歲的年輕女孩走靠近我，一股腦地用新學的日語跟我打招呼。當時我胸口掛著相機，她們以為我是日本來的遊客，想找人練習語言。我擺擺手，用英文解釋我來自臺灣，一個女孩像是聽懂了「臺灣」的關鍵字，馬上切換成中文回應。「妳會說中文？」我驚訝地問：「本來打算申請去臺灣工作，學了幾個月的中文，」她回，「但現在大家都想去日本了。」

因應搶工大浪，日本修法以優厚條件吸引移工

就在我與阿義見面的四個月前，長期以單一種族自豪的日本放寬移民規定。為了解決人口老化與長期缺工的問題，安倍政府在二〇一九年修正《出入境管理及難民認定法》，放寬特殊技術工人簽證（Specified Skilled Worker, SSW）以延攬外籍勞工，不只是看護，包括從

越南河內市近郊的紙橋郡是最著名的勞務街，聚集上百家仲介公司，輸出勞工到日本、韓國、臺灣等地打工。晚餐時間，街上都是準備出國打工的年輕工人。（攝影：簡永達）

事金屬製造業、工具機械，以及電子業等製造業勞工，都是重點招募對象。

越南勞工最早是透過「外國人技能實習制度」（Technical Intern Training Program, TITP）前往日本工作。這項實習制度始於一九九〇年代，日本聲稱是向開發中國家轉移技術，實際上是引進外籍勞工的側門。由一批留學代辦與掮客從中穿針引線，他們送越南工人到日本上基礎日語學校，課餘時間到工廠上工。按照規定，越勞只能在日本工作三年，契約期內不能離境、不能更換雇主，由於工人是以「研修生」的學生身分工作，沒有納入勞動法保障，經常面臨超時工作或苛扣薪資的問題，被國際人權團體批評是血汗奴工。

二〇一九年，日本政府終於承認人手不足，決定修正移民法來招募外籍勞工，預定五年內引進約三十四萬人。除了保障他們領有與日本國民相同的最低工資，介於十六到二十萬日圓間（約新臺幣四到五萬元）；工作滿五年後，只要通過語言檢定與技能測驗，移工即可申請永久居留資格，不但能攜家人同住，還可以自由轉換雇主。

如此高規格的勞動條件，讓越南總理阮春福在二〇一九年接受《日本經濟新聞》訪問時強調，越南勞工出口「將時時刻刻以日本為最優先考量」。

一場國際搶工的大浪來襲。國際勞工組織（ＩＬＯ）在二〇一九年調查國際移工的數據，[24] 發現全球大概二成跨國移工集中在亞洲，尤其從東南亞移往東亞國家，包括日本、韓國、臺灣，

越南製造業移工仲介費用(美金)

項次	內容	越南政府規定	越仲實際收費
尋租空間	越南仲介費 （包括向國營仲介借牌費約 100 美元，及越南政府抽取 人頭稅約 50 美元）	1500	1500
	牛頭費		300~500
	勞務輸出服務費（海外款）	1930	1800~4000
	防逃跑的押金		1000
訓練與交通	機票	250	200~250
	外語學費	126	126
	基礎設施培訓學費	26	26
	文件、行李箱、制服	51	51
	健康檢查	31	60
行政規費	加入海外就業支持基金會	5	5
	簽證費	66	99
	護照	10	10
	司法記錄（良民證）	5	5
	總計	4000	約 5182-7630

資料來源：作者整理自採訪所得

已經是當代勞工遷移最為主要的路線之一。

至於韓國的布局，我們將時間稍微倒回至一九九〇年代，那時臺灣、日本與韓國剛開始嘗試引進外籍勞工。不同於臺灣制定專法招募移工，韓國選擇仿效日本的研修生制度。由於韓國早期太過依賴人力仲介，許多外籍工人到韓國以後沒有在規定的企業受訓，反而被仲介帶去其他製造業工廠工作，而且這些研修生缺乏勞動法令保障，導致雇主侵害外勞人權的案例層出不窮。

韓國政府在二〇〇三年修正策略，改採國對國的直接聘僱模式（EPS）。外籍移工在這制度下享有與韓國勞工同等的勞動保護，而且政府直接聘僱也大幅降低移工出國的費用，最低的菲律賓工人只需支付五百美元，越南勞工也支付不到八百美元，[25]與來臺動輒六千美元的仲介費差別甚大。目前，韓國已和十六個勞工來源國簽署雙邊合作協議。

日本則是仰賴半官方的合作社招募移工。這幾年裡，不斷有合作社前往越南尋找仲介，合作設立語言學校。在河內這座城市的周圍已經湧現大量日語學校。

人力仲介公司的高階主管懷秋站在剛落成的日語學校二樓陽臺，這是一棟五層樓的藍白磁磚樓房，一、二樓作為教室與辦公室，三、四樓是準備出國工人的宿舍。她的公司投資房地產、遊樂園與五星級飯店，也跨足經營人力仲介，每年向日本、韓國、臺灣以及波斯灣國家輸出數千名勞工。懷秋的髮型剪得俐落，踩著高跟鞋走來走去，「這棟已經住滿，我們的另一棟宿舍正在加緊趕工，」她指著馬路對面的工地說。

懷秋對未來有很多想法，其一是放手經營了二十年的臺灣市場。在二〇二〇年以前，她每季飛臺灣拉攏合作的仲介業者，甚至在臺北派駐員工以便服務客戶；如今，她改成每個月飛日本拜訪客戶，「臺灣的市場我們就會慢慢放掉了，」她的語氣充滿對日本這個新市場的嚮往。

專門研究東亞遷移體系的社會學者藍佩嘉，也注意到日本在國際移工市場的吸引力。她在二〇一九年赴日本研究新制的「特定技能」簽證。越南移工要循此管道去日本並不容易，不僅要花六到八個月學習日語，

日本自二〇一九年修法正式引進外籍勞工後，愈來愈多日本仲介與越南當地仲介合作，開設移工訓練中心。圖為一所與日本、越南仲介合作的技職學校。（攝影：簡永達）

以通過更高水平的日語檢定，還必須在簽證給予的五年有效期內通過國家證照考試，否則仍須離境。所以很多學者批評日本只是給移工畫大餅，看得到吃不到。

但移工前往日本的費用確實有所下降。由於日本已批准國際勞工組織所建議的「移工零付費」條約，日本雇主需要承擔絕大部分的費用，這一點與臺灣大不相同。[26] 藍佩嘉以看護移工舉例說明，「雇主先面試挑好工人，之後他們在母國學日文、受訓練，再到日本的聘僱費用，全都是由雇主付費。」

日本的特定技能移民計畫，被吹捧成一種可以成功迴避人力仲介的勞工輸送方案。但實際上透過這一方案進到日本的人數並不多。根據日本至二〇二一年的統計，持特定技能簽證的外籍工人只有三萬八千人。[27]

藍佩嘉解釋，這是因為日本實行多軌制度來招募外籍勞工，其中招募實習生和特定技能工人的方案並行。考慮到雇工成本，日本雇主仍傾向用實習生的名義招聘工人，尤其是在農業與機械製造業。循此管道來的移工仍需要向人力仲介支付費用，不過，由於產業缺工孔急，這筆仲介費用有明顯降低，「越南工人去日本要支付的費用大約在三千六百美元左右，這跟來臺灣需花費六千美元，還是差別很大。」她說。

無論透過何種管道，越南人在日本接收的外籍勞工比例中占比持續上升。二〇二一年，日本有一百七十二萬外籍勞工，其中越南勞工的人數達到四十四萬，首度超過中國，成為日本最大宗的外籍族群。[28]受到在COVID-19大流行封鎖邊界的影響，日本從海外招募勞工的進度不如預期，勞動部門不得不放寬規定，允許在日本的實習生轉換為技術工人（SSW）簽證，從而增加越南移工在技術工人的比例。根據最近的報導，日本政府正在研議取消實習生制度，並放寬特定技術工人取得永住資格的條件。[29]

移工引進已成賣方市場

對越南的年輕工人來說，他們不見得要出國工作，留在本地的工作機會正在增加，即使要出國，如今可供選擇的目的地也有更多。前往日本打工薪資比臺灣高，仲介費又相對低，臺灣不再是越南移工的首選。

但臺灣政府對東亞競爭移工反應得太慢。二〇一九年當我回到臺灣後，向勞動部詢問這個國際移工市場的巨大變化，當時負責管理外籍移工事務的跨國勞動力發展署組長薛鑑忠回答：在過去十年，臺灣的移工人數從三十九萬人成長至七十萬，人數幾乎翻了一倍。

「你說的情況應該不存在，我們外籍移工的人數每年都是成長的。」我們坐在他位於新莊聯合政府大樓的辦公室喝茶，用的是小小的紙杯。他的桌上堆著一摞又一摞的公文，以及一本就業服務法規，扉頁貼著各色的便條紙。

可是，他沒有訪問過仲介、沒去過越南的那條勞務街，也沒跟來臺灣的年輕移工談過話。如果不是那次採訪，我不會相信政府是多麼地忽視國際移工市場的變化。

「那個數字只代表媒合成功的移工，看不到潛在勞動力的變化，」曾有四年人力仲介公司經驗的王裕衡解釋，只要一名來自海外的移工和一個臺灣的工作機會媒合上，勞動部的統計數字就會往上累加一筆。

要瞭解移工流動的情況，區分「遷徙流量」與「移工存量」是必要的。遷徙流量指的是每年跨越邊界來臺的移工人數，而存量則是臨時居民的累積，也就是目前生活在臺灣的移工總數。

薛鑑忠提出佐證的數字是描述靜態的「存量」。如果我們要觀察「流量」變化，就需要比較勞動部授予雇主的「配額」，以及實際填補配額的移工人數。我曾研究過二〇一〇年以來的數字變化，發現勞動部不斷透過各種投資優惠政策，激勵雇主獲得更高的移工配額。然而，製造業僱用的移工數量在二〇一六年後開始停滯，每年維持在約一萬五千人，有時甚至有所下降。在看護工市場裡，供需的落差更為明顯。無論如何，臺灣對於移工的需求已經大於供應。

對仲介業者來說，他們更習慣用「選工倍率」來衡量移工市場。所謂的「選工倍率」指的是

臺灣製造業移工供不應求

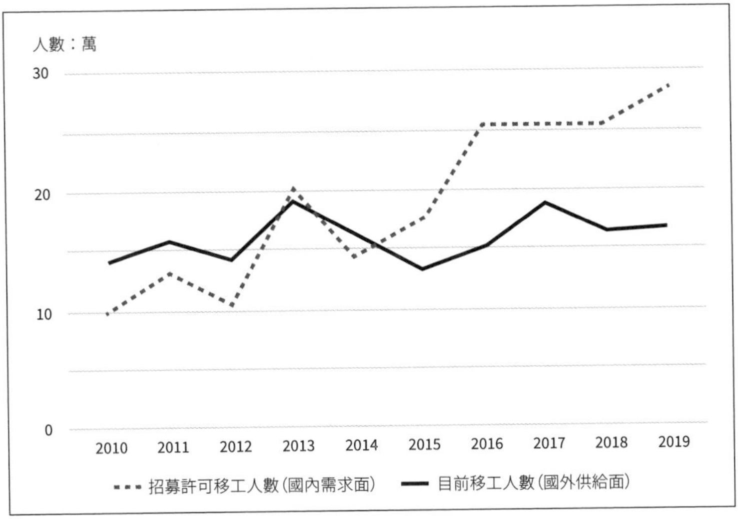

看護工已是賣方市場

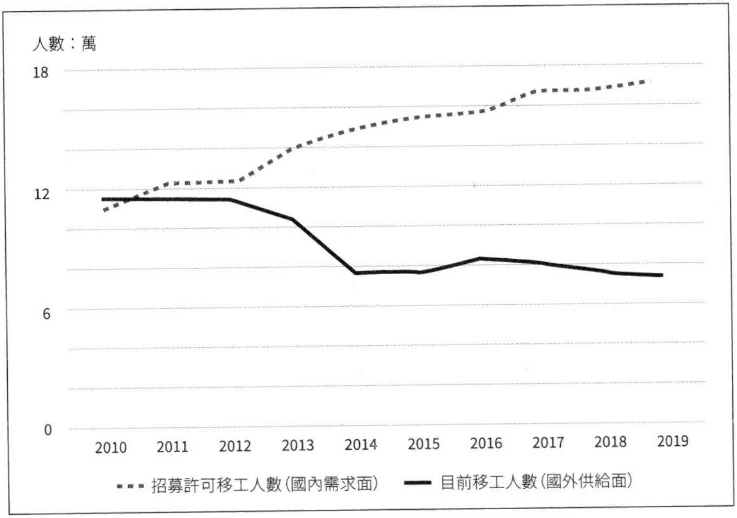

資料來源：勞動部未公開資料／資料整理：簡永達

每招一名工人，雇主有多少倍的人力可供選擇。曾經，臺灣的工作機會是市場裡最有價值的商品，每招一名工人，雇主可拿到三倍以上應聘者的履歷表，選工倍率很高。

臺灣早期保障產業移工領有與本地工人同等工資，待遇比鄰近的香港、新加坡都好，當基本工資調漲時移工的薪水就漲，所以在二〇〇〇年前後，臺灣是很多東南亞移工的出國首選。

可如今日本與韓國給移工的薪水都超過新臺幣四萬元。臺灣的薪資對東南亞移工失去吸引力，「臺灣雇主現在要請一名外勞，可能只能拿到一張履歷表，這還是越南仲介去拜託來的，」王裕衡回憶，從二〇一四年起，臺灣仲介業的圈子陸續傳出海外缺工的消息，後來就連臺灣的雇主都能感受到這項變化，「雇主確認履歷表的時間一直在縮短，就怕工人被搶走。」

「我最怕的是他們國家本身就缺工，要是（該國的）薪資繼續漲，他幹嘛還來臺灣？」說話的是中華民國人力協會的理事長胡中裕，理著三分頭、圓臉大耳，他在人力仲介業超過三十年，甚至早於臺灣立法引進外籍移工。他的擔憂不無道理，越南近年的經濟成長令人驚豔，有潛力成為下一個全球製造業中心。

「雇主要找好一點的工人，我都會問：『你可以給多少薪水？』總不能只二萬三千八百元；你也要有證照有經驗的工人，你怎麼跟日本、韓國拚，人家鋼鐵廠的薪水起跳就是四萬五了……現在不是從前那樣，你給一萬多、工人都要搶著來，時代真的不同了。」胡中裕說。

許多人力仲介商告訴我，史上第一次，移工引進由「買方市場」變為「賣方市場」。雇主挑工的情況再不復見，各行業缺工孔急，平均一名移工手上都有十幾份工作可供挑選。臺灣的仲介都在抱怨，移工愈來愈挑工作，太辛苦的3K工廠不去、沒有加班的不去，家裡有重症病患或家庭成員太多的都不去。我在越南時曾見證一場挑工，能證實這種說法。

歧視一直是挑工現場通行的規則。接待我的越南仲介說，從前臺灣仲介要來挑工人是大事，他們得去附近小學借禮堂才能容納來應徵的工人。臺灣雇主喜歡他們的技術員是女

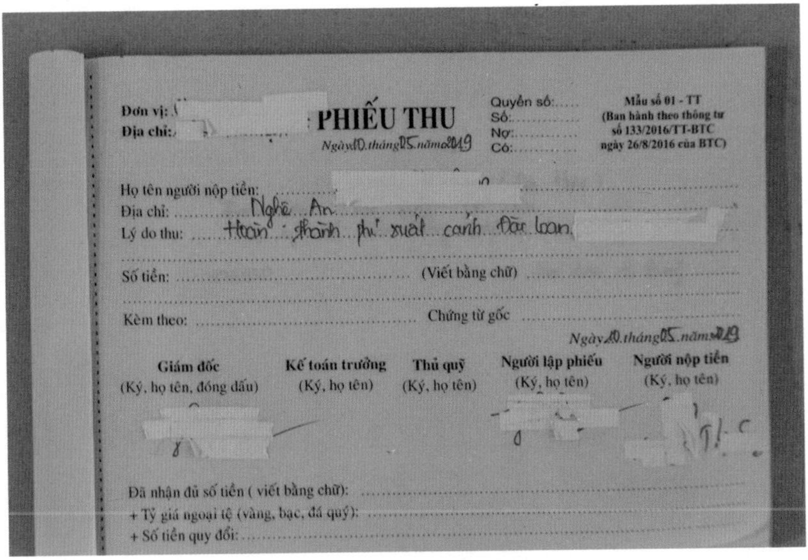

一名越南仲介私下告訴作者，來臺移工的繳費收據上，不會寫他們繳了多少錢，頂多只會寫「已結清」，這是為了避免違法超收的仲介費用被追查。（攝影：簡永達）

的，年輕、貌美、已婚，對於某些特別勞累或需要技術的活才考慮找男的，對男工總是挑剔，太矮太胖的不要、染頭髮的不要、有刺青的也不要。

現在在越南宣傳臺灣的3K工作，根本沒有工人主動應徵，大概只剩採「零付費」的電子廠還能挑選工人。我觀察的那場招聘會，剛好是臺灣仲介受電子廠雇主委託來挑選工人，場地就在越南仲介的辦公室，挪開辦公桌勉強擺了四、五排的座椅，來了三十多名工人應徵，全是女性。臺灣與越南仲介聯手設計了一連串令人迷惑的關卡，要應聘的女工默背二十六個英文字母、在亮晃晃的燈下穿針線，以及被仔細審視她們的手指甲。

終於進到最後的面談環節，由兩名臺灣來的仲介負責。一位劈頭就問：「妳結婚了沒？」在臺灣，任何公司根據性別、婚姻進行就業歧視都是違法的，可在這裡，仲介對工人進行評價極其直白——依興趣或偏見行事。一些敏感的人資主管如果察覺有記者在，多少會調整自己的問話，但他們看來沒有收斂。另一位接著問，「如果到臺灣工作條件不滿意，妳會不會申訴？」

臺灣九八%都是中小企業，而且愈來愈依賴移工，他們正感受到深沉的缺工壓力。近因是他們能給的誘因不足，薪資、福利、零付費都很難跟電子廠競爭。深層的結構因素在於骯髒辛苦的3K工作沒有臺灣人想做，臺灣不得不仰賴移工來補足勞動力缺口。

近年來再加上人口結構快速老化，工作人口萎縮。據內政部推估，臺灣將在未來十年迎來最大退休潮，估計有三百七十八萬人退休，但增加的工作年齡人口只有一百七十八萬，[30] 未來勞動力缺口勢必擴大，更需要移工。

但不容樂觀的是，競爭國際移工的市場裡還得比拚外交實力。臺灣引進外籍移工超過三十年，實際的移工來源國只有越南、印尼、泰國、菲律賓四國，相較之下，日韓合作的國家都有十個以上。儘管臺灣政府多年來努力想與緬甸、寮國、孟加拉等國洽談引進外籍移工，但受到中國的壓力，多數的移工來源國對與臺灣合作興致缺缺。

在我所做的採訪中，很多仲介業者不約而同地提到泰國移工的變化。一九九〇年代，泰工曾是最主要的移工來源，負擔高鐵、北二高等重大建設，高峰時有超過十四萬人，但在二〇〇〇年之後，當泰國大都會區如曼谷的工資上漲，工人來臺人數一直掉，現在只剩不到六萬人，是在臺移工中人數最少的。

「他在泰國都有一萬六了，來臺灣拿基本工資二萬出頭，扣掉每個月服務費跟其他的費用，拿的其實差不多，那他還來臺灣工作幹嘛？」胡中裕直指，「如果它們（東南亞）經濟成長起來了，像泰國這樣，現在越南經濟也在成長，請問你勞動部，臺灣下一個引進的是哪一國？」

囿於國際現實，臺灣很難開展新的移工來源國，如果薪資、居留權等條件也無法與日韓等國比拚，恐怕來臺的移工人數很難再有成長。

臺灣對移工的需求高過海外工人的供應量，究竟會引導我們走向怎樣的未來？疫情封鎖邊境的例外狀態，正好提供一個窺探前景的透鏡。二〇二〇年新冠疫情來得迅速又猛，臺灣不得不關閉國門，新聘的移工進不來。於此同時，全球電子消費品產業繁榮，負責生產電腦芯片的供應商全臺擴廠，對移工需求殷切，這些電子廠願意從小工廠、甚至沒有經驗的家務移工找人。

由於臺灣移工的勞動條件相當不平衡，在電子廠的移工每月能領到三萬五左右，一般工廠的移工算上加班費，工資也有三萬元；而且產業移工受到《勞基法》保障，有固定休假與更多行動自由。相比之下，家務移工必須住在雇主家中，花更多時間工作、領得薪資卻比較低。所以在疫情流行期間，很多看護更願意轉換去工廠工作。根據官方統計，在二〇二一年大約有二千四百名看護轉換至工廠工作，此一數字前一年只有二百八十人，[31]相差八．四倍。

一些雇主以「洗工」批評家庭看護的轉職行為，利用看護工契約來臺工作，再轉換到條件更好的工廠。在雇主團體不斷陳情下，勞動部在二〇二一年八月同意調高轉換門檻，明訂移工若想跨業轉換，必須先到公立就業服務站登記，以同一類別工作優先，假如十四天都沒有雇主承接，才可以跨業轉換。

不過，臺灣確實也存在移工流失的威脅。臺灣政府持續釋出利於移工的措施，例如在疫情期間允許雇主延長移工的居留簽證，即使他們已達最高的居留年數。此外，他們也同意讓移工無限期延長轉換工作的時間，在過去，如果兩個月沒有找到新雇主就必須離境。

更明顯的例子是，二〇二二年，臺灣政府與印尼代表的一系列談判，最終同意將看護工的薪資從一萬七千元提高至兩萬元。[32]該年上旬，勞動部公布新的移工居留方案，[33]只要居住滿六年、薪資達指定數額，並且有特定技術的外籍移工，可以申請轉換為「中等技術工人」的簽證身分，之後有資格取得永久居留證。

高額仲介費造成招工競爭力下降

臺灣政府釋出利多政策，但他們不願意去處理更為核心的仲介費問題。輸出勞工的越南政府對此卻是相當關心。我在二〇一九年訪問越南仲介時，私下拿到一份由越南海外勞工管理局，針對日本、韓國、臺灣三國的外籍勞動力市場所做的研究報告。

過去越南勞工到臺灣工作，經常被收取高達六千到八千美元（約新臺幣二十萬元）的高額仲介費，導致工人前二年需要爭取加班，為了還債而工作，被國際人權團體詬病為現代奴隸。在這份越南海外勞工管理局的報告特別指出，「受到來自日本與韓國的競爭，臺灣的勞動力來源勢必會減少。」「不過，這是一個機會，有望減少越南勞工到臺灣工作所付出的高額費用。」

這是經濟學的基本邏輯，當外籍勞動力市場供不應求，越南勞工能從而獲得市場上的好處。勞動部同意這項說法，過去三十年來，「我們對外籍移工的依賴是持續增加的，可是國際上引進移工的國家也在增加……所以變成你（雇主）引進的成本勢必也會提高，」薛鑑忠說。

不過，越南政府以為在國際大搶工的浪潮下，能減少移工來臺灣需要支付的費用，這個期待顯然落空了。當局規定，越南勞工申請到臺灣工作的仲介費總收不得超過四千美元（約新臺幣十二萬元），但工人實際上付了約六千美元，相當於他們在越南二十個月的工資。

費用未如預期下降，因為在輸出與接收國政府之間，存在一群龐大且體系複雜的人力仲介，包含正式與非正式的中間人，提供顧客各種合法或非法的服務，包括安排交通或偷渡、提供翻譯和訓練、辦理或偽造文件、短期借宿、高利借貸等。[34]當兩地的工人與雇主依賴仲介愈深，就替仲介業者創造龐大的尋租空間。[35]「臺灣仲介跟我要四千美元（回扣），我們越南仲介都要接受，」阿義的語氣裡沒有指責，倒有欽羨，「反正最後這筆錢都算在工人的總收費用。」他的說法符合中山大學社會系教授王宏仁的研究，[36]他曾經訪問近二十位臺灣與越南仲介，發現臺灣的仲介從跨國勞動力的分潤拿走六成。

對於像臺灣這樣的移工輸入國來說，移工只是暫時的勞動力，一旦不需要，他們就得回去。同時，國家也將大部分管理移工與護送離境的工作轉包給仲介業者，學者曾嬿芬將此描述為「遠程治理」，[37]政府降低人力仲介商的進入門檻，讓他們成為移工治理的胳臂和腿。

隨著海外招募困難、國家管制加強，以及西方品牌商推行零仲介費改革，臺灣仲介行業中的區隔愈來愈明顯。服務電子業的是少數幾家大型仲介公司，每年能固定引進超過兩千名移工，在臺灣同時管理著超過二萬名移工，其中近八成來自菲律賓。中小企業委託的通常也是中小型的仲介公司，這些企業多是3K產業，很難有資本改善勞動環境，高度仰賴來自越南的廉價勞動力。

在這條跨國移工供應鏈裡，與臺灣中小規模仲介業者接頭的，是另一群在越南的小型仲介公司。走在越南那條著名的勞務街時，我發覺專門輸出勞工到臺灣的仲介公司與其他國家的仲介相當不同，不像專營日韓市場的仲介公司蓋成明亮的獨棟建物，它們大多是小型公司，沒有明顯招牌、辦公室隱藏在公寓或民宅裡。

越南政府對仲介公司的牌照管理嚴格，它只讓部分國家部門轉成立的國營仲介公司，和少數大型企業申請牌照，至二〇二二年全越南只有五百多家有牌的仲介公司。[38]但在實際運作上，這些持牌仲介只是名義上的經營者，把牌照轉租給難以計數的私人仲介公司。

我在越南採訪時，每當聽到仲介對日本新市場的嚮往，經常擔憂臺灣將來招募不到移工，仲介阿義安慰我別想太多。「你說要去日本、韓國、德國那些都很難，他（工人）需要有執照，要有工作經驗，然後技術要求也比較高。」

「所以臺灣對你們來說，是比較簡單的？」我問。

「對啦，只要是農民都可以來工作，不用看學歷，有些（工廠）高中也可以。」阿義說。

如果移工要去日本或韓國，得先學習半年以上的語言，還要通過語言考試，這些要求容易嚇到沒有學歷、初次踏入陌生國家打工的越南年輕人。臺灣對移工的要求很低，而且聘僱流程快，對於急於將工人轉換成資本的小型越南仲介來說，仍是理想的地點。

在臺越之間經營的都是小型仲介公司，尤其是臺灣仲介，難以光靠引進移工的人數達成規模經濟，他們更可能向

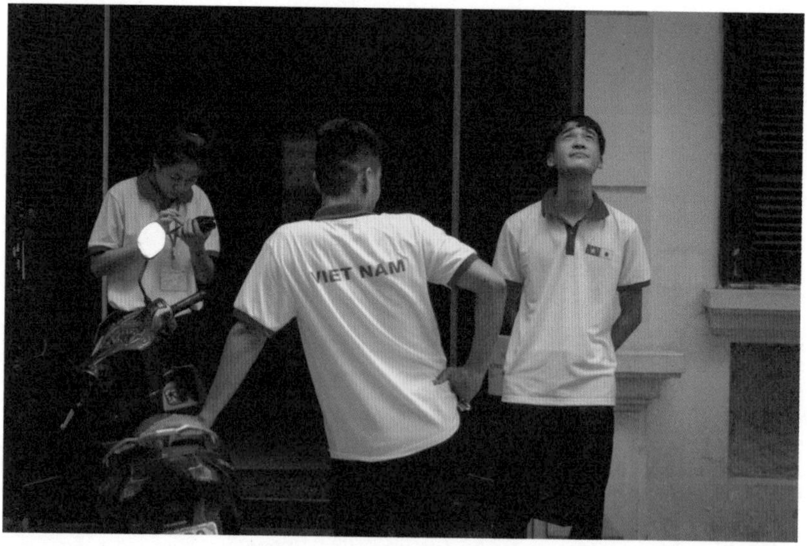

臺灣不再是移工首選，現在越南年輕人多嚮往赴日工作。在這些接受職業訓練的年輕人制服上，印有越南與日本的國旗。（攝影：簡永達）

海外仲介要求回扣。為了拿回這筆回扣，仲介公司、臺商與貸款公司策劃出一條狡猾的轉手路徑。在這過程中，貸款公司扮演著關鍵角色，他們貸款給移工，用以支付仲介費。這些公司通常由臺灣人出資，有時甚至是由臺灣的仲介公司設立，再找越南人掛名偽裝成當地公司。越南工人抵達臺灣後，他們被要求分期還款、支付超過年利率三〇%的利息，與上一章所提到、許多來臺的菲律賓移工所遭遇的債務陷阱，如出一轍。

我曾接觸一位貸款公司的臺灣老闆，親眼見到他的辦公室裡擺著一個小金庫，裡頭堆滿了臺幣、美金和越南盾。一位越南仲介告訴我，當臺灣仲介要求他支付海外的回扣時，他會直接拿美金給這名貸款公司的中間人，由他再轉帳給臺灣仲介。

按《就業服務法》的規定，臺灣仲介只能向雇主收取登記費，以及向外籍移工收取每月新臺幣一千五百元到一千八百元的服務費，其他收費都屬違法超收。當臺灣仲介被問到這筆來自海外的違法收入，多數人否認，但有人倒是不掩飾，「你把它想成一般的供應鏈採購就好，供應商本來就會給採購回扣，道理是一樣的，」一位不願具名的仲介說。

這條跨國移工供應鏈裡，買賣的是勞動力，在不少仲介眼裡，就像買賣襪子或電子產品零件一樣。只不過，工人終究不是工廠裡批量生產的產品，當越南勞工赴臺工作意願降低，臺灣及越南仲介得費更大力氣，哄誘工人來臺。

當一名越南工人決定要出國工作，第一個接頭的人是村子裡的牛頭，替他們與城裡的仲介公司牽線。這角色過去經常是村裡的頭人，跟工人間有深厚的社會信任；然而，現在介紹工作的已演變成一個躲在螢幕後的角色，一群活躍於社交媒體的「網路牛頭」。

二十三歲的阿應就是一名活躍於網路上的「牛頭」，他的前一份工作是在越南仲介公司當翻譯。「經理會把臺灣仲介發來的聘工表交給我翻譯，叫我在加班時數這欄寫每個月六十小時，」他說，「可能本來只有寫『一般』、『依公司淡旺季而定』。」

由於臺灣仲介發來的工作，多是那些「髒、危險、辛苦」的3K工作，愈來愈難找到願意接受的工人。仲介公司為此不得不公開更多工作細節，而加班時數逐漸成為評估工作好壞的指標，移工們甚至願意為此多付錢。於是，虛報加班時數成為求職單中常見的詐騙手法，阿應告訴我，「網路上有很多假的聘工表傳來傳去，加班時數跟工作都是假的。」這行業利用窮人迫切翻身的弱點，先把工人招到手再說。

我在河內訪問了六名越南仲介，以及三名在網上兜售工作的介紹人，不少人都拿出移工的薪資單佐證。有張薪資單一個月的加班時數高達一百六十個小時，當月薪資五萬二千元，這是相當罕見的工作單，但仲介的話術把極端案例變為常態，將薪資乘以十二個月，告訴工人去臺灣一年可以賺到新臺幣六十萬元，即使仲介費付七千美元都划算。

儘管臺灣與越南政府都有規範仲介費用，但只要為數眾多的中介者從中操縱資訊，就能使灰色空間繼續存在，並讓所有的監管手段都效果不彰。當人權團體質問臺灣的高額仲介費時，勞動部的回應總像個無辜的旁觀者：「我們有建議來源國收一個月的薪資，但仲介費是在越南收的，我們也很難介入，」薛鑑忠說。

無庸置疑，臺灣的製造業需要移工，不過，我們還有什麼吸引移工的條件嗎？臺灣仲介在回答這道問題時，不少人的表情有些尷尬。「我想是人權啦，」胡中裕想了一下說，「我們現在都跟國外的仲介說，你們叫工人放心來臺灣，臺灣現在講究外勞的人權啦。」

畫面拉回越南河內。日語學校裡的宿舍，黑壓壓的人頭，聚集了三十多位年輕男女，看上去只有十八、十九歲。他們眼裡閃耀的，盡是對日本的嚮往。唯一會說中文的，是舍監阿萬，去過臺灣工作三年，「這裡沒有人要去臺灣工作了，」他尷尬地說，「我也不想回去了……我在打工存錢，等存夠了錢，我也去日本。」

3 人力仲介還是人口販子？——取消「三年出國一日」後的仲介亂象

二〇一六年的那場抗議延續至中午。由六大仲介公會[1]動員、身穿白色上衣的人力仲介業者與人權團體正面對陣，要求立法院停止審查《就業服務法》第五十二條修正案，該修正旨在刪除移工三年需出國一日的規定。

雙方人馬在立法院門口對峙，警察搬來柵欄隔開抗議者，以避免衝突升級。抗議聲穿過敞開的門窗傳至議場內。兩位提案修法的民進黨立委持續承受著壓力，一則措詞嚴厲的訊息傳遍網路：「臺灣的長照福利將毀於兩位立委大人！請用力傳出去，讓大家知道林淑芬及吳玉琴兩位立委，幫外勞欺負臺灣人！」[2]

林淑芬說自己的助理半夜接到騷擾電話，面對種種壓力，她不得不發表「不自殺聲明」，並

臺灣國際勞工協會（TIWA）持續陪伴移工爭取權益，中間舉手吶喊者為 TIWA 研究員吳靜如。（攝影：張榮隆）

說，「我知道仲介業在立法院很有力，很多立委的助理都是仲介業者……都沒人覺得這個改革是錯的，為什麼我們（提案立委）要承受這麼大壓力。」[3]吳玉琴發言時則意味深長地說，「這個議題從上一屆就提出來，結果這一條沒被修正，來自政治壓力跟外在壓力非常大。」

自從二〇〇九年以來，每屆都有立委提案取消移工的三年條款。這項規定原本旨在防範移工變移民。在最初的規定，移工來臺的合約最長只有三年，而且只能來臺一次。後來考慮到合約期太短難以滿足用工需求，二〇〇二年將移工居留年限延長至六年。但鑑於移民法有外國人在臺連續居留超過五年即可申請歸化的規定，於是勞動官員宣布三年契約期滿的移工必須出境四十天才能再次回臺工作。隔年，將出國四十日縮短為出國一日。二〇〇七年，再次修改《入出國及移民法》，將外籍移工排除在可歸化國籍的外國人類屬之外，這才讓臺灣政府放下了對移工成為移民的擔憂。

二〇〇九年，有立委開始接到陳情，移工每三年得出國一日的規定，對亟需看護的家庭相當不便。考量到移工已不可能成為移民，一些委員便提案刪除這條規定。[4]然而，這項修法遭到仲介業強力動員阻擋，在接下來的幾個院期始終無法推進至三讀。

二〇一六年，二名委員重提修法的消息傳出。人力仲介業者再次聯合抗議，他們聚集到立法院前開記者會，譴責這項修法是「動搖國本」。他們說修法後移工可以領到勞工退休金、雇主得提供移工一個月的探親假和特休假，而且這項修法將助長移工逃逸。

移工盟迅速做出反擊。他們拍影片、投書媒體，[5]一一駁斥仲介說法。首先，儘管移工與本勞一樣按月繳勞工保險，但《勞工退休金條例》排除藍領移工，他們即使工作到期滿離境也無法領取退休金。[6]所謂的探親假是無稽之談，這項修法並未給予移工額外的休假福利。至於僱用與否，一直是雇主說了算，如果原雇主不續約，又沒有新雇主接手，移工三年合約結束後，仍然得回國。

人力仲介商危言聳聽，在網路上散播假訊息，聲稱一旦法案通過，將導致數十萬移工歸化成移民。倡議者們認為這是惡意引導，仲介們早就清楚移工被排除在移民資格之外，這麼說的目的是要煽動群眾情緒，以施壓讓立法委員撤回法案。[7]

法案表決當日，林淑芬慷慨陳詞，她提及美國國務院所發布的《年度人口販運報告》（*Trafficking in Persons Report*），[8]連續十年將移工來臺所負擔的高額仲介費列為改進的重點項目，她說：「（執政）政府從來沒有像現在這樣，把人權上的黑點自己扛下來，自己提案、自己修法。」

中午時分，法案三讀通過。議場外的移工歡呼雀躍。我在廣場上看到幾位熟悉的移工，有領導越南移工工會的阿高、曾遭遇職災的阿憲，還有一直協助他們的社工。消息傳來的那刻，他們擁抱在一起，忍不住哭了出來。

只不過，自二〇一六年廢除三年一出國的規定以後，臺灣仲介行業陷入前所未見的混亂。這恐怕是政府官員與倡議者都沒有預料的。

根據勞動部的統計數據，二〇一六年有一千三百一十九家仲介公司停止營業；接下來的六年，每年約有一千五百多家仲介公司結束業務，到二〇二二年，這一數字突破至一千八百家。令人感到弔詭的是，每年申請新成立的仲介公司數量增加到了三千多家，行業中維持高達五成的組織死亡率。

將近一半的仲介公司頻繁進出市場，背後是仲介業慣用的「殭屍復活術」：利用親人或員工名義，申請多張牌照，一旦違法，便在政府裁罰前終止營業、逃避處罰，再用另一張牌照營業。

在修法之前，臺灣仲介業者一再聲稱，自己不會因為改革而遭受任何利益損失，但他們奮起抵制的態度令人疑惑。「仲介反撲力量多大，就知道利益有多大。」臺灣移工聯盟發言人陳秀蓮說。每當移工回國後再返回臺灣工作，他們必須支付八至十五萬的仲介費，[9] 如果法律保持不變，最大的受益者將會是臺灣仲介。

人力仲介的發展歷程

要瞭解臺灣仲介與海外仲介之間的關聯，或許需要深入研究仲介行業的發展歷程。早在一九八〇年代末，一些需人孔急的工廠暗中僱用外籍勞工，這些工人大多來自東南亞國家，拿旅遊簽證入境後逾期居留。當時臺灣政府對於引進外籍勞工持謹慎態度，但仲介業者卻率先打開了市場，以「旅遊公司」或「貿易公司」的名義掩飾，一面從海外批量引進工人，一面在工業區向雇主兜售勞工。在最早的外勞市場裡，是由雇主支付仲介費用，以一年期的契約為例，引進一名外勞，加上簽證費、手續費與服務費，大約在四萬五千元上下。[10]

一九九一年，政府小心翼翼開放製造業引進移工，最初僅核准了一萬五千名的移工額度，僅限於紡織業、金屬製造業和營造業等六個行業。勞動官員認為，招募移工只是權宜之計，不能視作將來的經濟發展之道。

一九九二年，面對資本家的持續施壓，政府同意引進外籍移工，但怎麼引進還沒有定案。政府在直接聘僱和透過私人仲介引進之間權衡利弊。當時，勞委會進行評估，發現仲介市場潛藏十億元的利潤，仲介業者通過民意代表不斷施壓。[11]最終，政府拍板決定由人力仲介負責招募移工。同年七月，勞委會頒布《私立就業機構許可及管理辦法》，規範人力仲介業者的資格與工作內容。三個月後，第一家取得許可證的仲介公司成立，開啟移工仲介的新頁。

對那些想出國工作，但在海外舉目無親的移工來說，求助於仲介公司，不僅可以找到合適的工作，還能解決煩人的旅行文件、簽證、體檢等手續。一旦抵達臺灣，海外仲介會把工作交接給當地合作的仲介夥伴，由臺灣仲介繼續協助移工完成體檢、辦理居留文件，並解決與雇主之間可能產生的糾紛。

但工人要付出的代價可不便宜。在九〇年代末，如果一名菲律賓移工來臺工作，通常要支付五千美元的費用，相當於他們在母國八個月的工資，[12]但想要出國的移工往往沒有這麼多錢，他們通常得跟親人告貸，或拿土地、房子抵押。

然而，移工負債來臺並非一直都如此。最初的幾年裡，人力仲介業者按照「使用者付費」的原則運作，向需要外勞的雇主收取仲介費用。[13]然而，泰國仲介先壞了規矩，為了爭取輸出更多工人，他們開始向臺灣仲介支付回扣，隨後，這種做法成為臺灣仲介業者向海外仲介施壓的常態：「人家泰國都可以（給回扣），你們為什麼不行？」[14]

面對索要回扣的要求，海外仲介大多妥協了，因為臺灣的工作機會是市場上最受歡迎的。在臺灣引進移工時，本地勞工擔心要是移工的工資過低，會讓他們在就業市場失去競爭，因此要求臺灣政府承諾，外籍移工與本地勞工的薪資不會脫勾，都能享有基本工資的保障。在當時，東亞的其他移工輸入國中很少有這樣慷慨的條件，例如新加坡、馬來西亞和香港都沒有確保外籍工人與本地人享受同樣薪資的規定。

鉅額仲介費如何產生

臺北大學的社會學家蔡明璋透過研究國家與仲介的關係，來考察鉅額的仲介費是怎麼產生的。[15]臺灣的工作機會之所以在海外如此受歡迎，一方面是因為政府通過「限業限量」的方式限縮了工作機會，同時又保障了移工的工資，從而創造出大量的海外供給。正是這種「管價」又「管量」的做法，使得外勞市場向臺灣買方傾斜，居中的人力仲介商能從而賺取鉅額利潤。

在一九九七年亞洲金融危機爆發後，此一供需關係再被擴大。印尼在金融風暴中受到重創，於是該國政府費心打造溫順的家務傭工形象，竭力出口看護工人以賺取外匯。[16]此消彼長，印尼看護在臺灣的數量逐漸超過菲律賓，成為了家庭看護主力。三年後，臺灣政府宣布增加越南作為移工來源國，彼時越南剛經歷了戰爭與人民公社的拖累，幾百萬的年輕人急於尋找工作，臺灣是他們最理想的目的地。

與此同時，臺灣社會也正經歷變化。在工商團體的積極遊說下，自一九九二年開始，臺灣政府連續十波開放特定行業的移工配額，[17]並放寬了外籍幫傭與看護工的僱用資格。不出多久，臺灣政府意識到移工配額的另一作用，除了能幫助數以萬計需要長期照護的家庭，同時還能促進投資。於是便公告，只要新設廠、進行重大投資，或者繳納額外的就業安定基金，工廠就可以僱用更多外籍移工。

開放移工僅僅三年的時間，臺灣的移工人數從三千人急遽增加至近二十萬人，膨脹了六十三倍。與此同時，本國勞工的失業率也迅速上升。工廠經常以業務緊縮為由裁撤生產線，優先解僱本國勞工；如果本勞抗議，他們就會被調派去做外勞的工作，直到他們受不了、自願離職。[18]在一九九四至一九九八年間，平均每年有五萬多人申請勞資調解、有二十萬名基層體力工找不到工作。[19] 一九九六年的勞動節，幾千名失業勞工與勞工陣線發起遊行，抗議「引進外勞剝奪臺灣勞工的就業機會」。[20]

眼見失業率居高不下，勞委會逐步收緊對外勞的限制：暫停營造業雇主引進移工、全面降低製造業雇主的配額，並拉高聘請外籍幫傭與看護工的條件。[21]

正當幾百萬海外移工想進來時，臺灣政府卻打算大幅削減移工的數量。在這種嚴峻的供需關係下，仲介費被哄抬至前所未見。

美國《財富雜誌》（*Fortune*）二〇〇三年曾報導來臺外勞負債勞動的悲慘際遇。[22] 記者訪問五十多位來自越南、菲律賓、泰國的移工，他們工作的工廠為摩托羅拉、索尼易利信等跨國公司生產零件。其中一位菲律賓女工付了六千三百美元，購買一紙來臺工作的契約。就她理解，這筆錢中的二千四百美元是付給菲律賓的仲介，她跟當地仲介合作的放款人借錢，月利率一〇%，另外三千九百美元流向臺灣仲介。在臺灣的日子，她每天與債務搏鬥，扣除每月給仲介的服務費、所得稅、食宿費用，以及三年契約期滿才能領回的強迫儲蓄，她所剩無幾。十八個月後，她才償還為支付仲介費欠下的債務，「不得不支付這麼多錢，是非常痛苦的，但我們沒有選擇。我們要嘛接受它，要嘛遠離它。」她說。

當時《財富雜誌》認為，高額仲介費已對移工造成剝削，而負債勞動的模式在臺灣等東亞移工輸入國形成新型的「血汗工廠」，「為了還錢給仲介業者，他們急需工作，也就無力對超時工作和虐待提出反抗。」

在跨國剝削鏈裡，臺灣仲介享受傾斜市場帶來的好處，從海外仲介拿走總收仲介費的六成。[23]這筆錢被一些人力仲介商稱為「海外款」，取自海外仲介來的退款，但錢轉給臺灣仲介後，實際上的分配關係複雜，不透明的貪腐運作對行業外的人總是謎。

海外款如何分配

為了瞭解海外款的分贓詳情，我在二〇一九年採訪了十三位臺灣仲介業者，以及他們前任或現任雇員，只有極少數人願意敞開話題。他們都是謹慎的人，拒絕討論（前）公司的運作詳情，當注意到有錄音筆後，轉而迂迴地用手勢、比例，或創造莫虛有的公司來譬喻。

剛引進移工的時候，臺灣仲介每引進一名工人約能收到四萬臺幣的海外款，扣掉機票、體檢、文件及其他行政費用等成本大約一萬元，仲介公司可以淨賺三萬元。普通的一個營造案或新工廠，需要的移工約一、兩百名，只要仲介公司幫忙引進一百名移工，就可以輕鬆賺進三百萬。

行業的高獲利吸引大批人馬爭相投入。很快的，臺灣仲介市場就面臨激烈的市場競爭，以一九九六年的統計數字來看，當年新成立的外勞仲介公司是五百八十四家，到了年底就關門歇業的有一百八十四家，淘汰率將近三〇%。當數量龐大的仲介公司要競爭有限的雇主，市場的天平再次傾斜，轉而對雇主有利。

「（雇主）一PO出我要招外勞，就像麵包丟進魚池一樣，一大堆仲介跑來說我幫你引進，剛開始可能說免費，第二家就說那我一個人退五佰、一千。」說話的人是阿豪（化名），他在一家外勞仲介公司工作三年後，最近到一家電子廠的人資部門工作，做的事情差不多，都是引進跟管理移工，但他感覺自己的地位更上一階了。

為了爭取客戶，仲介祭出免費代辦招募函的服務，因為招募函代表移工「配額」，是產業利潤所在。外籍移工最初只能停留三年，而且只能來臺一次，在這項安排下，比起拿移工的一次性報酬，諸如辦簽證、送體檢等服務費，仲介發覺盡可能地長期保有「配額」才是經營之道。他們於是免費幫雇主攬下文書代辦、移工管理等工作，以換取雇主交辦招募許可函的權力，之後重新引進外勞時，臺灣仲介便能從海外仲介拿到退款。

所以可以說，人力仲介只要拉攏好雇主，就能穩定地將抽象的工作機會轉化成實質利益。不過，當國內的仲介市場競爭變得殘酷，只提供免費服務已遠遠不夠。一些仲介公司開始向雇主提供回扣，每引進一名外勞，仲介願意付給雇主兩至三萬的回饋金。[24]這種做法造成的影響深遠，想按規矩收費的仲介被市場擠壓出去，給雇主回扣逐漸成為市場慣例。

在後來的研究中，此一回扣數字逐漸被拉高，[25]因為臺灣仲介很多都只是小公司，很難跟雇主談判回饋金的數目。根據蔡明璋在一九九七年的調查，九成仲介公司的雇員都在十人以下，而在我二〇一九年的調查中，這個比例擴大到了九成九。仲介產業之所以很難擴大其經營規模，提升自身談判力道，與國家對外勞市場高度管控息息相關。首先，臺灣對外勞政策反覆，令仲介公司很難預估未來的外勞市場，因此不願意擴大投資，也沒意願發展品牌，許多只想維持在小型企業的規模。[26]

此外，仲介行業有時更像是各種中間人的利益結盟。有與海外仲介聯繫的海外專員，還有送件補件的文書代辦，負責後勤的移工生活管理員，以及在工業區中騎著摩托車、努力拓展業務的業務員。最後這類人尤其重要，因為他們能直接聯繫到工廠雇主，迫使仲介公司老闆不得不從海外款中再撥出一部分作為業務獎金。

移工增長的速度與規模也讓勞動官員始料未及。剛開始，負責審核外勞申請文件的職訓局僅編制十幾人，每個月卻有高達將六、七萬件申請案，就算在一九九五年勞委會臨時編組外勞作業中心，增加了上百名約聘人員，還是力有未逮。當時，趕著僱工的資本家經常批評勞委會的行政

鎵興國際位於新竹市的移工宿舍緊鄰科學園區，提供接駁車接送移工上下班。（攝影：余志偉／報導者）

效率，申請移工來臺常須耗時半年。外勞仲介為此費盡心思，找關係買通審批申請文件的官員，私下給「快單費」以加速整個申請進程。後來，此一花錢買通關的情況過於普遍，曾引來調查局大規模搜索全臺外勞仲介公司，查獲官商勾結弊案，並收押索賄的職訓局官員。[27]

招募一名移工到臺灣並不是一個簡單的過程。在這個多層次招募體系中，牽涉鄉村牛頭、海外仲介、臺灣仲介、政府官員，還有仲介業務，每個人都有動機索要回扣，而費用層層疊加，最終轉嫁至那些最無能為力的移工身上。

人力仲介的重要性

話雖如此，人力仲介在當代跨國遷移中仍扮演不可或缺的角色，基本理由有兩種。有一派人認為人力仲介能敏銳地洞察政治與經濟的變化，提前為那些希望引進移工的雇主打點一切。一開始，移工能引進的行業與時間全由勞委會掌握，而仲介業者四處找關係打聽，以掌握下一波開放的行業。這種觀點源自社會學者布赫迪厄（Pierre Bourdieu）的資本觀，他認為維繫人際關係所攢下的社會資本跟經濟資本同等重要，且在合適條件下，不同資本間能互相轉換。在九〇年代，有各種市井傳言，稱仲介業者與各種政治勢力有牽連，包括立法院院長劉松藩的親屬、警政署長之子、國大代表，甚至總統夫人的親戚。[28]

另一種看法，有人認為人力仲介填補了人際網絡中的空缺。芝加哥大學商學院教授羅納德・伯特（Ronald Burt）提出了「結構洞」的概念。[29]人們傾向於跟自己熟悉的人互動，形成緊密的社交圈子，但這種人際互動也有其局限，總有一些人難以聯繫。因此，在人際網絡中就出現一些空缺，能夠填補空缺的人就有商機，而作為仲介業者，連結起兩個團體就能變現為真實的生意。

因為在趕著僱工的雇主與追求平衡的官僚體系之間，常常存在一些分歧，而這就讓人力仲介業者能從中獲取利益。如果一家工廠想要僱用移工，又難以透過仲介的話，它們必須進行一系列繁瑣的步驟，如清點工廠設備，向工業局發函證明自己符合引進移工的條件，再聯繫當地就業中心進行登記，以及在報紙刊登招聘廣告。等一段時間，確定無法招募到本地勞工後，再備妥相應文件向勞動部申請招募許可。同時，還需要提前與海外仲介聯繫，請他們招募合適移工並安排面試。一旦確定人選後，還要安排移工的航班、進行體檢、申請外僑居留證等等。

國家在招聘移工方面的規定相當複雜，即使專業的人力仲介都難以完全掌握。許家畯是位仲介公司的老闆，他告訴我，「如果體檢晚了，就會被罰款，哪張表格晚了，也會被罰。所以我不得不買一套外勞管理軟體，才能搞清楚什麼時候該做什麼事。」實際上，工廠老闆們也很非常依賴仲介業者，特別是那些中小企業，他們不大有餘力自行招募移工，而仲介也需要雇主所提供的配額，雙方各取所需。

此外，勞動官員也發現，能夠借助仲介將國家職能外包。[30] 二〇〇五年這年不太平靜，臺塑麥寮六輕廠先發生三次移工的罷工抗議。同年八月，高捷工地再爆發上千名泰工集體抗爭，後來經媒體調查，意外揭露各種仲介不人道的管理細節，以及官商勾結弊案，成為我國移工人權一大汙點。

勞委會本來引進移工，想的只是怎麼把資本與工作留在臺灣，而不是被運到中國。在連續幾次大規模的移工抗爭後，移工人權才被放進政策議程中，許多政府雇員忽然意識到他們的職責改變，應該去規範仲介不當收費，或避免擴大社會對於移工的歧視。

當政府察覺到移工罷工經常是抗議仲介亂收錢，於是制定收費標準，規定仲介只能向移工收取第一年不超過一千八百元、第二年一千七百元、第三年一千五百元的服務費。[31] 二〇〇四年，勞動部接著實施仲介評鑑，把扣留移工護照、逾期體檢和雇主違法使用移工都列為扣分項，如果評鑑分數不滿六十分，仲介會領到一張有如足球黃牌的警告，連續兩年不合格，將被吊銷執照。而第一年實施評鑑的結果，高達六成六仲介都不合格。

勞動官員不斷對原本的條文進行延伸補充，極力引導雇主在僱用外籍勞工上盡更多責任，最後，這些重責都落在仲介身上。

而最讓政府在意的，可能莫過於移工失聯這件事。「外勞逃跑」不僅代表國家失去對國界的控制，還可能讓整個由政府主導的移工聘僱系統崩潰。因臺灣很缺工，失聯移工在市場上很受歡迎，農地工廠、茶園或醫院都能看到他們的身影，只是當這些不符資格的雇主都在僱用黑工，反而讓盡力符合政府規範的雇主蒙受其害。

對此，技術官僚卻是提高給雇主與仲介的罰則。如果移工失聯，政府會凍結雇主使用該名移工配額，直到移工被查獲離境為止，在這段時間裡，雇主不能重新僱用移工填補勞動力空缺。失去配額對雇主和仲介影響甚鉅，不僅如此，勞動部在評鑑項目新增移工逃跑率，對於每年引入人數少於五十名移工的小仲介，只要有一名移工失聯，該年仲介評鑑即被列為不合格。[32]

為了嚴控移工行蹤，雇主與仲介想出各種方法，像是保管護照、[33]強迫儲蓄、禁止休假等。可即便做到如此，還是無法避免移工失聯。像是一家新北的人力仲介公司，幫移工辦理轉換雇主，正在等待媒和時，移工突然跑回越南。勞工局認定是逃跑外勞，開罰仲介六萬元並吊銷公司牌照。仲介公司老闆不滿，提出申訴：「我們做到所有該做的，怎麼知道外勞還是會跑掉呢？」[34]

勞動官員不斷調整法規，時而為了人權之類的崇高理由，有時卻又瑣碎得令人發瘋。在一些移工仲介眼裡，政府不過是把管理移工的成本轉嫁給他們，每次修法都在增加一項對人力仲介商的要求，這無疑加重了他們的經營負擔。

仲介的利潤來源改變

過去，移工仲介業者的豐厚利潤來自政府對移工人數的調控，增長而有節制。然而，在二〇一〇年後，政府不再「限業限量」地引進移工，勞動部整併了製造業移工聘用方案，統一為

「3K五級制」。[35]根據此一制度，政府依雇主的產業核配，能僱用移工的比例介於一〇％到三五％之間，並為了鼓勵廠商新設廠、臺商回臺投資，另允許額外的外勞名額。此外，對於能聘用看護工的雇主資格，也不斷放寬。[36]這樣的變化使得對移工的需求不斷增加，但海外移工每年來臺人數並未增加，甚至逐年減少。

當移工有更多海外工作地點可供選擇，他們就不再願意為了來臺灣支付高額的仲介費用，這導致臺灣仲介所能分到的海外款

移工宿舍裡的商店，堆滿各式各樣來自母國的商品，供應移工生活所需。（攝影：余志偉／報導者）

也在減少。人力仲介商們心想，如果能繼續維持移工三年須出國一日的規定，移工三年就必須離開，他們要是想再回臺灣工作，就必須重繳仲介費以履新合約。在這個勞動力替換率高的系統裡，起碼他們還能穩定地獲得回扣。

如今移工不必回國，靠海外款分贓的利益結盟瓦解，業務員最先叛逃。「我跟老闆這邊分得好好的，服務好工人，三年（移工）回去，我可以再領一筆獎金；現在外勞可以在臺灣待到十二年，好了，我沒獎金了。」胡中裕認為，自從二〇一六年起，頻繁換牌進出市場的仲介，不少原本是仲介公司裡的業務員。他們帶走本來服務的客戶，拉著自己的家人，三、五個人就成立一家小型的仲介公司。

胡中裕投入外勞仲介業已超過三十年，早在《就服法》公布以前，他便膽大地偷偷輸入東南亞藉的工人。他的說法吻合勞動部公布的數據，二〇一九年終止營業與新登記的人力仲介公司，員工數在五人以下的占九成，九成九是十人以下，全都是小規模的仲介公司。

在一些同業眼裡，這類小仲介是最容易違法的一群。「他們幾乎都靠收海外款活下來的，你看他每年才引進幾個人，還要繳三百萬押金進去，為什麼？他只要收幾筆海外款就回來了，」胡中裕說。

「跑單幫的盲目想要錢而已，只要你工廠請十個（外勞），他就說每個月退五千給你（雇主），要不要？」他抱怨小仲介為了搶訂單而削價競爭，讓本來惡名昭彰的人力仲介業更為混亂。

對此，勞動部跨國勞動力發展署組長薛鑑忠解釋，他所在的單位主管國內仲介與移工事務，他說政府對外勞仲介業設有準入門檻，申請新設立的業者要有五百萬資本額，並在銀行存有三百萬的押金，「你光是進入這個門檻，至少要八百萬的資金，這算是一個不小的門檻，」因此薛鑑忠認為，不算低的準入門檻，加上定期仲介評鑑，目前的管理手段足以讓人力仲介業存優汰劣。

既然如此，為何每年仍有上千家人力仲介能輕易換牌，規避政府裁罰？一些仲介業者私下透露迴避政府監管的做法，「勞動部要求的三百萬保證金，你不用真的放三百萬進去，你只要找銀行開保證書就好。」相同邏輯，勞動部要求的五百萬資本額，也只要會計公司出具驗資證明，至於仲介業的評鑑也是由勞動部外包民間單位執行，「都是文書作業，行政小姐每年文件做一做就好，」業者如此表示。

政府睜一隻眼、閉一隻眼。一位曾主責仲介評鑑的勞動部官員，退休後轉任仲介公會的講師，他試著解釋政府的管理邏輯：它默許仲介業的進入門檻形同虛設，為的是增加仲介行業內的競爭，受益的是握有配額的雇主。

勞動部對取得執照後的仲介相當嚴格，對仲介的規範法令多如牛毛，只要違反其中任何一項即罰鍰六萬到一百五十萬元，而且可以連續處罰，甚至直接撤照停業。[37]

當換牌的成本比處罰還低，這造就了人力仲介的炒短線心態。「仲介一旦決定炒短線，就亂來，超收費用，反正我這張做二年就停牌，國稅局三年才查稅，」更糟糕的是，政府的管理手段「讓仲介業長久以來難以發展品牌，」長欣利國際人力顧問總經理廖浩彬認為，「只要你不能讓企業發展品牌，它就不會走向良性競爭。」在我為這一章採訪的十多位仲介業者，他們都承認擁有多張牌照，其中一家仲介甚至握有七張牌照。

為了拼湊破碎的仲介業面貌，我在二〇一九年下載了人力仲介業者的名冊清單，比對引進移工的雇主資料，並使用統計軟體進行交叉分析。[38]我發現仲介業在經營廠工、看護與漁工是三塊高度分割的市場，很少有業者兼營兩者，而且七成仲介都集中在引進廠工。

在專營廠工的一千多家仲介裡，經營規模呈現兩極化分布。僅有九家超大型的仲介公司每年引進超過二千人，其餘六成都是中小型公司，全年引進移工人數不到二百五十人。這些仲介服務的雇主主要來自金屬製造業與機器設備廠，約有一萬九千家，每家廠商平均僱用七名移工。

臺灣僱用移工的製造業大宗是金屬、電子零組件及機械設備製造業，這三個行業所僱用的移工占總體移工人數的四成，超過產業移工人數的一半。其中，電子製造業所引進的移工數量最多。由於需要符合西方電子製造商對工作環境的標準，它們通常選擇大型仲介公司合作。[39]對於服務傳統產業的人力仲介而言，如果不收取海外費用，只按引進移工人數收取服務費，根本難以維持經營。

既然如此，服務傳產的仲介公司怎麼不去爭取電子公司訂單？「你要有辦法摸到電子廠的頭，社交成本一定要夠，你關係要夠。」胡中裕說，廖浩彬坐在一旁，點頭表示同意。他們都是仲介行業公會的幹部。廖曾有朋友想爭取電子業訂單，儘管不用給工廠雇主回扣，但平常要參加扶輪社建立人脈、陪人資打高爾夫、還要跟立委交關，喝酒應酬一場都不能落下，「我看到他，一天要吞好幾顆肝藥。」

傳產仲介很難跨過電子行業這道檻，而歷經移工仲介三十年的開發，傳統製造業的客戶市場已經趨於飽和。隨著利潤萎縮，一些小仲介或跑單幫的掮客變得失控，他們在市場上互相爭搶訂單，並在違規後不斷換牌殭屍復活，演變成政府難以管理的高風險仲介。

當政府加強管理仲介行業，這類惡性仲介為了維護利基，只能做更多別人不敢做的違法生意。一些離職的仲介公司雇員透露，常見的違法勾當包括幫製造業雇主做「AB廠」，以人頭公司申請合法的「工廠登記證」，向勞動部申請名額引進外籍移工，但移工卻給了地目不合或蓋在農地違章工廠的雇主使用。

「很多辦公室專門借人家登記，一個地址掛了五家公司的門牌，我們幫它租個辦公室，再讓會計師申請一個工廠登記證。」有十八年仲介經驗的 Peggy 說，開發這類客戶相當容易，只要到中南部農田走一遭，許多拔地而起的鐵皮工廠都是潛在客戶。一些仲介則認為他們只是滿足市場需求。「中南部很多這種農地工廠，雇主他也需要用人，他需要仲介，他也要這種黑名額，」曾有六年仲介經驗的業務阿健（化名）說。

他們遊走在法律邊緣。幾年前，當勞動部鼓勵工廠老闆僱用原住民，給出僱用一人得以計算為僱用三名本勞，[40]可以擴大計算移工名額的基數，許多仲介便跑到花蓮、臺東，找原住民簽名灌水當人頭；當政府給予少數3K行業最高三五%的比例引進外籍移工，這群仲介搬來二手的熱處理爐，假造工廠資料以拿到最高的移工名額，再轉手出去。

不是所有仲介都同意這類灰色的經營手法，有些人認為這類違法仲介的生存空間只會不斷縮小。「現在外勞至少都有一支智慧型手機，可以拍照錄影的，仲介要是亂收錢，他們都知道要錄影，馬上就告到勞工局去，」阿健認為，近年來移工的人權意識提升，讓仲介的違法風險與管理成本都拉高許多。

儘管受訪的仲介業者都認為，這些「黑名額」、「AB廠」的做法相當冒險，但一位經營傳產客戶的仲介仍告訴我：「就跟他賭」，賭地方政府不會到農地工廠稽查、賭工業局不會派人到工廠查營業登記、賭勞保局也不會查核勞保資料的真實性。

仲介行業裡正掀起新的路線之爭。

「這個行業裡有些公司是很爛的，你要是靠單純地收服務費41活不了，就一定會想盡辦法從外籍（移工）身上拿錢，你會巧立名目跟外籍（移工）收錢，這行業裡什麼人都有，只是我們是大公司，不做那些事情，」鎵興國際人力副總李萬晉說。

他向我解釋人力仲介業的商業邏輯：由於每個月能固定向移工收取服務費，仲介業的收入相對平穩，不太會受市場變化而影響，反倒是受規模經濟左右，引進的移工人數愈多愈能分擔成本，也愈賺錢。

李萬晉服務的鎵興國際，是國內最大的仲介公司之一，同時管理二萬名移工，總部位在臺北市中心地段一棟高級辦公樓的八樓。李萬晉是該公司的副總經理，加入仲介業時間還不長，他的身材挺拔、戴著金屬框眼鏡平添幾分斯文，剛從電子行業的高階主管退下來，還保留一項電子業的習慣，喜歡用英文名 Adam 稱呼自己。他們的客戶幾乎都是電子業大廠，每家工廠平均每年引進數百名移工，鎵興派專人服務個別工廠。

最近幾年，李萬晉口中收入穩定的仲介業有些變化。西方電子品牌商要求它的供應商工廠落實「零付費」政策，衝擊臺灣製造業雇主及其合作的仲介公司。

原本移工每個月支付給仲介一千五百到一千八百元的服務費，如今得改由雇主付給臺灣仲介；原本服務傳產客戶，生意不如以往好做的仲介，特別是員工人數在五人以下的小型仲介公司，他們不斷砍低收費，只為了搶電子廠的訂單。「有些小仲介跑來隨便報個價格，跟客戶說一個工人的服務費你給我六百元就好，客戶就期望你也有同樣的價格，搞得價格變得很亂，」李萬晉說。

長宏人力仲介同樣是臺灣規模前三大的仲介公司，管理著超過二萬三千名移工。長宏公司近年也被客戶要求接受電子產業「責任商業聯盟」（RBA）[42]的審核。然而，時任長宏人力協理的羅盈勝卻對人力仲介業陷入價格戰相當擔憂。

「在引進工人這塊，幾乎所有的仲介公司都沒有區別了，你會做的，我也會做。以前還會拚誰的辦件速度比較快、比誰的公司離勞動部近，送件可以比較快；可是現在政府開放電子化，文件直接掃描後上傳，差距就不見了，」羅盈勝認為臺灣仲介業的「傳統服務」愈來愈沒有特殊性，必須從移工服務的品質上脫穎而出。

相較過往，傳統的仲介業利潤正在減少。一些仲介公司走上惡性違規、非法招工的路線，讓移工支付高額仲介費後又倒閉或換牌求生存。然而，也有一些仲介決定改變策略，透過管理移工宿舍以增加附加價值，希望擺脫人口販子的惡名，並讓自己在競爭激烈的人力仲介業中活下去。

從二〇一六年起，一些仲介業者積極轉型，收購倒閉的旅館、瀕臨破產的大學宿舍，或鄰近工業區的建地，為的是蓋給移工的宿舍。

鎵興國際是最積極蓋移工宿舍的仲介業者之一，全臺自建、管理八十四棟移工宿舍，在新北市的新莊、桃園市的中壢，以及高雄市的楠梓區等鄰近工業區的地段都建有移工宿舍。

木質裝潢，宿舍裡還有二十四小時的便利商店、羽球場和健身房，與一般印象中凋敝破舊，或藏在鐵皮屋夾層裡的移工宿舍大有不同。在防疫期間，鎵興國際設置給移工獨戶獨立的隔離檢疫房，曾讓勞動部長、桃園和新竹市長都登門參觀。

長宏人力近年也積極興建宿

人力仲介業亟需轉型，美家人力資源公司向銀行貸款四億元興建移工宿舍。（攝影：吳逸驊／報導者）

舍，羅盈勝表示，根據他們做的客戶調查，大約八〇％的雇主都希望仲介能提供宿舍。他們目前自建十棟宿舍，每棟宿舍入住移工在一千二百人左右，預計年底可容納一萬五千名移工住宿。

「其實這行業（仲介業）坦白講，很好做，但也很難預估未來，因為它不會有新產品（指外籍移工），所以你能做的最大的市場區隔，就是宿舍的差別，可是宿舍的差別，就是口袋深淺而已，」李萬晉說。

李萬晉認為，未來仲介業決勝在移工宿舍與生活管理，但兩者都需要投入大筆前期成本，他因此大膽斷言：幾年內中小型仲介至少要倒閉一半。

如今，宿舍管理是雇主少數願意付錢給仲介的服務。

二〇一七年，桃園工廠宿舍的一場大火，燒出移工宿舍安全的漏洞。連續好幾起移工宿舍火警的新聞，讓人權團體屢次在勞動部前高喊「廠住分離」。勞動部順應改變，二〇二一年一月新修正的《外國人生活照顧服務計畫書裁量基準》上路，將外籍移工的生活空間拉到每人三・六平方公尺以上，符合國際勞工組織標準，並且要求雇主簽下切結書，保證「移工居住空間是否做到廠住分離」、「住宿地點是否位於危險性工作場所」，作為將來歸責雇主的依據。

「我們少數大間的（仲介）公司，過去賺到錢的，拿現金來投資買樓蓋宿舍，砸幾千萬養外籍（移工）的宿舍，沒幾家公司可以做到，」李萬晉認為市場已經做出區隔，大仲介瓜分市場，而小仲介沒有能力與之競爭，「小仲介不願意做，因為沒成本、沒能力，很多是打帶跑的，只要政府加強執法就跑了。」

找回職業尊嚴

有些人把危機看成轉機，「既然那些大的仲介做得到，那我們就得跟上來，」許家畯經營的仲介公司，管理一千三百名移工，七成是廠工，客戶多是工具機或金屬製造業，是典型的中型規模仲介公司。

沿著臺七十四線，駛入臺中的潭子加工出口區，許家畯站在一塊工地前，手在空中不斷比劃，「這裡先蓋第一期的宿舍，到時候住八百人，然後再蓋第二期，估計可以再住一千二百人。」從二〇一八年開始，他陸續找股東投資，向銀行貸款將近四億來蓋移工宿舍，據他估算，即使宿舍順利住滿人，也要二十年才能回收成本。

「我想將來這些雇主都會需要移工宿舍，那我在園區裡有一棟宿舍，是完全符合政府規範的，而且移工也方便，總比你把他們四處放在各個宿舍好。」許家畯看準移工宿舍的商機，「使用宿舍的雇主，就算原本不是我服務的客戶，我有機會能夠慢慢地接觸，讓他們轉給我服務。」

許家晙願意投資的原因，來自幾年前的一場失敗。當時他正在爭取大立光這個客戶，這家公司以代工蘋果（Apple）手機的鏡頭而聞名，作為蘋果供應鏈的一環，它們對於選擇合作的仲介公司有更高要求，包含提供宿舍舍監、清潔人員和二十四小時常駐工廠的翻譯。好不容易，他與其他三家仲介闖進最後一輪，客戶給的最後一個考題是找到一間能容納五百人的宿舍。

「我那時候跑遍東海大學附近，找不到一家大的宿舍可以租，其他三家仲介都有自己蓋宿舍，後來競爭就輸了……其實這些仲介要被換掉不太容易，它已經有個門檻在那裡，當然這是很高的門檻，不過你要先投資，」許家晙說。

如今，許家晙想像未來的仲介行業，不再跟移工收錢，而是用更專業的服務，轉型成外勞仲介顧問公司，向雇主收錢：「你必須對勞動法規很清楚，每次勞動部出新的規定，你要比雇主更早掌握，建議或分析怎麼引進外勞比較好。」

進入仲介業將近二十年，至今許家晙仍害怕自我介紹，「每次到新場合，人家都會問你是做什麼的？我有些朋友會開玩笑說：『他是做人口販子啦。』」他停頓了一下，再接著說，「雖然跟大家嘻嘻哈哈的，但其實我很不願意，為什麼我就要矮人家一截，為什麼做人力仲介就不能是個有尊嚴的工作？」

4 重組中的移工招募——臺灣與越南招工網絡的雙邊變化

大概是二〇〇〇年的夏天，菲律賓移工艾瑪搬進大姊在紐約皇后區伍德賽德（Woodside）的單間公寓，和其他兩名仍在找工作的同鄉擠一間。那裡是有名的菲律賓人社區，位在地鐵七號線下方，可以方便她們通勤去市中心幫傭。艾瑪的姊姊幫她找了份保母的工作，並教她如何用美國人的方式做家務。艾瑪相信，當自己站穩腳步後，她將以同樣的慷慨支持後進的同鄉，對她們視如己出。[1]

我在《紐約客》雜誌讀到這則故事，美國被描繪成一個充滿機遇之地，吸引菲律賓移民前仆後繼。不過，更讓我感興趣的是該文描述的遷徙路徑：菲律賓人僅依靠人際網路就能完成跨國遷移。一些研究跨國遷移的學者認為，這種依賴熟人關係的招工系統，不僅能避免中間人的剝削，還能提升移工在遷徙社區或工廠中的集體力量，從而保障他們的社會權利。

這些年來，我採訪了許多關於移工的議題。從與移工的訪問，到與人權團體的談話，他們都指出，移工的弱勢位置與龐大的仲介費用息息相關。因為他們要工作，還要還錢給仲介，所以對超時工作或惡劣的工作環境無力回應。只是當我對移工群體的採訪愈深，我愈想瞭解更多有關人力仲介的細節，他們是怎麼招募移工？如何累積高額的仲介費用？而兩地的仲介又是如何瓜分這筆錢？

我拿這些問題採訪主責移工事務的官員薛鑑忠，「仲介費都是來源國那邊收的，不屬於勞動部規範。」他說話的樣子像是無辜的旁觀者，見我仍有疑慮，他再補充道，「如果移工可以提出實質證據來跟我們檢舉，臺灣仲介有超收費用的狀況，我們都會依法開罰。」我不死心，繼續採訪臺灣仲介的說法。多位仲介業者告訴我，那筆嚇人的仲介費很大部分是「牛頭費」，也就是支付給農村介紹人的費用，而臺灣仲介「一毛錢也抽不到」。[2]

政府官員與仲介業者沒能解答我的疑惑。二〇一九年夏天，我前往越南農村，想深入探究農民是怎麼踏上跨國遷移的路。關於離國出走的模式，我已從移工身上知道很多，他們通常會先找到村裡的牛頭，辦理好良民證、護照等必要的旅行文件，再被帶去城裡的仲介公司，安排出國工作。我心想，也許可以在越南農村裡找到這群牛頭，蒐集一些寫作材料，再拼湊出整個跨國遷移的制度。

亞洲的移工遷移

亞洲的移工遷徙始於一九七〇年代，當時海灣國家受益於石油繁榮創造大量工作機會，相對的，菲律賓接二連三遭遇經濟危機，導致國內物價暴漲，馬可仕政府於是啟動「勞工出口計畫」（labor export program），向中東國家輸出勞工，用以緩解失業人口。

自古以來，人們跨國工作並不少見，像許多印尼人都在未持有合法旅行文件下跨越麻六甲海峽，或越南人翻過山脈到中國廣西的工廠，成為無證移工。直到菲律賓政府的做法，確立了由國家介入的遷移體制，藉成立海外就業管理局（POEA）管理私營人力仲介、培訓出國工人及開發海外市場，並規定海外勞工匯回一定比例的海外收入。[3]

本來只是減輕失業壓力的權宜之計，但菲律賓經濟得益於海外勞工匯回的美金而平穩下來，總統艾奎諾曾公開稱海外菲律賓工人是國家的現代英雄，並鼓勵他們盡可能地延長在海外的時間。時至今日，菲律賓每年向全球輸出將近二百萬名工人，並穩定匯回超過三百億美元的匯款，相當於菲國經濟生產總額的一成。[4]菲律賓在輸出移工如此成功，以至於國際勞工組織稱菲律賓模式是勞工輸出國的典範。[5]

其他受失業折磨的國家跟著仿效。在一九九七年亞洲金融危機後，印尼獨裁者蘇哈托垮臺，國家解除勞工出口管制，私人仲介公司如雨後春筍般成立，分別向馬來西亞和中東國家輸送勞工。對亞洲遷移體制有研究的學者蘿賓．羅德里奎茲（Robyn Rodriguez）指出，[6]此一時期，移工輸出與輸入國都受到新自由主義的影響，一面放寬對仲介市場的管制，將大部分聘僱作業外包至仲介手中，一面又增加移民管制的法規條文。而為了駕馭複雜的文件與跨國法規，「人力仲介可能是一種必要的制度形式，」她說。

至一九八〇年代末，中東產油國經濟放緩，取而代之的是經濟蓬興的亞洲四小龍，臺灣、新加坡與韓國發現自己缺少工人，便積極從東南亞招募更多客工。人們踏上路途，加入人類歷史上新一波大規模的人口流動，從東南亞流向東北亞。

實行社會主義的越南，本來一直把勞工送到前蘇聯或東歐共產國家當實習生，直到蘇聯解體後，才加入輸送工人出國換取外匯的行列。儘管起步較晚，越南政府從鄰近成熟的移工輸出國取經，成立海外勞工管理局（Department of Overseas Labor, DOLAB），嚴格管理仲介公司牌照，只允許國營仲介輸出工人。二〇二二年，約有六十萬名越南移工在四十多個不同國家工作，[7]匯回近兩百億美元，在東南亞國家僅次於菲律賓。[8]

亞洲仰賴仲介與契約的遷移系統，與歐美看重移民網絡的發展不同。一些遷移學者認為，亞洲的制度安排達成三贏局面。[9][10]工人在海外的收入更高，而對移工輸入國而言，東南亞農村供應了充沛而廉價的勞動力，移工輸出國也能建立穩定的海外匯款管道。為了使遷移管道暢通，雙邊政府必須加強驅逐無證移工並遏止偷渡業者。如此一來，也增加了移工的遷徙安全。

但亞洲遷移機制的官僚主義與仲介制度的僵化還是導致了一些效應。有愈來愈多仲介公司控制招聘市場，尤其在招募與運送移工方面，它們經常利用債務、欺騙、利誘、隱匿資訊和鑽法律漏洞等手段，讓移工更難以擺脫它們。因此，一些西方的廢奴主義者認為，移民遷至西歐、北美社會，依靠同鄉網絡找到工作並減少中間人剝削的方式，可能更符合自由移民的理念。

普林斯頓大學的人口學者梅西（Doug Massey）解釋人際網絡如何促成跨國遷移。[11]當第一代的移民遷移到新國度，他們沒有社會連繫（social ties），遷移的成本非常高。但是當他們在新國家站穩腳步後，親友遷移的成本與風險就降低很多。隨著世代更替，新移民又建立新的社會連帶，再從而拉動母國的親友移民。因此，一些學者推論出，「將來跨國遷移不再依賴移民的社經條件，而是取決於他們的人際關係。」

橋接農村與城市的「牛頭」

如今，人們對於跨國移動的理解，彷彿在腦中建立了一個明確的二分法，[12]認為移民要嘛透過自己的人脈自由移動，否則就是受制於人力仲介。但實際上，在像越南這樣的移工輸出國，仲介公司很少自己招募工人，他們更仰賴農村裡的介紹人。

「剛開始的話，我們都是自己去鄉下招工人，覺得我們自己去比較好啊，」說話的是阮紅梅（化名），她是經營臺灣市場超過二十年的越南仲介，「但其實我們誰也不認識，就找鄉長介紹，後來他們（想找工作的農民）就習慣這樣做了。」

紅梅剛開始自己的生意不久時，為了招募工人出國，她經常影印傳單到農村發放，或是租宣傳車，在村子裡四處放送廣告。不用多久她就發現，城裡的宣傳手段在農村並不管用，於是她改變做法，「我們招募部的同事去認識外面的牛頭，他們（牛頭）再帶人來。」一個拉一個，如今她手上有二十多位合作的牛頭。

紅梅像隻蜂鳥，身形嬌小而活力充沛，如波浪的大卷髮落在肩上，略微豐滿的臉龐看著很親切，但更讓人感到熟悉的還是她一口臺灣腔的中文。她曾在臺灣讀大學，畢業後先在一家仲介公司工作過幾年，才回越南成立自己的仲介公司。

跟紅梅同輩的人，開始體會到遷徙的自主權滲入生活中。她出生於剛完成統一時的越南，[13]黨為了控制人們，學習中國的做法，將戶籍區分成城市與鄉村。這種區分連帶決定了出生、教育和就業機會。直到一九八六年，越南共產黨在大會上決議推行經濟「革新」（đổi mới），加速土地所有權私有化。由於農村裡沒有足夠耕地能夠分配，年輕農民只能外出打工給家裡掙錢。到了二〇〇〇年，越南政府再推行勞動輸出，「出口勞動正是農民高收入的原因，」黨美化出國勞動的說詞，掩蓋旅途中的風險，「一雙空手出去，出國勞動回來就有發展經濟的資金」，一家國營媒體這麼說。[14]當二十出頭的阮德輝想出國工作時，時值二〇〇〇年，越南政府才剛和臺灣達成勞工出口協議，只有相當少數握有牌照的國營仲介能夠輸出工人。阿輝不認識仲介，村裡人也沒有城市裡的人脈，他獨自搭巴士到胡志明市，問遍周遭所有的朋友，才有人把他推薦給河內的仲介公司。

有句話形象化地描述這段過程：「外出靠朋友」。後來想出國的人多了，商業化的仲介機構把村裡人的社會網絡納入其中，成為招募體系的一環，想出國的農民不必再走阿輝的老路，像隻無頭蒼蠅找關係連上城裡的仲介公司。

這些介於農村與城市之間的中間人，在臺灣習慣稱為「牛頭」。這詞源自旅行業的非正式用法，用以描述一群為旅行社招攬旅客的中間人，他們利用自己的人脈賺取佣金。而在越南，他們習慣用另一種動物——「鸛」來形容，典故來自殖民時期的法國警察（Commissaire de police），他們慣於濫用權力索取賄賂，這詞讀音與越南語的「cò」（鸛）相近，後來逐漸被用來代稱仲介、掮客這類的角色。

不過，我在越南農村其實都是倚靠阮德輝的人脈獲取消息的。阿輝充當我的司機、翻譯，還

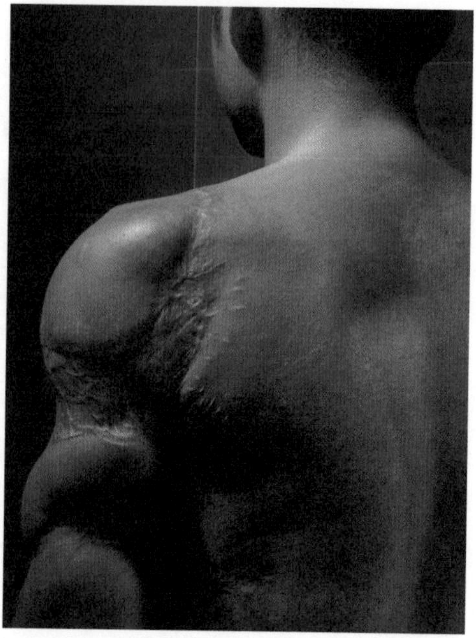

圖片中的男子曾在臺灣工作，他的手被捲入機器，造成左前臂必須截肢，手臂上的疤痕讓人觸目驚心。（攝影：簡永達）

有跨文化的引路人，在我犯蠢前拉著我。

透過阿輝的介紹，我採訪了一位曾在臺灣受傷的男子，他的左臂被機器捲入造成前臂截肢。見面那天，那名截肢男子從醫院趕來，趁妻子進入產房的空檔。當男人暫離座位時，阿輝私下塞給我一個紅包，解釋說這是越南的習俗，象徵長輩寄託給新生兒的祝福。

通常，我不讓翻譯看過我的訪問題目，因為我不懂語言，擔心翻譯會洩漏我的採訪布局。但跟阿輝討論訪綱讓我覺得安心，他懂得臺灣的移工處境、熟悉越南文化，而且我覺得能夠完全信任他。

我向阿輝打聽村裡牛頭的消息。他帶我一一拜訪返國移工、候在農村職業介紹所外等牛頭上門，甚至偽裝成剛要出國的工人，跑到隔壁省的仲介公司打聽他們合作的牛頭名單。多方嘗試後，我們總算要到牛頭的聯絡方式。我們去阿春的家裡拜訪，他五十多歲，瘦得皮包骨，穿著寬大的汗衫，皮膚曬得黝黑，就像農民一樣。

「我認識仲介公司的老闆，（有人需要）就帶工人去，請他幫忙，讓他們能早點出去。」阿春放下手中的熱茶對我們說。如果不是談話的主題，我很難想像他是個牛頭。原以為這份工作會由能言善道、滔滔不絕的男人擔任，可是眼前的男子體型瘦小、不愛說話。

他會開始接觸「牛頭」這份工作，都是因為女兒阿月。二〇〇七年某天，當阿月的母親在市場買菜時，一名中年女人走近她問：「阿月多大啦？要不要去臺灣打工？」

「我老公的妹妹去臺灣，工作很好，可以賺很多錢。」攀談的女人是隔壁村的牛頭。

「我那時候高中剛畢業，在越南很難找工作，」阿月坐在一旁，接過話說，「我看她們家蓋很大的房子，開很好的車，我就想去。」

可是出國工作不是想走就走。牛頭向阿月一家開價六千美元，說阿月打工的廠子是個有規模的工廠，生產防水膠布與各種塑膠製品，輸出到世界各個城市，對務農家庭是個不可多得的轉型契機。於是，阿春將農地抵押給銀行貸款，以支付這筆仲介費。

通過面試以後，阿月滿心期待，終於要出國冒險了。「要出發的時候，小姐叫我繳九千美金，你不繳的話，她不會讓你過去。」阿月在河內仲介提供的宿舍哭了，她與其他十多個等著出國的女孩共用房間，感覺那裡只是個儲放勞動力的倉庫。

阿春跟仲介公司商量折衷，說定八千三百美元。不過要上飛機前，仲介公司的人扣住阿月的護照，要她再多付二百美元。「我爸媽已經跟親戚借很多了，不好意思再去借錢。」阿月說，後來她爸爸把機車牽去牛頭家，仲介公司的人才讓她登機。

經過以上的種種波折，阿春想瞭解仲介費為什麼會如此浮動。「女兒繳那些錢超過我的想像，為什麼要繳那麼多？」尤其想到他的小兒子、姪子，還有村裡的年輕人都想出國工作。

當阿春決定要成為牛頭後，他多次獨自搭巴士往返農村與河內。到了城裡，他四處打聽仲介公司的地址，「找到公司以後，就跟他們說：『我要見總經理。』」沒有人要見不請自來的農民，只有少數仲介經理同意見面。「在我的家鄉還有很多農民想出國工作，」阿春以高度自信的姿態詢問他們，「我們要不要合作？」

阿春陸續和五家仲介公司達成協議，其中有一兩家公司提供他專屬合約，對此阿春頗為自滿，「代表他們（仲介）很信任你，把你當成公司的一分子。」過去幾年，他每兩個月能介紹十名工人給河內的仲介公司。

如果工人對海外工作存疑，阿春會說，「我有介紹過幾個工人去臺灣，他們都過得很好，我可以介紹你們聊一聊。」萬一他還是擔心，阿春會提出登門拜訪，「爸爸媽媽跟著你看（工作單）

會比較好。」

就算獲得僱用，還是無法終止某些人的焦慮。「不要管工作內容是什麼，去臺灣工作要努力，」阿春告誡離家工作的年輕人，要咬牙吞下艱難的處境，「雖然工作很辛苦，但是要努力，要讓老闆喜歡你，這樣就可以繼續工作下去。」

如今越南有六十萬人在海外工作，像阿春這樣的介紹人不可或缺。他們幫忙欲出國的移工處理一切在地方層次的手續，像是辦理良民證和護照；安慰移工家人，讓他們對未知旅程略微安心；陪伴移工搭巴士到河內，以熟悉城市生活。最後才將移工轉交給仲介公司。

這份介紹人的工作是靠在家鄉的名聲維繫，畢竟，移工找到牛頭的方式多數是靠口耳相傳。「他去臺灣工作做得好，打電話回來給爸爸媽媽，在故鄉的人會關心，會有更多人來找我。」阿春的講法與林奎斯特的觀察相呼應。儘管許多人認為牛頭只是強化剝削仲介體系的一環，但林奎斯特認為，牛頭其實更可能注重移工，因為他們業務的長久與否都取決於移工是否能成功。

另一個事實是，牛頭很少是獨自工作的。畢竟每個牛頭都會有手上有工人，但合作的仲介沒工作的情況，使村子裡的牛頭經常互相轉介。牛頭費的行情在三百到五百美金之間，但每轉一個介紹人，就會減少一百到二百美金的利潤。

阿春為我介紹另一位村子裡信得過的牛頭。我前往拜訪，是一位健壯的中年婦人，她在十多年前曾到臺灣當看護，回越南後用存來的錢蓋起新房。憑藉自己的海外工作經驗與推銷能力，轉介過不少人出國。和阿春不同，她的牛頭生意頗有規模，不但有間小辦公室，還為此製作廣告。不過，越南從二〇一六年起經濟快速勃興，尤其受益於中美貿易戰，原本設址在中國的工廠紛紛撤退至越南。[15] 村裡的年輕人想出國的愈來愈少，她感覺替人介紹海外工作的生意變得很困難，已將掛在路口的帆布廣告撤下來。

家族中有沒有人出國工作也會反映在房子的外觀上。左邊的三層西式樓房與右邊的低矮平房形成明顯對比。（攝影：簡永達）

除了市場變化，大約在二〇一八年前後，網路開始迅速解構古老的人力仲介行業。一群新興的「網路牛頭」在社交網站如臉書　、Zalo 張貼工作訊息招募工人，網路世界的弱連結（weak tie）正在逐漸取代傳統農村中的強社會關係，成為招攬外出移工的主要途徑。

與時俱進的越南網路牛頭

網路在阿輝出國時還不普及，但對今日的年輕移工則不然。至二〇二一年，越南的網路基礎建設發展迅速，手機連網的用戶有一億六千萬人，已超過越南總人口數的一倍半，每個人普遍有兩組或更多的手機門號。同時，越南大約有七千七百萬的網路用戶，每天平均上網的時間約為七個小時，最多人瀏覽的網站是 Facebook，超過七千萬名使用者，最受歡迎的通訊軟體是臉書的 Messenger 和 Zalo，七成的年輕人每天用來跟朋友聊天。[16]

懷秋是一家位於河內的大型仲介公司主管，他們平均每月安排一百多名移工出國，合作國家包括日本、韓國、臺灣、中東國家，甚至中歐的羅馬尼亞。她不再找農村的牛頭合作，而是透過社交媒體觸及七十多名網路上的介紹人，大多數都是返國移工。當她需要找工人時，就把海外的工作資訊傳到群組裡。

「現在，每個人都可以（當牛頭），就看他的能力怎麼樣，就看他們怎麼去找工人。」懷秋「人人都可以」的說法，凸顯網路牛頭並不是個固定的社會位置。他們與仲介公司的關係是一種靈活的交易結盟，隨時都能因利結盟或拆夥，不像阿春自豪地稱自己是仲介公司的一員，多數網路牛頭會同時為多間仲介公司招攬工人，端看佣金價格交付工人。

從我在越南遇到的網路牛頭，他們之間存在著令人難以置信的差異，職業包括仲介公司業務、旅行社推銷員、大學研究人員、計程車司機、會計人員和低階的政府官員。由於做網路牛頭這一行的人很多，從而也壓低介紹工人的價格，成功引薦一名移工的佣金落在二百到三百美金之間。

大多數網路牛頭都是兼職工作，每個月至多介紹三、五個人，但少數有野心的人能招募到幾十名工人，在河內的周圍租了宿舍同住。當我在越南採訪仲介公司時，經常遇見有牛頭上門兜售工人，雙方談判一次引薦幾十名移工的佣金，儘管價格高出一點，但對缺工的仲介不失為一筆好生意。不過，網路上的介紹人，也少了鄉下牛頭特有的信任，就像一名越南仲介告訴我的，「牛頭現在管工人比較嚴了，如果你讓工人在外面亂跑，遇到另一個牛頭，工人就會被帶走了。」

我在河內仲介街的外圍遇到阿應。他有張狐獴般的窄臉，身子格外單薄，細手臂細腿，眼睛也細得跟針一樣，垂下的瀏海蓋住半張臉。我們見面時他二十六歲，在臺灣工作過四年，就像很多返國移工一樣，他在仲介公司教中文，也兼職做網路牛頭打工。

阿應在臺灣工作時，認識一位仲介公司的越南翻譯，在他回越南以後，農村裡沒事好做，他的翻譯朋友正好在做網路牛頭，就把阿應也拉進群。「我跟仲介公司就是合作關係，每個月看我介紹多少人。」阿應只有領介紹移工的佣金。仲介公司與牛頭的拆帳方式通常有兩種，一是牛頭跟移工收總額的仲介費，之後轉交工人給仲介公司時，扣下自己的佣金；阿應的公司採取另一種，由移工繳交全額仲介費給仲介公司，等工人出國一個月後，公司再結算佣金。

像阿應這樣的網路牛頭，經常強調自己的海外經驗，除了能幫助移工領略臺灣的城市生活，還能免於受仲介欺騙。初次見面，我問阿應網路既然能搜尋到所有資訊，怎麼移工還需要他們介紹工作？

「我剛開始去臺灣的時候，什麼都不瞭解。現在有人要去工作的話，我幫他們解釋，哪一家公司好，哪一家不好。」阿應說。

「不是Google就有了？」我一臉狐疑，沒有被說服。

「仲介公司廣告都寫得很好，可是你不知道真的假的。哪家都一樣，聘工表都是寫很好。」他舉例試圖增加說服力，「比如臺灣有家公司，工作沒有加班，但越南仲介就寫一天加班四小時。」他又自信地說，「我在臺灣有認識的，我問就知道了。」

在過去，農村牛頭給移工介紹工作的策略，可簡化成是在販賣夢想。他們不去談論太多實際的工作細節，只讓移工想像璀璨的未來，海外工作是翻身的機會，得牢牢捉住。如今的移工是農村裡的菁英，他們至少有高中以上的學歷，種地是他們父母那輩的事。對他們來說，賺錢不是出國打工的唯一目標。「很多人（對工作）有要求，他們要看公司在哪裡，像是要在桃園、臺中還是高雄。有些人挑工作，有的工作可以做，有的就不做。」因應這些變化，阿應在網路上張貼聘工表時，內容得包括工作

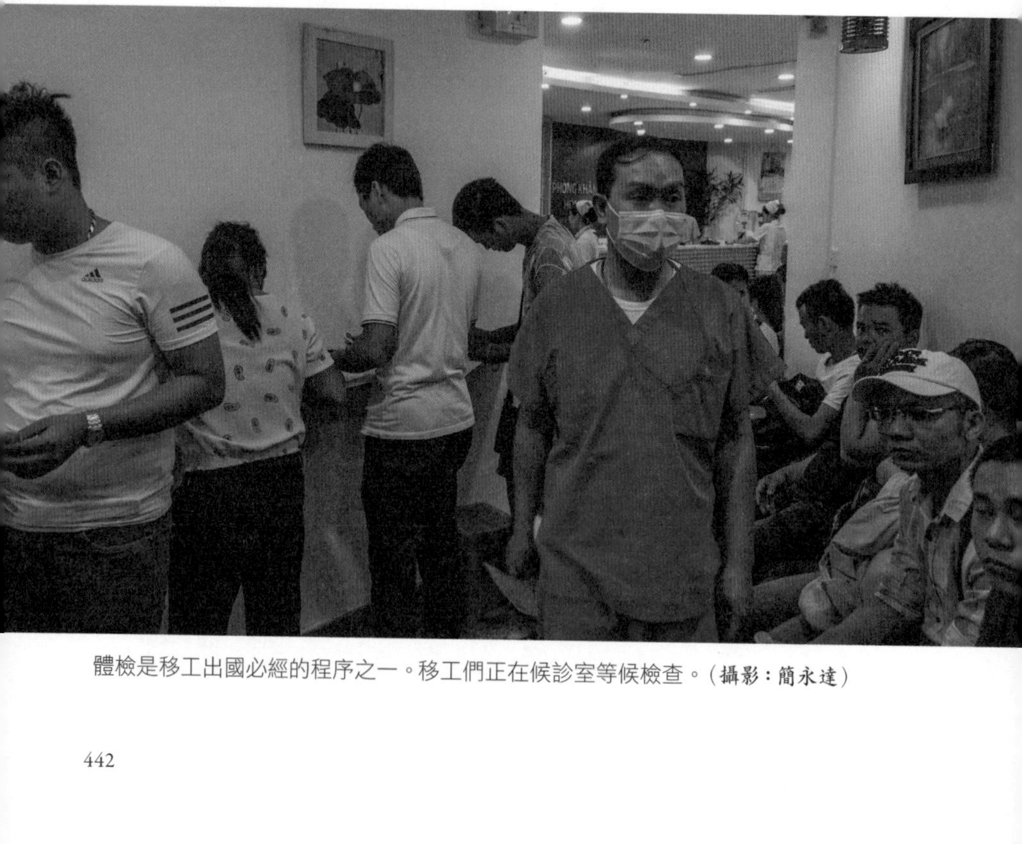

體檢是移工出國必經的程序之一。移工們正在候診室等候檢查。（攝影：簡永達）

細節、地點、基本底薪跟加班時數等資訊。

面對這些心傲的年輕移工，有遷移學者發現，當代的介紹人經常使用「加熱」（warming up）與「冷卻」（cooling out）的話術，[17]既要激起他們對出國工作的熱切渴望，又要適時地澆冷水，讓他們自願性地接受骯髒又危險的藍領工作。

關於勸服移工，阿應有一套循序漸進的說詞。「我給他們一個計畫，幫他算每個月可以賺多少錢？」臺灣的基本工資兩萬三千元，[18]如果每天加班三個小時，算上額外的加班費，再減去基本開銷，一個月起碼能存一萬五，阿應這樣說服工人，「大概一年就能還完仲介費，如果工作好一點，像我七個月就還完了。」

對想出國的移工來說，加班時數成了評估工作好壞的標準。不過，阿應在介紹一份沒有加班機會的工作時，他會告訴工人：「沒有加班的比較好，你每天固定五點下班後，花一兩個月熟悉臺灣，那裡有很多越南人，可以介紹你去餐廳打工，或是在網路上賣小東西。」如果是推銷一份勞動條件差，又沒有加班的工作，阿應再次調整說詞，「反正去臺灣的機票也很便宜，就當作是一個旅行吧。」

阿應投入網路牛頭這門生意不久後，就感受到麻煩之處。越南善用網路搜索資訊的年輕人，對工作與勞動條件的期待都更高，出國以後投訴或中途解約的情況愈來愈常見。

「工作不好、賺不到錢、沒有加班的，他們都不是找仲介公司，都是找你啊。因為是你介紹工作給他的。」阿應抱怨，仲介公司把招募工人的活外包以後，也一併移轉了移工客訴的對象，讓他疲憊不已。

他和其他網路牛頭摸索出行業規則。其一是絕不幫親人介紹工作。阿應的哥哥後來也想到臺灣工作，本來找他介紹，阿應一口回絕，「我可以幫你介紹其他人，但之後去了工作好不好，我不負責。」另一點是，不要把話說死。如果有工人問他，去臺灣工作危不危險？「當然，你不能跟他說危險，但你也不能說不危險，你只能說有一點點危險，不過只要小心一點就好了。」阿應給這份工作做出簡明扼要的總結，什麼都說，卻都不說清楚，重點是讓移工明白，「工作都是他們自己選的，不是我幫他們選的。」

招募網絡變得彈性化，給人力仲介商帶來如下好處：輸出國的仲介可以跟上百位網路牛頭合作，增加招工效率，當工人到臺灣後，如果發現工作不如預期，他們也可以將抱怨的對象轉移。

村裡人的信任與安全感在新的招聘網絡中瓦解。當我回到臺灣以後，繼續在一家庇護中心執行焦點團體訪談，參加的十名越南移工都在埋怨，來臺灣的工作跟當初說的不一樣。我試圖瞭解鑲嵌在鄉里網絡的傳統牛頭，會不會比網路牛頭可靠？

「你們是透過熟人介紹，還是在網路上找人介紹工作的？」我請透過網路介紹的移工舉手。

只有一名最年輕，才十九歲的移工舉手。我有些失望。然後，有位移工舉手提問，表示不明白我的問題：「我是在網路上找人介紹的，不過，他也是我的朋友。」說完，其他人點頭應和。

農村介紹人與網路牛頭不是互斥的，許多農村牛頭已經跟上腳步，採用網路科技繼續他們的介紹工作，而當代年輕移工與網路牛頭的關係，其實也是信任與疏離的混合體。

儘管從未見面，但比起仲介，移工還是比較信任網路上的介紹人。離國工作對許多移工來說，是他們人生第一次做出的重大決定。除了必須衡量看似客觀的工作條件，還要有人給予情感上的支持和建議，那些宣稱自己有過臺灣經驗的返鄉移工正好能填補這個位置。

不過，失去聯繫也是社交媒體最容易發生的事。阿應跟我說，如果某位移工太煩了，經常抱怨，他就會封鎖對方，徹底失聯。

最近幾年亞洲遷移體制的發展，朝向仲介機構穩固化與招募體系彈性化兩種趨勢發展，兩種變化幾乎同步發生。在像臺灣這樣的移工接收國，由於人權團體的壓力與對邊境管控的需要，政府官員不斷新增法規條文，讓遷移過程變得更加困難。

移工出口國則是在長年輸出勞工以換取匯款的過程中，開始會停下腳步，琢磨是不是有保護好自己離國務工的國民。一九九一年，就在總統艾奎諾稱菲律賓移工是國家英雄不久後，一位離開菲律賓到新加坡的家務移工康坦普拉辛（Flor Contemplacion），被指控謀殺她的雇主與孩子。

康坦普拉辛起初對謀殺案供認不諱，但後來她撤回自白，有證據表明她是在脅迫下認罪，或至少是精神不濟。新加坡政府不採納新的證據，審訊期間，菲律賓代表處的官員也沒有提供任何協助。

一九九五年，康坦普拉辛被絞死。在她被處決後，她在海外菲律賓工人眼中成為強有力的偶像。他們將她看成國家經濟衰落的象徵，國民必須遠走他鄉工作給孩子掙學費，而她的脆弱也正反映了所有海外移工的脆弱處境。海外工人團結一致，向菲律賓政府施加壓力，促使政府通過了一系列保護海外工人權益的法律，並加強了與移工引進國之間的合作。這些做法後來也影響了其他移工輸出國，如印尼和越

一名牛頭（中）帶著欲出國的移工辦理相關手續（攝影：簡永達）

南，都修訂了更多法律來保護海外工人。[19]

儘管雙邊政府都增加了對移工的保護，但對於日益增長的工作量，政府裡的公務員實在難以應付。因此，勞動部門的官員們有意提高對仲介公司的要求，一方面是將政府職能外包出去，另一方面是為了達成管理／保護移工的目的。政府與人力仲介商之間演變成拉扯關係，前者要加強監管，後者則盡力繞開國家法規以保持利潤。在這背景下，仲介把牛頭網絡納入其體系，彼此形成一種互相依賴又牽制的關係，海外仲介用彈性的招募系統來轉移客訴，而臺灣仲介也用此來迴避違規後的處罰風險。

黑市買工：一場面試五千、二到七萬保證錄取

二〇一六年底，勞動部取消了移工必須「三年出國一日」的規定，意味著移工完成三年合約後，不再需要返回母國重繳仲介費，便能留在臺灣繼續工作，也可以直接轉換雇主。這項政策讓不少人認為能真正幫助移工，減輕他們重複支付高額仲介費的負擔。然而，這項政策的配套不足，讓留在臺灣尋求轉換雇主的移工，為了取得新工作仍需支付「買工費」。[20] 來自印尼的雅雅就是新政策下受影響的人。

雅雅將近兩個月沒工作了，受訪時仍住在庇護所裡，在故鄉的媽媽和小孩都等著她寄錢回家。雅雅的個子嬌小，體型纖弱，她在二〇一六年準備來臺工作時已經三十四歲，在移工招聘市場，一旦超過三十歲就表示年紀太大了。在經過多輪面試後，她所應徵的看護工作始終沒被選上。考量到家庭經濟，當印尼仲介給了她一個工作機會，她沒考慮便答應了。

來臺之後，她的身分是廠工，但也身兼看護與幫傭的工作。週一到週五她在工廠上班，下班後照顧雇主年老的母親；週末兩天，她必須打掃工廠、雇主和阿嬤家三棟透天厝，沒有一天休假。每月薪資只有比基本工資再多三千元的補貼。因此，當三年契約期滿後，她告訴仲介：實在太累了，她想換工作。

沒想到這是災難的開端。起初她和多數移工一樣，以為能受益於新政策，在臺灣轉換工作不用再被收一筆高額的仲介費（recruitment fee）。但新政策的配套不足，移工轉換雇主需要原雇主同意，政府沒有提供國內的招聘資訊，[21]也不會給他們足夠找新工作的時間，這使得移工轉換雇主相當困難。

新的法律實施後，想留在臺灣找工作的移工增加，但工作機會仍顯得奇貨可居。對於那些急著轉換的移工來說，時間是最為迫切的問題。因為他們的契約是有期限的，如果在到期日前不能找到新的工作並簽訂新合約，[22]他們將被遣返出境。如果是因為遭到雇主剝削而提前解約的移工，他們可以有二到四個月的時間找工作，但在此期間禁止打工，長時間沒有收入也會形成壓力。殘酷的現實給他們潑了冷水。所有的工作機會仍掌握在仲介手上，而這行業裡的商業邏輯依舊沒變：用錢買機會。

為了轉換工作，雅雅在網路上聯繫了「牛頭」，在臺灣介紹工作的牛頭通常是由仲介公司的翻譯、新住民或移工兼任的。他們給出「求職套裝」的價格，一場面試的價格約新臺幣五千元，而確保拿下一個完整的工作機會，要支付大約新臺幣二至七萬元，[23]由牛頭先收下這筆錢再跟仲介拆帳。雅雅不情願地付了四萬五千元，拿到一個紡織廠的工作。沒想到新冠疫情肆虐全球，工廠訂單縮水，她才工作二個月就被解僱，住進了庇護所，深陷失業的焦慮。至於她原本用來買工作的四萬五千元，一毛錢也沒拿回來。

她不是特例。據勞動部統計，二〇一九年轉換雇主的製造業移工約一萬四千人，而轉換的看護工多達七萬三千人——這將近九萬名的移工，都是潛在被收取買工費的對象。

二〇一九年，印尼「海外勞工安置暨保護局」（BNPTKI）局長來臺拜會監察院，陳情五十八件印尼移工申請轉換工作，卻被違法收費的案件；二〇二〇年監察院提出調查報告，[24]指出勞動部提供轉換就業資訊不足，讓中間人得以上下其手，違法向移工收取「買工費」。

人權團體認為，買工費與仲介業存在已久的「回扣文化」有關。這是採購行業裡的陋習，供

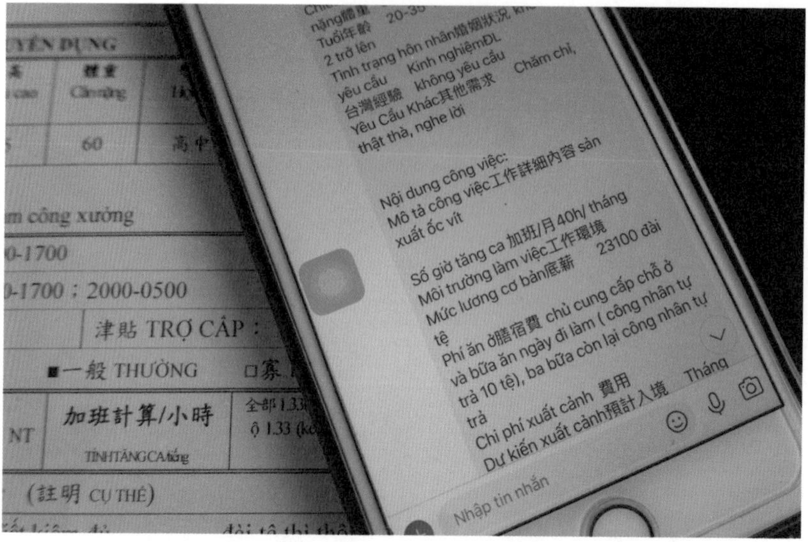

網路牛頭傳給移工的工作機會與職務說明（攝影：簡永達）

應商會給工廠負責採購的經理一筆回扣，而臺灣仲介向海外仲介採購移工，在他們眼裡也跟買賣襪子或機械零組件沒有差別。因此，臺灣仲介業的收入可拆分兩塊，檯面上他們向移工收取每月新臺幣一千五百至一千八百元的服務費，三年共約六萬；檯面下還有一筆灰色收入，是每引進一名移工，由國外仲介主動返還的回扣。

以越南移工為例，在越南仲介向工人收取高達六千美元（約新臺幣十七萬三千元）的聘僱費後，其中有四千美元（約新臺幣十一萬五千元）是退給臺灣仲介的海外款，臺灣仲介可能再分給工廠人資一千美元，自己實拿三千美元。

換言之，臺灣仲介每引進一名越南工人，就能在服務費外多拿到新臺幣十萬元。過去，移工必須三年回國一日，意味著仲介每三年就能換一批新的工人，再拿一次回扣。自從移工不再需要離境之後，臺灣仲介瞬間少了這筆來自海外仲介的回扣，而這筆金額經常占一些仲介公司的年收一半以上。

對仲介來說，這筆錢只是自己應拿的費用。二〇一九年，臺灣九大仲介公會委託立法委員，首度串聯在立法院開公聽會，仲介業的成本算式讓他們納入員工薪資、汽車與辦公室折舊後，主張應合法地向轉換工作的移工及其雇主，收取一次性總共六萬元的費用。[25]「外勞要換雇主，我文件兩個月前就要做，這個都是沒錢拿，那外勞今天可以（續約）到十二年，[26]我們仲介公司增加作業跟人力成本的損失，那怎麼辦？」中華民國人力仲介協會理事長胡中裕不滿地說。

人權團體懷疑仲介業積極遊說的目的，就是將買工費合法化，用以彌補原本海外仲介給的回扣。[27]「仲介精算出的服務費，剛好是國內買工費的行情價，又剛好等於國外仲介給他們引進工人的回扣，」[28]臺灣國際勞工協會研究員陳秀蓮說。

身處在殘酷的求職市場，移工的情緒容易感到低潮。二〇一九年下旬，一位越南移工朋友阿德聯繫我，請我幫忙介紹工作，我相信他是走投無路了。他在一家機械廠工作了六年，具備

CNC銑床的豐富操作經驗。前一年，當他結束合約打算轉換雇主時，同樣在網路上找牛頭接洽工作，被收了六萬元，但找到的工作和承諾的完全不同。

「大概兩年前（二〇一七）開始，我們臉書上有很多求職社團，上面有很多『牛頭』在介紹工作，尤其今年疫情期間最多，因為工人不能從國外進來，他們必須在臺灣找工人，」他告訴我，當他聯繫網路上的介紹人，表示想再次轉換工作時，那名介紹人不知所蹤，他只好找另一名網路牛頭，再付了四萬元轉介工作，原本付出的那筆錢完全沒拿回來。

那年，另一位印尼移工阿多則透過臺灣國際勞工協會，向勞動部申訴。阿多的工作契約到期前，仲介沒有提醒雙方換約，以至於錯過續約時間。即使這是仲介的業務疏失，但他們不打算幫忙阿多找新工作，這讓阿多相當著急，因為「如果沒找到工作就得回去印尼了，可是印尼的家人都靠我在這工作賺錢養他們」。

移工在臺灣靠自己找到下一份工作很困難。像阿德跟阿多這樣想繼續留下來的移工，只能支付買工費，請網路牛頭幫忙牽線給仲介公司，求一個新工作的機會。阿多四處打聽，在網路社團瀏覽各種真假難辨的工作廣告，發現有位新住民自薦說能介紹工作。

代價是阿多得支付五萬五千元的費用。她要阿多交出護照、居留證等證件，說是幫忙辦理聘僱手續所需。阿多有些猶豫，那名介紹人以阿拉之名起誓，這對虔誠的穆斯林來說是最為隆重的保證，於是阿多不疑有他。沒過多久，阿多被帶到一間木材工廠，[29]偶然跟同事聊天後才發現，整間工廠都是無證移工。他察覺受騙，打電話給勞工局的申訴專線，卻發現自己已被通報成失聯移工，而且他的身分證件全被扣留，進退兩難。

過去想來臺灣工作的移工很多，使得臺灣仲介與雇主在跨國交易上取得優勢。如今，這個平衡槓桿漸漸偏向越南等移工輸出國，逐漸成為賣方市場。

在招工日益困難的情況下，為什麼越南仲介還是退給臺灣仲介回扣？在越南，仲介公司牌照被政府嚴格控制，只有五百多家仲介公司可以得到合法執照。[30]但真正與臺灣仲介建立牢固合作關係的，大多是以借牌經營的私營仲介，這樣的公司在河內周圍可能有幾千家。近年來，越南移工有更多到日本和韓國等地工作的機會，但這些國家對語言能力與技術檢定有更高要求，這意味移工需要投入更多時間準備。因此，只有少數具規模的仲介公司，才有能力輸出移工到這些新目的地，既要能提供語言訓練，還要承擔長期勞動力庫存的成本。

對時間成本的耐受度逐漸區隔出不同的越南仲介。那些專營臺灣市場的小型仲介，他們的利潤來自移工的高流轉率。由於臺灣雇主對移工的要求普遍不高，「從他們（移工）找到我們，到去臺灣，只要兩個禮拜，」一位越南仲介告訴我，「在這段時間，他們要辦文件，還要跟財務公司借錢。最慢一個月，一定都讓他們出國。」

另一方面，臺灣的仲介市場也朝向分化。在電子業僱用的移工人數最多，是大型仲介公司爭取合作的對象，他們偏愛英文能力好的菲律賓移工。儘管越南移工占了近一半的製造業移工人數，但他們主要集中在傳統產業，特別是金屬與機械製造業。[31]

這幅跨國勞動市場的圖像愈來愈清晰。越南的中小型仲介公司通常找臺灣小仲介合作，他們的客戶群主要集中在3K行業，這類工作環境惡劣且缺乏加班機會，在海外招募到願意從事的工人變得日益困難。為此，越南仲介將招募工作外包給「網路牛頭」。如此一來，仲介公司不僅可以迴避工人申訴，

臺灣雖已廢除「三年出國一日」的規定，但在相關配套不足、移工無法得知應聘訊息的狀況下，還是得支付「買工費」換取工作的可能。（攝影：簡永達）

在面對政府或國際組織要求降低仲介費的壓力時，也可以將責任推給牛頭。而在臺灣，透過收取買工費的交易模式，也重組了一個國內的招募網絡。這通常是移工、新住民或仲介翻譯兼任的「境內牛頭」，在社交媒體張貼工作廣告，為臺灣仲介和轉換工作的移工牽線，私下收取買工費後再與仲介拆帳分潤。

不過，這些介紹人與仲介公司之間的關係並非垂直階級的，而是更為水平、彈性的結盟關係。這意味當市場傾斜向移工的時候，他們更有可能保護工人的利益而與仲介協調。

舉例來說，看護這些年在國際移工市場很受歡迎，臺灣跟日本都想僱用更多。「臺灣的仲介必須要付錢，然後跟他（海外仲介）買（移工）履歷表，」一位臺灣仲介表示，聘請外籍看護已是妥妥的賣方市場，印尼牛頭得先花錢買禮物，才有可能招攬女性移工出國當看護，但海外仲介也不敢跟看護工多收錢，臺灣仲介甚至得多付錢，「你只有先付一萬五到二萬給人家，人家才會給你履歷表，大概也只有一兩張。」

曾做過四年人力仲介的王裕衡，在工作尾聲感受到海外招工日益困難。離職後他攻讀東南亞研究的碩士，並在論文裡討論如何透過移工的人際關係招募工人。[32]他發現當海外招募困難時，有些雇主會放權給工廠內的移工，讓他們介紹在越南親友來臺工作。對移工而言，少了雙邊仲介上下其手，整體仲介費隨之下降，而熟人也免去不實廣告的風險，提升移工來臺意願。

疫情期間，受邊境封鎖的影響，境外移工很難引進。很多在國內等著轉換工作的移工，第一次享受到市場優勢的好處。[33]本來已是供不應求的看護，雇主抱怨說有錢也搶不到，不僅看護薪水喊價到兩萬五，比疫情前的實領一萬七高出八千，仲介還轉向雇主收取買工費，「最高喊到六萬元，是半年前的二・五倍，」臺灣失能者家庭暨看護雇主國際協會顧問張姮燕在接受採訪時說。[34]工廠流水線上的移工也是待價而沽，我在移工庇護所工作的朋友告訴我，那段時間從臉書到抖音都充斥著各種招工廣告，移工透過網路上的朋友介紹去面試，每個人手頭平均都有十幾個工作，移工都不必為此多付錢。

某天下午，我的手機彈出訊息，「我又換新工作了，」是阿德傳來的，「我朋友介紹我到一家ＣＮＣ工廠。」他搬到新北市的工業區，這次他透過熟人介紹，不必再為換工作付錢，他告訴我：「我很高興。」

5 打擊血汗供應鏈——零付費制度對臺廠與仲介的衝擊

二〇二〇年六月二日的早晨，仁寶電腦位於桃園平鎮的工廠，有八百多名越南移工集體罷工。[1]當時，一位參與罷工的女工阿玉（化名）心裡有些不安。

前一次同樣由越南移工發起的大規模罷工，要屬二〇一九年五月在新北市美堤食品廠的事件：七十四名移工參與罷工，原因是他們經常需要站立十多小時工作，雇主卻不給休息、不讓用餐，工作時數也沒照實登錄。工人們聚集起來，抗議公司積欠加班費、巧立名目扣薪。在勞工局與人權團體介入下，資方同意所有補償條件，一天之內結束罷工。[2]

然而，二個月後，美堤無預警解僱五名當初帶頭參與罷工的工人，其中一名女工不願離職，公司把她調去以往只安排男性移工的冰庫工作，也不給她加班，每月薪資扣完貸款、膳宿費後只剩一萬多。最後，她忍受不了，無奈被迫返回越南，直到上飛機前，仍在擔心仲介費[3]的貸款還不完。

阿玉不確定此次自己參與罷工會換來什麼結果。但從她到這家工廠以來，情況就不如預期。來臺灣前，越南仲介說明雇主會從薪資中扣除二千五百元，作為三餐與宿舍費用，並承諾這是家大公司，伙食宿舍肯定不差。但實際上，公司每月扣除四千元作為膳宿費，伙食也相當糟糕。我在隔天見到參與罷工的阿玉，她創了一個通訊群組，往後幾天，我陸續收到工人們傳來的照片：餐盤裡摻有塑膠片的青菜、破裂的馬桶水箱以及擁擠的住宿條件。

阿玉回想罷工的那天，一切毫無預兆。才剛起床，宿舍區突然騷動，前晚一位憤怒的移工不滿工廠的飯菜，把照片發到個人臉書，公司發現後，立即要將她解僱，叫來仲介打算當天下午就將她送回越南，甚至要她退還公司代繳的仲介費用。

對於公司的做法，工人們怨憤滔天。早上九點起，仁寶平鎮廠的移工陸續聚集在地下室的餐廳，醞釀罷工。當天中午，仁寶緊急派出高層協商，下午四點，仁寶向股東發布重大訊息，表示公司「以善盡企業社會責任為己任，積極與移工協商」。一小時後，勞資雙方簽署十一點的和解協議。

九小時內，罷工火速落幕。

「我們工人很團結，老闆不能忽略我們的聲音，」阿玉推測，這家最具盛名的電腦代工大廠的經理們可能認為，罷工將為公司帶來經濟上的重大損失，逼得老闆們不得不妥協。

阿玉不知道的是，仁寶是蘋果第二大代工廠，僅次於富士康。這二間公司都被國外買家要求改革工人的工作條件，避免觸及人口販運相關的風險，否則，它們將可能被退出合格供應商名單。被要求的改革措施包括：大幅縮短工人的工作時間、改善工作安全條件、免除移工

在越南招聘現場，一群想要出國的移工正在聆聽臺灣廠商的招工說明。（攝影：簡永達）

的仲介費負擔等。

這些要求來自全球最大電子消費品聯盟「責任商業聯盟」（Responsible Business Alliance, RBA），它的前身是電子行業公民聯盟（Electronic Industry Citizenship Coalition, EICC），除了蘋果之外，英特爾（Intel）、惠普（HP）、IBM、戴爾（Dell）、飛利浦（Philips）等大廠都在聯盟行列。從二〇一三年起，它們根據國際勞工組織的勞動標準與世界人權宣言訂定規範，並派員審查世界各地供應商所提供的工作環境。

作為美國電子業最重要的合作夥伴，臺灣的電子代工廠首當其衝。

挽救電子業聲譽，西方品牌商步步要求

二〇〇四年，RBA當時只是個剛成立的電子行業聯盟，[4]還停留在做表面工夫，並未積極樹立行業標準。它平時僅依靠各成員公司派出一到二人在聯盟中兼任，以維持基本運作。

接下來發生的一連串事件，讓很多電子公司認識到，它們應該改變與外國工廠的合作方式了。二〇〇六年，英國的《週日郵報》（*Mail on Sunday*）臥底採訪了一家富士康 iPod 工廠，並對內部環境進行報導：工人忍受長時間工作、薪資無理由地被扣除、有時被罰做伏地挺身，而他

們宿舍環境擁擠不堪。報導並附上多張照片，描繪一個軍事化管理的廠中之國，而富士康正是靠嚴格的紀律，成為全球製造業龍頭。[5]

在過去幾十年，通過精準轉移生產基地控制成本，蘋果公司與其他美國的高科技公司取得無與倫比的繁榮，而富士康的成功，則來自它對工人的控制，並創造出足以讓上述客戶所能設想到的，最快速生產出電子零件的生產體系。但是，組裝的工人並沒有分享到產業勃興的好處，他們仍舊領最低工資，仍然在艱苦、甚至致命的環境下工作。

這種挫折感，在極端時會成為炸藥。富士康發生的第一起跳樓事件在二〇一〇年，一位名叫馬向前的年輕工人疲憊不已，他的加班時數是法定的三倍，「我們這群工人的生活很艱難，」在他死後不久，他的姊姊告訴媒體，「他們（工廠）就像在訓練我們成為機器。」接著，一名工人在弄丟原型機後從宿舍往下跳，還有一名女工在工作一個多月後，花了整天、問遍所有單位仍要不回自己的工資，身無分文的她走了十四公里回宿舍後跳樓。

接連二年，富士康位於深圳的工廠，總共發生十八起工人跳樓或其他形式的自殺行為，引發包括《華爾街日報》在內的國際媒體關注。富士康的最大客戶——蘋果——不得不與第三方的公平勞動協會（Fair Labor Association）合作，這是全球最大的工作場所監督組織之一。[6]雙方共同派出一支審核小組，調查富士康的勞動情況。[7]

二〇一二年，公平勞動協會發布第一份調查報告，[8]列出三百六十項必須改正的補救項目，包括大幅縮短工時、合理計算加班費、提供足夠的職業安全訓練，以及終止剝削臨時工等等。在與公平勞動協會會晤後，富士康與蘋果都做出了改變。富士康宣布會縮短流水線工人的工時，以及提高他們的工資，隨後在一份聲明中說其「致力於確保為我們所有的雇員提供一個安全、健康的工作環境」。

一些變革被蘋果帶回加州。變化包括蘋果持續擴張社會責任部門，至今僱用了大約一百二十名專業人員，部門規模擴大到原本的十倍。此外，蘋果與更多曾被它拒之門外的人道倡議組織合作，除了公布每年的企業責任報告書外，還有要求供應商做出更多改善的供應商責任進度報告（supplier responsibility report）。在二〇二二年所揭示的報告，蘋果創建的嚴格稽核標準，是電子行業中涵蓋面最為廣泛的，在超過五十二個國家裡檢查了一千一百七十七家工廠。

如果發現供應商有違反行為準則的情況，將會被要求更改管理制度，以防止類似問題重複發生。通常蘋果給予供應商的期限是九十天。蘋果的網站上寫道：「如果供應商沒有改正意願，我們會終止與其合作。」

愈來愈沒有人會懷疑，蘋果的這個威脅是不是認真的。二〇二〇年，蘋果發現和碩在中國僱用實習生夜間加班、超時工作，即喊停和碩的 iPhone 組裝工作，在和碩完成錯誤修正之前，都不會再提供新業務。[9]在蘋果的聲明後，和碩立即宣布將與外部專家合作改善工作場所，並提出實習生的補償方案。

蘋果並不是唯一被報導出供應商生產環境惡劣的電子品牌公司，戴爾、惠普、聯想（Lenovo）、索尼（Sony）都陸續被揭發合作的國外代工廠勞動環境惡劣。一些電子業的高層因而認為，電子行業的聲譽已經陷入危險境地。

為了挽救搖搖欲墜的聲譽，西方電子企業的管理階層們召開共同會議，討論如何解決控制成本與改善承包商工作環境的矛盾。一些業內的分析人士稱，這些改革通常會增加公司的生產成本，但增加的不會太多，不會影響到消費者購買產品的最終價格。據此，西方電子企業的龍頭才放開手腳改革。

二〇一七年，電子行業聯盟改名為責任商業聯盟（RBA），公布各項行業準則以及一套評判所有製造商的標準。二〇一九年，它們進一步向全球供應商發布關於仲介費的行為準則，[10]以確保「所有勞工不應為了被僱用而支付任何費用，尤其是外籍移工」。這條規則被供應商與人力仲介們簡稱為「零付費」（Zero Placement Fee），也就是海外工人的聘僱費、體檢費、簽證費、機票，再到入國後的一切費用，全都由雇主支付。

不過，外籍移工所受到的債務束縛是怎麼引起西方大型企業的注意？製造業的全球化對企業來說是巨大的利多，它們能夠在全球尋找最低成本的供應商。在九〇年代中期，中國的廉價勞動力對西方製造商來說無法抗拒，大量的製造業工廠一直湧入中國。在臺灣、韓國與新加坡失去勞動力的優勢後，本地工廠難以與在中國設廠的製造商競爭，這些國家設計出的解決方案是，從貧窮的鄰國引進勞動力，主要來自越南、印尼、菲律賓、泰國等東南亞國家。在過去十年，隨著中國逐漸喪失廉價勞動力的優勢，取而代之的是東亞國家從鄰國引進移工，已成為當代勞動力生產的主要面貌。

如今，品牌商們十分重視移工的債務問題。尤其是移工至海外就業前，需要貸款支付給仲介的大筆費用，它們認為這代表的是不公平的招募體系，債務由低薪的移工承擔，被迫在償還債務的壓力下工作。畢竟，這本來是雇主應該負擔的營運成本。[11]

如果招募的是一位白領的外國專業人士，從獵頭顧問到其入國前的所有費用，通常都是由雇主支付。而作為全球製造業引擎的外籍移工，卻要先舉債支付聘僱費用，還沒真正外出打工就面臨不適當的強迫勞動[12]風險。

一份國際勞工組織在二〇二〇年的報告，[13]指出移工負債勞動的情況在東亞尤其常見。它是這樣運作的：為了在臺灣的分包商工作，一名越南移工要付給仲介六千五百美元的聘僱費用，如果按臺灣基本工資約美金八百元計算，需要至少八個月才能清償所有費用。如果仲介有其他不按規定的收費，工人需要花更長時間才能還完跨國工作的花費。[14]

蘋果於二〇二二年提出的企業社會責任報告書中寫道，二〇〇八年起，蘋果已經要求其供應商償還三萬七千三百二十二名移工、總共三千三百二十萬美元的招聘費用，並做出超過臺幣十億的補償。[15] RBA在二〇二一年的報告書寫道，這一年它們要求會員返還給移工的補償費用超過六千一百萬美金，將近二十億臺幣。[16] 若這項改革措施在臺灣全面實施，將直接惠及近十萬名在電子企業供應鏈上的移工，也可能擴及其他四十萬名製造業移工。

稽核供應商，也審查仲介

二〇一八年，RBA曾點名臺灣廠商「放任仲介向移工收取高額仲介費，導致工人前兩年常為了還債而工作」，這種債務束縛的契約聘僱是一種常見的強迫勞動形式。畢竟移工欠錢，是因為他有一份工作，而為了償還債務，又被捆綁在工作之中，無法離開。這曾經被稱為債務奴役，但在亞洲是一種普遍的招聘模式。為了打擊強迫勞動，RBA主動尋求與主張工人權益的監督團體，以及第三方的稽核單位合作，在臺啟動一項針對人力仲介商的調查程序（Specialty Validated Audit Process on Forced Labor, SVAP）。

坐落在臺北市松江路的長宏人力，是臺灣最早受ＲＢＡ稽核的仲介公司之一。「他們來臺灣除了稽核直接供應商，也把這家公司底下的供應商全都查一遍，也查到我們，因為我們引進外勞給我們客戶，算是下一階（的）供應商，」長宏人力仲介公司協理羅盈勝回想，二〇一八年的那場調查歷時三天，審查員的調查清單列了二百多項，他們仔細檢閱公司的每份文件、要求一對一訪問移工，也要看國外合作仲介的財報資料。羅形容那場稽核像拉起整串粽子，所有供應商跟仲介的狀況一覽無遺。

根據ＲＢＡ的行為準則，工廠與人力仲介商經常在幾項指標上違規，包含移工一週工作超過所規定的六十小時上限、設置宿舍門禁、偽造加班時數等。還有幾項比較嚴重的，像是海外仲介沒有提供移工得以保存的完整契約、雇主或仲介任意扣留移工的護照，或是讓移工支付聘僱費用。

長宏人力每年引進超過五千名移工，幾乎都是廠工，八成在電子廠工作，同時管理全臺超過二萬三千名移工，是規模前三大的人力仲介公司。由於許多服務的客戶替蘋果、ＩＢＭ或英特爾代工，從二〇一四年開始，長宏就不斷受客戶提醒，要為移工「零收費」做好準備。

「剛開始臺灣沒有人知道怎麼做，很多（被稽核的企業）被扣到負分的，問題很多都出在仲介費，」羅盈勝解釋ＲＢＡ的審查不同於其他企業社會責任的認證，「它特別重視人權，只要外

一位女工在越南仲介所參加臺灣電子廠的挑工，尋求一個出國工作，翻身的機會。（攝影：簡永達）

籍移工被收費，它會加權扣分，一扣下來就不合格了。」他說，只要審查員發現外籍移工支付任何一筆費用，那家代工廠會被記重大缺失（Major），訂單可能被即刻停止出貨。「要是我（RBA稽核）不合格，連帶我的客戶也會受到影響，它可能就迫退出合格的供應商名單，」他表情嚴肅地強調，「沒有一家仲介敢讓客戶掉出（合格）名單。」

但是，不少雇主對於替移工支付仲介費用仍有疑慮。「現在要雇主付移工所有的費用，要是他工作不到三年就跑了，那我不是虧大了？」一位工廠雇主曾私下對審查員抱怨。所以，雖說是零收費，實際上多數仲介公司的做法，會讓移工在國外先支付全額仲介費，來臺灣後，這筆費用再分三年逐年返還給移工。

臺灣自一九九〇年代引進移工以來，許多人權團體、政府單位都想解決因非法仲介費而衍生的強迫勞動與人口販運難題，一直以來成效不彰，近年卻因歐美品牌商主導的供應鏈稽核而有了轉機。

如果一名移工要來臺工作，通常會走過以下的流程：最先接觸的是村子裡被仲介習慣稱為牛頭的介紹人，再由牛頭引薦到城裡的仲介公司，並聯繫臺灣仲介，再轉介到臺灣的工廠工作。工廠雇主與移工之間，隔著三層中介者，每個人都想從中圖利。

除了人性貪婪外，跨國勞動體制也提供了高額仲介費得以成立的環境背景。一九九〇年代，臺灣曾是亞洲最受移工嚮往的國度，主要是因為薪水。臺灣規定移工領有基本工資，薪資略高於其他亞洲輸入國，可是在政府管制配額下，到臺灣的工作機會尤其珍貴。

據此，到臺灣的聘僱費用開始攀升。學者蔡明璋與陳嘉慧在一九九七年的研究指出，[17]臺灣政府管價（移工適用基本工資）又管量（循環配額管控）的做法，創造了招募過程中的尋租空間，這在勞動力交易中轉化成佣金，由海外仲介私下付給具買方優勢位置的臺灣仲介，讓後者在招聘移工的過程獲得巨大利潤。另外，臺灣政府限制移工居留年限、禁止轉換雇主等規定，讓雇主與仲介每隔三年就有動機換一批工人，以便再拿一次海外佣金，更加深移工作為一種勞動力商品。

在國際勞工組織（International Labour Organization, ILO）介入下，各來源國早已訂定招聘費用（recruitment fees）上限，[18]如越南政府規定，工廠勞工的招聘費用不得超過四千美元，[19]菲律賓政府規定不得超過移工一個月的薪水。臺灣在二〇〇一年也早有規定，臺灣仲介不得向移工收取招聘費用，只能在移工來臺後收取每月一千五百至一千八百元的服務費。

儘管如此，臺灣仲介公司經常以「安置費」（placement fees）、入境費（entrance fees）或海外款（service for labor export）等名目來掩飾實際從海外仲介收到的費用。臺灣仲介使用這些名詞來混淆關心超收仲介費的人，他們將海外招聘與國內引進切割成兩個不連續的階段，以便把超收仲介費的責任都推給海外仲介，忽視國際遷移其實是個涵蓋各個就業安置環節的整體流程。

事實證明，多收費是仲介行業公認的商業慣例。儘管我所採訪的臺灣仲介，多數人都不願證實高仲介費跟臺灣有關，但有些人不害怕承認這一點。「我們總收是六千五百美元，大概四千美元是給臺灣仲介的佣金，」越南一位經營臺灣市場超過十年的仲介公司經理承認，退佣對兩地仲介的合作是必要的，「我們都願意這樣做啊，因為我們要搶這個工作訂單。」

「臺灣仲介只能收服務費，其他收費都是超收，只要移工可以出示證據，我們就按規定對仲介業者處（超收費用）十倍到二十倍的罰鍰，停業三個月，」曾負責管理人力仲介事務的勞動部官員薛鑑忠說明，海外仲介給的回扣都屬違法超收。

然而，兩地聯手的剝削體系讓人難以察覺，移工常被要求簽下兩份契約，一份是由臺灣勞動部提供的工資合約，寫上符合兩地勞工法規的收費，核章後送往機關保存；實際上運作是按另一份契約，由越南仲介強迫工人簽名。

多數移工不會有時間閱讀契約，由海外仲介指著空白處讓他們簽名。我在越南蒐集到多份契約與收據，那些契約不會留給勞工保存，收據上也不會列出金額與細項，只寫「已結清」，就是為了避免留下任何證據。

過去，位居弱勢的移工要申訴自己被超收費用，得負起蒐集證據的責任，那幾乎是不可能的任務。但如今在責任商業聯盟RBA主導的零收費政策下，雇主得以直接接觸海外仲介談判工人的費用，打消了牛頭、兩國仲介上下其手的可能。

臺灣被當成改革試金石

從二〇一四到二〇二一年，RBA來臺共審查了四百四十家工廠，在其全球的驗廠總數排第二。移工支付高額仲介費，被視作違反自由選擇就業（Freely Chosen Employment）的準則，一直是臺廠被點名的重大缺失之一。

「考量移工到臺灣之前，都支付了超額的仲介費，他們必須加班才能還清債務，等於他們前三年都是免費替雇主工作。」Verite的調查員在一份公開報告中如此寫道。[20] Verite是全球最大的用工標準監督組織之一，替蘋果、IBM等客戶審查全球合作夥伴，也替國際勞工組織提供政策建議。它們的調查員自二〇一〇年起，多次來臺調查電子業外籍移工抵債勞動的情況。

一份紀錄顯示，RBA甚至是在瞭解臺灣仲介如何剝削移工之後，才將打擊移工仲介費列為重點的稽核項目之一。「它們經常是把臺灣當作試驗基地，」一位受委託的第三方稽核員私下說，RBA派來的審查員常在臺灣驗廠後，再不斷更新下一年要稽核的項目，「他們覺得臺灣的法治環境算健全，廠商對人權議題接受度也高，」所以，如果在亞洲要推展其他的供應鏈審查項目，通常先拿臺灣試水溫。

在二千年出版的《No Logo》一書中，作者娜歐蜜·克萊恩（Naomi klein）批評，品牌商一面在全球推行瘋狂的消費主義，一面外包不賺錢的工序到海外，以壓低工資與福利，牟取更高利潤。不過，她也描述成功的消費者行動：抵制剝削勞工的跨國資本，逼迫它們改善供應商工廠的惡劣勞動條件。

這種訴求跨國企業的社會責任，可以追溯至一九九〇年代的反血汗工廠運動（anti-sweatshop

movement）。一九九一年，Levis 被發現工人在海外工廠的工作條件惡劣，薪資與福利也極低，被指控是「血汗工廠」；同個時間，Nike 在海外的代工廠也被發現僱用童工、強迫勞動，這些爭議促使美國人權團體與消費者發動大規模抵制活動。服裝業高層迅速回應。Levis 訂出供應商行為準則，是第一家訂有行為標準的跨國服裝公司；Nike 尋求第三方審計單位協助，大規模稽核海外供應商的勞動情況。

然而，這項行動的效果並不持久。最著名的例子是臺灣的寶成集團。在一九八〇年代跨國資本尋找海外代工廠時，臺商承接了多數的訂單，像是寶成鞋業替包含 Nike、adidas 在內的品牌商製造運動鞋，在各地僱用了超過十七萬名員工，成為重要的跨國供應商。

當品牌商要脅停止訂單，寶成有足夠籌碼能與其討價還價，即便捨棄一家訂單，還有其他的單子可接。曾有媒體報導，寶成在海外工廠苛扣員工，只給〇．五美元的時薪，還辱罵員工是豬。委託其生產的 Nike 聽到此事後，發布的聲明承認知道代工廠工人受到嚴重的剝削與虐待，並稱這些事「時有所聞，但自己並不掌握工廠」，對此「無能為力」。

二〇一三年，孟加拉的熱拉大廈（Rana Plaza）倒塌，並發生大火，造成大廈內數千名工人死傷。大樓裡的代工廠，為全球知名的服裝品牌商生產服飾，包括 H&M、Zara、Bershka、Calvin Klein、Tommy Hilfger、GAP 和 Macy's 等。災難過後，國際人權組織與媒體將焦點指向品牌商，在生產過程使用血汗工廠，跨國服裝行業的董事們不得不組成聯盟補救，開展一系列針對孟加拉防火建材與供應鏈上勞動問題的治理。

如今，愈來愈多跨國企業打算聯手拆除供應鏈裡的不定時炸彈。從二〇一八年起，RBA的會員，不限於電子業，包括汽車產業Ford、Volvo、Tesla、BMW、全球最大通路Amazon、零售業龍頭Walmart、美國最大的商業銀行JPMorgan Chase都加入聯盟。截至二〇二一年，它的會員數超過四百五十家公司，會員來自全球各地，行業涵蓋電子、汽車、醫療、零售、金融等各個行業，一旦供應商被踢出合格名單，等於被所有行業的龍頭封殺。

這種打團體戰的做法，促使其他行業開始轉變。例如，二〇一六年Nike召集一場勞工、人權團體以及商業領袖參加的公開會議，後來轉型成另一個跨國企業的負責任招聘領導小組（The Leadership Group for Responsible Recruitment），[21]討論如何改善海外工廠的工作條件。二〇一九年adidas與國際移民組織（IOM）開展新項目，[22]以落實雇主支付聘僱費的原則，並確保移工權利受到侵犯時能獲得補救。服裝零售商Gap邀請外部組織調查其採購流程，另一家服裝品牌Patagonia聲明將在臺灣要求供應商承擔移工所有的聘僱費用，並在臺僱用專職員工監督成效。

商業聯盟裡在乎企業形象的跨國公司，都在透過國際人權組織執行供應鏈稽核，以提升下游供應商的勞動條件。近年來，這種被西方學者稱為「跨國公司—非政府組織夥伴關係」（MNC–

NGO partnership）的結合，[23] 削弱了不少當地供應商與人力仲介的力量。

製造業、傳產業的「利益取捨」

而在臺灣，在電子業之後，接著感受到壓力的，是勞力密集的紡織業。

「這些國外的品牌廠，根本是沽名釣譽，不管我們供應商死活，」一名國內紡織廠老闆在接受採訪時怨憤難平。他的工廠僱用數十位移工，替 Nike、Patagonia 等國際服飾品牌代工，如今在移工身上多支出的費用，「每個月的人事成本增加了一百萬。」

「申請每一個移工我都要繳錢給勞動部，繳就業安定費，還有繳名額的錢，這些錢國外品牌廠有幫我繳嗎？它們現在憑什麼要我幫外勞出錢，」這名紡織廠老闆私下表示，多年合作之後，他決定中止替其中一家品牌商代工。

不過，也有國內傳統產業的廠商調整心態，跟上電子業供應商的腳步。

位在雲林科技工業區的滑軌廠南俊，是相當典型的傳統產業，早年外銷辦公家具，近年來轉向出口伺服器機櫃。二〇一九年，南俊首度搶下電子業品牌大廠的訂單，但連帶被要求退還移工之前付出的仲介費用。

移工與招工廠商正在逐項核對移工的資歷是否符合工作所需（**攝影：簡永達**）

「電子業的供應商都在做（零付費），既然它（電子業）跟得上，我們就要想辦法跟上，」南俊前人資經理L（化名）說，「這絕對是未來的趨勢，只會有愈來愈多廠商被要求。」他們在雲科廠約有六十名移工，必須幫移工支付一筆給海外仲介的招聘費用，再加上每月給臺灣仲介的服務費，每年光支付與移工的相關費用就將近一千萬元。

「對方給的訂單，我只能說都在破億以上，」L解釋，工廠在配合品牌商要求退費時的考量，只要能被列入在電子行業的合格供應商名單之中，就有機會爭取更多訂單，相較之下，「替外籍移工出錢，對我們來說都是小成本了。」

電子業的代工廠大多願意配合，因為這些改進措施在某種程度上也有利於廠商自身利益。製造業雇主面臨的一大問題，就是工人流動率高，進而影響到品質控管，因為現在移工懂得比較工作條件，會開始要求轉換雇主。「當這份工作移工是不用付錢的，費用全都由雇主出，他（移工）會想，如果我換雇主，找到的新工作不見得是零收費的，」羅盈勝聽到許多電子業老闆的回饋是，採零付費之後，移工流動率也降低了。

此外，移工零付費政策落實後，電子廠廠工的逃跑率幾乎歸零，「如果你背著龐大的債務來工作，只要工廠沒有加班，你一定會想逃跑，這是人之常情；可是你沒有債務在身的時候，即使沒有加班也有基本工資，你就會覺得沒有關係，」羅盈勝說。

跨國企業推行「移工零付費」後，連帶改變了兩地仲介的收費模式。

臺灣仲介過去占據移工供應鏈的關鍵位置，能夠向海外仲介下訂單引進工人，近似傳統供應鏈裡的採購角色。據此，仲介的收入可以被拆解為兩個部分：檯面上是每月新臺幣一千五百到一千八百元的服務費，檯面下還有一筆來自海外仲介的回扣。

然而，未來是一個跨國移工供應鏈縮短的時代，由臺灣雇主直接對上海外仲介，或是到來源國直接聘僱，大為削弱中間人的角色。南俊前人資經理L表示，「就像我們的客戶來稽核我，我也會更加要求合作的人力仲介；不只對臺灣仲介，連國外合作的仲介我也要嚴格檢視。」

L已經離開南俊。二〇一九年他在臺灣仲介陪同下，曾跑過三次菲律賓，仔細調查欲合作的海外仲介。「我們引進一個工人，付給海外仲介的費用在三萬五（新臺幣）上下，」L接著說，「既然錢是我出，萬一工人進來臺灣以後，被問到有超收費用，我就要他（海外仲介）賠償。」難道不怕海外仲介不認帳？「我們拉著臺灣仲介一起簽，我們簽一個三方合約，如果海外仲介不賠，我就要他（臺灣仲介）賠錢，」L表示。

西方品牌商善用供應鏈的壓力，甚至用以壓迫，讓臺灣廠商接受零付費改革。如今，臺灣工廠雇主用同樣方式管理兩地仲介的灰色收入。

「品牌商要客戶退錢給外勞，客戶拉著你一起退，你能怎麼辦？你要做他的生意，就要分一分一起退這筆錢，」美家人力資源總經理許家畯對此大吐苦水。

雇主通常要求仲介列出每名移工的支出費用是哪些，包括他們在海外的訓練費用，他們希望知道每一個財務細節。「現在要雇主出錢了，肯定會查得很清楚，他直接去付給國外仲介，馬上斷掉臺灣仲介收回扣的可能，」許家畯說。

人們很容易認為，跨國企業要求供應商支付移工的高額仲介費，廠商勢必遭受巨大損失。但這種想法本身就存在問題，在於忽略了仲介的惡性競爭。因為移工所支付的聘僱費裡，除了運輸與辦理文件的成本外，很大比例是人力仲介商哄抬出的虛假成本，用以應付供應鏈裡的陋習：給予採購人員回扣。

在RBA「雇主支付」的原則下，臺灣仲介不再有拿海外回扣的空間，最終雇主替一名移工支付的仲介費落在三萬上下，與移工動輒支付近二十萬的高額費用，天差地別。原本法規裡允許仲介每月向移工收的一千五百元服務費，也是仲介與雇主討價還價的項目。「他（客戶）把你的成本算得比你還仔細，他們會說，你每個月載外勞去看醫生成本花不到這些錢，那我給你一千元，」許家畯感覺如今的仲介業有點像完全競爭市場，所有人都餓不死，但也不可能再有超額利潤。

但像許家畯經營的美家人力這類中型規模的仲介公司，仍積極尋求轉型。他說，自己服務的客戶八成都是傳統產業的雇主，分散在臺中、彰化、雲林等中南部縣市，「未來（零付費）一定會慢慢普及到更多產業。」

「愈來愈多工廠的老闆問我，你們有沒有引進零收費的移工？」許家畯說，在過去一年，做輪胎、佛像、空拍機螺旋槳、外銷高爾夫球的傳產老闆都在問他，要怎麼跟國外仲介談判工人的費用？他得出結論，「只要你要做外銷的廠商，你就得提防哪一天，國外的客戶突然要你做零收費。」

移工其實是一群大膽且具有冒險精神的人們，他們為了改善生活條件，願意離鄉工作，並懂得在適當時候增進自己的權益。圖為一名在招工現場的女工。（攝影：簡永達）

許的感受有種預示效果。二〇二二年，有篇論文在討論RBA對臺灣仲介的影響，[24]作者曾在仲介公司擔任海外部專員，她訪問了多家海外仲介，他們表示：「我們當然都是選那個零付費的訂單，因為它會比較容易招募」、「出國不用費用，工人都很踴躍來參加，對我們招募比較容易」、「沒有人（越南人力仲介）會拒絕RBA的訂單」。

如今要吸引移工來臺，雇主得提出更好的工作條件。勞動力市場指出一種潛在變化的方向：海外移工會優先申請零付費的工作，一輪挑選過後，如果某些工廠提供較高的加班時數和更高的薪資，移工可能也會願意支付仲介費去工作。不過，如果一些傳統產業的小工廠無法提高薪資、也沒有足夠加班時數，海外仲介就會果斷放棄為它們招募。

零付費沛然之勢，全面衝擊臺灣雇主

當國際上要求移工零付費的聯盟不斷增加，這股沛然之勢將難以抵擋。

從二〇一八年開始，薛鑑忠位於勞動力發展署的辦公室很熱鬧，來自歐盟商會代表、法國化妝品牌廠商頻頻造訪。「他們想要推一個類似RBA，也是做外勞零付費的政策。」目前與勞動部直接聘僱聯合服務中心合作，從來源國直聘引進外籍移工的，有瑞典家居品牌IKEA與服飾品牌Patagonia等國際品牌商的供應商，「這是一個國際趨勢，我們感受到愈來愈多國際品牌來臺灣做這件事。」薛鑑忠說，「我覺得要給雇主一個提醒，你們可能要做好準備。」

根據一項國際勞工組織的調查，在全球四十個國家中，大約五分之一的工作機會由全球供應鏈衍生，但臺灣的依賴程度更高，大大小小的工廠替成千上百的公司代工各種產品，國內超過一半以上的工作都與此有關。[25] 相較其他國家，臺灣廠商更容易受到西方企業的訂單影響。何況，如今還有許多國家打算以政府角色介入，打擊外籍移工的債務勞動。

二〇二二年，歐盟議會通過《供應鏈法案》（*EU Supply Chain Law*），要求在歐洲營運的跨國公司，實施更為嚴格的供應鏈盡職調查計畫（Due Diligence），以辨認、減輕、補償供應鏈上的人權侵害與強迫勞動風險。

其他立法，包括二〇二一年德國以懸殊票數通過《供應鏈企業責任法》（*LkSG*）、二〇一五年英國的《現代奴役法案》（*Modern Slavery Act 2015*），以及二〇一〇年美國加州通過《供應鏈透明法案》（*The California Transparency in Supply Chains Act*），以上法案皆要求已註冊的跨國企業，必須主動調查其供應商在海外工廠的工作條件。

馬來西亞作為全世界最大的橡膠手套出產國，滿足全球三分之二的需求，一年生產三千億雙。居於領導地位的頂級手套（Top Gloves），是歐洲與美國醫療健康行業最大的手套製造商，但它們卻在二〇一八年被媒體揭露存在強迫勞動與抵債勞務。[26]

這間公司僱用一千一百多名來自尼泊爾、孟加拉和印度的外籍移工，他們被發現支付一萬八千到二萬令吉（ringgit），約新臺幣十二萬元的高額仲介費。有些人不得不接受更多加班來擺脫債務，很多人每月加班九十到一百二十個小時，遠遠超過國際勞工組織規範不得超過六十小時的上限。

「如果我不這麼做（加班），怎麼賺到足夠的錢還仲介費呢？」一位尼泊爾的移工接受英國

《衛報》(*The Guardian*)採訪時說。一部分人更希望能回家,但他們的護照被扣留,不能離開。

見報當日,Top Gloves 市值蒸發約新臺幣六十三億元。[27]美國海關當局立即決定,以涉嫌強迫勞動為由,暫停馬來西亞製造商 Top Gloves 進口一次性橡膠手套;英國國民保健署(NHS)要求醫療器材的採購商必須徹查其供應商海外工廠的工作環境,否則將暫停進口。

歷時數月的調查與壓力,馬來西亞人力資源部長古拉(M. Kulasegaran)不得不親赴尼泊爾,達成直接聘僱的協議:將來引進外籍移工不再透過仲介,由雇主承擔所有招聘費用,包括機票、簽證和體檢費用。[28]他在馬國積極修正勞動法,以保障外籍工人的權益,並警告 Top Gloves 和其他廠商,「如果不終止強迫勞動,它們將面對美國的貿易憤怒。」

事實證明古拉的判斷是正確的。二〇二〇年,美國停止從馬來西亞製造商 Top Gloves 進口產品。三週以後,Top Gloves 向其僱用的外籍移工付出一千二百萬美元,用以補償他們先前支付的高額仲介費。其他行業紛紛跟進,開始計算合適的補償金額,生怕被歐美市場拒之門外。

作為處罰手段,歐盟與美國不直接對大公司施加懲罰,而是利用貿易政策工具,如果某國發生人權侵害的行為,它有權將整個國家的產品排除在外。

這項裁罰敲響亞洲供應鏈的警鐘。尤其臺灣以出口貿易驅動多數的經濟活動,勢必得加快立法以因應這項變化,行政院也在二〇二〇年公布「企業與人權國家行動計畫」。[29]不過改革速度顯然還不夠，一些專家對政府沒有提出相應的供應鏈法與沒有罰則感到失望。

繼馬來西亞之後，下個警告瞄準臺灣。德國在二〇二一年由國會通過的《供應鏈企業責任法》，[30]明定企業的罰則，包含禁止參加政府招標三年、以及罰鍰八十萬歐元（約新臺幣二千六百萬元）等。第一起補償的案子發生在臺灣。根據德國媒體《每日新聞》（*Tagesschau*）報導，為德國電子消費品牌商博世（Bosch）和汽車輪胎製造商大陸集團（Continental）供應電路板的臺灣製造商敬鵬工業，其生產線上的越南移工曾支付約六千美元不等的聘僱費。[31]此事在二〇二二年被揭露後，博世集團發出聲明：「我們相當嚴肅看待敬鵬工業的聘僱情況，會就此事與供應商釐清。」

在半年內，敬鵬進行了兩次補償，至今付出超過二千三百萬臺幣來補償移工的聘僱費。新光紡織的越南移工同樣被揭露面臨強迫勞動的問題，包括支付過高的仲介費、被扣留護照和不合理的宵禁等。這些問題引起全球最大零售業者沃爾瑪（Walmart）的注意。作為新光紡織的間接客戶，沃爾瑪正對這些問題展開調查，如果這些指控屬實，他們將要求供應商退回仲介費用。與此同時，化妝品龍頭萊雅集團（L'Oréal），接獲越南移工反應供應商華夏玻璃的不良工作條件，包括高昂的仲介費用、被扣留證件、無薪加班、罰款威脅等，決定切斷與華夏的業務合作，並承諾將審視海外供應商的勞動條件，以幫助受影響的移工。[32]

儘管臺灣廠商們都清楚移工零付費是未來用工趨勢，但仍希望這波改革能來得慢一些。「你以為這些老闆都心甘情願付錢？他們有幾間不同的工廠，只挑其中一兩家做（零付費），要是稽核員來了，就帶他去那家工廠看，」一位不願具名的仲介說，拖延改革的做法包括：禁止那些零付費的移工告訴同鄉的工人、只挑一兩家合作仲介配合退還移工費用。

「品質、價格、交期，品牌商來下訂單時，談的就這三項，交期愈快愈好，但價格一毛也不會多給你，」一位曾在電子業的人資經理說，有時候為了趕上交期，不得不讓工人加更多的班。因此，有些工廠老闆認為，高額仲介費是驅動移工加班的關鍵，「你們費用要是收得太低了，工人會懶惰，他們就不想加班了，」許家畯回憶有位客戶這麼說。

通常，西方品牌企業要求改善工人環境，是以墊高供應商的成本為代價。雙方溝通經常發生矛盾，因為臺灣許多的供應商都表示，除非外國的買家多付錢，否則徹底的移工零付費改革是不可行的。

早在二〇〇〇年，臺商與西方企業之間就存在著這樣的爭論了。當時美國一個勞工組織，到中國沿海調查由臺商設立的血汗工廠，工會代表指責臺商提供的工資太低，才讓工人不得不加班，臺商則抱怨美國採購人員殺價太狠，利潤微薄才沒辦法給工人加薪。[33]美國工會代表不放棄，要求臺商承諾打擊強迫勞動；臺商則請求美國代表，共同促成品牌商提高合理的採購價格。

這段對話的最後，雙方仍然沒有交集。

「富士康連八跳之後，西方媒體都說它是血汗工廠，但這些還不是（被）蘋果逼的，到現在還是以壓榨供應商為第一優先，」一位曾是蘋果供應商的高層說。

事到如今，蘋果公司與西方大型製造商大都願意承認海外工廠發生的問題。畢竟當它們意識到品牌形象因血汗工廠而受到損害時，它們就願意採取行動。遠在臺灣默默地組裝全球各類產品的五十萬名製造業移工，也從周圍的變化中學到一點東西。

移工或許並不真的理解人權的抽象概念，但他們知道自己想要怎樣的工作環境，並想瞭解自己團結起來可能有什麼力量。實踐從切身的事件開始。臺灣在圍堵 COVID-19 擴散具有成效，從未宣布大規模封城，但在二〇二一年六月，苗栗一家電子廠爆發群聚感染，給鄰近的工廠與移工帶來新的壓迫。一星期內，累計高達二百六十例移工確診，苗栗縣政府很快發布一項命令：禁止外籍移工外出。[34]

這項做法飽受人權批評，[35]其他雇主和仲介商卻仍紛紛仿效。將近半年，工廠雇主實施了嚴格的門禁，外籍移工除了工作，只能關在宿舍裡，無論他們是否被感染。一些人權團體、社會學者[36]、和本地議員[37]都認為這項規定只限制外籍工人，涉及歧視。我在疫情趨緩時，在一家頗負盛名紡織工廠旁的越南餐廳，採訪之前就認識的越南工人阿青。

「我們感到被困住了，過去兩個月，我們根本不被允許外出。」坐在他一旁的朋友點點頭，表示同意。即使我們見面時，在二〇二一年九月的疫情警戒已降級，他們每週還是只能外出三個小時。違反宿舍規定的人會受到懲罰，遲到晚歸通常被罰半天到一天的工資，在宿舍吵鬧、抽菸、喝酒都會被罰款，打架的人會被驅逐出境，而且在幾年以前，雇主還會沒收他們的護照。

我從阮神父那聽聞阿青正四處向媒體投訴，他看上去對自己的行動頗有信心，知道自己在做什麼。工人們的控訴後來被《外交家》（*The Diplomat*）揭露，[38]消息傳到向其採購的荷蘭帝斯曼公司（DSM）耳裡，公司稱，「我們已經清楚地與供應商談過我們在整個價值鏈期望的行為，包括我們的人權要求。」帝斯曼也表示，他們將設定一個時間表，「如果不能及時改正，我們將不再與他們合作。」[39]

一些我曾採訪過的移工告訴我，他們不知道為什麼，陸續收到工廠退還的費用，也拿回自己被保管的護照。

很長一段時間，我樂觀地認為只要我所認識的移工朋友照顧好自己，然後體制總有一天會自然而然地調整，他們就能獲得更好的勞動條件。但我漸漸意識到自己的錯誤，移工本來就是一群最為大膽的冒險者，離鄉千里來到臺灣工作，並懂得在適當時機推進自己的權益。

二〇一六年秋天，阿玉當時在越南河內的一家仲介所參加仁寶的挑工，現場要一百名工人，卻來了三百多人報名。她回憶那場激烈的競爭，要考英文、算數，還要在亮得晃眼的燈下穿針線，當她得知最後被選上時，「我們全家都以我為榮。」

過去，阿玉覺得自己很勇敢，離鄉背井來到千里之外的工廠。在二〇二〇年，那場成功抵抗仁寶的罷工過後，她更加相信，在臺灣，一種更好的生活是可能的，「現在仲介不能對我們想做什麼就做什麼，因為老闆開始會聽我們的聲音，」她說。

致謝

剛開始寫「第一廣場」那篇文章的時候，我並沒想過要出書。我當時覺得自己的記者資歷尚淺，不知道攀過寫書這座大山會有多艱難。然而，我也完全不知道，後來這一路上會被那麼多有血肉的移工故事所吸引。

這本書從報導、研究到出版，歷時七年。我必須向許多幫助我完成此書的人表達深深的感謝。

首先我要感謝每位向我敞開心扉的移工，是你們打開了自己世界的大門，讓我進去一探究竟，並願意在我無窮無盡的提問下保持友誼。阿軍中斷了英文系的學業，對冒險致富的胃口大增，讓他再次遷移至菲律賓，投身於博奕產業。阿憲與小玉在臺灣掙扎著當「好父母」，但在沒有養育後援下，他們只能將女兒送回越南。傑克則踏上比較幸福的方向，移至歐洲並重新認真投入一段感情。而為了父親爭取賠償的M，終於讓雇主簽下和解書後返回泰國。

儘管書中無法寫進每位曾慷慨分享故事的移工，我深感謝他們的信任，並希望我的複述能讓他們的形象熠熠發光。也感謝每位協助過我的翻譯，包括阿鶯、碧泉、Linda、Janieka、大鑫與靜賢等人，多數採訪若不是他們，根本難以為繼。能順利完成相關田野，我要感謝越南移工移民辦公室的阮文雄神父為我引薦越南的報導人、臺灣國際勞工協會（TIWA）的吳靜如讓我參與觀察越南移工工會，許惟棟則分享了拜倫父子令人心碎的故事。同樣要感謝那些慷慨分享觀點的朋友們：群眾服務協會的汪英達、蕭以采、家庭看護工工會祕書長黃姿華、1095 工作室的官安妮、江彥杰、陳翰堂，《移人》總編輯 Asuka，以及吳庭寬、莊舒晴、林劭寰、鄭珍真、王裕衡、魏仁偉等人。感謝法律扶助基金會的律師朱芳君幫我釐清本票在移工受債務捆綁的作用、人類學家陳如珍與我分享她在香港參與菲傭選美的田野經驗，以及林淑芬、蔡玉琴、邱顯智、洪申翰、蔡培慧立委辦公室協助張羅統計資料。

本書內容與《報導者》與《鏡週刊》的一些專題文章有緊密相連。我先在《報導者》工作數年，有幸得到執行長何榮幸的支持，感謝李雪莉、方德琳多年來認真審視我的文章並保持耐心，以及編輯們出色的事實查核。最令我感激的是，這家媒體願意發表各種不同的主題與聲音，以及早期對我在移工與人權議題的鼓勵。跟記者同事們的交談也總讓我獲益匪淺，他們是：涵文、貞樺、宜婷、立柔、瑜娟。在我以移工為主題轉任自由記者後，我很感激對此表達出興趣的《鏡週刊》人物組副總編輯王錦華，以及李桐豪在審閱初稿後提供的各種寫作建議。在製作這些新聞專題的期間，我得以與多位出采的攝影師合作，我與佑恩在寫作一廣時共事，他的幽默感與靈活性讓田野蹲點充滿樂趣，而在其他不同題目裡，攝影記者余志偉、吳逸驊、鄒保祥都分享了他們敏銳的觀察力和思想，讓我對移工故事的理解不斷豐富。

如果沒有國藝會「臺灣書寫專案」的慷慨補助，我恐怕難以開始這項計畫。傅爾布萊特基金會提供一年的資助，讓我得以在美國哈佛大學深化對跨國遷移的研究，在此一併致謝。我開始寫書時，中研院亞太區域研究專題中心與臺灣大學亞洲社會比較研究中心給了我一個辦公的位置，有如雪中送炭。我深深得益於與臺灣大學社會系教授藍佩嘉合作的研究，我們將臺越兩地仲介的採訪資料改寫成學術論文，我由此學到一絲不苟的研究精神。她提供給我的協助不僅如此，在我寫作資金緊張時，她與《九槍》導演蔡崇隆先後提供我兼任助理的工作，他們都是對移工議題有獻身精神與慷慨提攜後進的人，對此我心存感激。

但在我二〇二一年六月為國藝會的計畫結案寫完初稿後，我突然感到崩潰，覺得這本書一文不值，不僅文字水平低落，也沒提出什麼新穎的觀點。我逃到哈佛費正清中國研究中心當訪問學人，從破碎的文字重新凝聚觀點。我要感謝同事林宣佑與林意唐用心地閱讀了初稿，給出批評意見；雷雅雯教授分享成書架構並指點關鍵文獻，而 Lucy Hornby 對兩岸議題的興趣推動我思索臺灣重建移民社會傳統的重要性。我在訪學期間遇到何偉（Peter Hassler），是他給予我信心與寫作指引：「從頭開始講，把怎麼找到那些人的故事都寫進去。」

書稿的屢次修訂中，我謝謝「臺灣書寫」、《台灣社會學》審稿人的意見，我在費正清中心、中研院亞太中心、燦爛時光、臺灣文學基地與政大、東華、銘傳、暨南等學校演講時的聽眾都惠予刺激。感謝凡耘提供學術資源的協助，尉翔給予書籍封面很好的建議，以及慧恆為本書提供法律見解。

在改寫書的孤獨中，我獲得泰翔、惟安、思妤、又豪的友誼與支持，我要多謝他們。也謝謝黃再添提供紐約一個能安身寫作的地方。我還要感謝春山出版的莊瑞琳與夏君佩在出版成果尚未顯現之前，就對這本書抱持信心，並在後續修改中投入了無限的耐心。

最後，我要將感謝獻給我的父母。是他們許我充分的自由，去思考這一路所見所聞，也謝謝姊妹們的支持體諒。儘管他們一直不明白為什麼我抓著移工的題目不放。其實不只是他們，我在申請寫作獎助，或尋求媒體合作時，都會有人問我類似問題。我剛開始裝著回應，認為自己對困在結構中的個體特別有感，不管是寫媒體監管下的中國調查記者、身處貧窮邊緣的廢墟少年或是在嚴苛客工制度下的外籍移工，都是如此。

直到本書快要完稿之際，我才明白自己總喜歡那些同樣感覺格格不入的人們。

我在南投的鄉下出生長大，家裡的長輩都說，要認真念書，到大城市找個好工作才有出息。但每到一個新地方，我一直隱隱有種感覺，我不屬於這裡。在城市裡，我是個外來者，就像我採訪的那些移工一樣。看著他們有時像變色龍一樣隨遇而安，有時又專心致志打算靠個人野心翻身。而我，知道自己並不孤單，這讓我感到心安。

移工政策與運動年表

整理：簡永達

年分	事件
一九八九	行政院以專案方式自東南亞國家引進第一批外籍勞工，投入大型國家建設工程。
一九九〇	全面清查並取締非法外籍勞工。在一九八〇年代，估計有五萬多名東南亞旅客在臺灣非法工作。臺灣政府正式引進合法移工，並增加對邊境掌控，首波開放移工僅限來自菲律賓、泰國、馬來西亞和印尼。其他未經許可仍然在臺灣工作的東南亞工人，則被視為非法外勞。
一九九二	勞委會公告《外國人聘僱許可及管理辦法》，規定移工在入境前都必須接受體檢，且之後仍需定期檢查。體檢內容包括肺結核、梅毒血清、Ｂ型肝炎、表面抗原、瘧疾、寄生蟲、ＨＩＶ、精神狀態評估等。如果移工沒有通過這些檢查，將被立即遣送出境。女性移工會被另外要求懷孕檢查。 勞委會頒布《就業安定費繳納辦法》，僱主僱用移工每月須繳納就業安定費，依僱用範疇也有所不同，一般製造業每月二千元、高科技產業二千四百元、家庭看護工二千元，而家庭幫傭須繳納每月五千元。這些費用集結為就業安定基金，用以補貼政府管理外勞與訓練本地勞工的支出。 以專案方式開放紡織業等六十八行業引進移工。 公布並施行《就業服務法》，法制化引進外籍移工。第五章規範外國人之聘僱原則，區隔白領外國人與藍領移工，而移工採「客工」管理模式，一開始規定外籍勞工的合約期只有二年。同年開放聘僱「家庭監護工」、「家庭幫傭」與「外籍船員」。

一九九三	連續開放紡織業七十三行業、陶瓷業等六行業、新設廠及擴充設備廠商等申請外籍移工。 李登輝總統及行政院長訪問東南亞各國，推動「南向政策」。
一九九四	開放3K行業、開放經濟部加工出口區以及科學園區；後來再開放二億元以上重大投資製造業、開放重大投資營造業。
	臺灣仲介業者赴勞委會陳情，建議設立「仲介師」制度以遏止非法仲介，並主張建立計劃性的外勞配額和維持常態性外勞市場。人力仲介業常被視為剝削外勞，他們認為是受一些非法仲介的高收費所影響，而這是臺灣短期、臨時外勞政策引發的市場競爭所致。
一九九五	專案開放織布、電鍍及織襪等七行業。 成立勞委會職訓局外籍勞工作業中心，為負責審核引進移工與管理人力仲介的政府單位。
一九九六	隨著臺灣失業率升高，勞工抗議頻繁。勞工團體發起「工人鬥陣反失業大遊行」，主張「五反」與「三要」，包含反失業、要「關廠法」。後來，失業工人臥軌抗議，到高速公路上傾倒垃圾等激烈的抗議行動
	勞委會鼓勵企業僱用原住民及殘障者，每聘僱一人以本國員工數三人計算，並給予較高外籍勞工配額。
一九九七	外籍勞工兩年合約期滿後，可再延展一年，最長可在臺居留三年。 勞委會將不同時期引進移工的各個方案，逐步整併為一個統一的製造業外勞配額比例，僱用外勞的比例不超過本國籍勞工的三〇%。

一九九八	勞委會調整外勞政策，採「適中帶緊」的管理原則，凍結製造業與營造業的外籍勞工配額，短期內不會再增加。當這些業者配額期滿需要重新申請時，其配額將減少五%。外籍幫傭的配額亦被凍結。
一九九九	勞委會公告，外籍女傭、監護工不適用於《勞基法》。 全國勞工總工會號召萬人上街遊行，抗議外勞政策失當，及要求限縮工時、週休二日及雇主提撥退休金。 菲律賓片面宣布與臺灣斷航，且在政府文書中將勞委會稱為「臺灣省行政院勞委會」，並宣布將從嚴審查臺灣雇主與仲介業者資格，引起臺灣政府與仲介業者不滿。 臺灣與越南政府簽訂雙邊協定，勞委會公告越南隨即成為臺灣第五個移工輸入國，並考慮從中南美洲增加外勞來源國。
二〇〇〇	由於前一年的主權與外交爭議，勞委會宣布凍結菲勞引進，直到年底才取消暫停引進菲勞的禁令。 勞委會提出「外勞緊縮方案」，以每年減少一萬五千名外勞為政策目標。緊縮公共工程、高科技重大投資核備外勞比例，並提高看護工之申請門檻，所有申請人都必須以巴氏量表檢驗。
	勞委會開始以就業安定基金補助各縣市勞工局設置外籍勞工生活檢查員，查察移工的工作安全與住宿環境。
二〇〇一	勞委會公告停止重大工程申請引進外籍勞工。行政院正式回應八千一百億重大公共工程優先僱用本勞，新招標重大工程，全面禁用外勞。

	外傭雇主協會赴立法院抗議勞委會「巴氏量表二十分以下才能僱用看護」的規定。召開記者會時，有位老人說自己有心肌梗塞等八種慢性病，仍無法滿足巴氏量表低於二十分的規定，不能申請看護工。說完後，老人臉色變差倒下，送醫後不治。勞委會受到各界抨擊，調高巴氏量表分數、並再度放寬雇主資格。 勞委會決議，雇主可從移工薪資扣除四千元以下的膳宿費。 勞委會取消外籍移工聘僱期間不得結婚的規定；刪除強迫儲蓄，要求雇主依外國人生活管理計畫書照顧移工。 勞委會規定國內仲介業者不得收取「仲介費」，僅可按月收「服務費」，第一年的服務費一千八百元、第二年一千七百元、第三年一千五百元。並為了落實降低仲介費，要求移工出國前需簽立「外國人入國工作費用及工資切結書」，詳細填寫來臺繳費細項，送往我國駐外管處認證。
二〇〇二	外籍移工在臺居留年限，由三年延長至六年。不過三年契約期滿須至少離境四十日，才可再申請回臺工作。隔年，將出國四十日縮短為出國一日。 實施《職業災害勞工保護法》，不論本外籍勞工，只要在工作發生意外，都可以申請職災補償。 因印尼移工逃跑人數急遽增加，臺灣凍結印尼移工的聘僱，這項禁令因後來外交衝突，而被延長了兩年半之久。 取消外勞入國後的定期懷孕檢查，且保障懷孕移工受《兩性工作平等法》保障，同樣享有產假、育嬰假、生理假、陪產假等權益。 監察院糾正勞委會，因外勞政策執行不當，嚴重衝擊原住民就業機會。

二〇〇三	負責照顧國策顧問劉俠的印尼籍看護疑似因長期沒有休假，造成精神壓力過大，將劉俠拉下床以致嚴重傷害。隔日劉俠往生。此事件引起對家務移工的勞動條件關注，臺灣國際勞工協會（TIWA）與多個團體組成家事服務法推動聯盟，希望透過訂定「家事服務法」明確界定家務移工的勞動條件，訂立清楚的僱傭關係與責任。 臺灣爆發SARS病例，臺灣政府規定移工入境前需隔離十至十五日，確定無疑似病例才能來臺工作。國人擔心逃逸外勞成為防疫漏洞，警方加強查緝。後來，為防止SARS擴散，外勞遭雇主禁足。總計在SARS期間，有三名外籍看護因為感染死亡，但看護工不適用《勞基法》，死者家屬無法取得職災死亡給付。 立法院通過《自由貿易港區設置條例》，在自港區內雇主聘僱移工比例最高可達四成。 媒體報導，泰國將臺灣列為SARS疫區，禁止臺灣旅客入境。臺灣政府即宣布禁止泰國移工入境，作為抗議。 臺灣國際勞工協會與天主教關懷外勞教團首次主辦移工大遊行，主軸為「保障外勞人權」，主要訴求為：保障移工自由轉換雇主、取消私人仲介制度、落實國與國直接聘僱、制定「家事服務法」、取消外勞膳宿費、保障移工與本國人同工同酬。 重新開放投資額一百億以上的重大工程引進外籍營造工。
二〇〇四	勞委會開放自蒙古引進外籍勞工，儘管引進人數不多，卻是採國對國的直接聘僱方式。 勞委會開放非營利團體設立仲介公司，經營外勞仲介業務。 勞委會調整製造業外勞政策，降低傳統產業聘僱移工的門檻，資本額從二億元下調至五千萬，對高科技產業門檻則提高至十億元，並搭配降低外勞配額比例五%。

	臺塑六輕廠六百名菲律賓籍勞工罷工，抗議違法扣薪、被要求不論晴雨皆在戶外用餐、契約所載雇主與實際雇主不同等。 印尼政府與我國簽訂國與國之間的「勞工備忘錄」，勞委會取消長達兩年的印尼移工聘僱禁令。
二〇〇五	因失聯人數過高，勞委會宣布凍結引進越南看護工及幫傭。 勞退新制上路排除外籍移工。《勞工退休金條例》第七條明白規定適用對象為符合勞動基準法之「本國籍勞工」。 人力仲介公司首次評鑑結果出爐，高達六成六不及格。 臺塑六輕廠發生連續兩次大規模罷工事件，參與者主要為菲律賓及泰國的外籍移工，而罷工的主因為抗議仲介管理不當、強迫儲蓄與薪資苛扣等問題。 八月二十一日，高雄捷運泰勞「暴動」案，揭露非法仲介、不人道的外勞管理，以及後續衍生民意代表與官員向仲介收取佣金、官商勾結等弊案，為我國人權紀錄一大汙點。 家事服務法推動聯盟（後改名為臺灣移工聯盟）發起「反奴工大遊行」，主要訴求為：國對國直接聘僱、自由轉換雇主、取消外勞居留年限、訂定家事服務法，以及保障外勞有組織工會權利。
二〇〇六	勞委會鬆綁外籍移工轉換雇主規定。原本只在雇主破產或照護對象死亡等特殊情況下才能轉換，逐漸改變為只要雙方同意即可終止舊契約並轉換雇主。然而，跨行業轉換仍受到限制，並且轉換次數最多只能有三次。 一名越南籍幫傭因經濟壓力與久未休假，造成精神不穩，砍殺雇主後追殺其媳，最後再跳樓企圖輕生，一死兩重傷。

二〇〇七	將仲介公司的評鑑成績納入換發許可的條件，評鑑等級被評為C級或拒評的仲介公司，不再核發許可證或許可其設立分公司。 勞委會公布移工轉換雇主的配套措施。移工轉換雇主後，勞動部將凍結雇主僱用該名移工的配額兩年，但在特定條件下，如移工非因雇主原因出國、失蹤或死亡，雇主可直接申請遞補。 移工在臺居留年限，由六年延長至九年。 立法院修正《入出國及移民法》，將移工排除在可申請永久居留證的外國人類屬之外。 勞委會成立「外勞直接聯合聘僱中心」，協助雇主在臺自行續聘移工，不必再委託仲介公司。
二〇〇八	勞委會修正轉換雇主規定，限制移工轉換期間為六十天。同時，開放雙方及三方合意轉換雇主之規定。
二〇〇九	允許外籍移工在特殊情況下延長轉換期至一百二十天。
二〇一〇	政府確立製造業外勞引進為「3K五級制」，外勞配額不再有總量控管，依所屬產業將可聘用外勞總人數比例改成一〇%、一五%、二〇%、二五%、三五%五個等級。自由貿易港區內提高至四〇%。
二〇一二	移工在臺居留期限，由九年延長至十二年。
二〇一三	勞委會再次鬆綁移工配額，在配額比例最高四〇%以下，一般企業雇主得以多繳就業安定費，增加引進移工人數。
	勞動部試辦「外展看護」方案，由社福團體聘僱外籍外展看護，並搭配本國照服員，共同進入

	失能者家庭服務，除可增加本國照護員工作機會，也能給予外籍看護工作喘息。 將失聯移工人數列入仲介評鑑指標，引進的外籍勞工行蹤不明達一定人數及比例時，除不能設立分公司外，許可證期滿後不再發證。 家庭看護工雇主若同意家中看護工轉出，則須等到該移工找到下一位雇主或回國，才能接續聘僱新看護。為鼓勵雇主同意看護工轉出，政府修正規定，在「非因原雇主原因」且三方同意的情況下，原雇主可以在看護工轉出後即可申請遞補
二〇一五	外籍看護工經評點後，在臺居留年限可延長至十四年。 外籍看護工月薪從一萬五千八百四十元調高至一萬七千元。
二〇一六	臺灣移工聯盟發起「反剝皮」大遊行，訴求立法委員廢除移工「三年出國一日」條款。 立法院通過修正《就業服務法》第五十二條，刪除移工三年出國一日規定，同時修改了相關配套措施，允許契約期滿移工可由原雇主續聘或轉換到新雇主。如果移工轉換不能歸責於原雇主，則該名移工的配額在轉出後將不受二年管制限制。
二〇一七	開放外籍學生來臺就讀大專院校的技職訓練班，並允許工讀，每週工時放寬至二十小時。僱用超過一百人的雇主需設置生活照顧人員或委託仲介管理。 為加強漁工人權保障，雇主引入漁工需檢附生活照顧服務書，並通報縣市勞工局進行入國檢查。 八月三十一日，越南籍失聯移工阮國非，遭警員連開九槍致死。 十二月十四日，桃園蘆竹區矽卡工廠夜間發生大火，造成居住於工廠內違規宿舍的越南移工六死、五重傷，此為開放移工以來最嚴重的移工宿舍火災。

二〇一八	越南籍失聯移工黃文團在阿里山盜伐樹木，被警方追捕。追捕過程中，警方使用網槍擊傷黃文團頭部，但黃文團趁隙逃脫，數日後被發現時，雙手上銬、屍體已腐爛陳屍山區。 四月二十八日，桃園平鎮敬鵬工廠大火，火勢延燒至移工宿舍，最終造成兩名泰國移工死亡，並有六名消防員為搶救移工殉職。 私立仲介業者不得扣留移工證件或任何違反移工意願之行為，如有違法授與主管機關廢止私立仲介許可，管制期限延長至五年。 勞動部與衛福部推動「擴大外籍看護工家庭使用喘息服務」（擴大喘息），受照顧者重度失能或重度身心障礙，且為獨居或七十歲以上，外籍看護休假時可向長照中心申請喘息服務。
二〇一九	考量到農業人口高齡化與長期缺工，勞動部同意開放「外展農務移工」，但並非由需求農戶直接聘僱移工，而是由農會、合作社或農業組織聘僱移工，在農民有需求時才付費申請派遣服務。 七月十六日，任職於三永鐵工廠的泰籍移工拜倫，在操作「天車」時不慎遭鐵片撞擊，造成內臟破損、嚴重職災失能。 八月二十八日，菲籍移工德希莉（Deserie）在鼎元光電工作時，遭俗稱「化骨水」的氫氟酸潑濺，導致腿部嚴重腐蝕，經急救無效後不幸身亡。 搭配「歡迎臺商回台投資行動方案」，符合資格台商可增加配額，且可先聘移工，再招募本國勞工。 最後一名「外展看護工」離臺，宣告外展看護試辦計畫以失敗告終。 臺灣移工聯盟發起「廢仲介、要G to G」移工大遊行，要求勞動部比照韓國，廢除現行的仲介制度，改為「Government to Government」政府對政府的方式，直接引進移工。

二〇二〇	「責任商業聯盟」（RBA）向其全球供應商發布「零付費」準則，認定外籍移工不該為聘僱而支付任何費用，要求臺廠需要替移工支付來臺的一切費用。 放寬公共工程聘雇移工門檻，從一百億調降為一億。且放寬扶養多名年幼子女者，得申請聘僱外籍幫傭。 臺中大肚鉦偉工廠大火，三名越南移工受困於鐵皮屋工廠上方的宿舍，最終葬身火窟。自二〇一七年矽卡大火以來，不到三年已有十一名移工、六名消防員受困違規宿舍而喪命，臺灣移工聯盟與消防員團體至勞動部抗議，訴求落實「廠住分離」。
二〇二一	二月，一名外籍看護因在醫院照顧感染者而被傳染新冠肺炎。當防疫中心公布該名看護是失聯移工後，引起社會恐慌，地方政府宣示要加強查緝逃跑外勞。臺灣移工聯盟主張政府應有更多包容「無證移工」的防疫政策，訴求針對失聯移工「不驅離」、「不處分」、「重新給予合法身分」。 三月，放寬社宅、都更、危老可引進移工，是二十年來民間工程首度可合法引進移工。 五月，因新冠疫情擴散，全面暫緩移工入境。 六月七日，苗栗縣長徐耀昌對全縣移工下達禁足令。 六月，勞動部在疫情期間鬆綁對外籍移工的聘僱限制。雇主可為其申請延長其工作許可，且移工在此期間轉換雇主或工作的時間和次數也不受限制。 八月，疫情期間各行業缺工孔急，許多家庭看護工轉換至產業移工，引起家庭雇主不滿。勞動部修正移工轉換雇主或工作規定：必須先在公立就業服務機構登記，連續十四天沒有其他家庭雇主承接，才可跨業別轉換。臺灣移工聯盟批評此規定「禁止跨行業轉換，勞權倒退十三年」。

	十一月，隨著新冠疫情趨緩，勞動部開放以專案方式引進移工，規定移工入境後全部集中檢疫，但囿於疫情期間隔離床位有限，引進人數仍有上限。 十二月，臺灣因印尼疫情擴散，全面禁止印尼移工入境。
二〇二二	二月，勞動部開放第二階段移工專案引進，只要移工在入境前接種疫苗即可入境。 三月，印尼政府以臺灣未執行「移工零付費」方案，拒絕驗證印尼家事移工來臺契約，經過五個月協商，勞動部於八月公布，家事移工月薪資由一萬七千元調薪至二萬元。 四月，行政院公告了「移工留才久用方案」，根據該方案，產業移工在臺灣工作超過六年、月薪達到每月經常性薪資三萬三千元，或年總薪資超過五十萬元並符合技術門檻，以及看護每月薪資超過二萬四千元，都有資格申請成為中階技術人力，並取得永久居留權，不再受到移工居留年限的限制。 十月，臺灣邊境檢疫解封，移工重新開放入境。
二〇二三	一月，勞動部推行了「聘僱外籍看護工家庭短期替代照顧服務」，在現行的「擴大喘息」計畫基礎上，增加了適用雇主可申請的喘息服務天數，外籍看護工一年最多可休假五十二天。 三月，自前一年十月重新開放國境後，移工入境人數超過十萬人，移工總數突破七十萬人。不過，失聯移工人數亦急遽增加，在過去三年間，臺灣境內失聯移工數從五萬多人增加到八萬三千多人。 四月，聯華食品廠大火，造成四名臺籍員工、三名外籍移工死亡。 五月，勞動部為解決產業缺工問題，公告將放寬製造業、營造業、農業及機構看護工等四大產業移工，預估增加二萬八千名移工。人權團體批評勞動部不改善移工勞動條件，仍沒有解決產業缺工問題，根本是「請鬼拿藥單」。

*本表收錄至二〇二三年五月

參考文獻

陳宗韓，一九九九，《臺灣外籍勞工政策的政治經濟分析》，臺灣大學三民主義研究所博士論文。

陳菊，二〇〇一，《植基於勞動人權與勞動競爭力之臺灣外勞政策》，中山大學公共事務管理研究所碩士在職專班碩士論文。

林忠訓，二〇〇六，《我國外籍勞工政策之政經分析（1999-2005）》，中興大學國際政治研究所碩士論文。

林如昕，二〇〇九，《政黨輪替後的外勞政策，2000-2006》，臺灣大學政治研究所碩士論文。

劉濬誠，二〇一九，《有別於西歐的東亞經驗：臺灣移工政策設計的考察（1980-2016）》，政治大學公共行政學系碩士論文。

邱羽凡、宋庭語，二〇二〇，〈移工自由轉換雇主之限制規範與檢討〉，《交大法學評論》勞動法特刊：頁一—五〇。

35. 監察委員後來介入調查，認為苗栗縣政府在無明確法律授權下，限制移工人身自由，已嚴重侵害人權。於二〇二二年八月二日糾正苗栗縣政府的移工禁足令（糾正案字號：111 社正 0008）。

36. 疫情爆發初期，社會學者王宏仁、曾嬿芬、藍佩嘉等人，投書媒體呼籲政府的防疫資源應納入失聯移工，以提供醫療資源、重新建立連結、給予合法工作身分等方式，鼓勵失聯移工在身體不適時勇於就醫，避免疫情擴大。來源：〈【投書】整合失聯移工，才是最好的防疫！〉，《獨立評論 @ 天下》，2020/02/08。

37. 苗栗縣政府發布移工禁足令後，在地團體「苑裡掀海風」在臉書發起「同島一命」連署、TIWA 召開線上記者會、臺權會發函要求勞動部回應。苗栗縣議員曾玟學在臉書轉發，被要求隔離的移工，私人物品遭仲介強制打包。這些侵害移工人權的事件，引起國際媒體關注，包含《紐約時報》、《金融時報》與英國《衛報》都撰文報導。

38. Peter Bengtsen. 2022-01-13. "The Vietnamese Debt Bondage Gamble." *The Diplomat.*

39. Peter Bengtsen. 2022-09-22 "Vietnamese migrant workers pay 6,000 euros for a job with a Taiwanese supplier of DSM." *NRC.*

23. Perez-Aleman, Paola and Sandilands, Marion. 2008. "Building Value at the Top and the Bottom of the Global Supply Chain: MNC-NGO Partnerships." California Management Review 51(1) : 24-49.
24 吳娳寧，2022，《責任商業聯盟對來台移工招募影響——人力仲介的調整與管理》，中山大學人力資源管理研究所碩士論文。
25. 來自 ILO：World Employment and Social Outlook 2015: The Changing Nature of Jobs，調查四十國與全球供應鏈相關聯的工作機會占全體就業人口的比例，臺灣在該調查中排名第一，超過一半以上的工作都與全球供應鏈有關。
26. Ellis-Petersen, H. 2018-12-09. "NHS rubber gloves made in Malaysian factories linked with forced labor." *The Guardian.*
27. Ashman Adm. 2020-10-06. "Report: Top Glove to compensate its migrant workers up to RM20,000 each." *Malay Mail.*
28. Chandan Kumar Mandal. 2018-10-30. "Free jobs in Malaysia for Nepali workers." *The Kathmandu Post.*
29. 行政院，2020，企業與人權國家行動計畫。
30. 德國的供應鏈法（LkSG）在二〇二三年一月起正式生效實施，適用於僱用三千人以上的在德企業，二〇二四年，將擴及擁有一千名員工以上的德國公司，預計近四千家公司都到廣泛影響。從此以後，德國企業必須為海外供應商的所有違反勞動法規的行為負責，包含強迫勞動、抵債勞動和就業歧視。
31. Kolvenbach, M. and Bengtsen, P. 2023-01-23. "Erste Entschädigungen für Wanderarbeiter." *SWR.*
32. Bengtsen, P. 2023-2-14. "Migrant workers squeezed in Taiwan-What are Walmart, L'Oreal, Bosch and Continental doing about debt bondage risks in Taiwanese supply chains?" *Le Monde diplomatique.* Accessed on: https://mondediplo.com/outsidein/migrant-workers-taiwan
33. 張其恆，2017，〈全球供應鏈與勞動問題的治理〉，《台灣勞工季刊》50 期：4-9。
34. 〈移工禁足令挨批　徐耀昌：命都沒了哪來的人權〉，《自由時報》，2021/06/10。

8. Fair Labor Association. 2012. *Independent Investigation of Apple Supplier, Foxconn Report Highlights.*

9. Horwitz, J. and Lee, Y. 2020-11-09. "Apple puts Taiwanese supplier Pegatron on probation over student workers." *Reuters.*

10. RBA. 2020-01. *RBA Trafficked and Forced Labor –Definition of Fees.*

11. Work Better Innovations. 2022. "Understanding International Labour Organisation Forced Labour Indicators."

12. 強迫勞動是指違背某人意志，他們在暴力或其它懲罰的威脅下被迫勞動，行動自由亦受到限制。常見的強迫勞動形式有人口販賣和債務奴役，前者常見有販賣婦女或兒童賣淫，後者則常見於跨國移工負債勞動。可參見：ILO. 2012-10-01. *ILO indicators of Forced Labour.*

13. ILO. 2021. *Measuring Sustainable Development Goal indicator on the recruitment costs of migrant workers: Results of Viet Nam pilot survey 2019.*

14. ILO. 2021-05-20. *Measuring Sustainable Development Goal indicator 10.7.1 on the recruitment costs of migrant workers - Results of Viet Nam pilot survey 2019.*

15. *Apple 2022 Annual Progress Report.* Apple Inc.

16. Responsible Business Alliance. 2021. *RBA Annual Report.*

17. 蔡明璋、陳嘉慧，1997，〈國家外勞政策與市場實踐：經濟社會學的分析〉，《台灣社會研究季刊》 27 : 69-98。

18. ILO. 2019-3-28. "The ILO Governing Body approves the publication and dissemination of the Definition of Recruitment Fees and Related Costs, to be read in conjunction with the General Principles & Operational Guidelines for Fair Recruitment ."

19. ILO. 2020-08-23. *Viet Nam Policy Brief 3: Eliminating workerborne recruitment fees and related costs to prevent forced labour.*

20. Verité. 2018-10-29. *Barriers to Ethical Recruitment: Action Needed in Taiwan.*

21. International Human Rights and Business. 2022. Submission 2022 Trafficking in Persons Report - Taiwan.

22. International Organization for Migration. 2019-03-08. "Adidas, IOM Partner to Promote Responsible Recruitment and Fair Treatment of Migrant Workers in Garment and Footwear Industry."

人力資源供應協會）的全國性協會評鑑，但網路上只公布它對大約一百家仲介公司進行評鑑和排名。參考自越南勞動榮軍與社會部新聞稿，http://english.molisa.gov.vn/Pages/News/Detail.aspx? tintucID=224969，取用日期：2022/3/31。

31. 據勞動部二〇二三年三月分統計，越南移工占全體製造業移工四成五，而二十二萬名越南移工中，大約九萬人集中在金屬與機械製造業。

32. 王裕衡，2017，《掙脫鎖鏈的曙光：移工仲介過程的權力轉移》，暨南大學東南亞學系碩士論文。

33. Lan, Pei-Chia. 2022. "Shifting Borders and Migrant Workers' Im/mobility : The Case of Taiwan during the COVID-19 Pandemic." *Asian and Pacific Migration Journal* 31(3) : 225-246.

34. 陳育晟，2021/11/30，〈有錢也搶不到看護 雇主沉痛告白：薪水給 3 萬我都可以接受！〉，《天下雜誌》737 期 。

4.5 打擊血汗供應鏈 — 零付費制度對臺廠與仲介的衝擊

1. 〈罷工迴圈：美堤移工的行動與組織困境〉，《焦點事件》，2021/4/21。
2. 〈非法扣款？仁寶平鎮廠外勞集體罷工抗議〉，《焦點事件》，2020/6/2。
3. 此處指的仲介費為移工出國前付給海外仲介的費用，其中也包含機票、護照及簽證等費用，但通常都由海外仲介統收，移工也常理解為是仲介一次性收取的費用，因而本文使用「仲介費」。
4. 二〇〇四年成立時稱 EICC 電子行業公民聯盟（Electronic Industry Citizenship Coalition），當時由美國電子業龍頭 IBM、Dell 與 HP 等全球電子業跨國集團，為了善盡企業社會責任（CSR），自發性的制定行為準則。
5. Macworld Staff. 2006-16-12. "Inside Apple's iPod factories." *Macworld*. Retrieved from https://www.macworld.com/article/668986/inside-apples-ipod-factories.html
6. Fair Labor Association. 2017. *ADDRESSING RISKS OF FORCED LABOR IN SUPPLY CHAINS: Protecting Workers from Unfair Restrictions on their Freedoms at Work.*
7. SCDigest. 2012-02-02. *Apple's Supply Chain Strategy. Supply Chain Digest.*

服務站登記，或在網路平臺登記資料。不過，縣市政府的就業服務站缺乏雙語人員，而勞動部的媒合平臺沒有人後續管理或將移工推薦給雇主，甚至一度是全中文介面，直到二〇一九年年底才增加移工母語的選項。

22. 依《轉換雇主或工作程序準則》第二十三條，雇主在移工的契約期滿前二至四個月調查續約意願，填寫轉換雇主申請書，若經與原雇主協議不續聘且願意轉由新雇主聘僱，則原雇主應檢附申請書與移工同意轉換雇主之文件，向勞動部申請轉換作業。

23. 臺灣移工聯盟（MENT）花了一年時間，蒐集十五位移工的故事出版《移工的仲介故事書》，得出製造業移工在臺轉換時被收買工費的範圍，大約在二至七萬元。

24. 監察院調查報告 108 財調 0048。

25. 〈期滿轉換 全聯會爭取以兩個月基本工資收費〉，《外籍勞工通訊社》，2019/7/15。取自：https://www.sea.com.tw/news_detail.php?sn=6443。

26. 根據《就業服務法》第五十二條規定，移工在臺工作期間，累計不得超過十二年。惟外籍看護工經評點制度，最長可展延至十四年。

27. 張智琦，2018/12/16，〈移工團體踢爆仲介剝皮 巧立名目收八萬買工費〉，《苦勞網》。

28. 臺北大學社會學系教授蔡明璋曾研究國內人力仲介市場，勾勒出臺灣雇主、臺灣仲介和海外仲介的交易過程。移工開放引進支出，由於外籍移工的供給遠大於臺灣雇主的需求，加上臺灣政府對移工市場管價（移工適用最低工資）又管量（管控配額核發），造成擁有配額的雇主議價能力最高，在仲介業者惡性競爭下，衍生工廠雇主向仲介收取回扣的扭曲現象。資料來源：蔡明璋、陳嘉慧，1997，〈國家外勞政策與市場實踐：經濟社會學的分析〉，《台灣社會研究季刊》27: 69-98。

29. 彰化地方法院刑事判決一〇八年度易字第 745 號案例中，印尼新移民牛頭託仲介公司人員 A 找工作，該仲介又經由網路仲介群組內他間仲介公司人員 B 取得工作訊息，向移工要求五萬五千元的買工費。至於買工費如何在這樣的網絡間分配，我在採訪中沒有足夠資料，可能包括牛頭費、文件費、仲介費等不同組成。

30. 越南大概存在四百至五百間獲有牌照的仲介公司，並由一個 VAMAS（越南

12. McKeown, A. 2012. How the Box Became Black: Brokers and the Creation of the Free Migrant. *Pacific Affairs* 85(1) : 21–45.
13. 一九七五年，北越擊敗南越、贏得內戰。一九七六年七月二日，北越與越南南方共和國合併，改國名為越南社會主義共和國，完成了越南的統一。
14. 張書銘，2018，《越南移工：國家勞動輸出政策及其社會發展意涵》。臺北：五南。
15. 普華永道（PWC）的研究報告 The world in 2050 指出，從現在到二〇五〇年，越南、印度和孟加拉將是全球年平均經濟增長率最高的三個國家，每年平均增長率達五％。PWC 預測到二〇五〇年，越南的經濟規模將從全球排名第三十二提升至第二十，上升十二個位次，超越義大利、加拿大、馬來西亞和泰國等國。PWC 認為越南具備了實現經濟增長的所有要素，將成為亞洲經濟增長最快的國家。
16. DataReportal. 2023. "Digital 2023 : Vietnam" *DataReportal*, https://datareportal.
17. Ortiga, Yasmin. 2018. "Education as Early-Stage Brokerage : Cooling Out Aspiring Migrants for the Global Hotel Industry" *Pacific Affairs*. 91 : 717-738.
18. 我採訪阿應時是二〇一九年，此處以當時臺灣的基本工資計算。
19. 菲律賓政府二〇二〇年頒布強化海外勞工保護的 RA10022 法案，隔年開始嚴格取締超收仲介 費， 鼓勵移工檢舉， 並從官方施壓要求仲介退費。印尼政府於二〇二〇年八月，宣布將全面實施海外工人「零付費」政策，二〇二二年三月十八日，印尼政府以臺灣未執行 「移工零付費」方案， 拒絕驗證印尼家事移工契約，經過五個月協商之後，同意臺灣以提高看護工薪資取代零付費方案。越南政府也公告類似「移工零付費」的新法律（越南海外勞力派遣法），自二〇二二年一月起禁止外國仲介向移工收取任何費用。
20. 買工費的說法有不同的指涉。本文的「買工費」是指移工付出的「買工作費」，移工為了在臺轉換雇主而付給仲介用以買工作的費用；由於看護工已經變成是賣方市場，招募看護工的仲介說的「買工費」，指的是「買工人費」，臺灣仲介必須付錢給海外仲介，買工人的履歷表給臺灣雇主挑選。
21. 二〇一六年政府修正《就業服務法》第五十二條後，移工可以不必回到母國，直接在臺灣續約或找新工作，但政府提供的轉換管道是到地方的就業

品聯盟，包含蘋果、英特爾（Intel）、惠普（HP）、IBM、戴爾（Dell）、飛利浦（Philips）都是會員，而臺灣是全球電子業品牌最重要的合作夥伴。聯盟從二〇一六年來臺稽核臺灣廠商，發現許多移工受高額仲介費綑綁，於是從二〇一八年開始稽核與臺灣電子代工廠合作的人力仲介。

4.4 重組中的移工招募 — 臺灣與越南招工網絡的雙邊變化

1. Rachel Aviv. April 4, 2016. " The Cost of Caring – The lives of immigrant women who tend to the needs of others." *The New Yorker.*
2. 〈沒把關？申請外勞還得交牛頭保護費〉，《中國時報》，2014/04/23。
3. 一九八六年後，菲律賓政府雖不強制海外菲律賓勞工匯款回國，但改以更細緻的措施吸納匯款，像是提高移工寄物品回國的關稅。
4. Philippine Statistics Authority. 2021. *2021 overseas Filipino workers final results.* https://psa.gov.ph/content/2021-overseas-filipino-workers-final-results
5. Tyner, James. 1996. " The Gendering of Philippine International Labor Migration." *The Professional Geographer* 48 (4) : 405–416.
6. Rodriguez, R. M. 2010. *Migrants for Export: How the Philippine State Brokers Labor to the World.* University of Minnesota Press.
7. ILO. 2022-10-01. "TRIANGLE in ASEAN Quarterly Briefing Note: Viet Nam." https://www.ilo.org/asia/publications/WCMS_735109/langen/index.htm
8. Son Nguyen. 2023-01-31. "Vietnam is 10th worldwide in remittance" *HANOI TIMES.*
9. Hugo, Graeme. 2012. " International Labour Migration and Migration Policies in Southeast Asia." *Asian Journal of Social Science* 40 (4) : 392–418.
10. Johan Lindquist. 2017. "Brokers, channels, infrastructure: moving migrant labor in the Indonesian-Malaysian oil palm complex." *Mobilities* 12 :2 : 213-226,
11. Massey, D. S., Arango, J., Hugo, G., Kouaouci, A., Pellegrino, A., & Taylor, J. E. 1993. " Theories of International Migration: A Review and Appraisal." *Population and Development Review* 19(3) : 431–466.

35. 二〇一〇年確立製造業引進外勞的「3K 五級制」，外勞配額不再有總體控管，而是依所屬產業將可聘用外勞總人數比例改成五級制：一〇%、一五%、二〇%、二五%、三五%，自由貿易港區更提高到四〇%。二〇一三年後，一般產業可用外加就業安定費的方式取得外籍勞工配額，新增投資案與臺商回臺投資案更得到外勞增額、免外加就業安定費的優惠。

36. 現行規定巴氏量表在 35 分及其以下者（需全日照護），符合聘僱外籍看護工資格。 二〇一二年，八十歲以上老人放寬為巴氏量表 60 分（嚴重依賴照護）。二〇一五年後，進一步放寬八十五歲以上長者的申請資格為輕度依賴照護需要，亦即巴氏量表評估有任一項目失能即可聘僱。

37. 根據《私立就業服務機構許可及管理辦法》第三條、第十五條及第三十一條條文規定，國內仲介公司必須負起積極管理責任，若引進的外籍勞工行蹤不明達一定人數及比例時，除不能設立分公司外，許可證期滿後不再發證。

38. 資料來源包括《108 年外籍勞工管理及運用調查報告》、二〇一〇至二〇一八年私立就業服務機構評鑑成績及勞動部勞動統計調查，以及勞動部提供的未公開資料：二〇二〇至二〇一五年〈國內合法仲介公司（機構）概況統計〉和二〇一六至二〇二〇年勞動部勞動力發展署，〈從事跨國人力仲介機構概況－按地區分〉。

39. 不同產業通常會集中聘僱特定國籍的移工，如電子業偏好英文能力好的菲律賓移工，家庭看護工集中在印尼女性， 傳統產業移工則多來自越南。截至勞動部二〇二三年五月底統計，電子業聘僱移工近八成（七六 %）來自菲律賓，越南籍僅占一七%。雖然越南移工占全體製造業移工的四成五，但多數受聘於傳統產業，二十三萬名越南移工中，有近八萬人集中在金屬製造業。

40. 原《就業服務法》第十五條之規定，本條文已於二〇二二年四月刪除。

41. 根據《私立就業服務機構收費項目及金額標準》，仲介每月得向外籍移工收取服務費，內容包括出入境、交通接送與簽證等作業，收費標準第一年不得超過新臺幣一千八百元，第二年一千七百元，從第三年起每個月僅能收一千五百元。

42. 責任商業聯盟（Responsible Business Alliance, RBA）是全球最大的電子消費

27. 勞委會職業訓練局一九九五年移工引進作業，爆發官商勾結弊案，時任職訓局綜合規劃組法制科科長梁某，見當時國內申請移工來台或展延，常須耗時數月至半年，認有利可圖，向二間人力仲介公司各收取一百一十九萬、二十五萬餘元趕件費用，帶家人赴泰國旅遊，旅費也是由一間仲介公司支付。

28. 當時有學者調查仲介業的背景，發現不外乎：本來引進非法外勞的仲介、熟悉東南亞的旅行社和貿易公司，或是跟政府官員有聯繫的前立法委員、律師和外事警察等。周信利 ，1994，〈我國外籍勞工仲介業概況分析〉，《勞資關係》12 : 11=143 卷：21-27。

29. Burt, R.S. 1992. *Structural Holes: The Social Structure of Competition.* Harvard University Press, Cambridge, MA.

30. Tseng, Yen-Fen and Hong-Zen Wang. 2013. "Governing Migrant Workers at a Distance: Managing the Temporary Status of Guestworkers in Taiwan." *International Migration* 51(4) : 1-19.

31. 根據《私立就業服務機構收費項目及金額標準》，仲介每月得向外籍移工收取服務費，內容包括出入境、交通接送與簽證等作業，收費標準第一年不得超過新臺幣一千八百元，第二年一千七百元，從第三年起每個月僅能收一千五百元。

32. 根據「私立就業服務機構許可及管理辦法」第三條、第十五條及第三十一條條文規定，國內仲介公司必須負起積極管理責任，只要引進的外籍勞工行蹤不明達一定人數及比率時，除不能設立分公司外，許可證期滿後不再發證。

33. 勞委會主委趙守博曾在一九九四年舉行「如何防止外籍勞工脫逃研討會」，會中有位職訓局的官員發言建議，「雇主可將外勞護照、聘僱許可函、居留證代為保管，由外勞書面書面同意保管。由仲介要求外勞簽署切結書，同意由雇主每月扣除部分薪資作為儲蓄金，約滿後領回。國內仲介應要求海外仲介向外勞其父或妻簽訂履約保證書，該工逃跑，須追償兩萬元賠償本國雇主損失。」轉引自：顧玉玲，2010，《自由的條件：從越傭殺人案看台灣家務移工的處境》，交通大學社會與文化研究所碩士論文。

34. 陳瑞嘉，2019，《108 年度外籍勞工法令案例實錄彙編》，新北市政府勞工局。

聯合報並稱這是一種「新模式」（轉引自蔡明璋，1997）。

14. 陳炯志，2020，〈從台韓移工聘僱歷史思索台灣直接聘僱制度的改善之道〉，《交大法學評論》（勞動法特刊）：195-225。
15. 蔡明璋、陳嘉慧，1997，〈國家、外勞政策與市場實踐：經濟社會學的分析〉，《台灣社會研究季刊》27: 69-95。
16. IOM. 2010. *Labour Migration from Indonesia: An Overview of Indonesian Migration to Selected Destinations in Asia and the Middle East.* IOM.
17. 自一九九二年政府公布《就業服務法》後，陸續十波開放外勞申請案，包括外籍監護工、外籍幫傭、外籍船員、紡織等六十八行業、食品加工等七十三行業、陶瓷等六行業、新廠及擴充設備、3K 行業、加工出口區及科學園區專案、重大投資製造業、重大投資營造業、電鍍業等七行業。
18. 〈勞陣指出政策有偏差　漸由補充性變成替代性勞力〉，《經濟日報》13 版，1996/02/14。
19. 〈景氣差，勞資爭議件數達顛峰〉，《自由時報》17 版，1999/01/02。
20. 勞動者編輯部，1996/5，〈1996 工權報告〉，《勞動者》81: 10。
21. 一九九八年二月，行政院通過「加強外籍勞工管理方案」，決定對外勞維持適當緊縮方案，對一般營造業現有配額予以凍結，製造業雇主僱用期滿再申請時調降配額五 %，外籍女傭的申請名額暫時凍結。
22. Nicholas Stein, 2003-01-20. " No Way Out Competition to make products for Western companies has revived an old form of abuse: debt bondage." *Forture Magazine.*
23. 王宏仁、白朗潔，2007，〈移工、跨國仲介與制度設計：誰從台越國際勞動力流動獲利？〉，《台灣社會研究季刊》65: 35-66。
24. 張文權，1995/11/20，〈政黨、官員、業者上下其手的外勞內幕大公開〉，《商業周刊》417 期。
25. 顧玉玲，2010，《自由的條件：從越傭殺人案看臺灣家務移工的處境》，交通大學社會與文化研究所碩士論文。
26. 臺灣的仲介業者在一九九四年曾經到勞委會陳情，並遞交外勞政策萬言書，指出政府應建立有證照的仲介制度，以抑止非法仲介公司，並希望政府採取有計劃性的配額制度，以建立常態性外勞市場。

4.3 人力仲介還是人口販子？── 取消「三年出國一日」後的仲介亂象

1. 六大仲介公會指臺北市就業服務商業同業公會、新北市就業服務商業同業公會、桃園市就業服務商業同業公會、臺中市就業服務商業同業公會 、臺南市就業服務商業同業公會、高雄市就業服務商業同業公會。
2. 「事實查核報告 No. 856」，事實查核中心，https://tfc-taiwan.org.tw/articles/5178 。
3. 《立法院公報》第 105 卷第 54 期。
4. 立法院委員提案第 9407 號。
5. TIWA 臺灣國際勞工協會，2016/7/7，〈【投書】取消「3 年出國 1 日」，邁出移工人權第一步〉，《報導者》。
6. 《勞工退休金條例》第七條第一項第一款，適用對象是適用勞基法的本國籍勞工，或具有永久居留資格的外國工作者。
7. 仲介業者繼而向民進黨中央黨部遊說，在議案表決以前，身兼仲介公司老闆的中評委林寶興，寫信給民進黨政策會，表示通過此法會是民進黨的亡黨條例。資料來源：陳耀宗，2016/10/20，〈立院審廢移工 3 年需出國規定前夕，民團爆綠中評委向黨內施壓〉，《風傳媒》。
8. U.S. Department of State. 2015. *Trafficking in Persons Report.* In U.S. Department of State, https://2009-2017.state.gov/documents/organization/243562.pdf
9. 〈移工滿 3 年免出境 仲介業批修法動搖國本〉，《自由時報》，2016/07/06。
10. 〈外籍勞工成半公開勞力市場，從報紙小廣告就可輕易僱到〉，《經濟日報》02 版，1987/09/12。
11. 〈仲介外勞市場潛在利潤近十億，各方人馬覬覦 職訓局保受壓力〉，《聯合報》11 版，1992/01/12。
12. Martin, P. L., Taylor, J. E. , 1996. The Anatomy of a Migration Hump. *Development strategy employment and migration: insights from models.* OECD, 43-62.
13. 《聯合報》在一九九二年八月十二日報導，指出高雄的製造業雇主抱怨仲介收取過高的仲介費，每名外勞五千至一萬，但在一九九四年一月二十日則報導台塑要求仲介業不得向勞工收取仲介費，並主張應該由雇主承擔，

2021/02/04。

29. REUTERS, STAFF REPORT. 2021-11-18. "In major shift, Japan looks to allow more foreign workers to stay indefinitely." *The Japan Times*.

30. 〈史上最大退休潮約 378 萬人 台灣恐受勞動力短缺衝擊〉，《公視新聞》，2023/03/06。

31. 成功跨類別轉換的移工人數仍有限，在二〇二一年一月到八月，在勞動部實施禁止跨行業轉換之前，有二千四百零四名看護工成功轉換成產業移工，但在二〇二〇年全年轉換人數有二百八十七人，二〇一九年只有六十六人。轉引自：Pei-Chia Lan. 2022. "Contested Skills and Constrained Mobility : Migrant Carework Skill Regimes in Taiwan and Japan." *Comparative Migration Studies* 10 : 37. DOI : 10.1186/s40878-022-00311-2.

32. 〈家事移工月薪調為 2 萬〉，《自由電子報》，2022/8/11。

33. 政府為解決移工人力短缺的問題，推動「移工留才久用方案」，允許合格的移工從事中階技術工作，無工作年限限制。適用產業移工和看護工，符合薪資條件和技術要求即可申請，且資深移工或持有相關專業證明的人還可以申請永久居留。

34. Prothero, Mansell. 1990. "Labor Recruiting Organizations in the Developing World." *International Migration Review* 24 : 221–28.

35. 尋租（rent-seeking）是指某些人向政府遊說，以壟斷社會資源，謀取額外利潤的行為。常見的尋租情況如：政府給某些行業的經營特許或是配額管制。台灣的移工制度，政府規定人力仲介業特許行業，必須擁有執照才能引入移工，而且透過配額管制，決定雇主擁有的配額數量；限定哪些行業取得配額。在這個國家高度介入的市場中，配額成為有高度價值的商品，許多雇主、仲介不惜動用政治關係以取得更高配額，再轉賣給海外仲介或移工。

36. 王宏仁、白朗潔，2007，〈移工、跨國仲介與制度設計：誰從臺越國際勞動力流動獲利？〉，《台灣社會研究季刊》65 : 35-66。

37. Tseng YF and Wang HZ . 2011. "Governance migrant workers at a distance: managing the temporary status of guest workers in Taiwan." *International Migration* 51(4) : 1-19.

38. 越南勞動榮軍與社會部新聞稿，http://english.molisa.gov.vn/Pages/News/Detail.aspx? tintucID=224969，取用日期：2022/3/31。

16. 指村裡的頭人，他們替移工與仲介公司牽線。
17. Phan Nghia. 2020-01-02. "Japan, Taiwan dominate Vietnamese labor imports in 2019." *VnExpress.*
18. ILO. 2022. *TRIANGLE in ASEAN Quarterly Briefing Note Viet Nam.*
19. Vietnamnet. "Vietnam sent 142,000 workers abroad last year". 2023-09-01.
20. YU NAKAMURA, HIDEAKI RYUGEN, and YUJI NITTA. 2023/4/29. "Apple's Taiwan suppliers lead renewed pivot from China : As Sino-U. S. tensions mount, Foxconn and Quanta turn to countries like Vietnam." *Nikkei Asia.*
21. 陳怡如，2013，〈全球化下越南大學教師的工作內涵與專業角色認知之轉變〉，《人文與社會科學簡訊》15(1) : 46-52。
22. 泛指一九九〇年至二〇〇一年出生的世代。
23. Khuat, Thu Hong. 2019. "Sending More or Sending Better Care Workers Abroad? A Dilemma of Viet Nam's Labour Exporting Strategy." Paper Presented at the 92nd Annual Meeting of the Japan Sociological Society, Tokyo, Japan, October 5-6.
24. International Labour Organization. 2021. *ILO global estimates on international migrant workers – Results and methodology* (3rd ed.).
25. 陳炯志，2020，〈從臺韓移工聘僱歷史思索臺灣直接聘僱制度的改善之道〉，《交大法學評論》2020 年 12 月。
26. Pei-Chia Lan. 2022. "Contested skills and constrained mobilities: Migrant carework skill regimes in Taiwan and Japan." *Comparative Migration Studies,* 10(1): 1-18.
27. 根據日本出入國在留管理廳的資料，二〇二一年日本境內約有三萬八千三百三十七人持有「特定技能（1 號）」簽證，人數最多的職種是食品製造業，共有 一萬三千八百二十六人（三六・一％），緊接著是農業的五千零四十人（一三・一％），這二個職種加起來就將近「特定技能（1 號）」簽證的半數。若以國籍分，人數最多是來自越南，共有二萬三千九百七十二人（六二・五％），其次是菲律賓的三千五百一十九人（九・四％），第三名是中國三千一百九十四人（八・三％），第四名是印尼三千零六十一人（八％）。
28. 〈不可或缺的勞動力！臺日外籍移工比一比〉，《Rti 中央廣播電台》，

Affairs 85 : 117-136.

5. 內政部，「查處違法外來人口」統計年報。
6. 張子午，2023/5/10，〈浮屍案背後：前仆後繼的越南偷渡潮有多少？他們如何橫跨黑水溝？〉，《報導者》。
7. 二〇二三年二月，臺灣西部外海發現十四具浮屍，也是嘗試偷渡來臺卻命喪海上的越南偷渡客。
8. Sophie Cranston, Joris Schapendonk & Ernst Spaan . 2018. "New directions in exploring the migration industries : introduction to special issue." *Journal of Ethnic and Migration Studies*, 44 : 4, 543-557.
9. 一八九三年，林則徐在上書給光緒皇帝的奏折寫道：「夷船慣搭窮民出洋謀生……當其在船之時，皆以木盆盛飯，呼此等搭船華民一同就食，其呼聲與內地呼豬相似，故人曰此船為賣豬仔。」轉引自：孔復禮，2019，《華人在他鄉：中華近現代海外移民史》，李明歡譯，臺北：商務印書館。
10. 在二〇二二年，越南新聞自由度排名為一七四年，排名下降的原因是，越南共產黨成立了一支「四七部隊」，編列上萬名網路士兵，並在二〇一九年通過《網路犯罪法》，要求平臺業者將用戶資料存在越南境內，必要時移交給越南當局。 參考自：RSF. *2023 World Press Freedom Index*. Accessed on : https://rsf.org/en/2023-world-press-freedom-index-journalism-threatened-fake-content-industry。
11. DataReportal. 2023. Digital 2023: Vietnam. https://datareportal.com/reports/digital-2023-vietnam
12. Reporters Without Borders. 2022/3/31. "Vietnamese journalist who RSF laureate gets nine years in prison." *RSF.*
13. Human Rights Watch. 2023. World Report 2023 : Vietnam Country Chapter.
14. Geertz, Clifford，1997，〈巴里島鬥雞賽之為戲劇活動〉，《文化與社會：當代論辯》（*Culture and Society,*）Jeffrey C. Alexander and Steven Seidman (eds.)，古佳豔譯 ，頁 158-174。 臺北：立緒。
15. 吳介民，2018/10/30，〈「一條魚半身酥脆、半身活著，你吃不吃？」吳介民的中國田野札記〉。中研院「研之有物」。

司臺灣分公司、貝里斯商雙全國際股分有限公司臺灣分公司、飛盟利財務管理顧問有限公司等。

25. 票據有可流通、可轉讓的特性，因此有所謂「前手」、「後手」，兩者是相對的。前手，指在現有的持票人之前、曾持有該票據並在票據上簽章的人；後手，指在某一個或者某幾個持票人之後、簽章的其他票據債務人。

26. 藍佩嘉，2006，〈合法的奴工，法外的自由：外籍勞工的控制與出走〉，《台灣社會研究季刊》38: 59-90。

27. 依《票據法》第十三條規定，債務人不能以與執票人前手之爭議作為抗辯債務存在的理由，除非債務人能夠證明執票人為惡意執票人。

28. 《民法》第九十二條規定，若債務人受脅迫而為意思表示，得撤銷其意思表示。因此，法扶律師當時的訴訟策略之一，欲證明臺灣財務公司從一開始就知情，係屬惡意放款人，與菲律賓仲介、貸款公司合謀迫使菲律賓移工貸款高額仲介費，則債務人就可以撤銷做成本票的意思表示，使本票無效。

29. 一〇六年度壢簡字第319號、一〇六年度壢簡字第326號，法官於判決書中認定原貸款利率高達六五%，已經超過我國利率上限二%，裁判移工以年利率二〇%分十四期本息平均攤還計算。

4.2 當日本變移工首選 — 預示臺灣缺工危機的越南勞務街

1. 莊舒晴，2019/1/11，〈讀者投稿：史上最大宗「越南旅客脫團案」當事人自白：我被騙了〉，《報導者》。

2. 據媒體報導，越南工人透過觀光簽證逾期居留在臺工作的情況增多，工人僅需支付約一千美金，這比通過仲介公司所需支付的招聘費用便宜五倍。Ref : Le Giang Lam. 2019/1/13. "Brokers lead Vietnamese workers into exile in foreign lands." *VnExpress International.*

3. Hugo, Graeme. 2004. "International Migration in the Asia–Pacific Region: Emerging Trends and Issues" in *International Migration: Prospects and Policies in a Global Market* in Douglas S. Massey, and J. Edward Taylor (eds), . Oxford.

4. Molland, Sverre. 2012. "Safe migration, dilettante brokers, and the appropriation of legality : Lao-Thai "Trafficking" in the context of regulating labor migration." *Pacific*

但如果聘僱看護移工的雇主有低收及中低收入資格，薪資補貼每月補貼三千元，最長補貼三年；其他一般雇主則每月補貼一千五百元，最長補貼四個月。

17. 《強制執行法》在二〇一九年修正，其中新修正的第一百二十二條規定，法院強制執行扣薪的金額，必須維護債務人每月生活所必需，以各縣市每月最低生活費一〇二倍為基準，大大限縮債務人得被扣薪的範圍。

18. 臺灣高等法院 103 年度上易字第 636 號刑事判決。

19. 人口販運是指以暴力、威脅或欺騙等手段強迫工人提供勞動，而最常見的強迫勞動（forced labor）手法是以各種形式的債務綑綁，以至於勞工無法自由的擺脱勞動剝削。聯合國於二〇〇〇年通過《預防、壓制及懲治販運人口議定書》，二〇〇三年正式生效，隔年起美國國務院起根據各國打擊人口販運之成效，發布各國年度人口販運問題報告，臺灣在二〇〇七年訂立《人口販運防制法》。

20. 我國在二〇〇九年通過《人口販運防制法》，各地檢查官特別重視人口販運案件，在二〇一一至二〇一五年間曾有一波起訴財務公司以債務剝削移工的案件，分別是：臺灣高等法院 104 年度 上易字第 1420 號刑事判決、臺灣臺北地方法院 102 年度易字第 599 號刑事判決、臺灣高等法院 103 年度上易字第 2596 號刑事判決、臺灣桃園地方法院 102 年度易字第 1370 號刑事判決、臺灣高等法院 103 年度上易字第 636 號刑事判決、臺灣新竹地方法院 100 年度易字第 258 號刑事判決。

21. Turton, David. 2003. *Conceptualising Forced Migration.* Refugee Studies Centre.

22. Julia O'Connell Davidson. 2013. "Troubling freedom: Migration, debt, and modern slavery." *Migration Studies,* Volume 1, Issue 2: 176–195.

23. Human Rights Watch. 2004. *Bad Dreams: Exploitation and Abuse of Migrant Workers in Saudi Arabia.* Human Rights Watch.

24. 透過大數據分析歷年裁判書的結果，我發現外籍移工的債權亦集中在幾家財務公司手上，他們每月向移工發出百件以上本票裁定，分別是：全球財務顧問有限公司、永豐鑫國際開發有限公司、塞席爾商集盛國際開發股分有限公司臺灣分公司、冠融財務顧問有限公司、麗德國際股分有限公司、薩摩亞商格蘭富昇國際有限公司臺灣分公司、塞席爾商印盟嘉國際有限公

3. 根據勞動部二〇二三公布之「移工管理及運用調查報告」，二〇二二年外籍看護仍有超過一半假日沒有休假，此一比例在前一年二〇二一年更高達七成四。儘管雇主給予休假，多數看護工仍反應雇主會要求她們在放假前或是回家後工作，剝奪她們的休息時間。桃園市家庭看護工職業工會在二〇一八年向勞動部陳情，訴求有三：外籍看護工週休一日，不得強制加班；休息日為二十四小時，不得強制留宿雇主家；政府補助雇主在看護工休假時聘僱替代人力。
4. 〈性侵印尼女看護影片網上曝光：臺灣雇主落網〉，《BBC 中文網》，2016/9/12。
5. 李易昆，1995，《他們為什麼不行動？：外籍勞工行動策略差別之研究》，輔仁大學應用心理學系碩士論文。
6. 勞動部，2016，「103 年外籍勞工工作及生活關懷調查」。
7. 〈菲勞來臺前 仲介先逼簽本票〉，《自由時報》，2013/08/13。
8. 高鳳仙，監察院 104 財調 0013。
9. World Bank. 2018. Philippines poverty assessment: Piecing together the poverty puzzle. World Bank East Asia and Pacific Regional Office.
10. Vikas Bajaj. 2011.11.25. "A New Capital of Call Centers." *The New York Times.*
11. ILO. 2015. *ILO global estimates on migrant workers: Results and methodology. Special focus on migrant domestic workers.* ILO.
12. Rapaport, L. 2018-12-7. "U.S. relies heavily on foreign-born healthcare workers." *Reuters.*
13. Choy, Catherine Ceniza. 2003. *Empire of care : nursing and migration in Filipino American history.* Manila : Ateneo de Manila University Press
14. Anju Mary Paul. 2011. "Stepwise International Migration: A Multistage Migration Pattern for the Aspiring Migrant." *American Journal of Sociology* 2011 116 : 6, 1842-1886.
15. 陳炯志，2017，《菲律賓勞力遷移組態》，交通大學社會與文化研究所博士論文。
16. 二〇二二年八月以後，臺灣勞動部宣布將家務移工月薪提昇至二萬元，

3.4 假日裡的國王 — 菲籍移工選美中的隱蔽世界

1. 勞動部在二〇二一年發布一份函釋（勞動發管字第 11005117021 號函），在不妨礙國人就業情況下，放寬移工在五類情形下可領報酬，如商務行為、課程研習、社區志工、一般聯誼、文化活動等。
2. Mauss 著，何翠萍等譯，1984，《禮物：舊社會中交換形式與功能》，臺北：允晨。
3. 閻雲翔著，李放春、劉瑜譯，2000，《禮物的流動—— 一個中國村莊的互惠原則與社會網絡》。上海：人民出版社。
4. 由於日益嚴重的勞動力短缺以及移工的國際性競爭，臺灣政府被迫重新調整原本白領與藍領移工的二元化階層移工架構。二〇一八年二月先通過《外國專業人才延攬及僱用法》，符合資格者可申請就業金卡，透過稅務優惠與擴大永久居留資格等方式吸引國際移民。二〇二〇年四月，政府繼而公布「移工留才久用」方案，如果滿足一定條件，如工作滿六年，且薪資超過指定數額，並擁有語言或技能執照，可申請轉換成中階技術工作簽證，移工有資格申請永久居留證。
5. Roces, M. 2010. " Beauty imperatives and exotic desires in contemporary Philippine media." In G. Hon, A. Ishizawa, L. J. Kreger, & H. Rachlin (Eds.), *Feeling beauty: The neuroscience of aesthetic experience* : 259–283. MIT Press.
6. Nagy, Sharon. 2008. " The Search of Miss Philippines Bahrain—Possibilities for Representation in Expatriate Communities." *City and Society* 20 (1) : 79–104.

4.1 簽本票的陷阱 — 誰讓菲律賓移工背負失控債務？

1. Pingol, Alicia Tadeo. 2001. *Remaking Masculinities: Identity, Power and Gender Dynamics in Families with Migrant Wives and Househusbands*. Quezon City: University of the Philippines. 轉引自藍佩嘉，2009，《 跨國灰姑娘：當東南亞幫傭遇上臺灣新富家庭》。臺北： 行人出版。
2. WORLD BANK GROUP, May 2022. "A War in a Pandemic. Implications of the Ukraine crisis and COVID-19 on global governance of migration and remittance flows." *Migration and Development* Brief 36.

通大學社會與文化研究所碩士論文。

15. 吳靜如主編，2020，《移工的仲介故事書》。臺北：TIWA。
16. 二〇一六上半年，越南中部海岸大量魚類死亡，引起上千名越南漁民在各地發動抗議。後來越南政府下令調查，確認污染源是臺塑越南鋼鐵廠，其排放的汙染蔓延超過二百公里海岸線，造成超過一百公噸魚類死亡，估計有四萬多名居民、和十七・六萬名家屬受到影響，因此越南政府向臺塑裁罰五億美元，為越南公害史上最高罰金的案件。但許多當地居民沒有領到賠償，不少越南民眾抗議卻遭政府逮捕入獄，因此二〇一九年環境權保障基金會代表七八七五位越南漁民在臺灣提起跨國訴訟，控告臺塑河靜鋼鐵公司股東與董事，並求償一・四億新臺幣。
17. 莊舒晴，2018，《共生關係與移工視野：臺灣移工運動的變遷、組織與未來》，臺灣大學社會學研究所碩士論文。
18. 第一年的服務費為新臺幣一千八百元、第二年一千七百元，第三年起每月收取服務費不超過一千五百元，合計三年內可收取六萬元。

3.3 卻在他鄉築淨土 — 印尼移工淨灘團的故事

1. Kozinets, R. V. 1997. "I want to believe: A netnography of the x-philes' subculture of consumption." In M. Brucks, & D. MacInnis (Eds.), *Advances in consumer research* vol. 24: 470-475. Provo, UT: Association for Consumer Research.
2. Ashleigh Logan. 2015. " Netnography: observing and interacting with celebrity in the digital world." *Celebrity Studies* 6 : 3 : 378-381.
3. Ocean Conservancy. 2017. *International coastal cleanup: 2017 report.*
4. 孫文臨，2019/7/11，〈臺灣海廢「快篩」出爐：過半垃圾集中在 10% 海岸線上〉，《環境資訊中心》。
5. Liebow, Elliot 著，黃克先譯 ，2009，《泰利的街角》。臺北：群學。
6. Ebaugh, H. R., & Curry, M. 2000. "Fictive Kin as Social Capital in New Immigrant Communities." *Sociological Perspectives,* 43(2) : 189–209

5. 藍佩嘉，2006，〈合法的奴工，法外的自由：外籍勞工的控制與出走〉，《台灣社會研究季刊》64 : 107-150。
6. 勞動部直到二〇〇二年才以「原則禁止、例外允許」的原則放寬移工轉換雇主，例外條件如雇主死亡或移民、關廠或破產、不支付薪資或其他不能歸責移工的原因。這些嚴格規定在二〇〇六年進一步放寬，在兩造同意下，移工與舊雇主可以終止契約、合意轉換。但實行效果不彰，因為雇主在同意移工轉換後會有聘僱空窗。二〇一六年修正《就業服務法》第五十二條後，移工在契約期滿前二至四個月可以與雇主協議續約或轉換工作，但實際上工作機會仍是奇貨可居，更重要的是，找工作的時間長短對於待業移工造成重大壓力；由於「期滿轉換」的移工必須在契約期滿後的兩週內完成接續聘僱程序，新舊聘僱許可方能無縫銜接，否則仍需要出境。「期滿前轉換」的移工雖然有兩到四個月的時間可以找工作，但待業期間沒有收入，時間也會轉化成經濟壓力。邱羽凡、宋庭語，2020，〈移工自由轉換雇主之限制規範與檢討〉。《交大法學評論》勞動法特刊：1-50。
7. 顧玉玲，2013，〈跛腳的偽自由市場：檢析臺灣外勞政策的三大矛盾〉，《台灣人權學刊》2(2) : 93-112。
8. 按主計處二〇二二年全體受僱員工每人每月總薪資，以製造業中各行業分類。
9. 參考二〇二三年的法定基本工資為二萬六千四百元，但家庭看護移工的薪資不受勞基法保障，在二〇二二年八月起月薪調高至新臺幣二萬元。
10. 劉梅君，2000，〈「廉價外勞」論述的政治經濟學批評〉，《台灣社會研究季刊》38 : 59-90。
11. 藍佩嘉，2009，《跨國灰姑娘：當東南亞幫傭遇上臺灣新富家庭》。臺北：行人出版社。
12. 趙剛，1996，〈工運與民主——對遠化工會組織過程的反思〉，《台灣社會研究季刊》 24 : 1-39。
13. 王振寰、方孝鼎，1993，〈國家機器、勞工政策與勞工運動〉，《台灣社會研究季刊》12 : 1-29。
14. 顧玉玲，2010，《自由的條件：從越傭殺人案看臺灣家務移工的處境》，交

4. Hargreaves S, Rustage K, Nellums LB, McAlpine A, Pocock N, Devakumar D, Aldridge RW, Abubakar I, Kristensen KL, Himmels JW, Friedland JS, Zimmerman C. "Occupational health outcomes among international migrant workers: a systematic review and meta-analysis." *Lancet Glob Health.* 2019 Jul;7(7) : e872-e882.

3.1 那些在臺灣奮力一搏的移工男孩們

1. Collins, Ngan. 2005. "Economic Reform and Unemployment in Vietnam." *Unemployment in Asia:* 176-194. Routledge.
2. 〈移民、移工，越南人的出走〉，《南洋誌》，2021/05/03。
3. Nicole Constable. 2003. *Romance on a Global Stage Pen Pals, Virtual Ethnography, and "Mail Order" Marriages.* Berkeley: University of California Press.
4. Bélanger, D., & Wang, H. 2013. " Becoming a Migrant: Vietnamese Emigration to East Asia." *Pacific Affairs,* 86(1) : 31–50.
5. Massey, Douglas, G. Hugo, J. Arango, A. Kouaouci, A.Pellegrino, and J. Taylor. 1998. *Worlds in Motion: Understanding International Migration at the End of the Millennium.* Oxford: Clarendon Press.
6. 范裕康，2005，《誰可以成為外勞？移工的招募與篩選》，臺灣大學社會學研究所碩士論文。

3.2 我在臺灣學抗爭 — 一堂在臺移工的公民課

1. 李易昆，1995，《他們為什麼不行動？——外籍勞工行動策略差別之研究》，輔仁大學應用心理研究所碩士論文。
2. 何明修，2016，《支離破碎的團結：戰後臺灣煉油廠與糖廠的勞工》。新北市：左岸文化。
3. 王振寰，1989，〈臺灣的政治轉型與反對運動 〉，《台灣社會研究季刊》2(1) : 71-116。
4. 張晉芬，2013，《勞動社會學》。臺北：政大出版社。

21. Moyce, S.C. and M. Schenker. 2018. "Migrant workers and their occupational health and safety." *Annual Review of Public Health,* 39:351–365.

22. Lee, J.Y. and S.I. Cho. 2019 . "Prohibition on changing workplaces and fatal occupational injuries among Chinese migrant workers in South Korea." *International Journal of Environmental Research and Public Health,* 16(18) : 3333.

23. US Department of State, 2021 Trafficking in Persons Report.

24. 張書銘，2018，《越南移工：國家勞動輸出政策及其社會發展意涵》。臺北：五南。

25. 根據1095工作室的田野調查及網路問卷， 越南政府規定赴海外工作移工需受訓 一百四十八小時（約一個月）， 但實際上，若臺灣雇主急需工人， 訓練時間會縮短不少。從三十三份越南在臺移工問卷看來，一位完全沒有受訓、八位受訓時間在十四天內、九位受訓時間在十四天至一個月，十二位受訓時間在一個月以上。https://www.thenewslens.com/feature/1095migrantworkers/132014，取用日期：2020年9月15日。

2.3 從臺灣到越南，傷心的屍骨還鄉路

1. U.S Department of State. *2022 Report on International Religious Freedom: Vietnam.*

2. Stark, O., and R. E. B. Lucas. 1988. "Migration, Remittances, and the Family." *Economic Development and Cultural Change* 36 (3): 465-81.

2.4 異鄉送行者 — 以佛法撫慰人心的越南法師

1. 何偉（Peter Hessler）在《奇石》一書中提到這個遊戲，是他父親念研究生時向一位名叫牛康民（Peter Kong-Ming New）的社會學教授學來的，後來他父親經常在他童年時期，隨機挑選一個人，問他有沒有從這個人身上觀察到什麼？

2. 〈移工失聯雇主得立即通報　檢舉非法最高領7萬〉，《中央社》，2022/7/ 24。

3. 監察院調查報告109財調0028。

本體，已經在火災中滅失，所以無法以違反建築法規論處，也無法以違反該規定廢止雇主聘僱。之後是勞動部以專案簽核，認定矽卡公司未善盡照顧移工責任，按外籍勞工死亡人數 1： 5 之比例（6*5=30）、受傷人數 1：1 之比例（5*1=5 ）， 廢止雇主有效許可外國人共三十五人之招募及聘僱許可。

14. 統計截至二〇二三年四月，資料來源：勞動部勞動統計查詢網。

15. 我在二〇一八年訪問桃園市勞動局時，當時編列的移工生活訪視員三十四人，在二〇一八年五月二十四日勞動部開會決議，補助各縣市政府提昇訪查人力配置，將訪查員從二百七十四名增加至三百三十六，而桃園市的移工訪查員也增加至四十三人。

16. 二〇〇四年，美國電子業龍頭 IBM、Dell 與 HP 等全球電子業跨國集團，為了善盡企業社會責任(CSR)，自發性制定電子產業行為準則（Electronic Industry Citizenship Coalition, EICC），EICC 包含勞工（Labor）、健康與安全（Health & Safety）、環境（Environmental）、倫理規範（Ethics）、管理系統（Management System）等五個範疇 ，合計數百項細項規範 。EICC 於二〇一七年十月十七日宣布組織品牌重塑並更名為 RBA ，發布 RBA 6.0 行為準則，並於二〇一八年一月一日起生效。

17. ILO. 2021. *ILO Global Estimates on International Migrant Workers – Results and Methodology* – Third edition.

18. 據勞動部統計，截至二〇二三年三月臺灣移工人數為七十三．二萬，其中廠工約四十七萬，占製造業勞工總數一六．六%，亦即每六人中就有一人是外籍移工。

19. Brian, T., 2021. *Occupational Fatalities among International Migrant Workers: A Global Review of Data Sources*. International Organization for Migration (IOM). Geneva.

20. ILOSTAT 是關於職業災害與職災死亡跨國統計的主要來源，該資料庫包含九十個國家記錄致命與非致命的職業災害數據，其中有三十七個國家包含移工身分的資料，日本、韓國、新加坡都有登載移工職災數字，但臺灣在該資料庫資料缺失，因為沒有公開任何移工職災統計，所以本文比較的臺灣統計資料取自監察院調查報告 109 財調 0028。

2. 依據勞動部所訂定的《勞工保險被保險人因執行職務而致傷病審查準則》第十四條規定：「被保險人利用雇主為勞務管理所提供之附設設施，因設施之缺陷發生事故而致之傷害，視為職業傷害。」
3. 任焰、潘毅，2006，〈宿舍勞動體制：勞動控制與抗爭的另類空間〉，《開放時代》3：124-134.
4. 依勞動基準法第二十二條規定，膳宿費用可由勞雇雙方自行於勞動契約約定納入工資給付之項目，勞動部前已針對膳宿費用建議以每月五千元為上限。目前各外籍移工輸出國一致認定，看護工不得扣除食宿費，至於產業移工，各國辦事處在驗證契約時僅同意雇主收取四千元以下的膳宿費。
5. 監察院調查「保障移工住宿基本安全環境」案，報告中指出，勞動部未盤點危險移工宿舍之數量，雖訂有生活照顧服務計畫書，但移工住宿之建築及消防安全卻由權責單位各行其是。
6. 〈外勞宿舍如鴿子籠？監委調查：90 人宿舍擠 133 人〉，《自由時報》，2018/12/05。
7. 《雇主聘僱外國人許可及管理辦法》第二十七之一條。
8. 依據建築物通報類別，H1 及 H2 都屬於 H 類住宿類，例如民宿、老人照顧中心、兒少安置機構皆屬此類，住宿類建物必須符合《建築技術規則》，例如建築物本體應以鋼筋混凝土構造、牆壁與樑柱應具備防火一小時以上時效，內部隔間建材應使用防燃材料，同時，應具備兩個不同方向之逃生出口。
9. 〈敬鵬大火現場指揮疏失釀 8 死監察院糾正桃園市府〉，《TVBS 新聞網》，2020/02/18。
10. 〈桃園嘉里大榮物流中心大火 3 死 1 重傷〉，《公視新聞網》，2019/02/07。
11. 王幼玲、王美玉監察委員自主調查，疫情期間的移工住宿環境擁擠，雇主或地方政府為預防疫情擴散對移工下禁足令，或將移工私人物品強制打包，有違失人權之疑，針對疫情期間移工住宿安排的缺失發布監察院調查報告 111 社調 0022。
12. 全名是越南勞動、社會暨榮軍部。
13. 桃園市政府原本函覆勞動部，由於矽卡工廠違規建築作為移工宿舍的建物

14. 勞保局在二〇二〇年四月八日核定拜倫為職業災害，由勞保基金全額支付拜倫住院期間的醫療費用。
15. 二〇二〇年二月十八日，桃園市勞動局召開第一次勞資雙方協調會，雇主代表對於拜倫是否遭遇職災仍有疑慮，僅同意以病假半薪給付拜倫薪資，給付時間從二〇一九年七月到二〇二〇年二月即停止，總共七萬六千多元。二〇二〇年四月，拜倫兒子表示雇主未依約給付薪資與醫療費用，雙方召開第二次協調會未果，拜倫兒子委託希望職工中心代為提起訴訟。
16. 〈台灣職災補償制度的現況與困境〉，收錄在鄭雅文編，2019，《職災之後：補償的意義、困境與出路》。臺北：巨流圖書公司。
17. 勞動部於二〇二〇年五月一日實施《勞工職業災害保險及保護法》，亦稱「職災專法」，改革方向有三：一是擴大納保對象，雇主必須為所有勞工納保，否則處以最高十萬元罰鍰；二是增加職災保險給付金額，不但提高傷病給付金額，也增加職災失能年金的選項；三是加強職災預防與重建措施。
18. 監察院二〇二〇年調查報告揭示，外籍移工的職災失能千人率是本國勞工兩倍，但二〇一六年至二〇二〇年有領取失能給付的移工為一〇八七人，其中有五百一十二人即被雇主終止契約，占了近半數。監察委員後續訪問多位等待職災補償的移工，他們在失去工作收入的情況下爭取補償，經常受到雇主和仲介的威脅，要移工自主簽下工作疏失的警告書，或謊稱移工逃跑和詐領保險金。
19. 勞保局直到二〇二〇年八月二十日完成審核拜倫的職災失能補償案件，共計可獲得一百二十八萬失能給付，但由於拜倫已經死亡，勞保局重新跑受益人關係審理，這筆失能給付直到 M 帶著拜倫的骨灰回到泰國才領到。

2.2 夾層裡的六條人命 — 蘆竹大火暴露移工安全漏洞

1. 國際勞工組織（ILO）第九十七號公約保障移民就業，保障謀職的移民在移民國境內，包含報酬、住宿、社會安全，不得有差別性待遇；另第一百四十三號公約保障移民勞工之平等機會與待遇促進，各國應保障移民勞工基本人權，並採取措施讓移民工瞭解自身權利並給予保護。

4. 〈職災率逐年下降的背後〉，《台灣職業安全健康連線》，2018/11/15。
5. 監察院糾正案文 109 財正 0008。
6. 勞工遭逢職業災害導致死亡或傷病失能時，雇主固須負擔職業災害補償責任，但依照勞動基準法第五十九條但書規定，針對同一事故，如果已由雇主支付費用補償者（例如勞工保險給付），雇主得主張抵充，以補償金額為計算基礎，減去《勞工保險條例》或其他法令規定的補償，才會是雇主真正需要再給付的部分。
7. 裁判字號：臺灣桃園地方法院 105 年度訴字第 2293 號民事判決，裁判日期為民國一〇七年七月二十日，裁判本文認被告旭鴻染整有限公司應支付原告蘇天萬損害賠償一百四十四萬，按年利率五%計算利息。
8. 二〇〇九年之前，《公司法》針對設立公司有最低資本額限制，股分有限公司為五十萬元，有限公司為二十五萬元。但在二〇〇九年之後，《公司法》已經廢除最低資本額限制。
9. 勞動部於二〇二〇年七月二十三日廢止三永鐵工廠兩名移工的許可配額。按《就業服務法》第五十四條，雇主違反職安法致使移工死亡或失能，且未依勞基法辦理職災補償，若造成移工死亡可廢止有效聘僱六人，造成移工失能則廢止聘僱名額兩人。
10. 截至二〇二三年四月底統計資料。資料來源：勞動部統計查詢網。
11. 《勞動事件法》規定，當勞工因勞資爭議申請裁決，在判決確定之前，得向法院聲請定暫時狀態處分。例如：當勞工發生職災無法工作，但仍有醫療費用等費用支出，而勞工已陷生活困難，法院得酌令雇主每月給付部分金額，直到判決確定。
12. 經監察院調查，拜倫於二〇一九年七月十六日於工作中受傷，經桃園國軍總醫院醫師診斷為「缺血性腸壞死及穿孔」，但雇主拖延至半年以後，於二〇二〇年一月十七日才開立勞工職業傷病申請書向勞保局申請審核。
13. 桃園勞動局與勞檢處事發後前往拜倫工作的三永鐵工廠實施職災調查，以違反《職安法》三十七條第二項規定，「未於職業災害發生事實起八小時內通報勞動檢查機構」，裁處罰鍰三萬元，並以違反《勞基法》第五十九條第二款規定，「未依原領工資數額予以補償」，再裁處罰鍰二萬元。

10. 藍佩嘉，2005，〈階層化的他者：家務移工的招募、訓練與種族化〉，《台灣社會學刊》34 : 1-57。
11. 陳良榕，2003/03/15，〈無名的競爭力 無聲的抗議〉，《天下雜誌》271 期。
12. 任焱、潘毅，2006 ，〈宿舍勞動體制：勞動控制與抗爭的另類空間〉，《開放時代》 183 : 124-134。
13. 潘毅，2007，《中國女工：新興打工階級的呼喚》。香港：明報出版社有限公司。
14. 勞委會，2005，〈高雄捷運泰勞人權查察專案小組調查報告〉。
15. 法院判決：臺灣高雄地方法院 94 年度矚訴字第 7 號刑事判決（95.08.14）。
16. 法院判決：臺灣高雄地方法院 94 年度矚訴字第 7 號刑事判決。
17. 吳靜如，2005，〈新奴工制度〉。「臺灣外勞政策研討會」，臺北。
18. 行政院勞工委員會，2005，〈高雄捷運泰勞人權查察專案小組調查報告〉。
19. 高雄市政府，2005，〈高雄捷運公司泰籍勞工集體抗爭事件初步調查報告〉。
20. 高雄縣政府勞工局，2005，〈高雄縣政府處理高雄捷運泰勞事件報告〉。
21. 〈高捷案 首波起訴雙陳等 22 人〉，《自由電子報》，2005/11/22。
22. 〈立院三讀外勞 3 年免出境 減雇主空窗期〉，《中央社》，2016/10/21。

2.1 等待職災補償的折磨 — 一名泰國移工之死

1. 曾芷筠，〈被蝕刻的人　菲律賓移工德希莉之死〉，《鏡週刊》鏡相人間，2019/11/25。
2. 監察院調查報告指出，依勞動部統計，二〇一八年移工領取勞保職災給付計一五六八人次，平均每二個小時就發生一起職業傷害、平均每二天就有一百零六名移工因職災而失能。此外，移工的職災失能千人率幾乎是本國勞工的二至三倍，報告中以二〇一八年說明，本國勞工職災失能千人率為 0.22，而外籍移工職災失能千人率為 0.60。
3. 統計截至二〇二三年四月，資料取自勞動部統計查詢網、移民署全球資訊網。

10. 何明修，2008，〈沒有階級認同的勞工運動：台灣的自主工會與兄弟義氣的極限〉，《台灣社會研究季刊》72 期。
11. 吳介民，1990，《政體轉型期的社會抗議 —— 臺灣 1980 年代》。臺灣大學政治學研究所碩士論文。
12. 〈勞工不足，紡業頭痛 盼儘快准許引進外籍勞工〉，《經濟日報》，1988/6/29。
13. 蕭富元，1990，〈工程列車為什麼誤點？〉，《遠見雜誌》54 期。
14. 林忠正，1991，〈六年國建與人力供需〉，《六年國建研討會論文集》，臺北：中國經濟學會。轉引自陳宗韓（1999）。
15. 李庚霈，1997，〈原住民失業問題與因應對策之探討及評估〉，《就業與訓練》第十五卷，第一期：24-31。轉引自陳宗韓（1999）
16. 〈捷運百餘菲籍外勞醞釀罷工〉，《聯合報》4 版，1992/12/3/1。
17. 〈林信義：產業政策比競選政策重要〉，《經濟日報》，2000/7/4。

【專欄】人權轉向的關鍵 —— 高捷泰勞抗爭

1. 顧玉玲，2006，〈台灣的新奴工制度—高捷泰勞抗暴事件簿〉，《律師雜誌》321: 41-56。
2. 臺灣高雄地方法院檢察署檢察官起訴書。94 年度偵字第 23107 號、第 25508 號、第 25745 號
3. 〈高雄捷運 外勞暴動 燒屋抗警〉，《自由電子報》，2005/8/22。
4. 〈高雄外勞暴動，工寮燒光，玻璃碎光… 像戰場〉，《聯合報》A8 版，2005/08/22。
5. 〈高雄捷運 外勞暴動 放火燒車、工寮〉，《聯合報》A1 版，2005/08/22。
6. 法院判決：臺灣高雄地方法院 94 年度矚訴字第 8 號判決（96.01.10）。
7. 臧國仁，1998，《新聞媒體與消息來源：媒介框架與真實建構之論述》。臺北：三民書局。
8. 吳挺鋒，1997，《外勞休閒生活的文化鬥爭》，東海大學社會學研究所碩士論文。
9. 曾嬿芬，2004，〈引進外籍勞工的國族政治〉，《台灣社會學刊》，32: 1-58。

21. Wang, M. S., & Lin, C.-H.. 2023. "Barriers to Health and Social Services for Unaccounted-For Female Migrant Workers and Their Undocumented Children with Precarious Status in Taiwan: An Exploratory Study of Stakeholder Perspectives." *International Journal of Environmental Research and Public Health*, 20(2), 956.
22. U.S. Supreme Court case: Plyler v. Doe, 457 U.S. 202 (1982).

1.3 移工政策三十年，從禁絕到依賴

1. 〈東協廣場是誰的？ 勞工協會控警驅趕移工〉，《自由時報》，2019/7/15。
2. 吳惠林、張清溪，1991，《臺灣地區的勞力短缺與外籍勞工問題》。臺北：中華經濟研究所。轉引自陳宗韓，1999，《臺灣外籍勞工政策的政治經濟分析》，臺灣大學三民主義研究所博士論文。
3. 在美國的強大壓力下，新臺幣兑美元從一九八六年的四〇：一，到一九八九年升值為二五：一。依全國工商協進會的調查，因新臺幣升值，造成全臺中小企業工廠經營陷入困境，尤其製鞋業、製衣業、毛衣編織業等廠商在一九八六至一九八七年，關廠倒閉一百八十家，失業人數近一萬八千人。轉引自行政院經建會，1988，《中華民國七十六年經濟年報》。
4. 蔡宏進，1990，《我國外籍勞工可能引發的社會問題與因應對策》。臺北：行政院研究考核委員會。
5. Chang, C. H. 1988. A Economic analysis of guest workers in Taiwan. Conference on Labor and Economic Development. Taipei: Changhua Institution for Economic Research. 轉引自林忠正，1991，〈六年國建與人力供需〉，《六年國建研討會論文集》，臺北。
6. 〈外籍勞工知多少？ 市井傳言七萬人！〉，《經濟日報》，1987/8/12。
7. Castles, S., & G. Kosack. 1973. *Immigrant workers and class structure in Western Europe.* New York, NY: Oxford University Press.
8. 劉濬誠，2006，《有別於西歐的東亞經驗：臺灣移工政策設計的考察（1980-2016）》，政治大學公共行政學系碩士論文。
9. 他們向盧修一在內十三位立委提案，表示目前許多因缺工而不得不僱用外勞的中小企業，如果政府強制遣返外勞，將導致企業的生產中斷。

5. 盧沛樺，2021，〈日本端出起薪4萬、移民大餅，臺灣還停在月薪1.7萬〉，《天下雜誌》737期。
6. Constable, N. 2014. *Born Out of Place: Migrant Mothers and the Politics of International Labor.* Berkeley: University of California Press.
7. 二〇一五年完全刪除妊娠檢查項目，目前勞動部訂定的《雇主聘僱外國人許可及管理辦法》，以及衛生福利部訂定的《受聘僱外國人健康檢查管理辦法》，針對外籍移工已沒有任何妊娠檢查的項目。
8. 監察院糾正案文 111 社正 0004。
9. 據內政部移民署二〇二三年二月分統計，失聯移工人數為八萬二千八百九十七人。
10. 國家人權委員會，2023，《移工如何在異鄉撫育孩子專案報告》。
11. 簡永達，2016/8/22，〈無國籍的移工小孩——「沒有名字」的孩子們〉，《報導者》。
12. 依據一〇六年一月九日訂定的「在臺出生非本國籍兒童、少年申請認定為無國籍人一覽表及流程」及一〇六年六月十五日訂定的辦理非本國籍無依兒少外僑居留證核發標準作業流程」。
13. 監察院二〇一七年五月調查報告（106 內調 0009）。
14. 內政部《禁止外國人入國作業規定》。
15. 監察院二〇二二年五月調查報告（111 社調 0011）。
16. 勞動部「勞動發管字第 10805074521 號函」。
17. 法源依據為《雇主聘僱外國人許可及管理辦法》第六十七條。
18. Massey, D. S., Jorge, D., & Nolan, J. M. 2002. *Beyond smoke and mirrors: Mexican immigration in an era of economic integration.* New York: Russell Sage Foundation.
19. Karl-Trummer, U., Novak-Zezula, S., & Metzler, B.2010. "Access to health care for undocumented migrants in the EU." *Eurohealth,* 16(1), 13-16.
20. Ruiz-Casares, M.; Rousseau, C.; Derluyn, I.; Watters, C.; Crepeau, F. "Right and access to healthcare for undocumented children: Addressing the gap between international conventions and disparate implementations in North America and Europe." *Soc. Sci. Med.* 2010, 70, 329–336.

為三三五萬二八一八人，若按總產值除以勞工人數估算，平均每位勞動者貢獻產值約為四十三．八萬。全臺製造業移工人數約四十七萬人，貢獻製造業產值二 八四億，臺中產業移工人數約八萬三千餘人，貢獻產值三六六億。

2. 李瑟，1990/5/1，〈民主的陷阱 —— 菲律賓啟示錄〉，《天下雜誌》108 期。
3. 陳建元、張凱茵、楊賀雯，2016，〈臺中第一廣場暨周邊地區東南亞族裔空間形成與轉變〉，《都市與計劃》43(3)，261-289。
4. 二〇二三年我再次調查時，打黑工的薪資已經漲到一千五百到一千 八百元左右。
5. 二〇一六年《勞基法》規範的基本工資。
6. 《就業服務法》第六十三條規定，任何人非法僱用外籍移工，將處十五萬以上七十五萬以下罰鍰。為鼓勵民眾檢舉違法雇主、仲介和移工，訂定「民眾檢舉違反就業服務法相關規定獎勵金支給要點」，檢舉非法雇主可領一萬元、非法移工可得五千元以上獎勵金。
7. 據勞動部二〇二二年的統計，移工全年犯罪案件是四千一百三十九件，除以該年移工總人數七十二萬二六二二人，移工犯罪人口率約每千人有五人犯罪。同年，據警政署公布之統計，臺灣犯罪人口率為每十萬人九五三．五八件，換算後每千人有十人犯案。

1.2 透明的小孩 —— 在臺無國籍移工寶寶與異鄉生養難題

1. 法律上指稱的無國籍人，是指不被任何國家的法律承認為公民的人，但本文說的無國籍移工寶寶，更似事實上的無國籍，他們國籍可能沒有被剝奪，但不受到其國籍的權利與保護。
2. UNICEF. 2022. *Health and children on the move: Thematic brief.*
3. 指出生嬰兒的父母皆沒有美國國籍，為了讓小孩獲得美國國籍，母親於是前往採屬地主義的美國生產。孩子一旦在美國的領土或屬地出生，立刻可以獲得美國國籍。定錨寶寶出生後，猶如替直系血親或兄弟姊妹拋下在美國的錨，之後孩子成年就可以依法替親人申請綠卡。
4. Suzuki, Nobue. 2010. " Outlawed Children: Japanese Filipino Children, Legal Defiance, and Ambivalent Citizenships." *Pacific Affairs* 83 (1) : 31–50.

注釋

【自序】從一廣開始的故事

1. 劉梅君，2000，〈廉價外勞」論述的政治經濟學批判〉，《台灣社會研究季刊》38 : 59-89。
2. 二〇二一年六月，勞動部發函開放雇主延長聘僱許可，後來也鬆綁移工在境內轉換雇主的時間限制與轉換條件。在疫情期間，移工的行動自由受到限制，源於二〇二一年五月底京元電子苗栗竹南廠的員工出現群聚感染，並擴散到其他工廠和宿舍，苗栗縣政府發出移工禁足令，其他有偏用移工的工廠雇主群起效尤。
3. 根據移民署統計，截至二〇二三年五月，全臺失聯移工人數增至八萬二九九八人，其中有五萬一九九二名越南人（六三％）、二萬六六一七名印尼人（三二％）、二五八六名菲律賓人（三％）、一八〇二名泰國人（二％），以及一位馬來西亞人。
4. 二〇二一年九月，勞動部發函解釋，移工從事課程研習、輔助性服務行為、一般性聯誼行為，以上形式非屬契約形式的勞務報酬即不在許可外工作規範。（勞動發管字第 11005117021 號函）
5. 在苗栗縣政府發布移工禁足令後，一群苗栗青年、店家、團體在網路上發起「同島一命，移工也是人，防疫不分族群」的連署，認為禁足令涉及歧視、並製造臺灣民眾對移工的恐慌。取自：2021/06/09，《苑裡掀海風》臉書網站。

1.1 第一廣場 — 移工築起的地下社會

1. 查詢勞動部「勞動情勢及業務統計資料庫」及經濟部統計處「經濟統計調查總覽」系統，以二〇二三年五月為統計日期，製造業總產值為一兆四六八八億七〇八萬七千元，本國製造業受僱人數為二八四萬二六五六人，產業移工人數為五十一萬零一六二人，本國與外國工業製造業總計人數

國家圖書館出版品預行編目(CIP)資料

移工築起的地下社會：跨國勞動在臺灣/簡永達作.
-- 初版. -- 臺北市：春山出版有限公司, 2023.09
面；　公分. -- (春山之聲；50)
ISBN 978-626-7236-22-2(平裝)
1.CST: 外籍勞工 2.CST: 臺灣

556.56　　112004361

臺灣書寫專案
國藝會 NCAF
Gdesign 金格企業有限公司
馥誠國際有限公司
ARTWAVE
TAIWAN INTERNATIONAL ARTS NETWORK

Voice 春山之聲
050
移工築起的地下社會：跨國勞動在臺灣

作者　簡永達
總編輯　莊瑞琳
責任編輯　夏君佩
行銷企畫　甘彩蓉
業務　尹子麟
封面設計　廖韡
內文設計&排版　陳靖玥
法律顧問　鵬耀法律事務所戴智權律師

出版　春山出版有限公司
地址　116臺北市文山區羅斯福路六段297號10樓
電話　(02)2931-8171
傳真　(02)8663-8233

總經銷　時報文化出版企業股份有限公司
電話　(02)23066842
地址　桃園市龜山區萬壽路二段351號

製版　瑞豐電腦製版印刷股份有限公司
印刷　搖籃本文化事業有限公司

初版一刷　2023年10月
定價　620元
ISBN　9786267236222（紙本）
9786267236390（PDF）
9786267236383（EPUB）

填寫本書線上回函

All Voices from the Island

島嶼湧現的聲音